힌두교사 깊이 읽기,
종교학이 아닌 역사학으로

힌두교사
깊이 읽기,
종교학이 아닌
역사학으로

이광수 지음

푸른역사

책머리에

1.

인도사에 입문한 지 2년도 채 안 되는 터라 인도 고대사에 대해 정말 아무것도 모르고 간신히 정치사의 몇 가지 팩트만 아주 얕게 이해하는 정도였을 때 박사학위 논문에 도전했다. 지도교수는 고故 데와후띠 Devahuti 선생님이었다. 어머니 같이 따뜻한, 지금도 생각하면 눈물이 어른거리는 분이었다.

　어느 날 데와후띠 선생님이 시내의 한 연구원으로 나오라고 하셨다. 가 보니 이 책에서 상세하게 언급한 고대 인도인의 역사 인식인 '이띠 하사—뿌라나'에 기반하여 역사를 이해하고 파악하는 몇몇 시골 사람들이 앉아 있었다. 그들 맞은편에는 전형적인 근대 서양의 역사 인식으로 무장한 젊은 역사학 연구자들이 자리잡고 있었다. 선생님은 양쪽에 번갈아 질문을 던지면서 논의를 이끌어 내려고 애쓰고 계셨다. 사실이 라는 게 있는지, 원인과 결과라는 걸 파악할 수 있는지, 어떤 특정인이 그 행위의 주체라고 말할 수 있는지 등의 질문이 아직도 귀에 선하다. 그 '촌사람'들은 영어를 할 줄 몰라 힌디로 이야기했다. 그들과 소통할 만큼 힌디 실력을 갖추지 못했던 나는 그 '촌사람'들이 말하고자 하는 취지, 그들이 '도시 사람'들과 주고받는 내용을 이해하지 못했다. 접점

없이 겉으로 맴만 도는 듯한 느낌이었다.

그 뒤로 시간과 역사에 대한 힌두교의 인식에 관심을 갖기 시작했다. 데와후띠 선생님은 박사학위 논문을 그 '촌사람'의 시각으로 써 보는 게 어떻겠느냐고 제안했다. 과학적 학문으로서가 아닌 창작적 문학으로서의 논문을 원하신 것이었다. 얼마 지나지 않아 선생님이 황망하게 갑자기 세상을 떠나면서 야심차지만 어찌 보면 황당한 프로젝트도 머리 속 저 한구석에 묻어 두었다.

전형적인 마르크스주의 과학적 역사관으로 무장한 새 지도교수를 만나 일사천리로 논문을 썼고 무사히 박사학위를 받았다. 그러나 30년이 넘도록 데와후띠 선생님이 제안해 준 그 기획은 마음속에서 떠나지 않았다. '고대 인도인의 눈으로 역사를 바라보다.' 이런 비슷한 프로젝트를 해보고 싶었다. 《삼국유사》 같은 역사를 써 보고 싶었던 것이다. 아는 게 너무 없고 해야 할 일은 너무 많고 정년은 몇 년 남지 않았던 터라 정년퇴임 이후로 넘기기로 했지만 꼭 이루고픈 바람이다.

현재 우리가 살고 있는 세계의 역사를 일원론과 윤회와 탈脫인간 중심의 세계관으로 보면 어떨까? 원인과 결과가 과학의 잣대로 분명하게 규명되지 않는다면, 선과 악이 불분명하고 시간으로서의 선과 후가 뒤섞이거나 돌고 돌아 서로 꼬리를 문다면, 인간이 파악할 수 없는 어떤 절대적인 본질을 역사의 근본 원인으로 삼는다면 역사는 어떻게 쓰일까? 한 사람이 역사를 기술하는 것이 아니고 여러 사람이 집단으로 기술하는 것은 또 어떨까? 합리적이거나 이성적이지 않고, 팩트가 불분명하고, 해석을 넘어 창작으로 가는 역사학은 또 어떨까?

2.

서구의 동양학자들이 인도사를 근대적 역사 인식에 따라 재구성하기 시작한 것은, 동인도회사가 인도를 공략한 지 150여 년이 지날 무렵인 20세기 초 영국 정부가 동인도회사 지배를 끝내고 직접 지배를 시작하고 나서부터였다. 동인도회사의 근대화를 통한 수탈과 전쟁을 통한 영토 확장정책이 마무리된 후 서구의 동양학자들은 본격적으로 인도를 연구하기 시작했다. 그 가운데 가장 필요했던 것이 식민 지배의 효율성을 극대화하기 위해 인도의 역사를 자신들의 세계관에 따라 재구성하는 연구였다. 그들은 인도의 역사를 두 가지 과제에 맞춰 재편했다. 하나는 자신들의 식민 지배를 정당화하기 위해 인도의 과거를 폄훼하는 것이었고, 다른 하나는 인도의 잠재력을 약화시키기 위해 역사를 왜곡하여 갈등 요소를 가지고 있던 힌두와 무슬림 두 공동체를 이간질해서 분리 통치하는 것이었다.

두 가지 과제에 가장 적합한 일은 인도를 종교의 나라로 채색하는 것이었다. 그에 따라 힌두교는 명상, 사색, 비폭력의 종교로 왜곡되었다. 서구의 동양학자들은 고대 힌두교의 일부가 남긴 종교 경전을 사료로 삼아 자신들이 원하는 힌두교의 像을 역사적 실체로 만들었다. 고대와 중세의 여러 이질적인 경전에 담긴 모습이 역사적 실체와 같을 수 없다는 역사학의 기본을 애써 무시하고 경전에 그려진 종교와 법전의 당위성을 자신들이 갖는 오리엔탈리즘에 맞춰 구체적 실체로 채색했다. 그들에 의해 힌두교와 인도 역사는 철저히 왜곡되었다. 정치는 전제군주에 의한 통치로, 사회는 변화가 일어나지 않은 카스트로, 경제는 도시가 없는 폐쇄된 농촌의 작은 공화국 경제로, 역사는 변화와 발전 없이 작은 에피소드만 존재하는 역사로 고착되었다.

이러한 식민주의 역사 왜곡의 공격에 인도의 지식인들은 다양한 각도로 반응했다. 근대주의와 민족주의에 기반하여 사회개혁을 이룩해야 한다고 주장하던 지식인들은 영국의 힌두교에 대한 이해와 인도 사회 정체론을 반박했다. 힌두교가 역사에 따라 어떻게 변화해 왔고 여러 체계가 하나의 구조 안에서 어떻게 종합화되었는지를 밝힌 역사학 연구였다. 그 가운데 가장 초기에 나온 대표적인 저술로 반다르까르R. G. Bhandarkar가 쓴 《비슈누교, 쉬바교 그리고 소수 종교체계*Vaisnavism, Saivism and Minor Religious Systems*》(Poona, Bhandarkar Oriental Research Institute, 1913)가 있다. 이후 철학이나 문헌학이 아닌 힌두교 전체를 구성하는 일부 전통 혹은 시기를 중점적으로 살피는 역사학적 힌두교 연구가 대세를 이루었다. 역사학을 통한 힌두교 연구에서 힌두교는 사회경제사적 배경에 따라 변화하는 종교로 해석되었다. 이러한 역사학적 해석에 따라 베다 시대, 서사시 시대, 초기 중세, 후기 중세, 인도-갠지스 평원의 북부 인도, 데칸, 데칸 이남의 남부 인도, 베다 종교, 비슈누교, 쉬바교, 밀교, 박띠 전통 등 장소와 시기와 주제를 한정해 힌두교를 연구하는 역사적 연구가 지금까지 이어지고 있다. 사회 현상의 하나로서 종교가 사회 변화와 어떠한 관계를 이루는지, 그것이 당대 정치에 어떻게 활용되는지 등을 연구한 20세기 초 이후 지금까지 약 100년 동안 이러한 역사학적 방법론에 따른 힌두교사 연구는 수천 편이 넘는 책

과 논문으로 나왔다.[*]

힌두교의 변화를 역사학적 방법으로 조망한 연구는 1990년대 들어 인도 정치에 종교 근본주의가 대두함에 따라 엄청난 소용돌이를 겪었다. 이 과정에서 힌두교의 정체성에 관한 역사학 연구가 크게 주목을 받았다. 힌두교의 역사 인식과 정체성에 오랫동안 천착했던 타빠르Romila Thapar는 "기원 신화와 초기 인도 역사 전통Origin Myth and the Early Indian Historical Tradition"(D. Chattopadhyaya, ed., *History and Society: Essays in honour of Professor Niharranjan Ray*(Calcutta: K. P. Bagchi & Co., 1978)) 등의 연구를 통해 가장 적극적으로 문제를 제기했다. 이러한 힌두교의 역사 인식, 시간관, 신화 등을 다루는 힌두교의 정체성 연구 및 만들어진 신화로서의 힌두교에 관한 연구는 최근까지 활발하게 이어지고 있다.[**]

---

[*] 종교사가 다루는 주제의 예를 몇 개만 들어보면 다음과 같다. R. N. Nandi, *Religious Institutions and Cults in the Deccan(600~1000)*(Delhi: Motilal Banarsidass, 1973); R. S. Sharma, "Material Milieu of Tantricism", R. S. Sharma, ed., *Indian Society: Historical Probings in Memory of D. D. Kosambi*(New Delhi: People's Publishing House, 1974); A. K. Warder, "Feudalism and Mahayana Buddhism", R. S. Sharma, ed., *Indian Society: Historical Probings in Memory of D. D. Kosambi*; M. G. S. Narayan, "Bhakti Movement in South India", S. C. Malik, ed., *Indian Movements: Some Aspects of Dissent, Protest and Reform*(Simla: Indian Institute of Advanced Study, 1978); Suvira Jaiswal, *Origin and Development of Vaisnavism*(New Delhi, Munshiram Manoharlal, 1981); N. N. Bhatacharya, *History of the Tantric Religion*(New Delhi: Manohar, 1982); Himanshu P. Ray, *Monastery and Guild*(Delhi: Oxford University Press, 1986); Uma Chakravarti, *Social Dimensions of Early Buddhism*(Delhi: South Asia Books, 1988).

[**] 종교사가 다루는 힌두 역사 인식과 힌두교 정체성 및 정치 관계에 관한 예를 몇 가지만 들어보면 다음과 같다. Romila Thapar, "Imagined Religious Communities? Ancient

힌두교는 인도 역사만큼이나 장구하고 광범위해서 시작부터 현재까지의 모든 변화를 하나의 개론서로 정리한다는 건 무모한 데다가 자칫 잘못하면 어설픈 결과를 낼 수도 있다. 인도의 종교사학계에서 어느 누구도 이러한 연구를 시도하지 않았던 이유다. 인도에서는 많은 연구자가 힌두교사를 연구하고 논쟁한다. 학문이 깊어질수록 힌두교 연구는 시기와 장소를 좀 더 세밀하게 좁힐 필요성이 대두될 뿐, 힌두교 전체의 다양한 면을 통괄하는 개론서는 그다지 필요하지 않았다. 반면 한국에서의 상황은 다르다. 한국에서 힌두교에 대한 이해는 서구 특히 미국에서 이루어진 오리엔탈리즘과 무분별하게 수입된 비非역사학적 연구가 대부분이다. 이로 인해 힌두교를 요가, 명상, 기세棄世, 비폭력 등의 특질을 가진, 역사의 변화에도 불구하고 변화하지 않은 종교로 인식하고 있다. 불교에 관해서는 관심이 많지만, 불교가 태생적으로 힌두교의 큰 틀에서 역사적으로 상호 작용하면서 형성되어 왔다는 사실은 모르거나 애써 무시하고 있다. 힌두교를 역사의 산물로서 규명하고 의미를 부여하는 연구는 턱없이 부족하다.

History and the Modern Search for a Hindu Identity", *Interpreting Early India*(Delhi: Oxford University Press, 1993); Romila Thapar, "Syndicated Hinduism", Gunther-Dietz Sontheimer and Hermann Kulke, eds., *Hinduism Reconsidered*(New Delhi: Manohar, 1997); Vasudha Dlamia and Heinrich von Stietencron, *Representing Hinduism*(New Delhi: Sage, 1995); R. S. Sharma, *Communal History and Rama's Ayodhya*, revised edition, Delhi, 2000, B. N. Mukherjee, *Nationhood and Statehood in India: A Historical Survey*(New Delhi: Regency Publications, 2001); D. N. Jha, "Looking for a Hindu Identity", *Proceedings of the Indian History Congress*, vol. 66, 2005.

한국에서 힌두교는 너무나 왜곡되어 알려져 있다. 이는 인도사의 왜곡으로 이어져 심각한 문제를 낳는 단초가 될 수 있다. 힌두교의 처음부터 현재까지의 변화와 성격을 통사적으로 개괄하여 알려야 할 필요가 있었다. 국내 유일의 힌두교사 전공자로서 정년퇴임이 얼마 남지 않는 상황에서, 무모할지 모르겠지만, '인더스 문명' 때부터 2000년대의 '힌두뜨와'에 이르기까지 힌두교가 형성되고 변화해 온 모습과 성격을 인도사의 흐름에 따라 역사학적으로 분석해야겠다는 결심을 하게 된 것은 이 때문이다. 첫 시도라 부족한 부분이 있을 것이다. 여러 독자의 질정을 바란다.

3.

역사를 공부하면서 역사적 진실이라는 것은 텍스트가 아닌 해석에 있음을 알게 되었고, 과학의 세계와 문학의 세계 그 사이 어딘가에 역사의 세계가 놓여 있다고 믿게 되었다. 단일하고 균질적인 팩트와 팩트를 연결시키는 것이 역사가 아님을 알게 되었다. 그 언저리, 마치 전기가 흐르는 선의 주변에 펼쳐지는 자기장 같은 맥락을 이해하지 못하면 역사의 목소리를 들을 수 없고 그것을 토대로 내 목소리를 낼 수 없음을 깨닫게 되었다. 목소리란 들리는 것도, 내가 내는 것도 단일한 것이 아니라 여럿이고 변화하며 드러나기도 하고 감춰져 침묵 속으로 숨어 버리기도 하는 것이다. 역사가란 그 맥락을 훑으면서 많은 목소리를 듣고 이해하고 보태서 내는 사람이다. 역사 속에 과학도 있고 문학도 있고 사실도 있고 창작도 있는 것은 그래서다. 다양한 맥락을 여러 차원으로 묶어 해석한 지 40년 가까이 되니, 어렴풋한 메시지가 눈앞에 어른거린다. 바로 힘의 원리다. 힘이 강한 자가 만들어 내는 것이 진리이자 도덕 그 자체였던 것이다.

인도에서는 이 같은 힘의 원리가 종교라는 가피로 나타났다. 역사를 힌두교사를 통해 보여 주고 싶었다. 한때 최고의 인기를 구가하던 신이 천 년 세월에 존재감 없이 사라져 버린 것은 사회가 바뀌어서다. 사회가 바뀌는데도 영원토록 최고의 자리를 차지하는 것은 있을 수 없다. 신만 그런 것이 아니다. 권력도 그렇고, 도덕규범도 그렇다. 힘이 있으면 정통이요, 힘이 없으면 이단이다. 이단이 없는 사회는 원심력의 힘들을 두려워한 중심부가 만들어 낸 결과물이다. 원심력을 만드는 이질적인 운동들이 중심부에 내재된 허허실실의 원리구조를 깨부수지 못하고 그 유연함에 녹아들어 버린 결과물이다.

종교가 압도적인 역사, 그것은 개인의 힘이 미약한 역사를 의미한다. 착하고 선하고 바르고 희생적인, 문자 그대로 양민良民을 길러 내는 그 사회는 평안하고 안정적이다. 사람들이 큰 갈등을 겪지 않으니, 주어진 도덕과 신화의 종교 속에서 평화로운 삶을 영위한다. 가난한 탓에 물질의 고통은 받지만 다음 세상을 희구한다. 얼마 되지 않은 것 전부를 종교에 바친다. 저세상에 속히 가서 사랑하는 신의 따뜻한 품 안에 들기를 원한다. 그곳에서 가족과 함께 돈과 먹을 것과 예쁜 여자와 건장한 장수가 지켜 주는 고대광실에 거주하며 비단옷 입고 천년만년 살 수 있기를 빌고 또 빌고 믿고 또 믿는다. 그에게 당신은 행복하십니까, 라고 물으면 뜨거운 눈물을 흘리며 그렇다고 답할 것이다. 이를 두고 종교에 속아서 모든 걸 다 빼앗기면서도 그러느냐고 비판할 수 있을까? 종교에 빼앗기지 않으면서 살 수 있는가? 가난한 자, 힘없는 자들의 것을 빼앗지 않던 종교가 있었는가? 종교 없는 세상을 상상할 수는 있겠지만, 그것을 실천할 수 있는가?

종교는 믿음과 구원과 단죄와 속죄만 존재하는 세계가 아니다. 그것은 서아시아에서 나와 그곳과 유럽에서 크게 성장한 이슬람과 기독교의 세계관일 뿐이다. 인도의 종교는 전적으로 다르다. 믿음이 있지만 믿지 않음도 있고, 구원이 있지만 깨달음이나 해탈도 있고, 그저 그렇게 도덕에 따라 살아가는 보통의 삶도 있다. 옳고 그름의 관점이 있지만, 그걸 부인한다고 해서 단죄 대상이 되는 것은 아니다. 인도에는 왜 이런 종교가 형성되었을까? 어떤 과정을 거치면서 이런 종교가 성장해 왔을까? 그것이 갖는 사회적 의미는 무엇일까?

성리학 유교라는 선이 굵은 종교에 많은 영향을 받고 기독교와 서구의 근대 과학주의 세계관에 압도당하고 민족주의 이분법적 사고에 경도되어 있는 지금 이 나라 대한민국의 시민들로 하여금 전혀 다른 아주 '이상한' 종교의 역사를 통해 역사란 무엇이고 종교란 무엇인지를 돌아보게 하고 싶었다. 우리가 아는 역사, 세계관, 종교, 설사 그것이 다수의 것일지라도, 그것이 힘센 자의 것일지라도, 그것이 지금 합리적이고 옳은 것으로 받아들여질지라도, 그것과 다른 전혀 이질적인 세계관의 역사를 공부하는 것은 나 자신을 성찰하고 한국 사회를 돌아보는 좋은 기회가 될 것이라 믿는다.

종교는 모두 이상주의다. 그 이상주의는 사람을 미혹시키고, 그 미혹 속에서 사람은 멸망한다. 기독교만 그런 것이 아니다. 전광훈과 신천지만 그런 것이 아니다. 우빠니샤드의 선인 현자들도 그렇고, 비웨까난다도 그렇고, 간디도 그렇다. 용수 보살도 그렇다. 마르크스도 그렇고, 체 게바라도 그렇다. 이상주의가 아닌 현실주의에 몰두하여 산다고 해서 약자는 뜯기고 강자는 군림하는 세상이 오지 않는 것은 아니다. 저자로서 하고 싶은 말은, 역사는 원래 그렇다는 것이다. 판단과 선택은 나 자신의 몫이라는 것이다.

첫사랑으로 아내를 만난 지 42년, 이제 초로의 길로 들어선 아내가 회갑을 지냈다. 아내는 처음 내가 인도종교사의 길로 접어든 1988년, 젖먹이 아들을 데리고 인도로 합류해 준 후 이 책이 나오는 지금까지 연구의 길에 동참해 주었다. 영원한 동지 유재희에게 내 평생을 바친 이 책을 드린다.

2021년 5월 코로나가 인간세에 준 충격을 곱씹으며
부산 망미동 서재에서
이광수

힌두교사 깊이 읽기,
종교학이 아닌 역사학으로

차례

인도 지도

라다크

잠무 카시미르

히마짤 쁘라데시

뺀잡

옷따라칸드

하리야나

뉴델리

아루나짤 쁘라데시

시킴

라자스탄

옷따르 쁘라데시

비하르

앗삼

나갈랜드

메갈리야

마니뿌르

자르칸드

뜨리뿌라

구자라뜨

마디야 쁘라데시

머조람

웨스트 벵갈

뭄바이

찻띠스가르

오디샤

꼴까따

마하라슈뜨라

뗄랑가나

고아

안드라 쁘라데시

까르나따카

첸나이

께랄라

따밀나두

안다만 니코바르 제도

인도 종교사 연표

기원전 2750~1750경   하랍빠 문화

         1500~1000경   리그 베다 시대

         1000~500경   후기 베다 시대

         700경   우빠니샤드 편찬 시작

         600~500경   16영역국가 시대

                                       불교, 자이나교 시작

         400~300경   페르시아, 그리스 서북부 인도 침입

                                       문법학자 빠니니 활동

                                       남부 인도 상감 시대

         321   마가다의 마우리야제국 창건

         273   아쇼까 즉위

         185~75경   슝가왕조

         230경   데칸 지역 사따와하나왕국 창건

         2000~기원후 100경   서북부 인도-그리스 왕국

                                       대승불교 발달, 간다라 미술 흥성

리그 베다

간다라 미술(4세기)

바이샬리, 아쇼까 석주와
초기 불교 스뚜빠
(기원전 3세기)

비슈누와 여러 화신(5세기)

함삐 힌두 사원 돌 마차
(7세기)

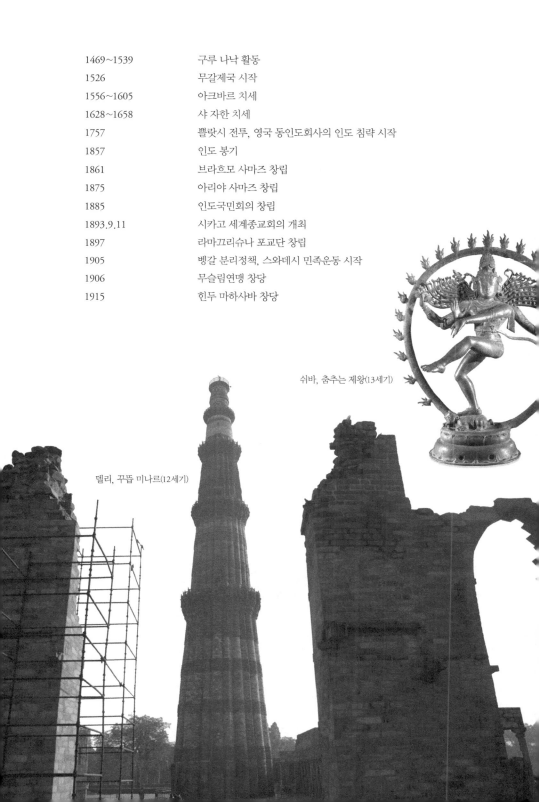

쉬바, 춤추는 제왕(13세기)

델리, 꾸뜹 미나르(12세기)

뿌리, 자간나타 수레 행렬

마하뜨마 간디 추념비

바라나시, 뿌자

의용단인가 집회

1977	자나따당 집권
1984	뻰잡의 황금사원의 시크 테러리스트 무력 진압
	인디라 간디 피살, 델리에서 시크교도 학살
1992	아요디야 바브리 모스크 파괴
1998	인도국민당 집권
2002	구자라뜨 무슬림 학살
2014~	인도국민당 집권 모디 수상 힌두 국가 추진
2020. 2. 5	아요디야 분쟁 최종 판결.
	바브리 모스크 자리에 라마 사원 건설 및
	제3의 부지에 모스크 재건 결정

나그뿌르, 암베드까르 동상과
초기 스뚜빠 복원불탑

갠지스강 숭배

나그뿌르, 민족의용단 본부

드와르까, 쉬바 성지

1부 총론

1. 힌두교란 무엇인가

1-1. '힌두교' 명명의 문제

힌두교란 무엇인가? 문자 그대로 하면, '힌두'의 종교다. 기독교라는
말은 예수를 기독Christ(그리스도)으로 믿는 사람들의 종교라는 뜻이고
유대교는 유대인의 종교라는 뜻이므로, 힌두교라는 말은 유대교의 용
어 구조에 더 가깝다. 그렇다면 '힌두'란 무엇인가? '힌두'는 지금의
인더스Indus(산스끄리뜨어로는 신두Sindhu)강 유역을 가리키는 말이다.

　기원전 516년 페르시아제국의 다리우스Darius 1세가 인더스 유역을
침략하여 복속시키면서 이 지역이 페르시아인들에게 알려졌다. 그들
은 이곳의 강 이름을 따서 이 지역과 주민들을 '신두'라 불렀다. 그런
데 발음을 잘못해 '힌두'라 불렀고 이후 '힌두'는 인도를 가리키는 말
이 되었다. 712년 무함마드 이븐 카심Muhammad Ibn Qasim이 신드Sindh
지역을 정복한 후 아랍 사람들은 이 지역, 즉 인더스강 동쪽 지역에 사
는 사람들을 '힌두', 그들의 종교를 '힌두교'라고 불렀다.

　11세기 이후 서아시아와 중앙아시아의 무슬림 세력이 인도를 본격적
으로 침략해 들어왔다. 그들이 남긴 아랍과 페르시아 문헌을 보면 무슬
림 세력은 이 지역을 '힌드' 또는 '힌두'라 불렀다. 즉 그들이 처음 사
용한 '힌두'는 지금의 '힌두교'라는 종교가 아니라 인더스강 동쪽이라

는 지리적 범주를 지칭하는 용어였다.

'힌두'가 처음으로 특정 종교와 관련된 의미로 쓰인 것은 1030년 페르시아 출신인 알비루니Alberuni가 쓴《끼따부–울–힌드Kitabu-ul-Hind》에서다. 저자는 불교와도 다르고 자신들의 종교 이슬람과도 전혀 다르다는 의미에서 인도 지역의 종교를 '힌두'라는 말로 불렀다. 이처럼 외부인의 기록을 제외하고는 19세기 초까지 인도 내에서 산스끄리뜨어 Sanskrit로 쓰인 어떤 기록에도 '힌두'를 종교적 의미로 사용한 적은 없었다. 19세기까지 인도인들은 자신들의 종교를 '힌두'교라 인식하지 않았던 것이다.

'힌두'가 현재 우리에게 널리 알려진 특정 종교를 뜻하는 용어로 사용되기 시작한 것은 19세기 초 영국의 기독교 선교사와 학자들에 의해서였다. 인도의 종교체계는 기독교 같은 단일 종교와는 전혀 다르다. 그러나 영국인들은 기독교에 근거한 종교 개념을 그대로 적용해 인도의 종교들을 단일한 정체성을 가진 종교로 이해하고 하나로 뭉뚱그려 '힌두교'로 불렀다. 거기에 영국의 식민 행정가들이 인구조사를 실시할 때 지금의 힌두교라는 종교를 하나의 카테고리로 사용하면서 '힌두교'는 특정 종교의 명칭으로 굳어진다.

다시 말하자면 근대 이전 '힌두교'라는 말은 '인도의 혹은 인도인의 종교'를 의미했고 그 안에는 현대적 의미의 힌두교 외에도 불교, 시크교, 자이나교 등(혹은 심지어는 조로아스터교, 기독교, 이슬람까지 포함한) 인도 안에 존재하는 모든 종교가 포함된, 넓은 범주와 다양한 내용을 담고 있는 용어였던 것이다. 설령 힌두교의 개념을 오늘날 우리가 이해하는 특정 종교의 의미로 한정해 보더라도 그 안에는 너무 많은 하위 범주들이 있어 어디서부터 어디까지가 힌두교인지 명확히 규정하기 쉽지 않다.

오늘날과 같은 힌두교 개념이 만들어진 것은 영국인 지배자들이 이 종교를 당시 인도에 있는 여러 종교 가운데 상위 카스트인 브라만 Brahman이 남겨 놓은 경전을 중심으로 하는 종교로 이해하면서부터다. 그 어휘 안에는 이슬람을 배제한다는 뜻이 포함되었다. 여기에 당시 민족주의 발흥에 따라 힌두교라는 용어는 민족주의운동을 일으킨 인도인 선각자들에 의해 민족종교로서의 의미까지 포함하게 되었다.

그러면 이슬람을 제외한 인도의 종교를 힌두교라는 하나의 카테고리로 규정하는 것이 적절한가? 적절하다면, 그 많은 이질적인 요소를 하나의 범주로 묶는 걸 가능하게 만드는 기준은 무엇인가?

가장 많은 사람들이 힌두교의 공통분모로 꼽는 부분은 고대 인도의 종교 지식과 제례 규정을 담고 있는 베다Veda를 종교의 근본으로 삼는다는 것이다. 과연 그러한가? 힌두교 안에 있는 여러 종교 전통 대부분이 베다를 성스러운 경전이나 기준으로 숭배하는 것은 사실이다. 힌두교의 종교 전통 대부분은 매우 복잡하고 기계적이며 정교한 의례를 기초로 하고 그 의례를 기초로 하여 전개되는 관념적인 우주론에 관한 신학을 가지고 있다. 힌두 신학이 그 기초를 베다에 둔다는 점에서 보면, 여러 힌두교 전통의 공통분모로 베다를 꼽는 것이 크게 무리는 아닐 것이다.

하지만 좀 더 엄밀하게 살펴보면, 이러한 규정은 올바르지 않다. 베다가 모든 힌두교 전통 안에서 항상 절대적인 위치에 있었던 것은 아니기 때문이다. 힌두교 안에는 베다의 지식을 조롱하거나 인정하지 않는 일부 현자의 사상도 존재한다. 이 같은 사상은 심지어 《리그 베다*Rig Veda*》 안에도 있고 우빠니샤드Upanishad 문헌에도 분명히 나타난다. 베다를 절대적 계시로 인정하지 않는 인도인의 세계관이 베다 세계관의 주변부에 상당히 널리 존재해 왔고, 그것은 힌두교의 일부를 이루고 있다. 그 서로 다른 전통들이 역사의 변화에 따라 하나로 통합된 것이 힌두교다.

베다와 직접적인 관계가 없는 물질적·대중적 세계관인 뿌라나Purana와 딴뜨라Tantra 문헌도 힌두교를 구성하는 매우 중요한 여러 전통 가운데 하나다. 여러 뿌라나 안에는 베다보다 더 근본적인 가르침이 뿌라나라는 주장도 있고, 딴뜨라에는 베다고 뿌라나고 스므리띠Smriti(법전)고 간에 모두 다 의미 없는 것들이니 딴뜨라가 그 모든 것들보다 더 근본적이라는 주장까지 담겨 있다. 베다를 힌두교의 근본으로 삼는 소위 브라만 전통은 베다후後Post-Vedic* 시대에 확립되었다. 그 후 브라만이 중심이 되어 인도 아대륙의 모든 이질적인 요소들을 통합했다. 그렇지만 브라만 전통에 흡수되지 않은 전통 또한 사라지지 않고 내려왔다. 힌두교는 바로 그러한 전통까지 포함된 것이다.

---

* 영어로 post는 어떤 시기 이후를 의미한다. 그 의미 안에서 탈脫해야 한다는 의미로도 쓰이긴 하지만 역사학에서는 '이후'가 우선이다. 근대 '이후'면 post-Modern인데 문학 등 다른 학문에서는 탈근대라는 의미로도 쓰인다. 따라서 베다 시기가 끝난 후라는 의미로 쓰는 post-Vedic은 '베다후'라고 번역하는 것이 옳다. 이를 '후기 베다'라고 옮기는 것은 잘못된 것이다. '후기'는 이후가 아니고 이내의 시기다. 그 이내의 시기를 둘로 나눴을 때 앞 시기가 전기이고 뒤 시기가 후기인 것이다. post-War를 후기 전쟁이라 번역하지 않고, '전(쟁)후'라고 번역하는 게 옳은 것과 같은 이치다.

12세기 남부 까르나따까Karnataka 지역에서 세력을 크게 확장한 링가야뜨Lingayat파派는 대놓고 베다의 권위를 인정하지 않았으며 심지어 심한 적대감을 드러내기도 했다. 그러나 링가야뜨파를 힌두교가 아니라고 규정하는 사람은 없다. 13세기 마하라슈뜨라Maharashtra 지역에서 일어난 박띠 전통의 일파인 마하누바와Mahanubhava나 14세기에 벵갈 지역에서 일어나 16세기에 전국적으로 상당한 대중성을 확보한 딴뜨라 계통의 사하지야Sahajiya, 19세기 뻔잡Punjab에서 일어난 신新힌두교의 일파인 라다소아미Radhasoami도 베다를 거부하였다. 그러나 그들이 힌두교에 속한다는 사실을 의심하는 사람은 없다.

아직도 대다수의 신학자나 종교학자 그리고 일반 힌두교 신자들은 베다의 최고 권위를 인정하고, 모든 힌두교가 베다로부터 나왔다고 주장한다. 하지만, 그것은 역사적 사실이 아니다. 종교적 신념일 뿐이다. 결국 힌두교는 베다를 근본으로 삼지 않는 종교 전통까지 망라한 것이다. 이질적 요소들의 범주가 매우 애매하여 어디까지를 하나의 힌두교로 규정할 것인가의 문제는 연구자의 시각에 따라 달라질 수 있다.

그렇다면 이런 이질적인 종교를 고대 인도인들은 무엇이라 불렀을까? 고대 인도인들이 자신들의 종교를 가리키는 용어 가운데 지금 우리가 사용하는 '힌두교' 개념과 가장 가까운 용어로 '바이디까 다르마 Vaidika Dharma'가 있다. '바이디까'는 '베다'의 형용사형으로 '베다의'라는 뜻이다. '다르마'는 영어나 한국어에서는 딱 들어맞는 어휘를 찾을 수 없는 인도 고유 세계관에서 나오는 용어로, '진리', '도리', '종교', '관례', '풍습', '법', '책임', '의무', '도덕', '질서' 등의 뜻을 가지고 있어 종교사 연구 맥락에서는 '종교'로 번역되는 경우가 많다. 이를 종합하면 고대 인도인들이 부르는 바이디까 다르마는 '베다(의) 종교', 즉 '베다를 경전으로 하는 종교'라는 뜻이다. 그런데 그들의 용어를 따라 바이디까 종교, 즉 '베다(의) 종교'라고 할 경우 위에서 언급한 바대로 베다에 기반을 두지 않거나 베다를 정통으로 인정하지 않는 여러 이질적인 전통은 바이디까 범주 안에 포함할 수 없게 된다. 이 용어를 힌두교를 포괄하는 적절한 기준으로 받아들이기 어려운 이유다.

다음으로 소위 베다를 기반으로 하는 브라만 전통 위에 선 종교는 '브라만교'라 부르고, 그것이 인도 아대륙 전역으로 퍼지면서 비非베다적인 혹은 비非브라만 전통적인 대중화된 통합 종교를 '힌두교'라고 부르자는 주장도 있다. 현재 학계에서 가장 널리 사용하는 용어로 전체는 힌두교로 부르되 시기를 나누어 앞 시기는 브라만교, 뒤 시기는 힌두교로 부르자는 것이다.

그러나 이렇게 규정하면 몇 가지 문제가 생긴다. 우선 여기에서 말하는 브라만교, 즉 브라만 전통에 기반을 둔 종교 ─ 뒤에서 브라만 전통에 대해 더 자세히 기술하겠지만 ─ 는 바르나varna(즉 카스트)와 다르마에 기반을 둔 사회질서를 중심으로 하는 종교 전통이다. 이는 카스트와 다르마를 부정하면서 기세棄世(세상을 멀리하여 초탈함)를 중심으로 하는 슈라만Shraman 전통에 대조되는 개념이다. 문제는 브라만교라고 부르는 것 안에 이미 비非브라만적인 슈라만 전통이 들어 있다는 점이다. 불살생不殺生, 기세, 요가, 명상 등이 포함된 비브라만 전통을 브라만 전통과 함께 묶어 브라만교라 부르는 것은 형용모순이다.

브라만교 이후를 힌두교라 부르자는 주장도 문제다. 브라만교 이후 시기에 해당되는 굽따 시대(320~550년경까지 북인도를 통일·지배한 왕조)

이후의 그 대중화된 종교 안에는 너무나 많은 이질적인 요소들이 들어 있다. 물론 그것을 다시 비슈누교, 쉬바교, 밀교(혹은 딴뜨라교, 샥띠 Shakti교) 등의 용어로 구분해 부를 수는 있다. 하지만 서로 간의 차이를 드러내지 않으면서 각각의 것들을 총괄해서 힌두교라 부른다면, 힌두교 이전의 소위 브라만교도 그 확장된 힌두교 안에 포괄하지 못할 것이 없게 된다.

여기에서 비슈누교/쉬바교/밀교 등이 힌두교라는 큰 범주 안에서 각 종교로서의 정체성과 범주를 갖는 단위라고 말할 수 있느냐는 또 다른 문제다. 베다후 시기부터 초기 중세* 전까지의 약 1,000년간의 서사시 시기에 형성된 힌두교가 이후 시대의 힌두교와 얼마나 다른 종교냐는 물음에 대해 분명한 답을 내리기는 매우 어렵다. 브라만(교)적 전통 혹은 브라만(교)적 체계/세계관이라는 용어를 사용하는 것은 타당하겠지만, 그것을 힌두교와 따로 구별해서 사용하는 것은 타당하지 않다. 결국 하랍빠 시대(기원전 3300~기원전 1300년경)부터 현재에 이르기까지의 이슬람이나 기독교 같은 외래종교를 제외한 인도 아대륙의 모든 종교를 힌두교로 규정하는 게 가장 타당할 것이다. 물론 그 안에는 현대의 종교 분류에서 별개 종교로 간주하는 불교, 자이나교, 시크교 등이

---

* 인도사학계에서 널리 쓰이는 초기 중세Early Medieval. 인도사 시대 구분은 영국인 역사학자 제임스 밀 이래로 무슬림의 침입부터 중세가 시작된다고 보는 시각이 오랫동안 영향력을 발휘했지만, 지금은 학계에서 거의 인정받지 못하고 있다. 중세의 시작은 학자에 따라 달라지지만, 대체적으로 5세기 전후로 잡는다. 이 5세기경부터 완연한 중세 봉건사회가 전개되는 12세기경까지를 일반적으로 초기 중세라 부른다.

들어 있다. 지금은 다른 종교로 분류되지만, 종교사의 관점에서 볼 때는 이들 종교도 하나의 종교 전통으로 이해하는 편이 더 적절하다. 그런 차원에서 이 책에서는 이들 종교를 힌두교와 함께 다루기로 한다.

끝으로 불교, 자이나교, 시크교 그리고 보기에 따라서는 하나의 종파로서 인정받을 수도 있는 쉬바교와 비슈누교라는 이름의 사용에 대해 생각해 보자. 역사학에서는 당대 사람들이 이에 대해 어떻게 생각했는지를 먼저 고려해야 한다. 고대 인도인들은 불교를 '붓다 다르마'라 하지 않고 '붓다를 따르는 자', 즉 불자佛子라는 뜻으로 '붓다Buddha'에서 파생된 명사 어휘인 '바웃다Bauddha'를 써서 '바웃다 다르마'라고 했다. 반면 서양 사람들은 불교를 근대 학문의 용어로 옮기면서 고대 인도인들의 생각과 달리 바웃다+이즘Bauddha+ism이 아닌 붓다+이즘Buddha+ism, 즉 부디즘Buddhism이라 했다.

이런 방식의 번역은 근대 이전 중국에서도 마찬가지였다. 중국인 역시 '불자교'가 아닌 '불교'라 했다. 서양에서 크리스트Christ의 종교를 '기독교'라 명명한 것과 같은 이치다. '기독교'는 라틴어 Christianitas의 영어인 Christianity의 번역어다. 조어법상 형용사+명사형 접미사의 결합이고 'Christian'은 '크리스트(의)'를 뜻하는 형용사가 되므로 Christianity는 '크리스트의 종교', 즉 '기독교'가 되는 게 맞다. 서양에서는 이 종교를 기독의 종교라는 개념으로 보지 기독자의 종교라고 보지 않는 것이다.

중국이나 서양에는, 모두 신이나 절대자가 중심이 아니라 그것을 믿고 따르는 자를 중심으로 집단의 정체성을 확인하는 고대 인도인들의 종교 개념 자체가 없었다. 자기들 개념에 맞춰 번역을 하다 보니 그 번역어를 받아들인 사람은 그 번역어의 원 대상의 성격에 대해 오해할 수밖에 없게 된 것이다. 중국과 서양 모두 고대 인도의 사유 방식을 이해하지 못한 데다가 다른 문화를 자신의 문화에 맞추어 이해하려 했기 때문에 생긴 현상이다.

그렇다면 우리는 신이나 절대자를 중심에 놓고 이름을 짓는 서양이나 중국의 방법과 믿는 자를 중심에 놓고 이름을 짓는 인도 방식, 두 가지 가운데 어떤 것을 선택해야 하는가? 역사학이라는 학문은 근대 학문의 전통 위에 서 있기 때문에 근대 서양식 방법을 따르는 게 더 합리적일 수 있다. '불자교'가 아닌 '불교'의 명명법을 취하는 것이 더 적절하다는 말이다.

이 방식에 따르면 불교와 같은 시기에 태어난 비슷한 성격의 종교인 자이나교는 '자이나Jaina'교가 아닌 '지나Jina'교가 옳다. '지나'를 따르는 자가 '자이나'이기 때문이다. 이미 한국 학계에서는 '자이나'라는 용어가 널리 알려져 있다. 게다가 이 책은 문제 제기와 논쟁을 하는 논문이 아닌 개괄적 설명 중심으로 구성되어 있다. 이런 이유에서 원칙적으로는 '지나교'가 맞지만 '자이나교'로 쓰고자 한다. 마찬가지 논리로 비슈누를 따르는 자의 종교를 '바이슈나와Vaisnava교'라 하지 않고 '비슈누Visnu교'라 하고, 쉬바를 따르는 자의 종교를 '샤이바Shaiva교'라 하지 않고 '쉬바Shiva교'라 하기로 한다.

1-2. 힌두교 범주의 문제

힌두교의 주요 종파인 비슈누교와 쉬바교는 각각의 독립 종교가 아닌 개별 종파 정도로 이해하는 것이 합리적이다. 서로 독립적이지 않기 때문에 가톨릭과 개신교처럼 서로 다른 종파 혹은 종교로 구별하여 나눌 수 없다. 비슈누를 주신으로 모시는 사람이 쉬바를 믿지 않는 것도 아니고, 자기들만의 독립된 체계를 갖는 것도 아니다. 쉬바교의 경우도 마찬가지다. 비슈누교는 비슈누를 절대 지존으로 믿고 숭배하는 대중적 힌두교의 일부일 뿐이다. 비슈누교라 해서 힌두교의 또 다른 일부인 쉬바교나 딴뜨라교 등과 배타적인 관계는 아니다. 모두가 서로 다른 차원에서 하나로 공존한다. 비슈누나 그의 화신들을 예배한다고 해서 쉬바나 두르가Durga 같은 여신을 예배하지 않는 것도 아니다. 좀 더 쉽게 말하면 비슈누를 숭배하는 사원에 쉬바 상도 안치되어 있고 두르가나 깔리Kali 같은 밀교의 여신들도 안치되어 있다. 석가모니 본존불이 안치된 한국 불교 사찰 대웅전에 죽은 영혼을 모신 명부전과 산신령을 모신 산신각이 있는 것과 동일한 현상이다.

　불교와 자이나교 그리고 시크교에 대해서도 유사한 고민이 성립된다. 힌두교의 본질이나 기준을 말할 때, 중세 시기 인도 아대륙의 모든 종교 전통의 공통 기반이 되는 밀교나 남부와 벵갈에서 시작되어 전국적으로 퍼진 박띠의 여러 운동이 시크교와 다른 점이 있는지, 다르다면 그 정체성은 절대적인 것인지, 대승불교와 힌두교 박띠 신앙과 다른 바가 있는지, 그것들 간의 차이가 밀교 힌두교와 베다 혹은 베단따 힌두교와의 차이보다 더 큰지에 대해서는 누구도 그렇다고 말하기 어렵다.

심지어 붓다가 힌두교 비슈누의 한 화신으로 편입되어 버린 상황일 경우 붓다를 따르는 자가 불교도인지 비슈누교 전통의 힌두교도인지 판가름하기 쉽지 않다. 그 붓다를 믿고 따르는 사원이 불교 사원인지 힌두교 사원인지도 말하기 어렵다. 이처럼 힌두교를 구분하고 범주를 분명하게 정하는 것은 학문적으로 거의 불가능한 일이다.

요컨대 힌두교는 때에 따라서는 현실세계를 초월하고 세상을 버리고 떠나는 것을 설파하는 종교로, 때에 따라서는 고도의 깨달음과 지혜의 세계를 갖추고 있는 형이상학의 종교로, 때에 따라서는 미신과 야만 그리고 해괴한 의례로 가득찬 미신의 종교로, 때에 따라서는 다신과 이질적 요소들이 무질서하게 섞여 있는 미개한 종교로 그려져 왔다. 신에 관해서만 보아도, 3억 3천의* 신을 가진 다신교이면서 그 신들이 브라흐마Brahma, 비슈누, 쉬바의 세 신으로 통합되고 이 세 신은 결국 하나라는 삼위일체 신학 속에서 다른 모든 신이 하나의 거대한 신이 된다. 힌두교가 때로는 다신교로 때로는 유일신교로 때로는 단일신교로 혹은 그보다 더 다양한 신학적 우주론으로 이해되는 건 이런 이유에서다.

뿐만 아니라 힌두교는 인도가 카스트에 얽매여 근대화를 이루지 못

---

* 흔히 힌두교 신의 숫자가 3억 3천이나 된다고 말한다. 하지만 이는 《아타르와 베다 *Atharva Veda*》, 《야주르 베다*Yajur Veda*》, 《샤따빠타 브라흐마나*Satapatha Brahmana*》 등에 나오는 '뜨라야스뜨린사띠꼬띠trayastrinsatikoti'라는 어휘에서 '꼬띠'를 잘못 번역해서 생긴 현상이다. '꼬띠'는 '뛰어남'과 '천만'이라는 두 가지 의미를 가지고 있다. '뜨라야스뜨린사띠꼬띠'에서 '꼬띠'는 신이라는 전자의 뜻으로 쓰였지만 후자로 이해해서 33신이 3억 3천의 신이 되어 버린 것이다. 베다에 나오는 33신은 아디띠야 열둘, 루드라 열하나, 바수 여덟, 아슈윈 둘이다.

하게 한 장본인으로 그려지기도 했고, 서양 문명이 실패한 인류 공존·
공생의 절대 과제를 이행할 수 있는 사랑과 화해의 종교로 평가받기도
했다. 하나의 범주 안에 이렇게 서로 모순적인 특질들이 모자이크를 이
루고 있는 복잡한 종교가 바로 힌두교인 것이다. 그럼에도 불구하고 힌
두교에서 최대한 공통적이며 일반적인 특징을 찾는다면 그것은 과연
무엇일까?

힌두교 안의 여러 종교 전통은 대부분 까르마(업)와 산사라(윤회)의 시
간 속에서 다르마와 바르나(카스트)라는 사회질서를 지키고자 하고, 사
회 안에서는 의례와 행위의 실천에 큰 중요한 의미를 부여한다. 여기에
서 까르마론은 베다에 기반을 두는 궁극의 본질 브라흐만의 존재 그리
고 범신론과 연계된다. 브라흐만은 이 안에서 만물에 현현한다는 범신
론과 시간은 끝없이 반복되고 반복된다는 업과 윤회의 이론을 갖추게
된다.

힌두교에서 신은 삶 주변에 존재하는 모든 생명체와 비非생명체 안
에 존재하며, 업과 윤회의 시간 속에서 매우 다양한 방식으로 현현한
다. 남자로도 가능하고, 여자로도 가능하다. 위대한 왕으로도 가능하
고 스승으로도 가능하고 거지로도 가능하다. 산이나 강과 같은 무생물
로도 가능하고 흔한 돌멩이 하나로도 가능하다. 그 신성을 안치한 곳이
거대한 사원이기도 하고 나무 밑에 갖다 놓은 돌 하나일 수도 있다. 신
에게 접근하는 방식은 여러 가지가 있다. 스승이나 성자를 통해서도 가
능하고, 제사나 뿌자puja(예배)를 통해서도 가능하다. 깨달음이나 해탈
과 같은 궁극을 추구하는 방식도 있고 단지 신을 따라 윤회를 추구하는
것도 있다. 이는 '모든 힌두는 다 윤회를 믿는다'는 주장이 엄밀히 말

해서 그르다는 명제로 이어진다. 그러한 주장은 '윤회를 믿고 추구하는 힌두도 있지만, 그것을 부인하고 극복하는 힌두도 있다'고 고쳐져야 한다.

영국이 식민 통치 차원에서 도입한 국세조사(센서스)에서는 스스로를 '힌두'라고 정한 사람이 힌두가 되는 수밖에 없다. 불가촉민으로 있다가 스스로 카스트 체계를 부인하고 불교나 이슬람이나 시크교나 기독교로 개종한 사람이 힌두가 아니라고 주장하면 그는 힌두가 아니고 새로운 종교의 정체성을 갖게 되는 것이다. 그렇다고 그가 전적으로 힌두 카스트 체계와 문화에서 벗어나 사는 것은 아니다. 제3자가 객관적으로 분석해 볼 때 실질적으로 힌두교 범주 내에서 생활하더라도 스스로 힌두가 아니라 하면 그는 힌두가 아닌 것이다.

결국 어디까지가 힌두교이고 누가 힌두인가, 라는 물음에 대해 명쾌하게 답변할 방도는 없다. 차라리 힌두교란 무엇인가를 고민할 때 그 범주와 성격을 먼저 규정하고 각각의 같음과 다름을 생각해 보는 것보다는, 주제 지도를 여러 장 작성해서* 전체 인도 내에서 힌두교 내의 여

---

*　예컨대 어떤 공통점과 차이점을 분간하는 범주를 파악하기 위해 수십 가지의 특정 주제에 따른 지도를 겹쳐 보는 방식을 시도해 보는 것과 비슷하다. 사회 문화에 관련하여 가옥의 형태, 대가족 성격, 여성의 사회적 위치, 질그릇 제작 방식, 쌀/밀 농사 여부, 계급 간 결혼 정도 등이 통용되는 범위를 각 한 장씩 특정 색으로 채색하여 지도에 그려 수십 개의 지도를 포개면 색이 짙어지는 곳과 색이 옅은 곳이 나타난다. 인도의 경우 지금의 영토 안에서 인도-갠지스 평원 유역, 히말라야 산록 지역, 동부 가트 지역, 데칸 지역, 남부 지역, 라자스탄-뻔잡 등 서북부 지역 등이 서로 비슷한 색으로 짙은 경계를 유지할 것이고, 파키스탄과 서북부는 그렇게 많이 다르지 않을 것이지

러 특질 가운데 어떤 것들이 공통적인지를 살피는 편이 더 합리적이다. 어떤 특질은 지역이나 문화권에 따라 달라서 거의 공통점이 없고, 반대로 어떤 특질은 거의 모든 지역과 문화권에서 공통점을 갖는다는 사실을 확인할 수 있다. 즉 어디까지가 힌두교이고 어디서부터 힌두교가 아니라고 하는 방식보다는 어떤 부분은 소위 핵core에 더 가깝고 어떤 부분은 경계에 더 가까운지, 그 성격을 고찰하는 것이 더 적절하다.

고대 인도식 사유에 의하면, 종교란 어떤 스승이나 신의 말씀이 아니고 그를 믿고 따르는 자들이 구성하는 공동체의 사상이나 신앙이다. 이러한 사유 방식으로·이해하면 종교는 역사에 따라 그 내용이 달라질 수 있고, 서로 다른 부분들이 상생하면서 사회 내에서 기능하고 관계를 맺는다. 궁극은 정해진 것이 아니라 이 같은 상생과 관계맺음 내에서 해석에 따라 달라지는 것이다. 요컨대 종교는 절대적으로 변화하는 것이고, 그 변화는 사회 안에서 이루어진다. 종교에 대한 연구는 이 같은 변화를 역사학적으로 살피는 방법론이어야 한다. 이 책은 종교를 이러한 관점에서 바라보며 썼다.

만, 아프가니스탄 쪽으로 가면 갈수록 점차 점이 지대로 변할 것이다. 그렇게 되면 아프가니스탄 지역은 전형적인 의미에서 전통 인도 개념의 경계로 간주할 수 있다. 이런 방식으로 힌두교의 여러 특질을 적용해 보면 의미 있는 결과를 도출해 낼 수 있을 것이다.

2. 종교학과 종교사

2-1. 종교학 방법론

종교의 역사 연구는 크게 두 가지 방법론에 의해 이루어진다. 하나는 흔히 '종교학'이라고 부르는 방법론이다. 현상학을 토대로 만들어 낸 이 방법론은 종교가 사회나 경제의 역사적 변화와 관계없는 순수한 자치 영역이라는 관점에 토대를 두고 있다.

　종교학 방법론은 역사가 아무리 변해도 종교에는 변하지 않는 종교만의 순수 영역이 있다고 주장한다. 어떤 종교 현상이 왜 일어났고 어떻게 변했으며 어떤 역사적 의미를 갖는지에 대해서는 관심을 두지 않으며 그 원인과 결과를 사회·경제적 요인으로 환원하지 않는다. 종교학 방법론 연구자들의 주된 관심이 비교 연구인 것은 그래서다. 힌두교의 세 신은 기독교의 삼위와 어떤 점이 같고 어떤 점이 다른지, 샤머니즘의 나무와 돌 숭배와 유대교의 나무와 돌 숭배는 어떤 형태로 같거나 달리 이루어지는지 등의 문제에 관심을 두고 연구하는 것이다.

　역사학의 한 분과로서 종교사 연구는 이와 정반대의 입장을 취한다. 기본적으로 특정 종교 현상은 특정 시대 역사의 산물이라는 관점을 토대로 한다. 예컨대 초기 불교가 불살생不殺生을 주장하고 나선 것은 기원전 6세기 인도 동북부 지역 사회경제사의 결과라는 것이다. 이 입장에서는 역사가 흐르면서 사회경제 구조가 바뀌면 종교 또한 바뀔 수밖에 없다고 강조한다. 힌두교에서 깔리와 같은 '피에 목마른' 악의 여신이 지존위로 자리잡은 것은 중세사회의 산물이라는 주장이 그러한 예다. 그들은 종교의 변화를 시대의 역사적 맥락으로 환원해서 연구한다.

이로 인해 두 가지 방법론에 따른 각각의 연구는 다루는 주제가 매우 다르다. 어떤 현상은 전자로 풀어 내는 것이 더 합리적이고, 어떤 현상은 후자로 풀어 내는 것이 더 합리적이기 때문이다. 한 가지 방법론으로 종교의 모든 면을 이해할 수는 없다.

이 책은 후자의 방식으로 진행된 연구 결과다. 인도의 사회경제사가 힌두교와 불교 등의 변화에 어떤 영향을 끼쳤는지에 대해 연구한다. 종교의 변화가 특정 시대 사회경제와 어떤 관련성을 갖는지를 분석한 것이다. 당시 경제구조는 어떠했는지, 생산관계는 어떻게 바뀌었는지, 정치적 맥락은 어떠했는지를 우선적으로 살피는 것이 이 책의 방법론이다.

종교는 권력과 떼려야 뗄 수 없다. 종교를 가지고 권력을 추구하는 존재들은 항상 영원한 이데아를 말한다. 종교사 연구자에게 종교가 이데올로기인 이유다. 특정 사회경제사의 산물인 종교가 특수성을 넘어 보편성을 획득하고자 하는 과정에서 새로운 역사는 만들어진다. 왜 영국의 식민 지배가 공고히 이루어지기 시작할 때 인도 인민이 힌두교에 기대어 민족주의를 펴기 시작했는지를 연구하면 인도 현대사의 가장 큰 질곡인 종교 공동체주의Communalism*로 인한 사회 갈등을 이해할 수 있다. 왜 힌두교에서는 남편이 죽으면 여성도 산 채로 같이 장례를 치르기를 원하고 그런 야만이 과학 문명이 발달한 근대 시기에도 벌어졌는지에 대해 연구하면 왜 사회가 진보적으로 변화해 가기보다 보수적으로 퇴보할 수밖에 없는지를 이해할 수 있게 된다.

요컨대 이 책에서 종교는 역사 만들기의 한 구동 장치이다. 종교로 인해 만들어진 역사를 이해하지 못하면, 적어도 인도사를 제대로 해석하는 것은 불가능하다. 종교사 연구에서 종교가 그 자체로 불변의 가치를 갖는 것이 아니다. 종교는 항상 정치·사회·경제의 변화에 따라 변해 왔다. 그럼에도 종교를 권력의 도구로 이용할 수 있는 자들이 불변의 진리를 말하는 것은 그들이 종교를 통해 정치·경제·사회적 권력을 끊임없이 추구하기 때문이다.

---

* 커뮤날리즘Communalism이란 커뮤니티Commumity에 ism을 추가해서 만든 어휘다. 직역하면 공동체주의라고 할 수 있다. 넓은 의미에서는 종교, 지역, 언어 등을 공동으로 소유하는 집단을 하나의 공동체로 인식하는 인식체계를 의미하지만 인도사에서 실질적으로는 종교를 기반으로 하는 공동체주의를 의미한다. 이 책에서는 그 의미를 좀 더 분명히 하기 위해 '공동체주의'보다는 '종교 공동체주의'로 번역하여 사용한다. 종교 공동체주의의 뿌리는 영국 제국주의의 원활한 식민통치를 위한 분리통치divide & rule 정책에 있다. 당시 인도의 민족 지도자들 또한 확고한 민족공동체 의식을 가지고 있지 못했기 때문에 인민들을 통합하여 하나로서의 '우리'를 만들기 위해 여러 집단 가운데 가장 큰 단위인 힌두교를 토대로 공동체 의식을 만들었다. 이 과정에서 힌두교가 아닌 무슬림은 자연스럽게 '우리'가 아닌 '남'이 되어 버렸다. 민족 운동이 활발하게 전개되자 힌두와 무슬림 사이의 종교 공동체 갈등도 뒤따랐다. 이는 결국 인도–파키스탄의 분단을 낳았다.

힌두교가 민족종교의 틀을 벗어나 본격적으로 세계종교로 성장한 것은 1960년대 미국 사회에서였다. 이는 미국 학계의 종교 연구와 밀접한 관련을 가지고 있다. 종교학 방법론에 기초한 종교 연구방법론이 종교의 성격을 규정하면서 담론이 실체를 만든 것이다. 고대에 브라만 사제들이 만든 신화가 종교의 변화를 추동했듯이, 현대 미국에서의 종교 연구가 또 다른 신화를 만들며 힌두교에 새로운 성격을 부여한 것이다. 미국에서 종교 연구의 시작은 종교학의 관점에서 비교 연구에 몰두하는 것이었다. 이 같은 연구의 저변에는 기독교가 비非기독교에 비해 우월하다는 선교 중심의 시각이 깔려 있었다.

비교 종교 연구는 기독교 재단이 운영하거나 그와 관련된 대학에서 주도했으며 1940년대까지 이어졌다. 당시 종교 연구방법론은 유럽 학계의 《바이블Bible》 해석과 기술적記述的 연구 방법에 의존하고 있었다. 종교 연구가의 주된 관심은 비기독교의 성전聖典 번역과 해석에 머물러 있을 뿐이었다.

19세기와 20세기 동안 미국에서 발전한 인문학과 사회과학의 학문들은 대부분 유럽의 학문 전통을 계승하는 방향으로 이루어졌지만 유독 종교 연구는 그렇지 않았다. 유럽에서의 종교 연구는 비환원적 해석과 환원적 분석이 공존하는 학문 전통이 오랫동안 유지되었다. 전자는 신학적 편향이라는 결함에도 불구하고 종교 경험을 해석하고 종교의 자율성과 독특성을 이해하는 데 중요한 역할을 한다. 후자는 종교를 사회적 요인의 부차적인 결과물로 간주하는 흠이 있으나 종교가 사회에서 차지하는 행위의 의미를 분석함으로써 종교를 이해하는 데 중요한 역할을 한다. 미국은 유럽에서의 이러한 양립 전통과 결별한 채 비非역사적이고, 비非환원주의적인 '종교학'이라는 새로운 학풍을 세웠다.

미국에서 종교학은 기존의 종교 연구방법론인 신학과 철학으로부터의 독립을 당면 과제로 삼아 개별 학문으로 발전해 나갔다. 그 과정에서 신학과 철학이 추구하는 진리 탐구 혹은 규명이라는 주관적 태도에서 벗어나 객관적 연구방법론을 세우고자 했다. 이를 위해 종교학은 대표적인 연구 방법으로 '비교'를 내세운다. 하지만 비교는 상당히 주관적인 해석 방법이었다. 주로 역사적 맥락을 통한 의미나 사회적 역할로 볼 때 전혀 다름에도 외형상 유사성을 보인다는 점을 근거로 들며 하나로 묶어 비교함으로써 종교의 여러 현상과 구조를 이해하고자 한다. 그러다 보니 역사성을 상실한 자의적인 해석으로 흐를 수밖에 없게 되었다. 역사성을 고려하지 않은 채 이루어진 이 같은 외형 비교에 대해 많은 비판이 쏟아지자, 종교학 방법론을 수립한 대표적 학자 가운데 한 사람인 미르체아 엘리아데는 종교에는 종교만의 변하지 않는 역사가 있다고 주장하면서 이를 종교사History of Religion라고 불렀다.*

---

* 엘리아데의 'History'는 시간의 흐름에 따른 물질사회의 변화를 탐구하는 흔히 말하는 '역사'가 아니라, 사회 변화와 관계없이 본질적으로 존재하는 종교 현상의 추이를 말하는 '역사'다. 종교학 방법론자들이 사용하는 역사는 '반역사counter-history', '역사 지혜historiosophy', '초월 역사transhistory', '메타 역사metahistory', '성사聖史 hierohistory' 등으로 규정되는데, 역사에 대한 변형일 뿐 새로운 의미의 역사는 아니다. 학문 일반에서 쓰는 '역사'와 뜻이 다르기 때문에 고유명사로 취급하여 영어로 쓰는 경우 맨 앞 철자를 대문자로 쓴다. 그렇게 쓰다 보니 정치사, 사회사, 문화사, 사상사와 같은 역사학의 한 분과로서의 '종교사'와 한글 어휘가 같게 된다. 엘리아데가 규정하는 현상학으로서의 종교사와 역사학의 종교사가 다르기 때문에 그 둘을 비교하기 위해 전자를 말하고자 할 때는 '종교학'이라고 하거나 한국어 어휘 옆에 괄호를

종교학에 의한 종교 연구는 과거에 그들이 철학/신학과 자연과학에 반대하면서 종교의 진리를 옹호했던 것과 같은 맥락에서 역사학과 사회과학에 대해서도 반대 입장을 취했다. 엘리아데의 '종교사'를 기반으로 하여 성립한 종교학은 제2차 세계대전 이후로 등장한 학문의 전문화와 사회과학의 발달이라는 새로운 추세에 반발하는 입장을 취한다. 그의 '종교사'는 종교에 본질적인 무언가가 있다고 상정한다. 엘리아데는 종교의 본질을 원형archetype이라 부르면서 그것은 역사에 따라 변하지 않는다고 본다. 이 같은 인식 아래 초월성과 전체성을 추구하고 종교의 자치성과 그에 따른 비非환원주의를 견지한다. 종교의 이해는 원초적 개념에 대한 에포케epoché, 즉 '가치에 대한 판단 정지'와 이에 입각한 현상으로서의 기술을 통해 이루어져야 한다고 주장한다. 이러한 종교 연구에서 '종교사'는 모든 관련 데이터를 일정한 기준에 의해 유형별로 분류하고 데이터의 성격을 각각의 현상으로 구별하여 특정 신앙과 행위 그리고 경험의 가치와 의미를 기술하고 비교 해석하는 것이 된다. 그 '종교사'가 이해하려 한 종교는 사람, 시간 그리고 장소가 만드는 역사로부터 영향을 받지 않는 자치 구역 내에서 일어나는 종교 현상이었던 것이다. '종교사'가 사용하는 '역사'는 신학으로부터 탈피했다는 점에서는 진일보한 것이라 할 수 있지만, 역사학의 입장에서 볼 때는 신에 관한 논리를 토대로 인간의 본질을 탐구하는 것에 지나지 않은 반反역사적 존재일 뿐이다.

처서 영어로 'History of Religion'을 같이 써 준다.

종교학의 학풍 속에서 미국의 주류 힌두교 연구자들은 종교의 변하지 않은 원형에 대한 이해를 연구 목표로 삼았다. 이러한 학문 태도를 잘 드러내는 대표적인 힌두교 연구자가 웬디 도니저Wendy Doniger다. 그는 비교언어학, 신학, 비교종교학, 인류학, 심리학 등 폭넓은 방법론을 통한 힌두교 연구를 주장하면서도 역사학을 비롯한 환원주의적 방법론을 경계해야 할 함정이라고 규정하면서, 철저한 반환원주의자임을 천명하고 있다. 사료로 고대 신화를 매우 폭넓게 활용했음에도 도니저의 해석이 각 신화들의 서로 다른 시대적 배경을 고려하지 않는 이유가 여기에 있다. 예컨대 기원전 1000년경에 만들어진 베다 신화와 기원후 500년경에 만들어진 서사시의 신화를 사료 검증을 통한 역사적 분석을 생략한 채 단순히 유형별로 분류하여 동일한 선상에 놓고 해석하는 식이다.

도니저는 시간적으로나 공간적으로 확연히 다른 방대한 신화에 대해 용어를 중심으로 일대일로 대응 비교하는 방법을 주로 사용했다. 신화의 요소들이 가지고 있는 의미가 시간과 장소에 따라 달라지는 점에 대해서는 전혀 분석하지 않았다. 힌두 신화에 대한 그의 탈역사적 분석으로 인해 힌두교는 변하지 않은 원형이 유지되어 온 신비의 종교로 자리잡게 된다. 잘못 이해된 반反역사 현상으로서의 힌두교는 미국 학계의 엄청난 힘에 실려 전 세계로 퍼졌고 '역사를 초월한 힌두교'로 알려지게 된다.

2-2. 역사학으로서의 종교사의 필요성

힌두교를 제대로 이해하기 위해서는 엘리아데가 말하는 '역사로 환원할 수 없는 종교학'으로서의 종교사가 아니라, '역사 속에서 물질적 상황의 변화에 따라 변화하는 종교의 역사'를 기술하는 것이 절대적으로 필요하다. 역사로서의 종교사는 종교학은 물론이고 사상사, 교리사, 신학 등과는 전혀 다른 분과 학문이다. 특히 경전이 한정되어 있지 않고 절대론을 내세우지 않으며 모든 종교 전통을 흡수하면서 성격이 계속 변화해 나가는 힌두교나 불교와 같은 종교 연구에서는 역사학적 방법론이 절대적으로 필요하다.

인도사를 제대로 이해하지 못한 채 힌두교와 불교를 특정 경전이나 교리 중심으로 철학이나 신학 차원에서만 이해하는 사람들은 힌두교와 불교의 역사적 실체를 파악하지 못한다. 불교의 경우 '종宗'이나 '교敎' 혹은 '파派'로 표현되는 분파의 교리를 중심으로 담론만 분석하면서 실제 사회에서 행해진 종교행위를 무시하거나 부정하는 연구가 대부분이다. 한국에서의 불교 연구는 거의 대부분 그러한 연구 풍토에서 벗어나지 못하고 있다.

인도 종교에 관해 이루어진 연구도 마찬가지다. 지금까지 인도 종교 관련 연구는 경전에 나타난 관념, 즉 사상과 철학을 중심으로 이루어져 왔다. 철학과 종교를 구분하지 않고 고대 힌두교의 관념철학이 힌두교의 전형이거나 전부인 양 알려져 있다. 아직도 불교의 본질은 깨달음에 있고, 힌두교는 베다나 우빠니샤드에 기반한 종교라고 하는 학자들이 전부라 해도 과언이 아니다. 이미 깨달음이 아닌 윤회를 택하고, 재가 신자들의 기복을 비는 신앙이 불교의 중심으로 자리잡은 지가 2,000년이 넘었음에도 그런 성격 규정은 아무런 거리낌없이 떠돌아다닌다.

힌두교 또한 불교 연구와 별다를 바 없다. 이 책은 그 실체를 밝히고자 하는 것이다. 인도의 힌두교와 불교는 철학 혹은 신학에 입각한 학문적 자세로 인해 실제 종교의 모습이 밝혀지지 않은 채 '학문에 의한 신화'로 감춰져 있다. 이는 힌두교와 불교가 이데올로기로 작동하게 만든다. 이 책이 역사학적 방법에 따라 힌두교와 불교를 연구하는 것은 힌두교든 불교든 역사에 따라 변화해 왔던 역사의 산물이라는 단순한 이유 하나 때문이다. 종교는 정치나 경제나 사회와 다르지 않은, 역사가 분석해야 할 인간사의 한 부문일 뿐이다. 궁극이나 본질을 찾는 사람들의 역사가 아니다.

베다를 포함한 힌두교의 수많은 경전에는 신에 대한 찬양, 신의 기원에 대한 이야기, 의례에 대한 지침, 세계에 대한 철학적 고찰과 논의, 사회적으로 지켜야 할 법과 도덕과 여러 규칙 등이 담겨 있다. 경전의 성격에 따라 담고 있는 내용들이 다르긴 하지만 모두 역사적으로 실제 일어난 사실보다는 실천해야 할 당위나 해석을 기술한다. 이런 점에서 경전들을 실제 역사로 그대로 인정할 수는 없다. 그렇다고 경전에서 실제 역사를 추출할 수 없는 것은 아니다. 경전은 농업, 상업과 무역, 수공업, 목축업 등 경제와 산업의 발전 과정이 어떠했는지, 카스트가 어떻게 만들어지고 어떻게 서로 관계를 갖는지 그리고 변화하는지를 알려주는 사료다. 카스트뿐만 아니라 가족 간의 관계, 남성과 여성 간의 관계, 왕과 사제 그리고 정부 관료 간의 관계와 같은 사회사 파악에도 도움을 준다. 사회 속에서 행해지는 의식주, 놀이나 사랑 혹은 문학과 예술의 모습이나 방법을 이해하는 데 실마리를 제공하기도 한다. 이러한 것들은 신앙, 사상, 의례 등 종교를 구성하는 여러 부면의 형성과 변화와 떼려야 뗄 수 없는 것들이다. 그 상호 역사적 관계를 파악하는 것, 이것이 역사학의 한 분파로서 종교사가 추구하는 학문적 목적이다.

3. 힌두교에 대한 편견과 왜곡

3-1. 힌두교에 대한 유럽 낭만주의의 편견

인도에 대한 바깥 세계의 관심은 과거 중국이나 동아시아와 동남아시아에도 있었고 페르시아나 그리스 등 인도의 서쪽 세계에도 있었다. 동아시아와 인도는 전쟁이나 교역 등 물리적 교류는 상대적으로 적고 주로 불교를 통해 이루어졌다. 반면 서아시아와 유럽에서는 전쟁이나 교역 등 인도와의 물리적인 교류가 많았다. 동남아시아는 불교와 힌두교를 통한 접촉과 물질 교역이 동시에 이루어졌다. 인도에 대한 본격적인 관심은 18세기 이후 유럽 세계가 인도에 접근하기 시작하면서 생겨났다. 아시아, 아프리카와 대량으로 교역을 늘리기 전까지 유럽인들은 인도에 대해 거의 아무것도 알지 못했다. 그리스 시대 때 형성되었던 오리엔탈리즘Orientalism의 눈으로 인도를 야만의 땅으로만 봤다.

18세기 이후 유럽인들은 인도와의 교류를 더 강화하고 식민화하기 위해 본격적으로 이 나라와 사회에 대해 관심을 가졌다. 당시 유럽에서는 낭만주의가 점차 시들어 가고 대신 민족주의, 공리주의, 사회주의 등 과학적이고 실용적인 사상이 서서히 자리잡고 있었다. 이 같은 변화는 식민화 되어 가고 있는 지역에 대한 지식을 단순한 지식욕에서 점차 행정 통치에 필요한 체계적인 학문으로 발전시키도록 이끌었다. 인도에 대한 관심은 초기의 전통, 풍습, 언어 등의 이해에서 점차 역사에 관한 연구로 이행되었다. 이론적 배경과 안목이 서로 다른 사람들이 거의 동시에 조사에 착수함에 따라 인도에 관한 연구는 많은 해석의 차이를 드러냈고 실제와 거리가 있는 결과물을 생성했다. 특히 인도의 종교에 대한 연구는 기독교를 바탕으로 한 이분법적 세계관에 입각하여 이루어졌고 이는 현실과 유리된 왜곡을 낳았다.

19세기 중엽에 이르러 동양학자의 수가 점차 늘어나면서 인도에 대한 관심과 연구는 유럽의 대학가에까지 퍼져 나갔고, 인도를 연구하려는 학도들도 점차 증가하였다. 동양학자들은 산스끄리뜨어와 유럽어의 비교 연구를 통해 인도와 유럽에서 사용되는 언어들은 계보가 같은 것이며 같은 뿌리에서 파생되었다는 이론을 확립시켰다. 대표적인 학자로 뮐러Max Müller가 있다. 그의 이론에 따르면 인도와 유럽의 언어 중 같은 계보에 속하는 언어로 산스끄리뜨어를 비롯하여 그리스어, 라틴어, 슬라브어, 켈트어, 튜톤어, 페르시아어, 토카리어 등이 있으며, 이러한 언어들을 사용하는 사람들은 다 같은 아리야Arya인이라고 한다. 아리야인은 인도 아대륙으로 건너와 원주민을 제압하고 노예화하여 점차 선진 문화를 보급했다. 그들의 유산이 바로 베다 문화이고 산스끄리뜨어 문학이며, 원주민과 자신들을 구별하기 위해 만든 제도가 카스트 제도라는 것이다.

유럽의 동양학자들은 인도의 브라만이야말로 순수 아리야 혈통을 보존한 계급으로 간주했다. 브라만의 언어인 산스끄리뜨어는 그리스어나 라틴어보다 훨씬 오래되고 훨씬 더 원형에 가까운 고전적 상태로 잘 보존되어 온 것으로 여겼다. 인도 고대 문화는 선진 유럽 문화에서 떨어져 나가 잃어버린 한쪽 날개로, 인도의 아리야인들을 유럽인 자신들에게 가장 가까운 문화인으로 취급했다.

이들 동양학자들은 당시의 유럽 문화에서 볼 수 없는 전혀 새롭고 높은 가치의 문화를 인도의 산스끄리뜨어 문화, 즉 고대 문화에서 찾아냈다. 뮐러는 능동적이고 호전적이며 탐욕적인 자신들의 고대 문화에 비해 인도의 고대 문화는 수동적·명상적·사색적이고 항상 진리만을 추구하는 문화라고 높이 찬양했다. 그는 인도에 수천 년 동안 전통이 변하지 않고 이어져 내려온 것으로 평가했다. 동양학자들의 정열적인 산스끄리뜨어 연구와 산스끄리뜨어 문학 번역은 차츰 유럽 전역으로 퍼져 나갔다. 당시는 독일의 낭만주의운동이 가장 고조되고 있었다. 괴테가 깔리다사Kalidasa의 희곡인 《샤꾼딸라Shakuntala》(4~5세기경 작품)에 찬사를 표시한 때가 바로 이때였고 쇼펜하우어가 우빠니샤드 철학에 심취한 것도 이때였다. 프랑스, 독일, 이탈리아에서부터 덴마크, 스웨덴, 러시아에 이르기까지 거의 전 유럽 대륙에 '인도'의 매력이 널리 퍼져 나가고 있었다.

하지만 거의 모든 유럽인들의 관심은 산스끄리뜨어 문헌을 통한 종교와 문학 분야에만 집중되었고 진정한 의미의 역사 연구는 아직 시작되지 않았다. 헤겔과 같은 역사철학자는 인도사에 관심을 보이지 않았다. 뿐만 아니라 인도에는 역사가 없고 낱낱이 떨어진 에피소드만 있을 뿐이라고 폄하했다. 고대 인도에는 이성 중심의 역사 인식이 없어서 역사의 진보가 이루어질 수 없다고 주장하기도 했다.

그들이 심어 놓은 '아리야인 신화'는 인도 땅에 아리야인의 배타적 선민의식을 조장했고 인도의 문화를 아리야 대 비아리야로 양분하는 오류를 낳았다. 고대 선민 아리야인의 후예를 자처한 인도의 지배계급은 급기야 그들을 식민 지배하고 있는 영국인과 동일한 족속이라는 자부심마저 갖게 된다. 이는 인도인들이 영국의 인도 지배를 정당화하는 결과를 빚기도 했다.

'아리야인 신화'는 영국의 식민통치 아래 민족주의운동의 일환으로 일어난 종교·사회 개혁운동 지도자들에 의해 더욱 고무되고 격려되었다. 19세기 후반 스와미 다야난다 사라스와띠Swami Dayananda Sarswati가 "아리야 시대로 돌아가자"고 주창하면서 펼친 아리야 사마즈Arya Samaj 운동이 대표적이다. 베다를 기준으로 힌두교를 기독교식의 일신교적 모습으로 만들고자 했던 아리야 사마즈는 베다와 관련이 없는 여러 종교행위를 모두 일소해야 한다고 주장했다. 이로 인해 기원전 1500년경부터 기원전 500년경의 베다 문화가 근대 인도의 사회개혁운동의 기준이 되는 어처구니없는 일이 발생했다.

고대 인도의 부활을 주장한 아리야 사마즈 운동은 힌두교의 재생이자 힌두교로의 복고였다. 힌두 근본주의자들은 무슬림의 도래로 인해 자신들의 고대 이상사회가 파괴되고 악이 퍼졌으며, 식민주의자들이 비난하던 인도의 모든 사회악은 무슬림의 침략과 힌두교 탄압 때문에 생겨난 것이라고 주장했다. 그렇게 힌두교는 영원불멸의 종교가, 이슬람은 악마의 종교가 되었다. 힌두교가 영원불멸의 진리라는 주장은 갈수록 영향력을 키웠다. 최근에는 고대 힌두 사회에 전혀 갈등이 존재하지 않았고 종교와 과학이 상충되는 현상도 나타나지 않았다는 식의 기술이 역사 교과서에까지 실리게 되었다.

'아리야인 신화'의 영향을 받은 인도의 민족주의 학자들은 고대 인도의 우수한 문화는 바로 아리야인의 문화라는 주장을 서슴지 않았다. 고대 인도의 이상적인 문화는 힌두의 문화라기보다는 아리야인, 즉 베다에서 나온 힌두교 문화라는 것이다. 그들의 영향을 받아 1980년대 이후 힌두 국수주의자들은 하랍빠 문화의 주인공이 아리야인이라든가 아리야인은 서아시아에서 아프가니스탄을 거쳐 인도 땅으로 들어온 것이 아니라 인도 땅에서 세계로 뻗어 나간 것이라고 주장하기까지 이르렀다. 이 같은 주장은 점차 비약해 인도의 고대 문화는 전적으로 아리야인의 문화로 정착되어 갔고 그들의 종교인 힌두교도 오로지 아리야인의 종교로만 인식되었다. 드라비다인을 비롯한 토착 원주민들의 영향은 잡다한 요소로 거의 무시되어 버렸다.

이러한 논리는 인도인의 과거와 전통에 대한 자긍심을 불러일으키는 데는 어느 정도 효과가 있었을지 모른다. 그렇지만 보다 근본적인 문제인 근대적 의미의 인도 민족을 수립하는 데는 커다란 장애 요소로 작용했다. 이때부터 서서히 아리야-비아리야 혹은 아리야-드라비다의 대립 개념이 힌두-무슬림의 대립 개념과 함께 인도의 종교 공동체주의의 요체가 되었고 지금까지 이어지고 있다.

동양학자들 가운데 낭만주의자들은 인도 사회를 철학과 사색의 이상향으로 묘사했다. 이 같은 낭만주의 동양학자들 가운데 인도의 민족주의운동을 주도해 나간 신지학회Theosophical Society는 인도의 아리야인들이 창조한 힌두 문명은 정신주의이고 유럽 문명은 물질주의라는 주장까지 펼친다. 이는 이후 '정신의 힌두 대 물질의 서양'이라는 이분법적 구도가 만들어지는 계기로 작용한다. 이 이분법 안에서 전자가 후자에 대해 우월하다는 국수주의가 널리 정착하고, 이로 인해 힌두교는 세계에서 정신의 요람으로 자리잡게 된다. 힌두 국수주의는 스와미 비웨까난다Svami Vivekananda를 비롯한 일련의 사회개혁운동 지도자들이 동조하면서 더욱 강화되었다. 그들은 자신들의 정신문화가 서구의 물질문화보다 훨씬 우수하기 때문에 자기들의 전통과 유산을 다시 찾아야 한다고 주장했다. 이 같은 주장은 사료를 역사적으로 읽지 못하는 데서 온 오류다.

3−2. 유럽 공리주의자의 힌두교 왜곡

진정한 의미의 인도 역사 연구를 시작한 사람은 영국의 공리주의 사학자 제임스 밀James Mill이었다. 그는 1817년에 쓴 《영령 인도의 역사 History of British India》에서 인도사를 힌두 문명, 무슬림 문명, 영국 문명의 세 시대로 구분했다. 인도의 문화를 어렴풋하게 아리야 문화 대 비아리야 문화로 구분한 동양학자들과 달리 그는 통치자들의 종교를 기준으로 삼는 체계적인 방법을 통해 인도의 역사를 세 개의 시대로 구분한 것이다.

하지만 여기서 중요한 부분은 힌두 문명−이슬람 문명에 이어지는 세 번째 시대인 근대를 '기독교 문명' 같은 종교 문명이 아닌 '영국 문명'으로 규정했다는 점이다. 이는 교묘한 역사 왜곡이다. 힌두교와 이슬람의 갈등을 조장했기 때문이다. 밀에게 인도 문화는 낭만주의 동양학자들의 눈에 비친 그런 문화는 결코 아니었다. 그는 인도 문화를 야만시했고 저주했다.

밀에게는 당시의 인도는 말할 것도 없고 고대 인도의 문화까지, 즉 인도인의 종교 체제, 정부 형태, 법률제도, 사회제도 등 모든 것이 야만적이었다. 그는 인도 문화를 이상향으로 보고 동경하던 동양학자들의 관점을 부정하면서 힌두교와 인도 문화를 철저히 매도했다. 둘 사이에 공통점이 있다면 인도 사회의 본질이 수천 년 동안 변하지 않고 이어져 내려왔다고 주장한 사실이다. 동양학자들이 인도 사회가 순수한 형태로 보존되어 내려왔다고 본 반면, 밀을 비롯한 공리주의 사학자들은 인도 사회의 연속성이 전제군주 아래에서 지속된 사회의 폐쇄성에 기인한다고 본 것이 다를 뿐이다. 이른바 동양사회 정체론이다.

제임스 밀을 비롯한 공리주의 사학자들은 19세기 인도의 후진성이 소위 '인도인의 비합리적 문화'에서 연유한다면서 그 뿌리가 힌두교라 주장했다. 제임스 밀은 인도 문화의 비합리성을 중점적으로 비난했다. 공리주의자들은 자신들이 문화의 으뜸 요소로 꼽는 실용적이고 합리적인 법제도가 결여됐기 때문에 인도의 비합리적인 문화가 생겨났다고 강조하면서 전제군주의 보수적인 문화는 아무런 가치가 없는 것이라고 비판했다. 이는 영국의 통치가 가져다주는 법률정치에 의해서만 인도가 진보적이고 능동적인 문화로 변화할 수 있다는 주장으로 발전한다. 이 같은 시각에서 힌두교는 이상적이든 야만적이든 정체된 동양 사회라는 식민주의 이데올로기 안에서 만들어진 허상의 이미지일 뿐이었다.

18세기 이전, 즉 동양학자들의 연구가 있기 이전에는 어느 시기 어떤 책도 인도인을 다른 민족에 비해 정신적으로 우월한 민족이라고 표현한 적이 없다. 고래로부터 인도인 중에서 이러한 주장을 한 사상가나 철인哲人도 존재하지 않았다. 뿐만 아니라 인도에 종교와 철학을 배우러 온 중국 고승인 현장이나 혜초 등도 그러한 평가를 남긴 적이 없다. 그럼에도 동양학자들은 힌두 사회를 명상과 사색과 철학을 기초로 한 불변의 이상향으로 가정했다. 이런 논리는 제임스 밀의 사회정체성 이론의 배경이 되었고, 헤겔과 마르크스를 거쳐 '아시아적 전제주의'로 인한 사회의 정체이론으로 고착화되었다. 오늘날 유럽인의 인도관의 주류는 이런 과정을 거쳐 만들어졌다.

유럽인들은 인도 문화는 물질을 멀리하는 정신문화이고 서양 문화는 물질적 가치만 추구하는 물질문화라고 주장했다. 하지만 이는 전혀 역사적 근거가 없다. 전통적으로 인도인의 이상은 다르마(법), 아르타(부富), 까마(성애性愛)의 조화와 목샤(해탈)의 네 가지다. 목샤의 기초가 되는 앞의 세 가지는 철저히 비정신적인 영역이다. 이는 인도인들이 정신적이거나 철학적인 수도나 명상이나 해탈만 강조하지 않았음을 알려 준다. 유물론이나 향락주의를 주장한 짜르와까Charvaka/로까야따Lokayata 철학*이나 아지위까Ajivika파가 인도 세계관의 줄기에서 중요한 부분을 차지하고 있기도 하다. 고대 인도는 유럽인들이 주장했던 것처럼 정신과 철학의 전통만 가진 나라가 아니었던 것이다. 하지만 그들의 왜곡과 편견은 정복자의 힘에 실려 인도 국내외에서 새로운 역사적

---

* 문자 그대로 보면 세상을 따르는 것이라는 뜻이다. 유물론으로 지수화풍의 네 원소와 대공大空만이 실제로 존재하는 것이고, 영혼이나 내세는 존재하지 않으며, 현세의 삶이 최초이자 최후이므로 이 세상 순리대로 잘 살면 된다고 주장한다. 브라만 전통에서 말하는 나스띠까nastika로, 불교에서 말하는 육사외도六師外道 가운데 하나다.

사실로 만들어져 갔다. 허상이 신화가 되면서 역사가 되어 버린 좋은 예다.

요컨대 동양학자들의 눈으로 본 힌두교는 한편으로는 야만적인 것으로, 다른 한편으로는 역사의 변화를 겪지 않는 명상과 사색의 종교로 이해되었다. 그 영향 아래 인도의 사회개혁을 주장하는 인도인들조차 일부는 힌두교를 카스트나 우상 숭배 등 개혁해야 할 요소들이 많은 종교로, 다른 일부는 변하지 않는 본질을 담고 있어서 궁극적으로 돌아가야 할 본향의 진리로 이해했다. 이처럼 두 가지 상호 모순적 성격이 공존했기 때문에 서구인들은 힌두교를 제대로 이해하지 못했다. 그럼에도 그들이 오해한 힌두교와 인도 문화는 서구 사회로 널리 퍼지면서 인도에 대한 편견과 오해의 밑바탕이 되었다. 식민주의 지배는 그 위에서 실행되었다. 이 같은 오리엔탈리즘의 원형은 크게 수정되지 않은 채 아직도 여전히 되풀이되고 있다.

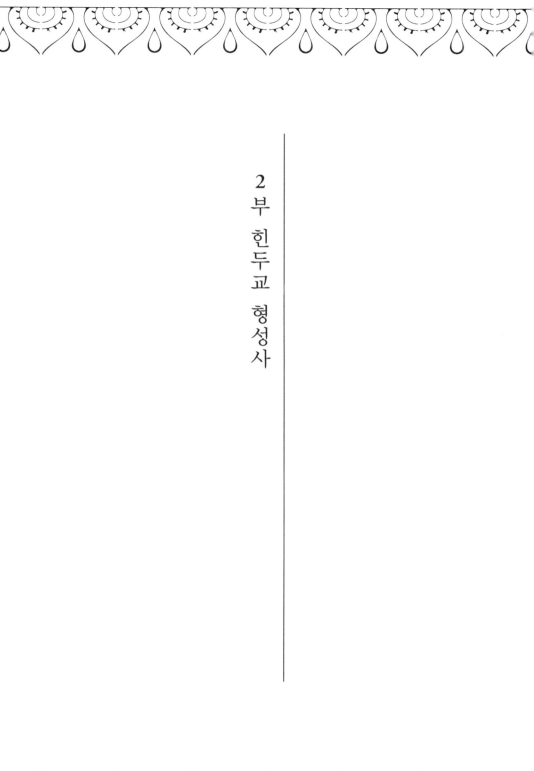

2부 힌두교 형성사

1. 힌두교의 두 가지 원천

1-1. 역사적 배경(기원전 2500~기원전 500)

인도사는 이른바 인더스 문명에서 시작한다. 인더스 문명은 주로 지금의 파키스탄을 중심으로 하는 인도 아대륙의 서북부와 서부 일부에서 일어났다. 과거에는 인더스강을 중심으로 발달했다 하여 인더스 문명이라고 불리기도 했지만, 최근에는 '문명'이라는 어휘가 '야만'과 상대되는 의미를 내포하기 때문에 다양성의 개념을 갖는 '문화'가 선호되고 있다. 1921년 현재의 파키스탄 하랍빠Harappa에서 처음 발견되었다 하여 '인더스'가 아닌 '하랍빠'를 대표 어휘로 삼자는 움직임도 있다. 이에 따라 역사학계에서는 대체적으로 인더스 문명이 아닌 '하랍빠 문화'라고 부른다. 유적지는 인더스강 유역을 넘어 동서로는 메러뜨Meerut에서 마끄란Makran 해안까지, 남북으로는 구자라뜨Gujarat에서 잠무Jammu까지 분포되어 있다. 하나의 국가 경계를 이루는 영토인지 여부는 불분명하나 어쨌든 하나의 권역으로는 소위 세계 4대 문명 가운데 가장 넓은 영역을 차지하고 있다. 생산도구로 신석기가 많이 사용되었지만 결정적으로 중요한 역할은 청동기가 담당했기 때문에 청동기 문명으로 규정한다.

처음 인더스 문명의 대표 도시 하랍빠를 발굴하기 시작했을 때 고고

학자들은 지표 위에 세워져 있던 꾸샤나Kushana 시대의 큰 스뚜빠stupa (불탑) 때문에 그 아래에 묻힌 유적을 꾸샤나 시대, 즉 기원 전후 시기의 것으로 파악했다. 그러다가 하랍빠에 이은 모헨조다로의 발굴 작업이 영국인 고고학자 존 마샬의 지휘 아래 10년 남짓 동안 이루어졌다. 마샬은 보고서 《모헨조다로와 인더스 문명Mohenjo-Daro and the Indus Civilization》 세 권을 출판하여 인더스 문명이 꾸샤나 시대보다 훨씬 앞선 기원전 2750년경부터 기원전 1750년경 사이에 번성한 문명임을 밝혀 냈다. 이전까지 《리그 베다》를 펴낸 아리야인의 유목생활에서 시작되는 것으로 알려졌던 인도사는 이 유적이 발굴됨으로써 비로소 그보다 한참 앞선 인더스 문명에서 시작하는 것으로 인정되었다.

그런데 힌두 근본주의 세력이 대두되는 1980년대 말부터 일부 학자들이 아리야인은 외부에서 들어온 것이 아니고 인더스 문명을 건설한 후 서아시아를 거쳐 유럽으로 이주해 갔다는 이론을 펼쳤다. 이 이론은 학문의 영역을 벗어난 힌두 근본주의자들의 역사 왜곡으로 비판받으면서 학계에서는 대체적으로 받아들여지지 않지만, 일부 언론과 정치가 개입되면서 학문 외 영역에서 논쟁이 가열되고 있다.

현재 발굴된 유적지를 기준으로 보면 도시 수준의 유적지는 약 다섯 군데, 전체 발굴 유적지는 약 1,500개 정도에 이른다. 하랍빠와 모헨조다로와 같은 대표적인 도시 유적지는 전체가 바둑판식으로 배열되는 등 매우 정교한 도시계획에 따라 건설되었다. 대부분의 도시에는 욕실과 우물이 있는데 모두 하수구와 연결되어 있다. 고대 문명 중 최고 수준의 하수구 체계는 도시 전체가 높은 수준의 위생시설을 갖추고 있었음을 보여 준다. 주 산업은 농업이었고, 직조, 염색, 벽돌 제조, 선박

제조, 보석 공예, 인장 공예, 토기 제조, 바퀴 제조, 조상彫像 제조 등의 수공업이 발달했다. 여러 유적지에서 다수 발굴되는 표준화된 눈금자와 추는 이 권역에서 교역이 상당히 중요한 위치를 차지했음을 알려준다.

하랍빠 문화가 어떻게 몰락했는지 정확하게는 알 수 없다. 거대 도시 모헨조다로와 하랍빠가 먼저 몰락하고 나머지가 기원전 1750~기원전 1500년경 동안에 서서히 몰락한 것으로 보인다. 그 원인으로 인더스강의 급작스런 범람, 아리야인의 침략 등이 거론되지만, 사막의 확장으로 인한 토지의 황폐화가 더 설득력 있다는 게 학계의 전반적 의견이다.

하랍빠 문화가 몰락하고 난 뒤 기원전 1500년경 일군의 사람들이 말을 타고 이란에서 아프가니스탄을 거쳐 인도 아대륙으로 이주해 들어왔다. 그들은 스스로를 토착민들과 구별해 아리야arya라고 불렀다. 역사학계에서는 이들을 인도-아리야어로 알려진 언어를 사용한 사람이라 해서 아리야인이라고 칭한다. '존귀'라는 뜻의 '아리야'에 인종이나 종족의 정체성 같은 의미는 존재하지 않는다. 아리야인은 '코카서스인', '몽골인'과 같은 인종이나 종족 집단이 아닌 어족 집단이다.

아리야인은 정확한 이유는 알 수 없으나 카스피해 부근에서 거주하다가 대거 이주하기 시작한 것으로 보인다. 일부는 유럽으로, 일부는 서아시아와 이란, 아프가니스탄을 거쳐 인도 아대륙으로 이동했다. 이란으로 간 아리야인은 조로아스터교의 경전 《아베스타Avesta》를 남겼다. 《아베스타》에 담긴 종교는 인도 아대륙으로 이동한 아리야인이 남긴 베다에 기록된 종교와 흡사하다. 그들의 언어는 베다 산스끄리뜨어로 《아베스타》를 기술한 언어와 매우 비슷하며 같은 인도-유럽어에 속했다. 조로아스터교는 한자로 배화교拜火敎로 번역되는, 불을 숭배하는 종교다. 인도 아대륙에 들어온 그들의 일파 또한 불 숭배가 매우 중요한 종교행위였다. 베다 시대 초기 가장 중요한 신이 불의 신 아그니Agni였던 것은 이런 맥락에서 이해할 수 있다.

인도 아대륙으로 이동한 아리야인은 지금의 파키스탄과 뻔잡 지역을 지나 북부 평원의 비옥한 땅을 가로질러 동쪽으로는 갠지스Ganges 강 쪽으로 이주했다. 기원전 1500년부터 기원전 500년경 사이였다. 그들이 이동하던 약 1,000년의 기간 중 《리그 베다》가 편찬된 시기, 즉 기원전 1500~기원전 1000년을 전기 베다 시기, 그 이후인 기원전 1000~기원전 500년을 후기 베다 시기로 구분한다. 그들은 1,000년 동안 이동하면서 여러 베다를 편찬했다. 이 1,000년간의 시기를 '베다'라는 힌두교 제1의 경전이 편찬되었다는 사실을 기준으로 마치 하나의 시대인 것처럼 '베다 시대'라 칭하지만 전기와 후기는 사회 변화의 차원에서 큰 차이가 난다.

베다는 크게 만뜨라*만을 모아 놓은 상히따samhita(본집)와 그것들을 보완하는 여러 부록 같은 문헌들로 구성된다. 상히따는 《리그 베다》, 《사마 베다Sama Veda》, 《야주르 베다》, 《아타르와 베다》의 네 가지로 이루어져 있다. 《리그 베다》는 기원전 1500년경에, 《야주르 베다》와 《사

---

* 힌두교에서 성스럽고 신비한 힘을 가졌다고 믿어지는 소리나 어휘 혹은 절구나 문장. 어떤 것은 분명한 뜻이 있는 반면 어떤 것은 뜻이 없는 어떤 음절들의 집합이기도 하다. 진언眞言이라고 번역해서 사용하기도 한다. 불교를 통해 널리 알려진 다라니陀羅尼는 이 만뜨라의 일종이다.

마 베다》는 기원전 1000년경부터 만들어졌다. 《리그 베다》는 여러 신들에 대한 1,028개 찬송을 10권의 책mandala(만달라)에 담은 것이다. 《야주르 베다》는 의례에 대해 기술한 짧은 산문 모음집이고, 《사마 베다》는 《리그 베다》에 기반을 둔 찬가mantra(만뜨라) 모음집이다. 《아타르와 베다》는 후기 베다 시대 아리야인이 토착민과 섞여 가는 과정에서 받아들인 질병, 점술, 도박 등 일상생활과 더 가까운 분야에서 나온 여러 형태의 주술이나 진언 등의 모음집이다. 베다 시대에는 앞선 세 베다가 정통으로 간주되었으나 베다 시대가 끝난 후 네 번째 베다인 《아타르와 베다》가 포함되어 현재의 네 가지 베다 체계가 완성되었다.

농경이 서서히 시작되던 후기 베다 시기에는 제사 의례의 의미와 목적에 대해 상세히 해석한 여러 브라흐마나Brahmana 문헌이 만들어지기 시작했다. 이 브라흐마나 문헌은 여러 의례의 절차와 내용에 대해 설명한 베다의 해설서이지만 신과 여신, 왕과 사제 등에 관한 내용도 포함하고 있어 당시의 종교사를 분석하는 데 유용하다. 그러나 여러 브라흐마나 문헌을 기반으로 하는 희생제에 관한 기계적 의례 중심의 종교행위가 극도로 심화되면서 그에 대한 반발이 일어났다. 형식 위주의 제사에서 벗어나 명상과 깨달음을 추구하는 움직임이 전개되면서 숲으로 들어간 수행자들이 만든 여러 아라니야까Aranyaka 문헌들이 브라흐마나 문헌들을 보완하게 되었다. 뒤이어 제사 의례주의가 아닌 지식/지혜를 중시하는 우빠니샤드 문헌이 등장한다.

리그 베다

베다는 처음 형성될 때부터 그 자체가 성스러운 것으로 간주하여 문자로 옮기지 않고, 구술로 전승되었다. 그러다가 9~10세기경이 되어서야 문자로 적기 시작했다.

기원전 1500년경에 인도 아대륙으로 들어온 아리야인은 인더스강 주변에 일시 정착했으나 목축을 주 산업으로 삼은 유목민이었던 터라 말과 마차를 이용해 이동하면서 청동제 무기로 토착민들을 정복했다. 그들은 몇 차례에 걸쳐 인도 아대륙으로 들어왔는데 하나의 종족 정체성은 형성되지 않았다. 인더스강을 따라 뻰잡, 서부 웃따르 쁘라데쉬 Uttar Pradesh 지역에 잠깐 정착했다가 점차 동쪽으로 이동하여 토착민들과 융합되면서 차츰 인도 민족을 형성해 나갔다. 전기 베다 시기에는 소가 가장 중요한 재산이었고, 토지는 사유재산의 위치를 아직 차지하지 못했다. 이에 따라 도시나 교역이 발달하지 못했고 다양한 산업의 발달도 이루어지지 못했다. 사회를 이루는 기본 단위는 친족이었고 부족장을 중심으로 하는 여러 부족회의가 존재했다. 가족은 아직 확실히 분화된 상태는 아니고 노비까지 포함된 큰 규모였다. 남아선호와 가부장제가 뚜렷했지만 일부 모계사회의 흔적이 남아 있기도 하다. 국가는 만들어지지 않았고 계급의 분화 또한 이루어지지 않았다.

1—2. 하랍빠 시대의 종교

다산 숭배

하랍빠 시대의 종교에 대해서는 여러 가지가 불분명하다. 가장 중요한 이유는 이 문화의 문자가 아직도 해독되지 않았다는 사실이다. 하랍빠 문화의 문자는 어른 손바닥만 한 동석凍石, 테라코타, 상아 등으로 된 사각이나 원통으로 된 인장印章*에 새겨져 있다. 신으로 추정되는 인물이나 상상 동물이 주로 새겨져 있는 것으로 보아 부적과 비슷한 용도로 사용된 것이 아닐까 추정된다. 주류 학설에서는 이 문자가 인도 아대륙 남부에 널리 있는 따밀Tamil, 뗄루구Telegu, 말라얄람Malayalam 그리고 파키스탄 기슭에 사는 사람들의 언어인 브라휘Brahui어를 포함하는 드라비다Dravida 어족에 속한다고 추정하고 있다. 아직 문자가 해독되지 않은 상태라 단정지을 수 없지만 아리야인들이 사용한 산스끄리뜨어가 이 문자와 직접적 관계가 없다는 점은 분명해 보인다. 현재까지는 지시 문자도 있고 상형문자도 있고 회의문자도 있다는 정도만 파악했을 뿐 의미는 다 밝혀 내지 못하고 있다. 다음으로 이 문명이 역사에서 사라졌다가 약 100년 전에 우연히 발굴되었기 때문이다. 하랍빠 문화의 종교는 대부분 돌로 된 상像, 테라코타로 된 상, 인장, 여러 건축물 등 유물을 통해 해석할 수 있을 뿐이다.

하랍빠 문화에서 발굴된 다수의 작은 테라코타 여인상들을 보면 그들이 땅을 생산의 기능을 가지고 있는 여신, 즉 지모신地母神으로 숭배했음을 알 수 있다. 땅과 어머니를 동일한 메커니즘을 가진 존재로 생각하여 땅에 기대하는 풍요로운 생산력을 자식을 낳는 어머니의 이미지에 투사한 것이다. 여인상들은 모두 나체이거나 젖가슴·엉덩이·음

---

* 영어로 seal이라고 부르는데, 무엇인가가 새겨져 있는 것을 의미한다. 이를 표현하기 위한 마땅한 우리말 어휘가 없어 '인장'이라 쓰긴 했지만 우리가 사용하는 '도장'이라는 의미는 아니다. 그냥 '새겨진 그 어떤 물건'이다.

부와 같은 여성 생식기의 특징이 과도하게 강조되어 있고, 몇몇 소상들은 특이한 머리 장식을 하고 있다. 비슷한 시기 다른 지역의 사례를 볼 때 이들 여인상들을 지모신 상으로 해석하는 것은 그리 큰 무리는 아닐 것이다.

이러한 상징은 신석기 시대 농업을 중심으로 한 식량 생산 문화가 정착되면서 탄생했다. 식량의 본격적 생산은 이전부터 내려온 종교적 관념과 행위에 매우 큰 변화를 불러왔다. 정착 농경이 시작되면서 땅과 여성, 죽음과 탄생, 그리고 그들 상호 간의 관계가 설정된 것이다. 신석기인들은 죽은 자를 땅 속에 묻는 매장행위를 경건하게 치렀다. 학자들에 따르면 그러한 행위는 신석기인들이 땅 속에 묻혀 있는 죽은 자가 땅에서 나오는 식량에 영향을 미칠 것이라고 생각했기 때문이다. 그들은 땅과 모신이 근본적으로 같은 성격을 가지고 있다고 생각했다. 죽은 자는 생산의 수호신이 되었고 모신은 죽은 자의 수호를 받고 있다고 생각했다. 이는 모신과 땅의 동일시로 이어져 모신이 지모신이 된 것으로 학자들은 해석한다. 이러한 세계관 안에서 여성의 생식기와 그에 따른 속성들은 생명을 가져다주고 보존하는 기호가 된다. 여성의 성기가 다산을 추구하는 데 빠질 수 없는 중요한 상징이 된 것이다.

이와 관련하여 다른 예를 하나 보자. 하랍빠에서 발굴된 한 직사각형 인장은 머리를 밑으로 하고 양쪽으로 벌린 다리를 거꾸로 들어올린 나체 여인의 다리 사이 음문에서 어떤 종류의 식물이 자라나는 형상이다. 후대 뿌라나 문헌에 나타나는 여신 샤깜바리Shakambhari([그림 1])의 원형으로 추정된다. 샤깜바리는 '자기 몸에서 자라나는 식물들을 기르는 생명체로, 이 세상을 지키는' 일을 하는, 전형적인 힌두교의 지모신이다. 이 '샤깜바리 인장' 외에도 하랍빠 문화에서 발굴된 인장들에는 지모신으로 보이는 신화가 많이 새겨져 있다.

　다산 숭배와 관련하여 남성성도 여성성과 대비되는 개념으로 부각되었다. 생산을 이루는 두 개의 축 가운데 여성성은 모신이라는 개념으로 인격화되거나 여근을 통한 일부 상징인 요니yoni(여성의 생식기 상)로 형상화되었고 남성성은 대부분 남근인 링가linga로 기호화되었다. 링가와 요니는 다산을 가져다주는 일종의 백白주술의 부적 역할을 수행한 것이다. 땅을 파거나 흙을 고르는 데 쓰는 농기구 괭이의 원시 형태가 남근처럼 생겼고 쟁기를 뜻하는 랑갈라langala라는 어휘 자체가 남근을 뜻하는 링가와 관련 있는 것 또한 후대 힌두교에서 '다산'이 '남근'과 개념상 같은 뿌리였음을 추정할 수 있게 한다. 하랍빠 문화에서 출토된 인장 가운데 남신의 모습이 새겨져 있는 것이 있는데, 머리가 셋이고 양쪽에 뿔이 달린 모습을 하고 있다.

　[그림 2]를 자세히 보면 신이 가부좌로 앉아 요가하는 자세를 취하고 있다. 둘레에는 코끼리, 호랑이, 코뿔소, 물소가, 그 발 언저리에는 사슴 두 마리가 그려져 있다. 힌두교 최고의 신 가운데 하나인 쉬바Shiva의 전형적 모습이다. 이 인장을 통해 후대 힌두교 쉬바 신앙과 관련된 것으로 보이는 몇 가지 현상을 확인할 수 있다. 우선, 이 남신은 요가를 하는 모습이다. 후대의 쉬바는 숲에서 요가를 하는 신으로 별칭이 요게슈와라Yogeshwara(요가의 주主)이기도 하고, 동물을 주재하는 신으로 별칭이 빠슈빠띠나트Pashupatinath(동물의 주主)이기도 하다. 인장에는 이 두 모습이 동시에 나타난다. 네 마리 동물은 각각 사방위를 향하고 있는데, 신이 타고 다니는 동물, 즉 후대 힌두교에 나타나는 모든 신이 이

[그림 1]

여신 샤깜바리의 원형.
여성의 생식기에서 식물이 자란다는 것은 후대 힌두교에서 중요한 지모신 숭배의 일부다.
그 원형을 여기에서 볼 수 있다.

[그림 2]

원原 쉬바.
결국 쉬바는 아리야 계통의 신이 아닌 토착민 계통의 신으로 성장하는,
이후 힌두교의 형성 과정과 일치한다.

동할 때 사용한 탈것으로 추정된다. 네 동물은 후대 쉬바가 사방위를 주재하는 신으로서 무카링가mukhalinga(하나의 링가에 하나 혹은 넷이나 다섯 개의 얼굴이 새겨진 쉬바. 넷은 동서남북이고 여기에 중앙을 추가하여 다섯으로 표현되기도 한다) 형태로 숭배되는 것과 관련 있어 보인다. 힌두교와 불교에 나타난 사방위의 우주론에서 각 방위를 주재하는 신을 숭배하는 관념의 기원을 추정하게 하는 사료다.

무엇보다도 이 신의 모습을 보면 남근이 곧게 발기되어 있다. 남근 숭배의 전형적인 모습으로 지모신, 즉 여신과 함께 짝을 이뤄 이 시대 사람들이 남신을 통한 다산 숭배를 했음을 알 수 있다. 하랍빠 문화가 몰락한 후 들어온 아리야인들이 맨처음 남긴 《리그 베다》에는 남근을 숭배하는 비非아리야인들에 대한 언급이 나온다. 대다수 학자들은 이 하랍빠 문화의 주인공들이 그들 가운데 포함되어 있을 것으로 해석하고 있다.

제사, 세정 그리고 사회적 역할

당시의 종교 모습을 잘 알 수 있는 또 하나의 중요한 사료로 보리수나무 가지들 사이에 제사를 지내는 것으로 보이는 모습이 묘사된 인장이 있다. [그림 3]을 보면 왼쪽 상단에 보리수나무 속에 신으로 보이는 존재가 있다. 그 오른쪽에는 그를 숭배하는 자가 그려져 있다. 그의 오른쪽에는 복합동물로 보이는 동물이, 그 아래에 일곱 명의 사람들이 독특한 모자를 쓴 채 줄을 서 있는 모습이 새겨져 있다. 이는 그들이 동

[그림 3]

제사, 사제, 숭배 등 힌두교의 여러 원형을 많이 담고 있는 인장.
역사학자마다 달리 해석이 가능하다는 점에서
역사학의 정수를 보여 주는 좋은 사료다.

물 희생 제사를 지냈고, 제사를 통해 남신을 숭배했음을 추정할 수 있게 한다. 깔리방간Kalibangan에서 동물 희생제가 수행된 터가 발굴되었고 그곳에 일곱 개의 불 제단이 존재했던 것으로 해석할 수 있는 유적이 발굴된 것을 토대로 봤을 때 이 인장은 남신과 제사 숭배의 존재를 증명해 주는 유물이다.

　이외에도 이 인장을 통해 몇 가지를 추론할 수 있다. 보리수나무 속에서 등장한 남신의 존재는 그들이 보리수나무를 성스러운 나무로 숭배했음을 보여 준다. 초기 불교에서 붓다가 득도했다는 보리수가 바로 이 시기부터 숭배 대상이었다는 사실도 짐작할 수 있게 한다. 붓다가 실제로 당시 힌두교의 숭배 신앙 중 하나인 보리수나무 아래에서 수행했을 수도 있고, 붓다는 그런 신앙을 거부해 보리수나무 아래에서 수행하지 않았는데 후대의 힌두교 신앙이 붓다가 보리수나무 아래에서 대각을 이루었다는 식으로 만들어 냈을 수도 있다. 정확한 사실은 인장 위에 새겨진 문자가 해독되지 않는 한 현재로서는 정확히 알 수 없다. 다만 보리수가 하랍빠 시대에서 붓다 시대를 거쳐 오늘날까지 인도인의 숭배 대상이 되어 왔다는 사실은 확인 가능하다.

　인장 아랫부분에 서 있는 예사롭지 않은 모습의 일곱 사람들을 통해 후대 힌두교에 나타나는 일곱이라는 상징의 연원도 추정할 수 있다. 힌두교에서는 별, 선인仙人(리쉬rishi), 브라만, 강, 정부의 부部 등 빛나고 뛰어난 의미를 갖는 것들의 상징 숫자가 일곱이다. 인장에서 일곱 사람은 선인(리쉬)과 같은 반신반인半神半人의 존재이거나 후대의 브라만으로 추정되는 제사장으로 추측된다는 주장이 일리 있어 보인다.

　당시는 보리수 같은 나무 숭배 외에 동물 숭배도 있었다. 각종 인장에 많은 동물의 모습이 새겨져 있는 것을 쉽게 볼 수 있다. 그 가운데 가장 중요한 동물은 현재 인도에서 흔히 볼 수 있는 혹 달린 소다. 하랍빠 사람들은 소 외에 앞에서 말한 후대의 쉬바, 즉 빠슈빠띠 마하데와 Pashupati Mahadeva(백수의 제왕)를 에워싸고 있는 동물들도 숭배했던 것이 틀림없다. 다시 말해 인더스 유역에 거주했던 사람들은 분명히 신을 나무, 동물, 사람의 형태로 숭배하였을 것이다. 부적으로 보이는 인장이 많이 출토된 사실은 하랍빠인들이 귀신과 악령이 자기들을 해칠 수 있다고 믿었고 그것을 방지하기 위해 부적을 사용했을 것이라는 추정에 힘을 실어 준다. 어떤 이는 여기에서 윤회의 기원까지 찾기는 하나 확증할 만한 근거는 없다.

당대의 종교와 관련된 역사적 사실 가운데 아주 중요한 것 하나는 후대 힌두교 의례에서 큰 비중을 차지하는 목욕 세정洗淨 의례의 기원이 하랍빠 문화라는 사실이다. 하랍빠 문화에서 가장 큰 규모의 건축물은 모헨조다로의 성채 지역에 있는 가로 11.7미터×세로 2.5미터 규모의 대욕탕大浴湯이다([그림 4]). 이 구조물은 방수 벽돌로 만들어져 있는 데다가 물이 들어오는 입구와 나가는 출구가 있어서 목욕시설임이 분명해 보인다. 거의 평지인 모헨조다로에서 가장 높은 언덕 위에 있는 것으로 보아 공동체의 권력과 관계되는 상징적 의례를 행한 곳으로 추정되기도 한다. 구조물 주변에는 많은 방들이 있는데, 학자들은 이 방들을 탈의실을 포함해서 기도를 하거나 다른 의례를 하는 장소로 보고 있다. 이상을 종합해 보면 이 구조물은 후대 힌두 사원의 부속시설 중 하나인 저수조의 전신이고, 힌두교에서 중요했던, 물로 오염을 씻어 내는 정화 의례를 행한 장소였던 것으로 보인다.

[그림 4]

모헨조다로 구릉에 위치한 목욕탕.
이 구조물이 하랍빠 문화에서 가장 큰 규모인 점에서 봤을 때
이 지역에 메소포타미아나 이집트와 같은 거대 정치권력이 들어서지 않았음을 추정할 수 있다.

정화를 위한 목욕 의례가 있었다면 그것과 직결되는 오염과 관련한 개념이 존재했다는 추정도 가능하다. 이러한 추정은 오염과 세정 그리고 요가의 기원이 하랍빠 문화라는 주장으로 이어진다. 하지만 힌두교에서 가장 중요한 세계관인 업과 윤회의 기원이 이곳인지에 관해서는 의견이 분분하다. 문자가 해독되지 않은 현재로서는 그 기원이 이곳인지 이 시대 이후 베다 시대인지 확증할 수 없다.

하랍빠 문화에서 종교의 역할에 대한 학자들의 견해는 다양하다. 다산 숭배를 요체로 삼은 이 시기의 종교가 생산력을 증가시키고 도시 문화를 형성시켰을 것이라는 추정이 합리적인 견해로 보인다. 이 지역에서 강력한 왕권이 형성되지 않았고 이집트 문명권에서처럼 동일한 유형의 지모신이 전국적으로 나타나는 현상을 찾기 어렵다는 사실은 종교가 특정 문화 형성에 촉매제 역할을 했을 것이라는 추정에 타당성을 부여한다. 여기에서 특정 방향은 대부분의 종교가 그리하듯, 사회 진보를 제어하고 통제하는 쪽이었을 것이다. 즉 이 문화권에서의 종교는 전 지역의 정치구조를 건설하거나 전국 규모의 교역을 형성하는 등에서의 진보적 변화가 불가능한 방향으로 기능하지 않았을까 추정한다.

1−3. 베다 시대의 종교

베다란 무엇인가

베다는 아리야인들이 1,000년 동안 이동생활을 하면서 자연신을 비롯한 범신汎神을 찬양하고 제사 의례와 관련하여 기도했던 문헌 등을 모은 경전이다. 베다는 그들이 신성한 언어로 삼은 산스끄리뜨어로 편찬되어 오랫동안 구술로 전승된 거대한 문헌이다. 힌두교 신학자들은 베다가 몇몇 고대 선인仙人들이 깊은 명상 수행 끝에 신으로부터 받은 슈루띠shruti, 즉 계시라고 주장하기도 한다. 그러나 이는 전형적인 종교적 주장일 뿐 역사적 근거가 있는 것은 아니다. 슈루띠에는 네 개의 본집(상히따)과 여러 브라흐마나, 아라니야까, 우빠니샤드가 포함된다. 대부분의 힌두는 이 모든 베다들을 역사적 사실 여부와 관계없이 순수한 계시라고 믿는다.

전승에 의하면 베다는 비야사Vyasa라는 사람이 신으로부터 받은 계시를 네 가지로 나눠 현재의 형태로 편집한 것이라 한다. 비야사는 후대에 편찬된 힌두 최고의 서사시 《마하바라따Mahabharata》의 편찬자이기도 하다. '비야사'는 문자 그대로 '편찬자'라는 뜻이다. 역사학자들은 대체로 비야사를 고유명사가 아닌 특정 직종에 종사하는 사람을 가리키는 보통명사로 본다. 편찬 시기가 1,000년 넘게 차이가 나는 두 문헌인 베다 편찬자 비야사와 《마하바라따》 편찬자 비야사를 동일인이라고 할 수는 없다. 비야사가 누군지는 정확하게 알 수 없지만, 역사 속에 실재했던 어떤 인물 혹은 인물들임은 분명하다. 학자들은《리그 베다》는 어떤 한 개인이 작성했고, 나머지 문헌 모두는 여러 사람이 작성한 것을 긴 시간이 흐른 후 누군가가 모아 편찬했을 것으로 본다.

베다는 기원전 1500~1200년경에 최초로 편찬되었다. 《리그 베다》를 필두로 《사마 베다》, 《야주르 베다》, 《아타르와 베다》가 편찬되었을 때는 모두 암송으로 구전되었을 뿐 문자로 기록되지는 않았다. 베다가 글로 적히지 않은 이유는 고대 인도인들이 언어는 성스러운 존재로 여긴 반면 문자는 그 성스러움을 오염시키는 존재라고 인식했기 때문이다.

베다가 처음 문자로 기록된 것은 기원후 9~10세기경으로 보인다. 현존하는 최고 필사본은 11세기 것으로 현재 네팔에 있고, 인도에는 14세기 필사본이 가장 오래된 것으로 남아 있다.

신학자들은 베다가 힌두 사회의 근간인 다르마(법) 문헌이나 인간과 신의 태초 신화인 뿌라나에 속하는 서사시 등 힌두 사회를 규정하는 스므리띠(전승) 문헌의 근원이 되는 경전이라 보고 있다. 베다는 편찬 이후 힌두교 최고의 권위로 자리잡아 오늘에까지 이른다. 힌두교에서는 특정 세계관이 베다의 세계관과 일치하든 그렇지 않든 관계없이 권위를 가지려면 베다에서 연유한 것이어야 한다. 물론 베다를 부인하는 나스띠까 전통, 즉 불교나 자이나교 등에서 예외가 있긴 하지만 힌두교의 다수를 이루는, 베다의 권위를 인정하는 소위 아스띠까astika 전통의 경우 대부분의 종교행위는 베다에서 비롯된 것이라 강조한다.

리그 베다 시대의 종교

리그 베다인들은 세계 만물에는 생명의 숨이 깃들어져 있다고 보고 모든 자연물과 자연 현상을 숭배했다. 폭풍우(인드라Indra), 바람(바유 Vayu), 물(바루나Varuna), 불(아그니Agni), 태양(수리야Surya), 강(사라스와 띠Saraswati), 풀(소마Soma) 등과 같은 자연 현상을 신비로운 힘의 출현 이라 간주하여 신으로 찬양했고, 죽음(야마Yama), 친구(미뜨라Mitra), 열 기(따빠스Tapas)와 같은 여러 종류의 관념까지도 신격화했다. 그 외에 여성 정령(아쁘사라Apsara), 남성 정령(간다르와Gandharva), 악귀(락샤사 Rakshasa) 등 여러 귀신들도 있었고, 신에게 대적하는 존재로서 아수라 Asura도 있었다. 후대에 지존위로 성장하는 비슈누나 쉬바도 이 시기의 신 중 하나였으나 아주 미미한 위치에 있었다.

신은 이 시기 가장 중요한 사회 종교적 행위인 제사에 초치되는 존재 다. 리그 베다인들은 제사를 지내는 목적에 맞는 신을 소환하여 기원했 다. 신을 초치하는 횟수를 분석해 보면 당대 사람들이 무엇을 가장 갈 망했는지를 알 수 있다. 신들에게 바치는 찬가를 분석해 보면 가장 많 이 소환되고 찬양받은 신은 폭풍우를 인격화한 인드라였고 그다음으로 불을 인격화한 아그니, 물을 인격화한 바루나 등이었다. 그 가운데 인 드라는 전쟁을, 아그니는 제사를, 바루나는 사회질서를 주관하는 신이 었다.

당시 가장 가치 있는 제사를 담당하는 신은 아그니와 소마Soma였다. 소마는 제사장이 숭배하는 신인 반면 아그니는 인민들이 숭배하는 신 이었다. 소마보다는 아그니가 훨씬 대중들에게 인기가 높았다. 이때 제사장은 사회에서 하나의 역할을 분담한 단순한 직능인이었을 뿐 후대에 나타난 바와 같이 전 사회에 강력한 영향력을 끼친 존재는 아니었다. 계급이 크게 분화되지 않았기 때문이다.

《리그 베다》를 기본으로 리그 베다인들의 종교 관념을 살펴보자. 가장 큰 특징이 그들은 자연을 지배하는 실체적인 힘에 대한 신앙을 가졌다는 것이다. 처음에 쁘라나prana(숨)라고 인식하던 것은 후기 베다로 가면 우주 만유의 실체적인 힘으로서 '브라흐만brahman'*이라는 절대 존재, 본질로 인식되었다. 육체와 정신 혹은 물질의 힘과 정신의 기氣 사이를 이어주는 생명력이 된 브라흐만은 우주 모든 자연물에 재현해 신으로 나타나는 것이라 여겨졌다. 브라흐만을 제사에서 모시는 제사장은 브라만이라 불렀다.

---

* 우주적 절대 존재는 로마자로 음차하면 brahman이다. 장모음이 없고, 중성 명사로 마지막 음절이 닫힌다. 한글로 음역하면 '브라흐만'이라 할 수 있고 한자어로는 뜻이 없는 범梵이라고 차자하기도 한다. 브라흐만을 설명하는 후기 베다의 문헌은 로마자로 옮기면 brahmana다. 앞 모음은 장모음이고 맨 뒤 음절이 열려 한글로는 '브라흐마나'로 음역한다. 이와 관련한 바르나(카스트) 체계에서 최상위에 있는 제사장도 같은 철자다. 베다 문헌이나 카스트 모두 철자가 같으나 한글로 음역하는 경우 후자를 오랫동안 '브라만'이라 써 왔고 구별해야 할 필요도 있어서 문헌은 '브라흐마나', 카스트는 '브라만'이라 쓴다. '브라민brahmin'이라고 쓰는 어휘는 산스끄리뜨어 어휘가 아니라 카스트 브라만을 베다 문헌과 구별하기 위해 영어로 철자를 뒤틀어 만든 어휘라서 한글의 경우 굳이 영어화 된 그 어휘를 쓸 필요가 없다. 창조주로서 힌두교 최고 신 삼신 가운데 하나로 맨 뒤 모음이 장모음이라서 로마자로는 Brahma, 한글로는 '브라흐마'라고 쓴다. 이에 따라 이 서로 다른 네 어휘의 한글 음역어로 본질은 브라흐만, 문헌은 브라흐마나, 카스트는 브라만, 신은 브라흐마라 적기로 한다.

리그 베다 시대 종교의 핵심은 제사다. 제사는 후기 베다 시대로 가면서 더욱 중요해진다. 아리야인이 아프가니스탄을 지나 뻰잡 지역을 넘어 갠지스-야무나 평원 중앙부 지역, 곧 지금의 델리 부근에 자리잡을 무렵, 즉 기원전 1000년경에는 최고에 이른다. 후기 베다 시기에는 제사를 어떻게 지내느냐의 문제, 즉 형식과 절차 문제가 종교의 중심으로 자리잡는다. 아리야인들은 제단을 쌓고 제사를 지냈다. 자신들의 원망願望에 따라 그에 적합한 역할을 하는 신들을 초치해 모셨다. 신을 추상 관념의 무형으로 숭배했기에 상像murti은 아직 나타나지 않았다. 후대에 발전한 힌두교의 큰 특징 가운데 하나인 상 숭배의 기원은 베다 시대 아리야인들에게서 찾기보다는 하랍빠 시대 이후 곳곳으로 이주해 간 비非아리야인들의 문화에서 찾는 것이 합리적이라 보는 견해가 더 일반적이다.

제사가 베다 시대 최고의 종교행위이긴 했지만, 제사를 지내기 위한 사원은 따로 존재하지 않았다. 제사는 부족 단위로 치르는데, 제사 때마다 장소를 선택해서 부족 공동으로 제단을 쌓아 제단 한가운데 불을 두고 여러 제관이 역할을 분담하여 의례를 진행했다. 제사에 참여한 사람들은 불의 신에게 여러 공물을 바쳤다. 제관은 조수 포함 총 16인인데 네 그룹으로 나뉘었다. 제사 의례 전체를 관장했던 호뜨리hotri 제관은 《리그 베다》를 읊으면서 신을 초치하는 기도를 이끌어 나가고 공물을 불에 던지는 일을 맡았다. 《사마 베다》에서 찬가를 끄집어 내 노래한 우드가뜨리udgatri 제관은 주로 소마 제사 때 큰 역할을 했다. 아드와리유adhvaryu 제관은 제단 설치 등의 실무를 담당했다. 주로 《아타르와 베다》에서 따온 찬가를 읊으면서 의례를 진행한 브라만 제관은 침묵으로 이어지는 과정을 통해 치유하는 역할을 담당했다. 아그니호뜨라agnihotra(불의 봉헌)는 제사 의례 중 가장 간단한 것으로, 아침과 저녁에 두 사람의 제관과 신도가 아그니에게 우유를 바치는 제사다. 그 외에 그믐과 보름 월 2회 혹은 계절이 바뀔 때마다 행한 희생제도 있었고, 소마 풀을 짜는 제사도 있었다. 규모가 큰 제사로는 전체를 다 마치는 데 1년이 걸리는 것도 있었다.

후기 베다 시대의 종교

초기 베다 시대를 지나 후기 베다 시대로 접어들자 점차 정착 농경이 중요한 사회적 생산수단이 되고 우주적 원리가 제사의 원리와 일체화되었다. 제사 규모도 갈수록 커지고 절차 또한 복잡해졌다. 제사 의례만을 위한 베다인 《야주르 베다》가 독립적으로 편찬되고 베다 본집의 부록으로 제사 의례와 관련된 여러 지식, 곧 상징 해석, 천문학, 식물학, 건축학 등을 따로 편찬한 여러 브라흐마나가 만들어질 정도로 제사는 중요한 사회적 행위가 되었다. 이전까지의 제사가 신들에게 공물을 바치고 과보를 기대하는 물질적인 의례일 뿐이었다면 후기 베다 시대가 되면서 제사는 자연계의 운행을 지배하고 만사를 지배하는 원리라는 사고로 발전하게 된 것이다.

　이 같은 사고는 우주는 '대우주', 제사는 그것을 축소 상징으로 재현한 '소우주'라는 사고로 이어졌다. '소우주'인 제사를 지배하는 것이 곧 '대우주'를 지배하는 것이라는 논리적 사고도 자연스럽게 성립되었다. 제사는 우주를 통괄하는 모든 행위 가운데 가장 완전한 것으로 자리잡았고, 의례 절차는 생사화복을 포함한 인간과 우주의 모든 행위를 완성시키기 위해 더 길고 복잡하고 크게 진행되었다.

제사는 후원하는 사람이 제주가 되어 소를 비롯한 많은 제물을 바친다. 제물 가운데 일부는 제사에서 소비되었지만 대부분은 사제에게 사례로 주어졌다. 후기 베다인들은 그렇게 해야 신으로부터 돌아오는 모든 복과 은혜가 제사를 후원한 제주에게 돌아간다고 믿었다. 이는 복을 많이 받기 위해 더 큰 규모로 제사를 지내려는 움직임을 낳았다. 정착 농경이 시작되고 경제 규모가 커지면서 제사의 규모는 갈수록 커져 갔다. 이 같은 변화에 브라만은 그 제사에 대한 여러 지침을 더욱 어렵고 까다롭게 정했다. 자기 카스트만이 제사를 독점하여 경제적으로 부를 독점하게 만든 것이다. 제사에 제주로 참여할 수 있는 사람 또한 브라만, 끄샤뜨리야Kshatriya, 바이샤Vaisha의 상층 카스트로 한정되었다. 제주에서 배제된 슈드라Shudra는 결국 사회 종교적으로 철저하게 불구가 되었다.

의례가 오래 걸리고 규모가 커지면서 제사 의례를 전문적으로 집행하는 제관이 필요해졌다. 그 과정에서 리그 베다 시기의 주요 제관 넷 중 브라만 제관이 최고의 위치를 차지하게 되었다. 베다 시대 아리야인들은 제사에 초치된 신들로부터 사회를 유지하는 권력을 부여받은 제사장에게 많은 물질이 돌아가 그의 사회적 권력이 커지기를 바랐다. 그러한 바람은 브라만 제관이 최고 권력자로 부상한 끄샤뜨리야 바르나(카스트)를 후원자patron로 삼으면서 제사 의례를 권력 차원의 사회적 행사로 체현시킴으로써 구체화되었다. 단순한 의례행위가 물질과 결탁하면서 사회를 지배하는 행위로 자리잡은 것이다. 이후 브라만은 종교의 위치를 넘어 사회적 차원에서 권력자로 군림한다. 물론 그 기반은 제사였다. 제사는 사회질서인 바르나(카스트)를 관장하는 정당성의 원천으로 작동했다.

제사에서 핵심 역할을 하는 불은 그 자체가 하나의 제물이면서 동시에 신이었다. 이중 속성을 띤 불은 속세와 신성한 영역인 하늘을 연결하는 매개물이 된다. 불에서 나는 연기가 속세와 하늘을 매개하는 것으로 믿어졌다. 공물은 일부는 상징적으로 불 속으로 던져졌고 일부는 제사 참여자가 나눠 먹었으며 나머지는 브라만 제사장이 취했다. 공물은 희생용 동물이 중요시되었지만, 우유, 정제된 버터인 기ghee, 응유凝乳, 쌀이나 보리와 같은 곡물, 소마와 같은 식물도 상당 부분을 차지했다. 희생 동물로는 소, 양, 말, 거위 등 집에서 기르는 가축이었다. 불 속에 바치는 제물로는 우유가 동물보다 더 보편적이었다. 동물은 상징으로 희생되었고, 제물로 바친 동물 가운데 희생되지 않은 동물은 산 채로 고스란히 브라만 제사장의 소유가 되었다. 공물은 신을 위무한다는 의미로 제사 참여자와 신神, 즉 데와deva가 나누어 먹었다.

제사의 주요 목적은 소, 말, 비, 목초지 등을 많이 획득하게 해 달라거나 자신 혹은 부족의 건강, 싸움에서의 승리, 번영 등 물질적 이득 희구

사원 번제

베다 시대의 힌두교에서부터 출발한 제사는 공물을 바치는 것인데, 그 가운데 일부를 아그니(불)신에게 바치는 것이었다. 이런 전통은 지금도 남아 힌두 사원에서 행하는 제사 의례 가운데 매우 중요한 위치를 차지한다.

가 대부분이다. 구원, 심령 고취, 정신 정화, 영혼 추구, 속죄 등 정신적이거나 영적인 목적은 아직 나타나지 않았다. 이는 당시 베다의 찬가를 통해 확인할 수 있다. 찬가는 신에 대한 찬양이 주이긴 했지만 신에게 자신의 소원을 비는 것이기도 했다. 베다의 찬가를 분석해 보면 그들이 무엇을 어떤 신에게 빌었는지 알 수 있다.

결론부터 말하면 후기 베다인들은 철저히 물질적이었다. 힌두교의 영성의 기원을 《리그 베다》에 두려는 근대의 움직임이 잘못되었음은 이를 통해 알 수 있다. 당시 제사 의례는 공공 의례와 가정 의례 모두 있었다. 둘 다 공히 만뜨라를 낭송하는 순서가 매우 중요했다. 제사를 중심으로 하던 당시의 종교는 철저히 목축 위주의 반半유목생활을 반영한 것이었다. 범신체계에 특정 신이 최고의 지위에 올라서 다른 신들을 지배하는 위계는 나타나지 않는다.

그들은 제사에서 신에게 올리는 찬가를 인간이 만든 것이 아니라 하늘의 계시라고 생각했다. 베다에 대한 이 같은 성격 규정은 후대 힌두교에 이르기까지 변하지 않는 신앙의 중심으로 자리잡았다. 그들은 베다 찬가가 선인(리쉬)들이 환각력을 가진 소마 풀즙을 마신 상태에서 절대 존재의 계시를 받아 영감으로 편찬하여 구술한 것이라 믿었다. 베다의 내용은 신성한 것이기 때문에 일반인에게는 알려져서는 안 되었다. 《리그 베다》 이후 모든 베다가 문자로 적히지 않은 채 기억과 암송에 의해 브라만들에게만 전승되었던 이유다. 이 구전 전통은 나중에 문자가 널리 사용되고 난 후에도 여전히 지속되었다.

의례에 새로운 양식이 나타나기도 했다. 가정 예배인 뿌자가 등장한 것이다. 전기 베다 시대에 널리 행해지던 공공 제사와 더불어 가정에서 지내는 예배였던 뿌자는 기원전 6세기에 편찬된《그리히야 수뜨라 *Grihya Sutra*(家庭經)》에 처음 언급된 이후 점차 대중적 의례가 되었다. 6세기경에 이르러 여러 뿌라나 경전을 통해 절차가 상세하게 규정되면서 이후 힌두교의 대표적 의례로 자리잡아 오늘에 이른다.

뿌자는 처음에는 사제를 집으로 초대해 죽은 조상들을 위한 제사를 올리는 차원이었으나, 시간이 지나면서 신을 초치하여 지내는 예배로 바뀌어 갔다. 힌두교에서 조상이란 자손들에게 재물과 자손을 내려주는 힘을 가진 존재이면서 동시에 자손들에게 큰 해를 끼칠 수 있는 저주의 힘도 가지고 있는 존재다. 조상에 대한 뿌자가 힌두교에서 무엇보다도 중요한 것은 이 때문이다. 조상에 대한 뿌자를 통해 사람들은 복을 빌기도 하지만 저주를 받지 않기 위해 위무하고 비위를 맞추는 기원도 한다.

후기 베다 시기에 자리잡은 또 하나의 중요한 의례로 우빠나야나 upanayana라는 통과 의례가 있다. 우빠나야나는 야기요빠위따yagyopavita 라고 불리는 성사聖絲를 스승으로부터 받아 착용하는 의례다. 성사는 왼 어깨 위에서 오른팔 겨드랑이로 늘어뜨려 차는 무명실 끈이다. 이 의례가 처음 등장한 후기 베다 시기에는 슈드라를 포함하여 심지어 여성도 차고 의례에도 참여할 수 있었다. 그러나 초기 중세 이후 슈드라와 여성은 자격이 박탈되었고 오로지 브라만, 끄샤뜨리야, 바이샤의 세

바라나시, 뿌자

현대 힌두교의 여러 특징 중의 하나는 그것을 신비화하여 관광상품으로 삼는다는 것이다. 오리엔탈리즘에 물들어 특히 국내외 관광객이 많이 오는 바라나시, 리쉬께시Rishikesh와 같은 갠지스강의 여러 성지에서 뿌자를 상품화하여 관광객을 유치하는 데에 이르렀다.

상층 카스트에게만 자격이 주어졌다.

　후기 베다 때만 해도 슈드라와 여성의 베다 학습이 가능했지만 점차 불가능으로 바뀌어 갔다. 사회적 자격의 박탈은 베다 학습권의 박탈로부터 비롯되는 것이었다. 처음 시작했던 고대 시기 우빠나야나 의례는 12세 이전의 아동이면 누구나 스승에게 배우러 학교에 갈 때 치르는 입문 의례였다. 그러던 것이 초기 중세 이후 카스트에 따라 학교 가는 나이가 차등 적용되면서 의례 치르는 연령도 각 카스트에 따라 8세에서 24세 사이 중 하나로 달라졌다.

후기 베다 시대의 카스트 체계 형성

후기 베다 시대 힌두교의 가장 큰 변화는 카스트, 즉 바르나 체계가 형성되기 시작했다는 점이다. '바르나varna'는 산스끄리뜨어 어휘로 색色이라는 뜻이다. 초기 인도사 연구자들은 이 '색'이 피부색을 의미한다고 생각해서 바르나가 인종을 기준으로 구분한 것이라 주장했다. 그러나 후기 베다 시대 당시에는 인종이나 종족과 같은 정체성 개념이 없었다. 지금 그런 주장이 받아들여지지 않는 이유다.

　'색'은 각 바르나를 상징하는 것으로, 아리야인들의 고유한 우주론을 표현하는 방식이다. 고대 인도인들은 세계를 항상 넷으로 나누어 생각하는 경향을 가지고 있었다. 베다도 넷으로 나누고, 방위도 동서남북 넷으로 나누고, 힌두교 삶의 이상적 최고 목표인 뿌루샤르타Purushartha도 다르마(의무·법)-아르타(부·실리artha)-까마(성애性愛kama)-목샤(해탈

moksha) 넷으로 나누고, 이상적 삶의 네 단계인 아슈라마ashrama도 학습기-재가기-은퇴기-기세기의 넷으로 나누듯 바르나도 넷으로 나눈 것이다. 고유 개념체계인 사중四重 구분체계에 따라 나뉜 각 바르나는 하는 일을 기준으로 사제와 학자 및 교사는 브라만, 군주·무사·행정가는 라자니야Rajanya 혹은 끄샤뜨리야Kshatriya, 농업과 상업에 종사하는 사람은 바이샤Vaishya, 그리고 노동과 서비스 잡일을 하는 사람은 슈드라Shudra라고 불렀다. 후기 베다 시대 한참 이후에 만들어진《마하바라따》에서 각 바르나는 흰색, 빨간색, 노란색, 검은색이라는 상징색을 부여받는다.

바르나 각각에게는 각각의 일이 배정되었다. 후기 베다 말기에 이르러 제사가 절대적인 위치를 차지하면서 제사를 담당하는 브라만이 네 바르나 가운데 최고의 위치에 오르게 되었다. 하지만 최고 권력을 확보하기 위한 브라만과 끄샤뜨리야의 갈등은 시간이 갈수록 격화되었다. 생산력의 발달과 분배의 불평등으로 인해 계층 간 분화가 생기고 물질 축적의 정도가 달라지면서 브라만이 최고 계급으로 자리잡는 시대 상황에서 신을 따르는 사람들은 자연히 제사 의례를 중심으로 한 형식적이고 기계적인 관계로 맺어질 수밖에 없었다.

네 개의 바르나 가운데 브라만, 끄샤뜨리야, 바이샤는 모태에서 태어나는 첫 번째 탄생 이후 일정한 연령이 되면 우빠나야나 의례를 통해 두 번째 탄생을 한다. 그때부터 비로소 정상적인 사회 종교인으로 생활할 수 있는 특권을 부여받았다. 그래서 그들은 드위자dvija(재생자再生者)라 불린다. 반면 네 번째 카스트인 슈드라는 생물학적 탄생만 할 뿐 의례적으로 다시 탄생할 수 없기 때문에 종교의식에서 배제되고 또 사회적으로도 불구 취급을 받는다.

후기 베다 시대에 일어난 종교의 변화 가운데 가장 중요한 것은 이전의 단순 의례 중심에서 브라흐마나 문헌 편찬 이후 의례에 대한 해석과 의미 중심으로 종교행위가 달라진 것이다. 이러한 변화는 이후 힌두교의 성격 규정에서 매우 큰 의미를 갖는다. 제사가 단순히 형식과 규정을 정하고 그 위에서 행해지는 것이 아니라 우주 운행질서와 의미를 담는 우주에 대한 대응 존재로서 위치하게 된 것이다.

우주가 대우주가 되고 제사가 소우주가 되면서 이 둘 간의 대응관계를 모르고 집행된 제사 의례는 가치가 없을 뿐 아니라 심지어는 인간에게 해를 끼친다는 인식까지 하게 된다. 지식에 대한 깨달음이 제사를 대체하는 상황이 펼쳐진 것이다. 이것이 바로 우빠니샤드의 세계관이다. 브라흐마나에서부터 시작된 제사 의례주의가 우빠니샤드 시기에 와서 극복되기 시작한 것이다. 이러한 현상은 전통으로 내려온 대규모 제사가 과다한 축우의 손실을 낳았고, 기원전 7~6세기에 정착한 농경과 그 기반 위에서 펼쳐진 도시 문명사회의 발전을 저해했기 때문에 제사를 극복해야 한다는 세계관이 만들어지면서 생겨났다.

사회가 농경-교역-도시 중심으로 바뀌면서 사상가들은 제사 의례를 떠나 우주와 인간 사이의 관계적 본질에 대해 더 본격적으로 성찰하기 시작했다. 그러한 성찰은 삶과 죽음에 대한 성찰로 이어졌고 결국 영혼은 사라지지 않고 다음 삶으로 이어지는 윤회설로 발전했다. 윤회 안에서 새로 시작되는 삶은 전생에 행했던 어떤 행위의 결과로 나타나는 것으로 보았고, 그러한 윤회 안에서 삶이란 고통이고 그 고통에서 벗어나는 것은 영혼의 궁극을 깨닫는 지혜를 통해서만 가능하다는 세계관이 생겼다. 명상을 중시하는 힌두교는 바로 이 지점, 아라니야까와 우빠니샤드를 중심으로 하는 반反제사 의례주의의 입장에서 시작된다.

1-4. 하랍빠 시대와 베다 시대 종교의 사회사적 의미

하랍빠 시대의 종교가 갖는 사회사적 의미를 확실하게 파악하기는 어렵다. 여러 유적지에서 출토된 인장 등에 새겨진 문자를 해독하지 못하기 때문이다. 현재로서는 발굴된 유적이 청동기 도시 문명이었고 히랍빠의 종교 가운데 생산력을 기원하는 종교가 중추를 이루었다는 해석에는 이견이 없다. 당시 이미 정착 농경생활이 광범위하게 퍼졌고 도시 문명이 크게 발달했기 때문에 지모신 숭배, 남근 숭배 등이 어우러져 다산 숭배가 가장 대표적인 종교 현상이었을 것으로 보인다. 지모신 숭배와 남근 숭배는 모두 힌두교의 연원으로서 주요 종교적 특질들이 후대로 이어져 오늘날 힌두교의 중추가 되었다.

지모신은 베다 시대의 전기인 기원전 1500년경부터 약 500년간의 목축 및 반半유목생활의 시기를 제외하고 오늘날의 힌두교에까지 내려오고 있다. 시대와 사회의 변화에 따라 형태를 달리하며 사람들의 숭배 대상이 된 지모신은 힌두교의 가장 중요한 요체 가운데 하나인 여신 숭배의 원형이다. 남근 숭배로 대표되는 남신 숭배 신앙은 후대의 쉬바 숭배로 이어지면서 하랍빠 시대 이후 이어지는 범신교의 아리야인 베다 종교와 통합되면서 다양한 문화 특질과 사회계층이 어우러지는 힌두교의 가장 큰 특징이 되었다.

하랍빠 문화가 사라진 후 아리야인들이 아프가니스탄을 넘어 현재 인도의 뻰잡 지역을 지나 갠지스강 중상류 유역에 정착하기 시작하는 데에는 약 1,000년의 시간이 필요했다. 초기 베다 시기는 이동생활이 중심이었기 때문에 비교적 평등한 부족사회가 유지되었다. 이는 당시 종교에도 그대로 반영되어 신들의 세계에는 위계가 없었다.

기원전 1000년경부터 북부 인도에 보급되기 시작한 철이 중요한 역할을 하면서 농업이 유목을 대신해 점점 주 산업으로 자리잡았다. 쟁기를 비롯한 철제 농기구를 사용하는 농업이 광범위하게 보급되었다. 농업 생산물이 많아지면서 조세와 공물이 정기적인 형태를 띠게 되고 이로 인해 지금의 델리 주변에서 최초의 국가가 발생했다. 아리야인들은 인도 아대륙에 이미 살고 있던 선주민들과 갈등과 동화를 거듭하면서 더 동쪽으로 이동했고 서서히 여러 종족들이 합종연횡하면서 국가를 형성했다.

철제 도구가 더 광범위하게 사용되면서 여러 영역국가들의 물질적 기반이 점차 확고해졌다. 이에 따라 왕권은 강화되고 리그 베다 시대에 존재했던 여러 부족회의체들은 약화되었다. 잉여 농산물로 인해 빈부의 격차가 생기고 그로 인한 사회적 불평등이 심화되기 시작했다. 전문화된 공예와 수공업이 발달하기 시작했고 일부 부유층만이 사용하는 토기나 장신구 등이 생산되었다. 당시 유적지에서 출토된 여러 토기 가운데 가장 뛰어난 회색토기는 바로 이 부유층들을 위한 것이다. 후기 베다 시대 정착 농경이 확산되면서 부족 공동체 재산이 아닌 사유재산이 늘어났고 이를 기반으로 서서히 계급의 분화가 이루어졌다. 카스트라고 알려진 바르나가 바로 그것이다. 후기 베다 시대 말기에는 브라만—끄샤뜨리야—바이샤—슈드라 등 네 바르나로의 계급 분화가 공고해졌다. 당대 말기에 제사 의례를 정교하게 다듬은 의례 중심의 《야주르 베다》가 따로 만들어진 것이나 이 시기가 끝날 무렵 그러한 기계적 의례주의에 반발하면서 아라니야까나 우빠니샤드와 같은 지혜 중심의 종교 움직임이 나타나기 시작한 것 모두 베다 시대에 제사가 가장 중요한 사회행위였다는 사실로부터 비롯된다. 브라만은 이 같은 과정을 거치면서 최고의 위치에 오르게 된다.

2. 베다후後 시기의 힌두교의 체계화와 불교의 발생

고대 인도사에서 시기 구분은 학자들의 관점에 따라 다르다. 정치사는 정치사대로, 사회경제사는 사회경제사대로, 종교사는 종교사대로 다를 수밖에 없다. 대체로 작은 시기 구분은 정치사 관점을 따른다. 고대 인도에서 베다 시대가 끝난 후 굽따 말기~중세 시작 전까지의 시기는 몇 가지로 나뉠 수 있다. 우선 베다 시대가 끝난 직후의 시기로, 보통 베다 시대 이후라는 의미에서 베다후後post-Veda 시기라고 부른다. 북부 인도에서 열여섯 영역국가가 들어서는 기원전 6세기부터 100년 정도를 말한다. 이후 기원전 4세기경 전체 아대륙을 하나의 제국 틀 안에 놓은 마우리야Maurya제국 시기, 기원 초기 실크로드 무역을 중심으로 하는 3차 도시화 시기인 마우리야후後 꾸샤나-사따와하나Satavahana 시기, 북부 인도에 강력한 왕권을 세운 굽따Gupta제국 시기로 이어진다. 이 긴 1,000년의 시기는 역사학적으로 보면 이와 같이 몇 개로 나누어 보는 것이 합리적이지만, 종교를 기준으로 보면 크게 나눌 수 있는 지점이 없어서 하나의 시기로 보는 것이 보통이다.

종교를 기준으로 봤을 때 이 시기는 양대 서사시가 형성·변화되면서 힌두교의 기틀이 마련되는 시기다. 종교를 다루면서 기본적으로 역사를 다루는 이 책에서는 이 1,000년의 시간을 하나가 아닌 최소 둘로 나누어 보는 것이 더 합리적이라고 생각한다. 편의상 베다후 시기를 따로 두고, 그 이후를 서사시 시기로 정하고자 한다. 그렇다고 서사시 시기가 베다후 시기 이후부터 시작한다는 것은 아니다. 서사시 시기는 베다후 시기를 포함하는 시기다. 베다후 시기가 인도 종교에서 중요한 의미를 가지고 있기 때문에, 특히 불교의 발생이라는 매우 중요한 의미를 가지고 있기 때문에 이 책에서는 베다 편찬이 끝난 직후 시기만 따로 다루기로 한다. 힌두교의 경우 이 책의 베다후 시기와 다음 장인 서사시 시기로 정확하게 나눌 수 없다.

2－1. 역사적 배경(기원전 500~기원전 400)

기원전 6세기경 아리야인은 갠지스강 중상류 유역에 정착하여 본격적인 농경생활을 시작한다. 농민들은 이 지역에서 광범위하게 사용되었던 철 덕분에 더욱 넓은 경작지를 확보하여 자급자족 수준을 넘는 충분한 식량을 생산할 수 있었다. 그러자 영토의 필요성이 점차 커졌고 많은 싸움이 벌어졌다. 끄샤뜨리야 계급은 사회적으로 매우 강력한 권력을 형성했고, 왕은 더 넓은 영토를 확보하려고 사력을 다했다. 그들은 군사적으로 사용하기 위해 더 많은 잉여 생산물을 거둬들였다. 인도에서 처음으로 베다 시대의 자발적 공물이 아닌 조세가 걷히기 시작한 것이다.

조세는 군사적 용도만이 아니라 행정적으로도 사용되었다. 좀 더 크고 유능한 행정체계를 갖춘 나라가 전쟁에서 승리를 거둘 수 있었기 때문이다. 국가는 잉여 생산물을 서로 교환하는 기회를 확대하고 시장의 기능을 담당하는 도시를 행정적으로 관리했다. 상업과 교역을 보장하고 주화를 유통시켜 본격적인 화폐 사용 도시경제 체제로 돌입했다. 이에 따라 북부 인도 전역에 도시 20여 개가 번성했고 이 도시들을 바탕으로 열여섯 개의 영역국가가 생겨났다. 영역국가들은 끝없는 싸움을 벌였고 결국 지금의 비하르 지역에 자리잡은 마가다Magadha왕국이 최종적으로 패권을 차지했다. 마가다왕국은 마우리야왕조 시기에 큰 제국으로 성장해 갔다.

마가다왕국이 군소 국가들 중에서 월등한 세력으로 성장하게 된 것은 하리양까Hariyanka왕조의 빔비사라Bimbisara왕(재위: 기원전 6세기 전반~기원전 5세기 초) 재위 때부터였다. 빔비사라왕은 가우따마 붓다와 동시대의 인물로 열여섯 영역국가 사이에서 무력 정복전쟁을 시작한 왕이다. 정복전쟁은 이후 마가다 지역의 다음 왕조인 마우리야왕조의 아쇼까Ashoka(기원전 268?~기원전 232)왕 때 대단원의 막을 내렸다.

마가다 지역은 철기 시대에 매우 유리한 위치에 있었다. 북부 인도 최대 규모의 철광석이 마가다왕국의 첫 번째 수도인 라자그리하 Rajagriha에서 가까운 곳에 대거 매장되어 있었기 때문이다. 또 두 번째 수도인 빠딸리뿌뜨라Pataliputra는 갠지스-야무나 평원의 다른 곳과 달리 다섯 개의 산으로 둘러싸여 있고 주변에 몇 개의 강이 있어서 군사나 물자 수송에 매우 유리했다.

무엇보다 마가다 지역이 갠지스강 중류 유역의 평야 중심부에 위치해 있었다는 것이다. 철제 도구로 밀림을 제거해 버리자 이 지역은 기름진 충적토 평야가 되었다. 많은 강우와 인공적인 관개시설이 필요하지 않는 여러 강이 있다는 점도 다른 지역보다 훨씬 많은 농업 생산물을 확보할 수 있었던 이점으로 작용했다. 이는 국력 증가로 이어졌다.

이 시기 역사에서 또 한 가지 주목해야 할 중요한 사실이 있다. 이 전 시기인 베다 시대의 후기에 만들어진 바르나(카스트)가 매우 강력한 위계체계로 변화했다는 점이다. 브라만, 끄샤뜨리야, 바이샤는 상층 카스트로 특권을 부여받았다. 특히 브라만은 제사에 대한 독점권력을 갖게 되었다. 슈드라는 사회적으로 모든 권리를 박탈당한 불구계급이 되었다. 당시 힌두교는 이를 철저히 보장했다. 이 같은 불평등 체계는 법률로 만들어지기 시작했다.

이 시기에는 철제 무기의 발전과 영역국가의 성립으로 끄샤뜨리야 세력이 성장하면서 국가들 간의 전쟁이 끝없이 일어났다. 전대에서부터 이어져 온 베다 방식의 제사는 갈수록 규모가 커져 많은 소가 희생되었고 제사를 독점한 브라만은 막대한 부를 독차지할 수 있었다. 이에 따라 바이샤와 슈드라로 구성된 대부분의 평민들은 전쟁과 제사의 중단을 갈구하게 되었다. 이것이 베다 종교를 끝내고 힌두교와 전혀 새로운 방식의 불교가 시작되는 역사적 배경이다.

2−2. 힌두교의 기본체계 형성

바르나-아슈라마와 힌두교 체계

베다후 시기 농업경제에 가장 필요한 것은 확장된 농경을 뒷받침해 줄 충분한 양의 소를 확보하는 일이었다. 경작 도구로서 소는 농경에 가장 필수적인 요소 가운데 하나다. 베다 시기부터 이어져 온 대규모 공동체 제사는 소를 많이 희생시켰고 이는 농경 생산에 큰 타격을 주었다. 그러자 농경에 직접 관여하는 바이샤와 새롭게 형성된 국가권력의 주축인 끄샤뜨리야는 기득권층인 브라만의 베다 방식 제사 이데올로기에 반발하기 시작했다. 반면 브라만으로서는 제사 이데올로기를 더욱 정교하게 만들어 자신들의 기득권을 확실하게 유지해야 할 필요성이 있었다. 힌두교의 체계화는 바로 이러한 역사적 상황에서 전개되었다.

그 출발은 하랍빠 시대 이후 1,000년 만에 일어난 제2차 도시 문화에서의 계급 분화였다. 도시 유적에서 널리 출토된 북부 흑색연마도기는 이 시기에 부유층이 상당히 형성되었음을 보여 준다. 농업경제와 도시와 국가체계가 크게 성장하면서 리그 베다 시기 때 만들어진 부족법 체계는 완전히 힘을 잃고 후기 베다 시기부터 발생한 바르나를 기준으로 하는, 즉 계급에 따라 불평등하게 적용되는 사회법 체계로 대체되었다. 불평등한 사회법 체계에서 브라만과 끄샤뜨리야는 사회의 부와 권력을 차지하기 위해 서로 협력과 갈등을 반복하면서 특권계급으로, 바이샤는 농경·목축·상업 등의 경제활동을 통해 사회를 유지하는 의무를 가진 평민으로 자리잡았다.

　바이샤는 베다후 시대 말기에 네 바르나 가운데 가장 늦게 등장한 제4의 계급인 슈드라와는 전적으로 달랐다. 바이샤에게는 브라만이 주재하는 의례나 종교행위에 참가할 수 있는 자격이 주어졌지만, 슈드라는 그렇지 않았다. 브라만, 끄샤뜨리야, 바이샤만 상층 카스트로서 제사에 참여할 수 있게 되면서, 종교행위에서 출발한 제사는 사회 내에서 권력관계, 즉 상층 카스트 특히 브라만의 권력 장악과 하층 카스트의 배제를 정당화하는 수단으로 작용하기 시작했다. 힌두교는 바르나에 의한 이 같은 불평등 사회체계를 정당화하는 이데올로기로 작동했다. 종교의 성격과 위치가 사회 변화에 따라 달라진다는 사실을 보여 주는 좋은 예다.

　바르나로 구분된 사회체계는 사회 안정이라는 시대적 요구의 결과물이었다. 사회 안정의 요구는 불변의 절대 진리에 대한 믿음으로 나타났다. 이전까지의 베다 종교에서는 수많은 평등한 신들이 가변적인 물질 세계에서 명멸하는 세계관이 토대를 이루었다. 하지만 베다후 시대에 들어오면서 평등을 기반으로 하는 범신론적 세계관은 상당히 퇴색했고 그 자리를 불변의 진리를 추구하는 절대주의가 차지했다. 물질적 제사 행위 대신 영원한 존재에 대한 올바른 지식이 더 큰 가치를 가지게 되었다. 이 결과 브라흐만과 아뜨만*이 종교의 핵으로 자리잡았고, 그것

---

*　브라흐만은 우주의 본질이 되는 절대 존재를 의미하는데, 그런 개념이 한자어에는 없어 그냥 범梵이라고 음차를 하는 경우가 많다. 아뜨만은 인간 각 개체라는 현상 저변에 있는 브라만과 동일한 본질을 말하는 것으로 마땅한 한자어가 없다. 이를 아我라

은 신전의 구조에도 영향을 끼쳤다.

베다 시대에 사람들에게 가장 많은 숭배를 받았던 불의 신 아그니나 폭풍우의 신 인드라는 시대의 불변 진리로서의 사회법인 다르마에 종속된, 하찮은 가변의 존재로서의 신으로 전락했다. 브라흐만의 인격적 실체로서 브라흐마는 최고의 신이 되었고, 비슈누와 쉬바는 베다 시대의 작은 신들을 통합하여 거대한 신으로 성장했다. 신전에서 브라흐마-쉬바-비슈누의 삼위三位가 일체되는 절대 궁극의 원리가 신의 위계에 절대적 영향력을 행사했다. 그 외의 여러 신들은 각자 자신이 가진 직능에 따른 상사성相似性으로 계급(바르나)과 연계되면서 서열이 정해졌다.

불의 신 아그니가 브라만의 신으로 자리잡은 것은 브라만의 주업이 제사이고 아그니는 불이 제화祭火로서 제사에 매우 중요했기 때문이다. 같은 이유로 술의 신 소마는 제주祭酒로서, 말語의 신 바쯔Vach는 성스러운 언어로서 각기 브라만의 신이 되었다. 인드라는 폭풍우이기 때문에 무장武將으로서, 바루나는 물이라서 위정자로서 끄샤뜨리야의 신이 되었다. '사람들'을 의미하는 바이샤의 경우 복수複數의 신 '들'인 루드라Rudra, 아디띠야Aditya, 바수Vasu, 마루뜨Marut 등이 군群의 형태로 바

는 어휘로 번역하는 경우가 많은데, 그러다 보니 이 번역은 오독을 불러일으킨다. 우리가 이해하는 '我'는 아뜨만이라는 본질이 아닌 그것이 나타나는 개체로서의 현상이기 때문에 뜻이 전혀 맞지 않다. 그래서 굳이 음가가 비슷한 '我'를 사용하려면 그 '아'의 본질이라는 의미로 '진아眞我'라 의역하는 경우도 있다. 그러나 이것도 여전히 '아뜨만'을 我로 오해하게 만들 수 있어서 '아뜨만'으로 쓰는 게 가장 낫다고 본다.

이샤의 신으로 자리잡았다.

소의 신 뿌샨Pushan은 슈드라의 신으로 자리잡았다. 소를 키우는 일, 즉 유목이 농경사회에서 더이상 이전 시대처럼 중요한 의미를 갖지 않아서였다. 베다 시대는 사회에 위계가 없었기 때문에 신들의 세계에도 위계가 없었지만, 베다 이후 시대에는 이미 사회 안에 바르나를 기준으로 하는 위계가 구조화되었기 때문에 그 모습이 신들의 세계에도 그대로 반영되었다. 브라흐마-비슈누-쉬바가 절대 지존으로, 베다에 나오는 많은 신들이 그 절대 지존을 따르는 부속 신들로 자리잡게 된 것이다.

유목을 중심으로 하는 베다 시대가 끝나면서 기원전 6세기경 인도 사회에서는 제사를 중심으로 하는 재가의 삶이 최고 가치를 부여받았다. 이에 따라 베다 시대 말기부터 이상적 삶의 단계로 브라흐마짜리야brahmacharya(학습기學習期), 그리하스타grihastha(재가기在家期), 바나쁘라스타vanaprastha(임처기林處期)가 체계화되었다. 이 셋은 상층 바르나가 지켜야 할 이상적인 삶의 단계다. 젊어서는 스승 밑에 들어가 베다를 공부하면서 수행에 전념해야 하고, 어느 정도 나이가 들면 결혼 후 가정을 꾸려 생산에 전념하고, 자식이 성장하여 결혼을 하면 모든 살림을 자식에게 물려주고 세상살이에서 은퇴하여 지내는 단계를 밟으면서 사는 것이 가장 바람직하다는 것이다.

이 세 단계는 재가의 물질적 삶에 초점을 맞춘 것으로 아슈라마라고 한다. 세 아슈라마를 중심으로 하는 물질 중심의 삶과 네 개의 바르나로 첨예하게 구분된 계급사회는 사회 안에서 여러 심각한 갈등을 불러일으켰다. 이는 우빠니샤드, 불교 등 물질 중심의 사회에 반발하여 영성을 추구하는, 새로운 종교의 움직임이 일어나는 원인이 되었다.

반反제사 형식주의

바르나와 아슈라마의 물질적 재가 사회 중심의 삶은 곧 제사 중심의 삶
이었다. 따라서 그에 대한 반발은 제사에 대한 문제 제기로 이어졌다.
갠지스강 중상류 유역에서 농경 정착생활이 본격화된 후 소를 큰 규모
로 희생시키는 제사는 사회적으로 큰 모순을 낳았다. 유목 시대가 끝나
고 농경 시대가 도래했지만 여전히 종교의 중심은 제사에 있었고, 제사
는 농경의 필수 요소인 소를 희생시키는 것이었기 때문이다.

　사회가 바뀌었다고 해서 이전 시대의 종교 문화가 쉽게 사라지지는
않는다. 물질사회가 변화한 뒤에도 이전의 관념이 여전히 위력을 발휘
하는 것은 세계 어느 종교에서든 쉽게 찾아볼 수 있다. 정착 사회에서도
제사는 사라지지 않았다. 사라지기는커녕 이전 유목 시대에 중시되던
소 희생제의 규모가 오히려 더 커졌다. 이는 국가의 발생과 깊은 관련이
있다. 기원전 8~7세기 이후부터 확대된 잉여 생산을 기반으로 통치자
로서 끄샤뜨리야 지위가 크게 성장하고 그 위에 국가가 성립하면서 제
사는 끄샤뜨리야 가계, 즉 왕권에 신성성을 부여하는 역할을 했다. 제사
의 이념이 사회의 주요 이데올로기가 되었다.

　제사는 초기 베다 시대에 물질 축적의 기원을 담당하는 통로로서의
상대적 기제에서, 자연계의 운행을 지배하고 우주 만물을 지배하는 절
대적 기제로 자리잡았다. 제사는 우주에서 가장 완전한 존재가 되고 제

주는 그 제사를 통해 물질적·영적 소망을 갈구하게 되었다. 제사가 단순히 물질 축적을 추구하는 수단뿐 아니라 우주론 속에서 본질을 추구하는 영원불멸의 세계로 이어지면서 제사장의 위치는 형이상학적 세계로 확장되었다. 당시 문헌에 소를 1만 4,400마리나 희생시키는 제사가 기록되었을 정도로 제사는 중시되었다. 1만 4,400이라는 숫자는 이 시기에 통용된 12진법에서 최다의 수인 12가 두 번에 백 번이 있다는 의미로 최고 최다 무한대의 의미를 가지는 상징의 수다. 즉 문자 그대로 1만 4,400마리의 소를 희생시켰다는 뜻이 아니라 그만큼 중요하다는 의미였다.

그런데 농경 정착으로 소의 필요성이 더욱 커지면서 소를 희생하느냐 보호하느냐의 고민이 발생했다. 새로운 사회가 오래된 세계관을 어떻게 극복하느냐의 문제가 생긴 것이다. 유목생활이 끝나고 농경생활을 시작하면서 소가 절대적으로 필요한 시대가 되었으나 제사는 여전히 가장 중요한 사회행위 가운데 하나였다. 이 때문에 사람들은 전대로부터 내려온 제사 이데올로기에 따라 소를 대량 희생시켰다. 사회가 변화되기 시작했지만 예로부터 내려오는 종교 전통을 벗어나기 어려웠던 것이다.

사회 변화, 즉 진보를 옹호하는 사람들은 제사의 존재 가치에 심각한 의문을 던졌다. 도전은 우빠니샤드에 의해서 시작되었다. 의문의 중심에는 의례나 집단이 아닌 자아와 개인이 있었다. 우빠니샤드 현자들은 신앙의 중심을 제사와 집단이 아닌 깨달음과 개인에 두었다. 그렇다고 우빠니샤드가 전기 베다 상히따에서부터 브라흐마나를 거쳐 아라니야까를 지나오면서 약 1,000년 동안 지탱해 오던 힌두교의 핵심인 브라흐만–아뜨만의 본질을 부인한 것은 아니었다. 그들은 제사행위에 반대했을 뿐, 베다 종교 자체를 반대하지는 않았다. 제사는 제사대로, 깨달음은 깨달음대로 인정하는 입장을 취한 것이다.

우빠니샤드의 선인들보다 더 급진적인 입장에서 사회를 포기하고 본질을 추구하는 사람들도 도처에서 생겼다. 당시 사람들은 세상 포기의 단계를 수행하는 그들을 산냐시sannyasi(기세자棄世者), 슈라만shraman(사문沙門),[*] 빅슈bhikshu(비구比丘),[**] 야띠yati 등 여러 이름으로 불렀다. 이 걸식 유행자들이 본질 추구를 위해 택한 산냐시의 길은 후기 베다 시대에 구조화된 브라흐마짜리야, 그리하스타, 바나쁘라스타라는 세 단계

---

[*] '슈라만'이라는 산스끄리뜨 어휘를 로마자로 음역하면 Shramana이고 빨리어로는 Samana(사마나/사만)이다. 영성과 기세를 중심으로 하는 힌두 전통 가운데 하나다. 다른 하나는 '브라만' 전통이다. 원래대로 음차하면 브라흐마나 전통이라 해야 하지만, 편의상 '브라만' 전통이라 하기로 했기 때문에 이 경우도 '슈라마나' 대신에 '슈라만'으로 적기로 한다. 일찍이 이 두 전통을 중국에서 한자어로 옮길 때 슈라만/사만은 사문沙門으로, 브라만은 바라문婆羅門이라 적었다. 그러나 당시와 달리 지금은 한글 자모로 충분히 적을 수 있기 때문에 굳이 사문이나 바라문 같은 단어를 쓸 필요는 없을 것이다.

[**] '구걸하는 자'라는 뜻을 가진 이 어휘는 산스끄리뜨어로는 bhikshu, 빨리어로는 bhikkhu다. 초기 불교 경전은 빨리어를 언어로 적어놓은 것이기 때문에 그 안에서 초기 불교만 기술하는 경우 '빅쿠'라고 적는 것이 타당할 수 있겠지만, 인도 고대사 전체를 기술하는 경우는 용어를 통일해야 하기 때문에 산스끄리뜨어 어휘로 적고자 한다. 그래서 빅쿠는 빅슈로, 여성형인 빅쿠니bhikkhuni는 빅슈니bhikshuni로 적기로 한다. 참고로 'ni'는 여성 행위자를 뜻하는 접미사다. 이와 같은 경우로 초기 불교에 나오는 용어들 예컨대 닙바나nibbana는 니르와나nirvana, 고따마Gotama는 가우따마 Gautama로 표기하도록 한다.

의 아슈라마를 부인하는 길로, 네 번째 아슈라마인 산냐사Sannyasa였다. 이후 앞의 셋과 이 산냐사가 통합되어 힌두교의 주요 기제인 4중四重 아슈라마가 된다.

2−3. 불교의 발생

역사 산물로서 불교의 발생

우빠니샤드가 후기 베다 시대의 끝 무렵에 등장하며 기존의 베다에 기반을 둔 힌두교에 도전한 직후 비슷한 맥락이면서 좀 더 급진적인 새로운 종교운동이 나타났다. 당시에 편찬된 초기 불교의 경전에 의하면 이러한 움직임은 62개가 있었는데, 그중 대표적인 것이 불교와 자이나교다.

후기 베다 시대의 새로운 종교 움직임은 마치 같은 시대 고대 중국에서 주나라의 종주권과 제사 중심의 천명론天命論에 반발하면서, 인간의 행위를 중시하는 제자백가諸子百家가 등장한 것와 비슷한 현상이다. 이는 불교와 자이나교의 창시자인 가우따마 붓다Gautama Buddha와 바르다마나 마하비라Vardhamana Mahavira가 끄샤뜨리야 출신인 점에서 확인할 수 있다.

브라만의 기득권에 대한 저항은 제사 문제에서 시작되었다. 제사를 통해 제사장인 브라만은 부의 축적을 이루었던 데 반해 농경에 절대적으로 필요한 소는 충분히 공급되지 못했다. 유목을 대체한 새로운 농업 경제를 확고하게 정착시키기 위해서는 제사를 통한 소의 도살이 반드시 중지되어야 했다. 신흥세력은 기존의 제사 이데올로기에 반대하며 소의 축적을 주장했다. 바로 이것이 곧 붓다가 주장한 불살생不殺生(아힌사ahinsa)이다. 붓다는 소가 있어야 생산이 더 활발하게 일어나고 그래야 더 많은 인민들이 브라만에게 착취당하지 않고 인간다운 삶을 영위할 수 있다고 했다. 따라서 붓다의 불살생은 생명이 있는 것을 해하지 말라는 도덕적이고 윤리적인 의미로 해석하기보다는 제사를 통해 소를 희생시키지 말라는 사회적인 의미로 해석하는 것이 더 바람직하다.

붓다가 나고 자란 까삘라와스뚜Kapilavastu는 갠지스강 유역과 히말라야 산록을 잇는 교통로 상에 있는 작은 도시였다. 붓다의 출신 종족인 사끼야족의 정치 체제는 여러 도시(혹은 성城)를 묶은 과두공화제였다. 까삘라와스뚜는 그 여러 성 가운데 하나로 붓다의 아버지는 선출직 '성주'였다. 여기에서 '성주'는 원어로 '라자raja'인데, 후대로 가면서 왕을 의미하게 된다. 싯다르타는 왕의 아들이긴 하지만, 차기 왕이 될 사람은 아니었던 것이다.

까삘라와스뚜는 인구가 집중되고 수공업과 상업활동이 활발하게 전개되면서 과거 부족 공동체의 모습 대신에 화폐 중심의 생산체계를 토대로 개인주의가 활발하게 전개되던 20여 개의 도시 가운데 하나였다. 규모는 갠지스강 중류 유역의 도시에 비해 상대적으로 작았고 비교적 베다 시대의 전통이 남아 있는 곳이었다. 당시 갠지스 유역의 거대한 군주국인 마가다나 꼬샬라Koshala 등에 비해 상대적으로 카스트 구별이나 개인주의 등이 첨예하게 전개되는 곳은 아니었다. 그래서인지 싯다르타는 새롭게 전개되는 화폐경제를 기반으로 하는 첨예한 계급사회와 절대권력과 개인주의 사회에 상당한 충격을 받았다.

기원전 6세기 화폐경제 위에 선 도시 문명은 많은 사람들로 하여금 이전의 원시생활로 되돌아가기를 갈망하게 했다. 불교와 자이나교의 단순하고 엄격하며 금욕적인 기풍은 이러한 시대의 소산이다. 두 종교가 공통적으로 생산행위를 금지하고 사회로부터의 이탈을 제1의 조건으로 내건 것은 이런 맥락에서 해석해야 한다. 기존 사회의 부인이 금욕과 무소유 정신, 즉 탈세속의 움직임으로 구체화된 것이다. 붓다의 가장 핵심적인 세계관 중 하나인 '세상은 고통으로 가득차 있는 가치 없는 곳'은 이런 맥락에서 나온 것이다.

붓다가 보는 세상은 고통이었다. 해탈은 바로 그 고통의 윤회로부터 해방되는 것, 즉 니르와나nirvana(열반)에 이르는 것이다. '니르와나'는 붓다가 독자적으로 고안하거나 발명한 개념이 아니라 당시 사회를 부인하고 수행에 전념하는 슈라만 전통에 널리 존재해 온 개념이었다. 붓다 또한 오래전부터 많은 수행자가 가던 길을 자신이 찾은 것이라고 했다. 그는 자신이 인간을 속박하는 집착, 갈망, 증오, 무지에서 이미 벗어났다는 사실을 발견했고, 그것이 니르와나라고 했다. 붓다는 니르와나가 무엇인지에 대해 명쾌하게 말하지는 않았다. 오로지 비유로 말할 뿐이었다. 때로는 성난 파도에 떨어져 있는 섬이라고도 하고, 때로는 캄캄한 동굴이라고도 하고, 때로는 몸을 피하는 피난처라고도 했다. 부정적인 표현을 들어 아무것도 하지 않는 것, 갈애가 소진되어 버린 것, 집착하지 않는 것, 욕심을 버리는 것, (장작불 같은) 어떤 불이 꺼져 버린 것 등 어떠어떠한 상태가 아니라고도 했다.

붓다의 새로운 종교가 갖는 최고 가치는 사회를 포기하고 떠나 유랑과 수행을 통해 니르와나라는 진리의 상태에 도달하는 것이었다. 새로운 종교에는 신의 존재는 물론이고 주술·의례·형식 등이 차지할 자리가 전혀 없었다. 그들이 추구하는 것은 오로지 팔정도八正道(중생이 열반의 세계로 나아가기 위해 실천 수행해야 하는 8가지 길)에 의한 해탈뿐이었다.

불교 발생 당시에는 다수의 종교사상가들이 사회 밖에서 유랑하며 활동했다. 모두 자신이 속하던 세상을 버리고 유랑 수도하던 걸식 유행자들이었다. 후에 붓다로 알려지게 된 불교의 창시자 가우따마 싯다르타도 그중 한 사람이다. 그도 가정과 사회를 버리고 걸식 행자생활을 하면서 6년여 동안 다양한 시도를 해본 끝에 가야Gaya에서 득도하여 붓다가 되었다. 사르나트Sarnath에서 초전법륜初傳法輪(석가모니가 깨달음을 얻은 후 다섯 수행자에게 처음으로 한 설법으로서 사성제, 팔정도, 연기법 등의 가르침을 말한다)으로 시작한 후 45년 동안 그는 스스로 발견한 진리의 법을 설파하고 다녔다. 점차 그의 주위에 유행자들이 모이기 시작했다.

불교는 탈사회적 종교로 시작했다. 교리의 핵심인 니르와나가 바로 탈사회적 행위다. 니르와나를 얻기 위해서는 세상을 부정하고 포기하고 철수해야 한다. 진실한 의미의 불교도가 출가자일 수밖에 없는 이유다. 붓다에게 재가생활은 고苦와 고를 연결시켜 주는 끈으로서의 의미밖에 없었다. 불교의 초기 출가 수행자들은 철저히 혼자였다. 주로 깊은 숲속이나 동굴 혹은 시체 유기장이나 화장터 혹은 큰 나무 밑에서 사회와는 완전히 격리된 생활을 했다. 이들에게는 모든 종류의 경제행위가 금지되었을 뿐만 아니라 생산을 위한 최소한의 노동도 허락되지 않았다. 그들은 바리때와 최소한의 의복 정도를 제외한 어떤 형태의 재산도 소유해서는 안 되었다. 하루하루 보시에 의존하여 살아가야 했다. 이처럼 불교는 관념적으로나 사회적으로나 급진적인 종교로 출발했다.

승가의 조직과 불교 변화의 단초

불교의 급진적·탈사회적 성격은 승가僧伽sangha를 조직하면서부터 크게 바뀌었다. 승가는 원래, 불교도들이 우기 동안에 유행자 생활을 중단하고 일시적으로 공동생활을 하기 위해 안거安居를 조직한 데서 시작되었다. 순전히 인도의 자연 환경, 즉 우기라는 몬순 때문이었다. 북부 인도에서는 일 년에 정기적으로 석 달 정도는 우기가 지속된다. 우기 때는 출가 유행자들이 탁발하러 돌아다니는 일이 매우 어렵다. 비가 쏟아지는 상황에서 거주지를 큰 나무 밑이나 화장터 같은 곳에 자리잡을 수 없기 때문에 탁발하러 돌아다닌다는 것 자체가 불가능했다.

사실 우기는 붓다 이전에도 있었고 붓다 주변의 여러 유행자도 맞닥뜨리는 문제였다. 그들 가운데 일부는 고행의 의미로 우기를 피하지 않은 경우도 있었지만, 어떤 유행자들은 우기 때는 아예 탁발하러 다니지 않고 안거에서 거주하기도 했다. 붓다는 극단적인 고행은 수행하는 데 도움이 되지 않을 뿐더러 주변 사람들에게 피해를 주면서까지 수행하는 것은 올바르지 않다는 생각에 안거로의 철수를 결정했을 것이다.

붓다와 제자들이 우기에 공동생활용으로 우안거를 조직한 것이 독립적인 경제행위를 거부하고 생계를 철저하게 탁발로만 유지한다는 원칙을 지켰기 때문에 일어난 일이라는 사실은 역사적으로 매우 중요하다. 그들은 처음부터 걸식으로 생계를 유지해야 했기 때문에 자연히 거처를 걸식을 정기적으로 구할 수 있는 환경과 결부시키지 않을 수 없었다. 붓다가 공동체를 민주적으로 운영한 사실 또한 매우 중요한 의미를 갖는다. 그의 민주적 승가 운영은 주변의 많은 브라만과 왕에게 큰 감명을 주었다.

이러한 상황에서 불교 역사를 바꾼 결정적 계기가 된 사건이 발생한다. 붓다와 제자들이 꾸려 나가는 민주적인 교단 운영에 감동한 마가다 국왕 빔비사라가 붓다 일행에게 재산을 기증한 것이다. 국왕은 도시에서 멀지도 가깝지도 않으면서 사람들로 붐비지도 않고 사람들을 만나기도 쉬운 대나무 숲을 기증했다. 이것이 죽림정사Venuvana다. 이 사원은 인도 불교사의 변화에 지대한 영향을 끼쳤다. 불교 최초의 사원이 설립된 것이다. 과거에 다른 유행자 집단이 풀과 나무만 있고 건물이 갖춰지지 않은 거처를 받기도 했고, 재가자 브라만이 토지를 분봉받기도 했다. 하지만 재산으로서 영구 거처인 정사精舍를 기증한 것은 처음 있는 일이었다. 이로써 불교는 사회에서 유행하다가 새로운 형태의 사회를 구성하여 정착하는 단계로 접어들게 되었다.

초기 불교 경전에 의하면 승가는 아와사avasa(안거安居)와 아라마arama(원園)라는 두 종류의 정규적인 거처를 가지고 있었다. 아와사는 출가 승려들이 스스로 구성한 거처로 임시적 성격을 띠었고, 아라마는 재가 신자가 아와사 주변에 세워 승려들에게 기부한 거처로 항구적인 사원으로 발전했다. 사원은 많은 경우 도시 안이나 그 근교에 세워졌는

데, 이는 초기 불교의 사원이 도시에 의존했음을 의미한다. 촌락에서는 출가자 스스로 거처를 조성해야 했지만 도시에서는 부유한 재가 신자들이 출가승들의 거처를 위해 사유지를 기부하는 경우가 많았다. 출가자들이 숲속이나 동굴 등지에서 수행하긴 했지만 전적으로 도시를 떠난 것은 아니었다.

우기에는 탈脫도시가 더욱 어려웠다. 출가자들은 점차 도시 가까이 들어갈 수밖에 없었다. 도시는 왕을 비롯한 여러 관리와 상인이 주로 거주하는 곳으로 경제적으로는 부가 집중되는 곳이다. 부를 많이 축적한 상인이나 관리는 새로운 사회경제적 환경을 옹호하는 붓다의 가르침에 매우 호의적이었다. 그들은 대부분 비록 붓다가 가르치는 궁극의 목표를 따를 수는 없지만 그가 가르치는 현명한 경제행위에는 크게 동의했다. 많은 사람이 여전히 힌두교 전통인 제사 문화로부터 전적으로 벗어나지 못하고 있었지만 붓다의 진보적인 가르침에 동의하는 사람도 늘어났다. 우기 동안만의 일시적 안거생활은 시간이 지나면서 정착생활로 바뀌어 갔고 이에 따라 촌락보다는 도시에 정착하는 출가자가 점차 많아졌다.

붓다가 조직한 승가에는 위계나 명령이나 권위체계가 없었다. 필요에 따라 의사결정을 해야 할 때는 공동체 전체가 만장일치로 결정을 내리는 공인된 절차가 있을 뿐이었다. 자연히 단체에 대한 개인의 책임이라는 개념은 있을 수 없었다. 다소 자유방임의 면은 있었지만 현대사회의 민주주의에서 드러나는 다수결과 그것으로 인한 소수의 배제 같은 문제는 존재하지 않았다. 붓다는 효율적이지 못하다고 해서 개별 다수를 대신하는 법률을 제정하지도, 승가 운영을 위한 조직도 두지 않았다. 그에게 승가란 여름 우기 석 달 동안 임시로 머무는 안거이자 사회 안으로 포교를 떠나기 위한 임시 거처로서의 의미만 있을 뿐, 궁극적 목표인 수행을 통한 깨달음과는 아무런 관련이 없었기 때문이다. 붓다가 살아 있을 때의 승가는 아주 느슨한 형태의 유행자들의 모임으로 지금의 교단과는 거리가 먼 집단이었다. 승가는 슈드라와 여성에게도 그 문호를 개방했다.

2-4. 베다후 시기 힌두교와 불교의 사회사적 의미

베다후 시기에 농경은 잉여 생산을 가져왔고 그것은 교환경제로 이어졌다. 이전 유목 시대의 전쟁을 통한 전리품 획득과 제사에서의 공물 수합과 분배 방식의 경제는 해체되고 그 자리에 농업경제가 들어섰다. 그에 따라 새로운 생산수단의 중심인 소를 희생하는 제사에 대한 도전이 일어나기 시작했다.

사실 제사는 신앙과 물질을 교환하는 매개체다. 개인의 입장에서 제사는 물질적으로 가치가 매우 높은 재화인 생물이나 곡식을 바쳐 그와 동일하거나 더 많은 대가를 종교적으로 기대하는 행위다. 그 개인은 제사를 위해 무엇보다도 소중한 가치 재화, 즉 소를 포기해야 했다. 제사는 개인이 아니라 집단으로 수행되는 행위이기 때문에 제물을 바치는 개인적 차원의 신앙 표현을 넘는 사회적 의미를 가질 수밖에 없다.

가치 재화, 즉 소는 농경 정착이 막 이루어지기 시작하던 당시에는 절대 불가결한 생산수단이었는데, 공동체 차원의 큰 규모의 제사로 소를 희생시키면 그만큼 농경은 큰 타격을 입을 수밖에 없었다. 더불어 도시화로 표현되는 당시 사회 진보의 가치도 막대한 지장을 입었다. 이는 생산, 곧 농경에 직접 관여하는 바이샤와 *끄샤뜨리야*를 자극했다. 그들이 제사 중심의 옛 종교에 반발하고 제사를 반대하는 새 종교를 지지할 수밖에 없던 이유는 여기에 있었다.

반면 브라만은 옛 이데올로기를 계속 유지하기를 바랐다. 각 개인이 바치는 제물들은 사제가 축적했다. 이로써 사제는 재화를 용이하게 축적할 수 있게 되었고 이는 바르나 체계에서 사제에게 최고의 사회적 지위를 담보해 주었다. 게다가 당시 제사는 공동체 차원의 의례였다. 무엇보다도 국가 간의 전쟁이 잦았던 시대에 전쟁 승리를 기원하는 중요한 기제로 작동했다. 기본적으로 신앙의 표현인 제사가 공동체를 결속시키고 그러한 문화 안에서 공동체의 힘을 배가시키는 기능을 한 것이다. 영역국가의 권력이 강해지면서 제사의 사회적 역할은 더욱 강해졌고 그에 따라 제사의 규모도 점점 더 커졌다. 이러한 성격의 제사행위에서는 여전히 부족 중심 집단 차원의 신앙행위가 주를 이룰 뿐 개인적 깨달음과 같은 개인 차원의 종교행위는 아직 일정한 자리를 차지하지 못했다.

붓다는 탈사회의 입장에서 궁극의 깨달음을 추구했으나 당시의 사회 문제에도 깊은 관심을 가졌다. 사회를 버리고 떠나지 못하고 사회 안에 남아 있는 인민들에 대한 자비심의 발로였다. 그의 이런 태도는 빨리어 경전 여러 부분에서 찾아볼 수 있다. 당시 카스트 제도에 대한 그의 날카로우면서도 조소적인 반박에서 특히 잘 드러난다. 그는 카스트로 구분된 계급사회에 반대했고 계급 문화의 악을 개선하고자 했다. 붓다는

〈아마간다 숫따Amagandha Sutta〉에서 오염은 특정 음식을 먹어서 발생하는 것이 아니라 나쁜 행위, 나쁜 언어, 나쁜 사고 등으로 인해 발생한다고 역설함으로써 카스트 제도의 양대 원리 가운데 하나인 음식–오염 체계를 인정하지 않았다.

반면 카스트 제도의 또 하나의 원리인 통혼 범주는 인정했다. 카스트 제도를 실제적으로 인정한 것이나 다름 없었던 것이다.《디가 니까야 *Digha Nikaya*》의 〈암밧타 숫따Ambattha Sutta〉를 보면 붓다는 끄샤뜨리야가 브라만보다 더 우위에 있음을 증명하면서 후자는 전자의 자손을 결혼 상대로 취하지만 전자는 그렇지 않다는 점을 그 이유로 들었다. 그리고 네 개의 강이 바다에 닿으면 각기 그 이름을 버리고 오직 바다로만 알려지듯, 네 바르나도 재가의 신분을 버리고 여래에 의해 설파된 법과 계율 안으로 들어오면 각 이름과 혈통은 버려지고 오직 석자釋子 sakyaputtiya로만 불린다고 했다.

붓다는 카스트가 존재하는 사회의 현실을 인정하지 않았으나 그렇다고 철폐를 부르짖지는 않았다. 그저 사회의 현실을 묵인한 채 그의 이상사회를 사회 밖에서 승가로 실현하고자 했을 뿐이다. 그럼에도 그의 사회관은 당시는 물론 그 이후로도 인도 사회에 매우 큰 반향을 불러일으켰다. 현실적으로는 자유와 평등과 박애에 대한 환상을 만들었을지라도 인도사에서 가장 막대한 영향력을 끼친 종교사회운동이었다.

이를 사회경제사적 측면에서 보면, 불교와 자이나교의 반反브라만주의는 바르나로 구분되는 계급사회를 반대한 것이지만, 핵심은 브라만 독점권력에 대한 반대였다고 해석할 수 있다. 불교와 자이나교가 우빠니샤드와 궤를 같이하면서도 우빠니샤드의 핵심인 브라흐만이나 아뜨만과 같은 변하지 않는 절대 본질을 부인하고 베다의 성스러운 절대 권위를 거부한 것은 바로 제사 위에 선 브라만 중심 사회 자체를 반대했기 때문이다. 붓다가 브라만의 언어인 산스끄리뜨어를 버리고 평민들의 언어인 빨리어를 경전어로 택한 것은 그가 얼마나 브라만 중심의 계급사회를 반대했는지를 보여 주는 징표다.

3. 서사시 시기의 종교의 대중화

3−1. 역사적 배경(기원전 400~기원후 500)

서사시 시기의 출발점은 대략 베다후 시대의 출발점과 같다. 종교사 연구자들은 서사시와 다르마 법전의 형성으로 힌두교의 기틀이 만들어졌다는 의미에서 '서사시 시기'라는 하나의 시기로 묶어 다소 애매하게 시대 구분을 한다.

베다 문헌의 편찬이 끝나고 그것을 바탕으로 전승이 만들어져 가는 서사시 시기는 정치사를 기준으로 하는 역사 시대 구분으로 하면, 기원전 6세기 북부 인도에 널리 자리잡은 열여섯 영역국가 시기, 마우리야 제국의 성립 시기(기원전 322년경), 기원 전후 성립된 꾸샤냐(북)−사따와하나(데칸Deccan)−삼국(반도) 시기 그리고 이어진 굽따제국 시기까지다.

정치사적으로 가장 중요한 마우리야조朝는 기원전 322년경에 마가다국의 짠드라굽따 마우리야Chandragupta Maurya가 난다Nanda조朝를 전복시킨 후 세운 제국이다. 마우리야왕조는 지금의 아프가니스탄 동쪽에서 시작하여 데칸 이남과 동부의 깔링가Kalinga 지역 일부를 제외한 인도 아대륙의 대부분을 차지했다. 마우리야왕조를 빈두사라 Bindusara, 아쇼까가 계승했다. 아쇼까는 깔링가를 정복해 아대륙을 통일한 후 전쟁에 의한 정복정책을 포기하고 다르마에 의한 정복정책으로 전환했다.

　아쇼까가 규정한 다르마는 왕은 부모고 백성은 자식이니 왕은 백성을 보호하고 백성은 왕에게 복종해야 한다는 것, 살생을 금지하는 차원에서 희생제를 금하는 것, 백성들은 브라만만 섬기지 말고 모든 종교의 승려들을 똑같이 섬겨야 한다는 것 등을 주요 내용으로 하고 있다. 아쇼까는 다르마 정책을 확실히 실행하기 위해 제국 내 각지에 행정관리를 파견하고 많은 첩보원을 두어 감시했다. 아쇼까가 다르마 정책을 제국 통치의 근간으로 삼은 것은 무엇보다도 최초로 형성된 통일제국 사회를 법을 통해 안정적으로 유지하고 효율적으로 통치하기 위해서였다. 전체 백성들을 하나로 결집시킬 수 있는 이데올로기와 동시에 사회의 가장 큰 기득권 세력인 브라만들을 견제할 수 있는 정책이 필요했던 것이다.

　다르마 정책의 근간인 살생을 금한 것은 겉으로는 불살생을 천명한 것이지만, 실제로는 브라만의 권력 원천인 제사를 금지하여 사회의 가장 큰 기득권자의 힘을 약화시키려는 것이었다. 이 정책은 브라만의 반발을 불러일으켰다. 그들은 서사시와 뿌라나 등 종교 문헌을 통해 제사의 중요성을 강조하고 제사를 지내지 않는 존재는 악마라는 교리를 끝없이 만들었다. 새로운 패자로 떠오른 정치권력인 왕과 기득권 종교권

**바이샬리, 아쇼까 석주와
초기 불교 스뚜빠(기원전 3세기)**

고대 인도의 첫 통일제국인 마우리야朝의
아쇼까왕은 브라만 기득권 세력을 억제하기
위해 불교를 크게 후원했다. 그는 붓다의
행적과 관련이 깊은 곳에 석주를 세워 그곳에
포고문을 적어 알렸다. 그의 석주가 세워진 곳에
불교도들은 스뚜빠를 세우고 승원을 조성했다.

력인 브라만들의 싸움이 벌어진 것이다. 왕은 법을 통해 브라만들을 견제했고, 브라만은 종교를 통해 왕권에 저항했다.

마우리야조에서는 정부가 산업의 각 부문을 직접 통제했다. 농업에 대규모의 노예를 고용하고 간선도로를 확충하는 등 고대국가 체제를 확실히 다졌다. 조세제도를 정착시키고 화폐경제를 활성화했으며, 발달된 철기문화를 전국으로 보급했다. 제국의 행정관리를 통해 갠지스강 유역의 발달된 철기문화를 여러 지역에 보급해 생활수준을 향상시켰다. 문명의 확산과 함께 갠지스강 중상류 유역에서 형성된 힌두교의 전형이 전국으로 퍼지면서 전국이 하나의 종교체계의 틀을 갖추어 가기 시작했다.

마우리야조 이후 데칸과 중부 지역은 네 단계 바르나와 아슈라마의 힌두교가 기틀을 잡았다. 다르마 법전에 의한 통치가 안착하고 그 체계를 통해 많은 토착문화와 종교행위들이 힌두교 체계 안으로 들어와 동화되었다. 이러한 과정을 브라만화化라고 한다. 기원 전후의 시기가 되자 끄리슈나Krishna강 이남 인도 반도의 극남極南 지역에 철기가 보급되었다. 이에 따라 거석문화가 농경과 상업의 철기문화로 발달했고 쫄라Chola, 빤디야Pandya, 쩨라Chera의 삼국이 형성되었다. 여기에는 북부에서 온 정복자·상인·자이나교와 불교 포교단 등의 역할이 컸다. 이 지역에도 광범위한 브라만화가 이루어졌다.

산찌, 스뚜빠(기원전 3세기)

스뚜빠 가운데 가장 오래된 것. 원형은 아쇼까 때 축조된 것이고, 사방의 문이나 난간 등은 이후 축조된 것이다. 스뚜빠는 힌두교의 사자死者 숭배 전통을 불교가 따른 것이다.

마우리야조 이후 기원 초기에 들어오면서 도시문화가 융성하고 그 속에서 상업과 수공업이 크게 발달했다. 생산관계가 변하면서 사회구조가 급격하게 변화했고 이는 새롭게 형성된 힌두교 세계관에 반영되어 종교에서도 큰 변화가 일어났다.

또 그리스, 서아시아, 중앙아시아 등에서 인도 아대륙으로 이주해 들어온 많은 이민족들 가운데 꾸샤나가 가장 강력한 정치세력을 형성했다. 그들은 중앙아시아의 옥서스Oxus강에서 갠지스강에 이르는 광활한 영토를 차지했다. 꾸샤나는 중국의 한漢과 로마 사이의 실크로드 무역을 통해 국가 재정을 튼튼히 했고 중앙아시아의 많은 금광을 확보하면서 함량 높은 금화를 많이 주조하여 유통시켰다. 수공업과 상업의 성장 및 화폐 사용의 증가는 도시의 번영을 촉진시키고 경제를 크게 발전시켰다.

남부 삼국과 사따와하나 그리고 꾸샤나는 모두 로마와의 무역 교류에 힘썼다. 양 지역 간의 무역 품목은 일상용품이 아니고 사치품이었다. 인도는 향료를 비롯해 인도산 진주·옥양목·보석·다양한 철제 식탁 용기 외에 중국이나 중앙아시아로부터 들여온 실크 같은 것들을 로마로 수출하고 금화·은화·토기 등을 들여왔다. 그로 인해 무역 수지가 일방적으로 인도에 유리하게 전개되자 로마는 인도와의 무역을 금지하는 조치를 취했다.

꾸샨 시대 로마 금화(1~2세기)

기원 초기 북부의 꾸샤나와 데칸의 사따와하나
그리고 남부 삼국은 로마와의 무역을 크게
활성화하였다. 로마는 인도의 실크에 대한
대가로 금화를 지불하였다.

생산력이 증대되어 도시가 많이 생기고 교역이 활성화되면서 힌두교나 불교 모두 대중화가 크게 진전되었다. 신도들의 숭배와 의례가 널리 행해졌고 그것은 예술의 발전으로 이어졌다. 중앙아시아에서 건너온 이민족 출신 군주들은 힌두교와 불교로 개종했을 뿐만 아니라 학문과 예술을 크게 후원했다. 그 결과 인도의 장인들이 간다라Gandhara 지역에서 그리스-로마의 장인들과 접촉하여 새로운 유형의 그레꼬-로만 풍 미술을 이루어 냈다. 바로 간다라 미술이다. 불상이 제작되기 시작한 것도 이러한 배경에서였다.

굽따조朝는 꾸샤나제국의 한 제후로 출발했으나 꾸샤나제국이 붕괴된 후 기원전 320년경에 짠드라굽따Chandragupta 1세가 굽따제국을 창건하면서 시작되었다. 굽따제국은 아대륙의 대부분을 하나의 통치권 안에 둔 두 번째 제국이 되었다. 굽따조는 아대륙의 각 지역에 군사 정벌을 마친 후 데칸 지역의 바까따까Vakataka왕국에 지역 지배권을 넘겨주고 혼인관계를 맺으면서 서부 지역에서 침입해 들어오는 외부 세력들을 보호해 주는 쪽으로 선회했다. 왕국을 실질적인 조공국가로 둔 채 북부 인도만 직접 통치한 것이다.

간다라 미술(4세기)

불교는 초기에 붓다를 형상화하지 않았으나 기원 초기 이후
적극적으로 형상화하기 시작하여 이후 불교는 상像을 숭배하는
대중화 종교의 길을 걷는다.

굽따조는 마우리야와 같은 절대 왕권을 형성하지는 못했다. 제후들에게 정치·행정 권력을 상당 부분 이양한 것은 물론이고 사제와 관리들에게도 조차지를 하사하여 재정권과 행정권을 넘겨주는 등 중앙권력이 전대에 비해 상대적으로 약화되었다. 굽따 시대 말기로 가면서 카스트 체계는 크게 흔들렸고 이에 따라 사회 불안이 가중되었다. 이를 막기 위해 군주는 브라만에게 더 많은 토지를 하사했다.

브라만에 대한 토지 하사를 통해 군주는 사회적으로 브라만의 최고 우위를 확립시켜 주었다. 그 대가로 브라만은 원래 바이샤 계급이던 굽따왕가를 끄샤뜨리야로 칭송해 주었다. 브라만들은 왕들을 신과 같은 존재로 추켜세웠고 왕들은 브라만 중심의 바르나 계급질서의 후원자를 자처했다. 브라만은 이전에는 변방이었던 곳에 대규모 토지를 하사받자 그곳으로 이주하여 큰 정착지를 마련했다. 새로 조성한 정착지에서 브라만들은 토착민들과 더 적극적으로 접촉했다. 그 과정에서 베다에 근거하지 않은 토착민들의 종교와 문화를 말살시켜 복속시키는 대신 포용하여 동화시켰다. 이로써 힌두교는 본격적으로 통합과 흡수의 종교로 자리매김하게 되었다.

3-2. 서사시 시기의 힌두교 구조

두 서사시, 《마하바라따》와 《라마야나》

서사시 시기에 고대 인도에는 정치적으로 거대 영토를 가진 몇몇 제국이 들어섰다. 제국은 브라만의 기획에 따라 카스트를 중심으로 안정적으로 유지된다. 종교적으로는 힌두교 경전에서 매우 중요한 양대 서사시인 《마하바라따》와 《라마야나Ramayana》, 태초 우주의 창조와 역사를 신화로 담은 여러 뿌라나 그리고 다르마의 최고 원조 격인 《마누법전 Manu Smriti》 등이 편찬되었다.

베다 시대가 끝난 후 나온 베당가Vedanga라고 부르는 여섯 가지 부수 학문 가운데 법을 다룬 깔빠 수뜨라kalpa sutra 경전이 사회가 바뀌면서 다르마 샤스뜨라dharma shastra 경전으로 확대되었다. 다르마 샤스뜨라 는 바르나와 아슈라마 그리고 다르마를 중심으로 힌두가 지켜야 할 규범을 담은 법전이 되었다. 이후로도 사회 변화에 따라 내용이 계속해서 바뀌었다. 새로운 법전이 계속 생긴 것이다.

그 법전 가운데 가장 중요한 기준이 되는 것이 《마누법전》이다. 《마누법전》은 저작의 권위를 마누Manu라는 초인적 존재에게 둠으로써 권위를 높인 고대 힌두교 최고의 다르마 법전이다. 《마누법전》이라는 제목은 마누가 편찬한 법전이라는 뜻이 아니라, 마누가 내려준 법전이라는 의미다. 신화를 통해 볼 때 마누는 인간의 시조이며 최초의 법 편찬자다. 때로는 선인으로 나타나기도 하고, 태양신의 아들이기도 하고, 자생자自生者(스와얌부svayambhu)의 아들로 나타나기도 하며, 절대 존재 브라흐만 그 자체이기도 하고, 창조의 신 쁘라자빠띠Prajapati이기도 하다.

신화 속에서 마누는 비슈누가 물고기로 현신한 화신 맛시야Matya의 말을 좇아 배를 준비함으로써 대홍수의 재앙 속에서 구원받는다. 덕분에 인류가 완전히 멸망하지 않고 살아남을 수 있었다. 마누는 아들 아홉과 딸 한 명을 낳는데, 그 가운데 장자 익슈와꾸가 후손을 낳아 태양왕조를 열고, 딸 일라Ila(혹은 이다Ida)는 자웅동체가 된 자신의 몸을 통해 후손을 낳아 태음왕조를 열어 인류가 번성하게 된다.* 태양왕조의 역사가 《라마야나》의 신화로 나오니 라마, 붓다 등은 태양왕조에 속하고, 태음왕조의 역사가 《마하바라따》 신화로 나타나니 꾸루 가문, 빤두 가문의 계보는 모두 태음왕조에 속한다. 결국 새 인류의 조상이 된 마누는 《마누법전》을 통해 새 인류의 법과 정의의 사회를 세우기 위해 베다를 전하고 법을 전하는 존재로서 자리잡게 된다.

서사시는 고대 인도의 역사를 영웅을 중심으로 사고하는 고대 인도인 고유의 세계관으로 편찬한 신화집이다. 서사시의 원형은 수따suta라고

---

* 뿌라나에 의하면 인도사에서 가장 오래된 왕조는 익슈와꾸Ikshvaku왕이 처음 연 태양왕조다. 익슈와꾸왕은 태양의 신 수리야로부터 나와 전체 인도를 통일한 최초의 황제다. 그래서 태양왕조라 부른다. 서사시 《라마야나》의 라마, 붓다 등은 모두 이 후손이다. 반면 자웅동체로 달에서 태어나 태음왕조를 연 일라Ila는 익슈와꾸의 후손이다. 태음왕조는 태양왕조에서 나온 것이다. 이러한 신화는 역사적 사실이 어느 정도 들어 있되 상상으로 만들어 낸 이야기가 대부분이다. 어디까지가 만들어진 이야기고 어디까지가 실제 역사인지를 분간하기는 매우 어렵다.

하는 이야기꾼 음유시인들이 각지 곳곳으로 돌아다니면서 들은 이야기들이었다. 그 위에 어떤 브라만이 당대에 필요한 사회질서와 관련된 주제의 사상을 첨가하여 산스끄리뜨어로 집대성했고, 그것을 다시 이야기꾼들이 방방곡곡에 전파하게 된 것이다. 이 과정에서 실제 역사적 사실이 각색되거나 창작되어 삽입되었다. 따라서 역사적 사실 자체를 찾아내기란 거의 불가능하지만 당시의 역사적 상황은 파악할 수 있다.

대표적인 서사시인 《마하바라따》는 열여덟 권, 10만이 넘는 구句로 이루어진 세계에서 가장 긴 서사시로 운문으로 되어 있다. 판본이 여럿 있지만 최소로 잡더라도 《일리아드》와 《오딧세이》를 합친 것의 열 배 정도이자 《라마야나》의 약 4배 정도 되는 10만 개의 슐로까shloka(두 행으로 된 송頌)로 구성되어 있다. 《라마야나》는 문자 그대로 라마Rama왕의 이야기로 현자 발미끼Valmiki가 편찬했다. 현재는 일곱 권, 24,000송으로 구성되어 있다. 대부분의 학자들은 2권에서 6권까지에 들어가 있던 초기 판본에 이야기가 보태져 전체 일곱 권으로 늘어났다고 분석한다.

《마하바라따》는 아리야인들이 북부의 인도 대평원으로 이주해 오면서 여러 원주민들과 합종연횡하며 치른 바라따Bharata 전쟁을 주제로 만든 서사시로 원형은 베다 시대가 끝난 후 만들어졌다. 두 가문 사이에서 왕권을 놓고 벌어진 단순한 이야기에서 출발했으나 기원전 5세기경 몇몇 이야기꾼이 여러 왕조의 계보나 왕의 이야기들을 미화해 신화 형식으로 칭송한 내용이 추가되었고 민간의 여러 전통도 계속 보태졌다. 기원후 4세기경에 비야사라는 이름의 현자가 이를 종합, 편찬해 현재 전해지는 대서사시가 되었다.

편자를 비야사라고 했으나 《마하바라따》는 비야사 이전에도 여러 편찬자가 편찬했었고, 최종 편찬이 비야사라고 알려진 사람에 의해 이루어졌다고 해석하는 것이 일반적이다. 전국에 각각 다른 판본이 있었으며, 이 판본 또한 시기에 따라 여러 본으로 달라져서 하나의 통일된 완성본은 없고 현재까지 여러 형태로 만들어지고 있다고 보는 게 통설이다.

《마하바라따》는 위대한 '바라따'라는 말이다. '바라따'는 지금의 '인도'를 의미하는 산스끄리뜨어 어휘다. 원래는 비非브라만 계열인 끄샤뜨리야 전통의 권력과 전쟁에 관한 이야기였으나, 브라만 전통에서 각 바르나가 지켜야 할 의무인 다르마를 강조하는 내용을 추가했고 초월세계에서의 자아에 관한 갈등과 같은 영적 세계까지 걸치는 여러 의미들이 포함되었다. 그 결과 역사, 법, 종교, 철학 등 고대 힌두세계의 모든 것이 총망라된 명실상부한 힌두교 최고의 경전이 되었다. 가르침이 주로 은유의 방식으로 전해지다 보니, 뛰어난 문학으로도 인정받고 있다.

《마하바라따》의 줄거리는 다음과 같다. 태초의 태음왕조에 속한 어느 왕에게 드리따라슈뜨라Dhritarashtra와 빤두Pandu 두 아들이 있었다. 장자인 드리따라슈뜨라는 전생의 악업 때문에 장님으로 태어나 왕위를 계승할 수 없었다. 그래서 빤두가 권좌에 올랐는데, 그가 젊은 나이에 죽으면서 왕위 계승 문제가 불거진다. 꾸루Kuru 가문의 드리따라슈뜨라에게는 장자 두리요다나Duryodhana를 비롯 100명의 왕자가 있었고, 빤두에게는 다섯 아들, 즉 유디슈티라Yudhishthira, 비마Bhima, 아르주나Arjuna, 나꿀라Nakula, 사하데와Sahadeva가 있었다. 드리따라슈뜨라의 아들들과 빤두의 아들들은 함께 자라 친형제와 다름없는 사이였다. 빤두가 죽은 후 드리따라슈뜨라의 장남 두리요다나가 자신이 적통이라 주장하면서 왕좌를 차지하자 빤두 가문 형제들은 자신들의 권리를 찾기 위해 그에게 도전하면서 일촉즉발 상태에 이른다. 이에 드리따라슈뜨라는 전쟁을 막기 위해 왕국을 둘로 쪼개어, 하스띠나뿌르Hastinapur로부터 북쪽은 장남 두리요다나에게 주고 인드라쁘라스타Indraprastha에서 남쪽은 빤두의 장남 유디슈티라가 통치하도록 했다. 유디슈티라가 황무지와 다름없던 지역으로 이주하여 정착에 성공하자 두리요다나는 유디슈티라에게 왕국 전체를 거는 주사위 게임을 하자고 제안한다. 주사위 게임에서 유디슈티라가 패해 형제 모두와 공동 아내 드라우빠디Draupadi는 모든 것을 잃은 채 13년간 추방당한다. 숲속에서 많은 어려움을 겪은 그들은 14년째가 되던 해 자신들의 왕국을 되찾기 위해 모습을 드러낸다. 그러나 그때도 두리요다나가 왕국을 넘겨주지 않자 결국 전쟁이 벌어진다.

전쟁은 18일간 지속된다. 현재 인도의 하리야나주에 있는 도시 꾸루끄셰뜨라Kurukshetra에서 전쟁이 터지기 전날 형제 간에 피비린내 나는 전쟁을 해야 하는 것이 다르마를 따르는 것인지 아닌지에 대해 번민한다. 그 내용이 《마하바라따》의 일부인 《바가와드 기따Bhagavad Gita》에 나오는 끄리슈나Krishna와 아르주나 간 대화다. 매우 치열했던 전쟁은 꾸루 가문 형제들 모두가 사망하면서 결국 빤두 가문의 승리로 끝난다. 하지만 적이든 아군이든 너무나 많은 사람들이 죽고 다쳐 모두 큰 슬픔에 빠지게 된다. 그 후 유디슈티라는 어린 친척에게 통치권을 넘기고 모든 것을 버린 뒤 형제들 그리고 드라우빠디와 함께 히말라야에 있는 인드라의 천국으로 떠나 버린다. 드라우빠디와 네 형제는 도중에 모두 죽고, 오직 유디슈티라만 하늘로 올라가 그곳에서 행복하게 잘 살고 있는 두리요다나 및 형제들과 다시 만난다.

《마하바라따》의 가장 주된 테마인 꾸루끄셰뜨라 전쟁이 실제로 두 가문 간에 벌어졌는지에 대해서는 역사학적으로 규명할 수 없다. 분명한 것은 그보다 훨씬 작은 규모의 싸움이 언젠가 일어났을 것이고 이 이야기를 토대로 후대의 많은 이야기들이 덧붙여져 지금의 《마하바라따》가 되었다는 사실이다. 여러 학자들에 의하면, 싸움이 벌어진 시기는 대체로 갠지스–야무나 두 강 사이의 평원에서 영역국가가 막 형성되기 시작하던 기원전 10세기경 무렵이 최고 상한선이라고 한다.

《마하바라따》라는 전쟁 이야기는 당시 북부 인도가 부족사회에서 영역국가로 변화하는 시점에 여러 새로운 가치관이 세워지기 시작했음을 보여 준다. 우선 서사시의 여러 부분을 보면 알 수 있듯, 이전의 베다 문헌에 주로 나타나는 브라만 제사장보다 토지를 소유하고 국가를 기반으로 하는 단위에서 전쟁을 치르는 끄샤뜨리야 왕의 중요성이 훨씬 막중해졌다. 더불어 서사시의 주인공인 아르주나가 혈연적 가치 때문에 전쟁을 포기해야 하는지 갈등할 때 끄리슈나가 나타나 전쟁을 해서 반드시 이기는 것이 바로 다르마라고 분명하게 말하는 것은 이전 시대 부족 중심의 가치를 극복하고 새로운 국가 중심의 가치가 중시되었음을 의미한다.

뿐만 아니라 서사시에 나오는 기세자의 위치를 통해 이전 시대의 제사 중심의 브라만에게만 있던 영적 권력이 이 시대에 이르러 깨달음 중심의 기세자에게도 상당 부분 옮겨 갔음도 알 수 있다. 《마하바라따》에서 거주지 촌락이 정상적인 사회로 인정받고 숲이 유배지로 묘사된 점은 베다후 시대에 촌락 중심의 정착 사회가 널리 형성되었다는 사실을 알려 준다. 베다후 시대부터 발전하기 시작한 도시와 국가가 사회의 중심부로, 이전 시대의 숲은 주변부로 구획된 것이다. 요컨대 서사시에는 베다 시대 이후 브라만 전통과 베다후 시대의 슈라만 전통이 통합되어 힌두교의 근간을 이루었다는 사실이 반영되어 있다.

인도 최고의 두 서사시 가운데 《마하바라따》보다 분량은 짧지만, 그에 앞서 원형이 형성된 것이 《라마야나》다. 《마하바라따》 이야기의 무대는 지금의 델리 지역인 인드라쁘라스타 부근인 데 비해 《라마야나》의 무대는 더 동쪽에 있는 갠지스강 중류 유역 꼬샬라왕국이다. 그렇게 보면 《마하바라따》의 모델이 된 사건이 《라마야나》에 등장하는 사건들보다 먼저 일어났을 것 같지만, 이야기의 모티프가 그럴 뿐 《라마야나》가 《마하바라따》보다 더 앞서 편찬된 것으로 본다.

원래 서사시는 큰 제국이 아직 나타나지 않은 후기 베다 시대 때 왕이나 부족장이 주관하는 제사에서 음유시인인 수따들이 그들의 족보를 찬양하는 차원에서 낭송하는 것이었다. 당연히 제사를 주관하는 왕이나 부족장의 계보는 특별한 탄생으로 미화되었고, 그 조상은 사실과 관계없이 신화화되었다. 마치 한국사에서 조선왕조의 《용비어천가》와 같은 방식이었다.

음유시인은 가능한 한 독창적인 방법으로 왕의 족보를 미화했다. 그래서 많은 문학적 수사가 동원되었고 그것이 나중에 가서는 실재인 것으로 인식되어 버렸다. 베다 시대가 끝날 무렵 제사를 관장하는 여러 사제 가운데 브라만이 최고의 위치로 급상승하여 음유시인들이 관장하던 일까지 맡게 되자 음유시인들은 서서히 사라졌다. 브라만이 최고의 위치에 오르면서 브라만–끄샤뜨리야 연대, 즉 정치권력과 종교권력의 결탁이 이루어졌고 *끄샤뜨리야* 영웅이 본격적으로 신격화되기 시작했다.

이러한 전통 속에서 라마라는 이름의 영웅 신이 새롭게 지존위로 성장한 비슈누의 화신으로 등장하게 된다. 이는 힌두교 지존으로 부상한 비슈누교의 확장 차원에서 일어난 일이다. 《라마야나》의 1권과 10권은 원형이 형성된 이후 나타난 라마가 비슈누의 화신으로 성장하는 과정을 잘 보여 준다. 그리고 이 성장 과정에서 비슈누 숭배 차원의 박띠 신앙을 나타내는 신화, 전설, 족보와 같은 종교 문헌의 성장도 두드러지게 나타난다.

대략의 줄거리는 이렇다. 아요디야Ayodhya를 도읍으로 둔 꼬살라Koshala왕국은 다샤라타Dasharatha왕이 다스렸다. 까우살리야Kausalya, 까이께이Kaikey, 수미뜨라Sumitra라는 세 왕비를 두었고, 각각으로부터 라마Rama, 바라따Bharata, 락슈마나Lakshmana라는 왕자를 얻었다. 적장자 라마는 비데하Videha의 왕 자나까Janaka의 딸 시따Sita와 결혼한다. 다샤라타왕은 장남인 라마에게 왕위를 물려주려 한다. 그러던 중 왕은 전쟁터에서 위기에 빠지고 둘째 왕비인 까이께이의 도움으로 간신히 살아 돌아온다. 왕은 그에 대한 보답으로 두 가지 소원을 들어주겠다고 약속한다. 까이께이는 자신의 아들 바라따를 세자로 삼아 달라고 하고, 왕은 그 약속을 지키기 위해 어쩔 수 없이 적장자인 라마 왕자를 숲으로 쫓아 보낸다. 라마는 아버지 왕의 명령에 반발하지 않고 아내 시따와 자신을 따르는 이복동생 락슈마나를 데리고 유배를 떠나 14년을 지낸다. 이 소식을 듣게 된 바라따는 라마를 찾아 떠나고, 그를 만나 돌아올 것을 간청하나 라마는 듣지 않는다.

다샤라타왕은 까이께이의 계략에 빠진 것을 알고 큰 회한에 쌓여 병을 얻어 죽는다. 바라따는 이에 라마의 신발을 용상 위에 올려 놓고 자신은 라마가 돌아올 때까지만 임시로 왕국을 다스리겠다고 맹세한다. 한편 숲에서 랑까Lanka왕국의 마왕 라와나Ravana에게 아내 시따가 납치당하자 라마는 원숭이 왕 수그리와Sugriva와 그의 장수 하누만Hanuman의 도움으로 랑까왕국을 공격하여 라와나를 처단하고 시따를 구출한다. 라마 일행은 아요디야로 금의환향하나 백성들이 시따가 순결을 잃었을지 모른다며 순결을 증명하라고 요구한다. 시따는 불 위를 맨발로 걸음으로써 자신의 정결을 증명하여 모두가 아요디야로 돌아오고 라마는 마침내 왕위에 오른다. 그리고 오랫동안 모두 부유하게 잘 산다. 힌두교에서는 이 유토피아의 상태를 라마의 통치라는 뜻으로 라마 라지야Rama Rajya라고 부른다. 후대에 마하뜨마 간디가 이 신화 속의 라마 라지야를 돌아가야 할 이상형으로 규정한 바 있다.

《라마야나》는 최고의 신이 된 한 영웅 왕의 이야기다. 고대 갠지스강 중상류 유역에 자리잡은 꼬샬라국에서 만들어진 영웅 이야기가 점차 영향력을 키워 10세기경에는 전국으로 그리고 동남아시아로까지 전파되었다. 《라마야나》 신화가 담고 있는 내용의 지리적 범위는 아무리 넓게 잡아도 북부 인도에 한정될 수밖에 없다. 따라서 많은 사람들이 관심을 갖는 랑까의 위치에 대해 아무리 멀리 잡아도 빈디야Vindhya산맥 이남, 즉 남부 인도를 잡을 수는 없다. 《라마야나》에 나오는 숫자와 거리 단위를 문자 그대로 해석하여 그 위치를 지금의 스리랑까 혹은 더 나아가 인도네시아 등으로 상정하는 것은 힌두 신화의 상상에 의한 창작의 전통을 무시하는 사이비 역사학의 소산이다.

《라마야나》이야기에 역사적 사실이 담겨 있긴 하지만 그것이 팩트 fact일 가능성은 매우 적다. 《라마야나》이야기의 골격은 신화인데, 거기에 언급된 지명들을 여러 뿌라나에 언급된 강, 산, 지역, 장소 등과 대조해 보면 빈디야산맥 이남에 대한 내용은 등장하지 않는다. 《라마야나》이야기에 나오는 랑까를 현재의 스리랑까로 볼 수 없는 이유다. '랑까'란 스리랑까와 고대 인도에 살았던 종족인 싱할라족 언어로 '섬'이라는 뜻이다. 즉 처음 신화에는 그냥 '섬'이라는 의미의 '랑까'로 불렸던 곳에 상상의 산물인 신화가 더해지고 의미가 증폭되면서, 현재의 스리랑까가 그 이름을 따 자기 나라 이름으로 삼은 것이다.

이러한 전통은 불교에서도 나타나는데, 그 좋은 예가 후대 불교에 나오는 라즈기리Rajgiri의 독수리봉에 관한 것이다. 라즈기리의 독수리봉은 그곳에 죽은 사람 시신을 장례하는 숲이 있고 그 때문에 독수리가 그 봉우리에 많이 살고 있어서 그렇게 이름을 지은 것이지, 산이 독수리처럼 생겨서 독수리봉, 즉 영축이라 지은 것이 아니다. 그런데 한국의 통도사가 자리한 영축산은 인도 라즈기리의 독수리봉을 전혀 닮지 않았는데도 닮았다면서 영축산이라 이름 지었다. 하나의 신화 만들기 차원이다. 둘 간의 역사적 친연성은 있을 수 없는 것이다. 힌두교와 불교의 역사에서 상징적 의미를 따와 사용하는 예는 매우 많다. 신화에서의 의미를 실제 역사로 받아들이는 것은 고대 인도인의 역사 인식을 전혀 이해하지 못한 무지의 소치일 뿐이다.

《마하바라따》와 마찬가지로 《라마야나》신화가 가장 중요하게 말하고자 한 바는 다르마에 관한 것이다. 다르마를 삶의 최고 가치로 인식하는 인도의 일반 대중에게 《마하바라따》보다 더 많은 영향력을 행사한 것이 이 《라마야나》다. 《라마야나》도 《마하바라따》와 마찬가지로 장소와 시간에 따라 수많은 판본이 만들어졌는데, 판본은 달라도 줄거리를 관통하는 메시지는 모두 다르마를 중심으로 펼쳐진다.

라마의 아버지 왕 다샤라타가 왕비 까이께이에게 속은 줄 알면서도 적장자 라마를 유배시킨 것은 왕으로서 반드시 지켜야 할 다르마가 약속 이행이기 때문이다. 마찬가지로 라마는 아버지에게 복종하는 것이 자신이 따라야 하는 다르마고, 동생은 형을 따라 나서는 것이 다르마고, 남편은 숲에서 납치된 아내를 어떻게 해서라도 구해야 하는 것이 다르마고, 라마의 아내 시따는 백성이 요구하는 바에 따라 불로 자신의 정절을 시험하는 신판神判을 따라야 하는 것이 다르마다.

《라마야나》는 바르나와 다르마를 따라 행하는 사회질서를 지키는 것이 선이고 그것이 항상 이긴다는 권선징악의 교훈을 말하는 신화다. 특히 라마와 시따는 힌두 부부에게는 다르마에 따르는 성 역할을 보여 주는 전범이다. 남편은 정직하고 용감하며 모든 윤리적인 책임에 충실한 수행자이고 아내에게 헌신한다. 아내는 겸손하고 점잖고 덕을 겸비했으며 자신의 신과 남편에게 헌신한다. 이 이야기는 《마하바라따》보다 교훈을 훨씬 직접적으로 전달해 준다. 그래서 《마하바라따》보다 더 널리 읽히고 구술 전통으로 암송되면서 대중에게 더 강한 호소력을 발휘한다. 현재도 인도의 마을 전역에서 끊임없이 공연되고 있다.

두 전통의 융합

서사시 시기에는 이전의 베다 전통과 반反베다 전통이 하나로 융합되면서 힌두교의 전형이 만들어진다. 베다가 끝날 무렵부터 나타난 우빠니샤드, 불교, 자이나교, 요가, 상키야Samkhya,[*] 베단따Vedanta[**] 등 탈脫사회적 세계관이 베다의 사회 중심 세계관과 융합되어 서사시의 세계관이 된 것이다. 물론 어느 쪽에 더 중점을 두었는지는 조금씩 다르다. 그 가운데 탈사회의 경향이 가장 강한 것이 불교와 자이나교였다.

불교가 발생한 이후 고대 인도 사회에서는 제사를 옹호하는 사회 중심 종교를 주창하는 세력과 탈사회를 주창하는 세력 간 갈등이 갈수록 고조되었다. 그렇지만 제사를 중심으로 하는 사회질서 중심세력은 불교를 중심으로 하는 탈사회의 종교적 움직임을 적극적으로 포용했다. 그 결과 사회 내 질서를 강조하는 기존의 세 아슈라마에, 새로 생긴 탈사회의 기세 단계 하나를 포용해 사중四重의 아슈라마로 힌두교의 구조를 형성하게 됐다. 그렇게 종합된 사중 아슈라마는 힌두교의 전형이 되었다. 브라흐마짜리야, 그리하스타, 바나쁘라스타는 재가생활에서

---

[*] 힌두교의 정통 육파철학 중 가장 오랜 학파다. 문자 그대로의 뜻은 '숫자'로 수론파數論派로 한역되었다. 정통 베다의 세계관에서 벗어난 이원론적 세계관으로 요가 수행과 해탈을 강조한다.

[**] 원래는 베다의 '안따', 즉 '베다의 끝'을 의미했는데 시간이 지나면서 '베다의 목적, 목표 또는 최종'을 의미하는 것으로 여겨지고 있다. 베다의 제사 의례 중심을 벗어나 지혜/지식을 추구하는 아라니야까와 우빠니샤드를 가리킨다. 후대에는 8세기경 이 철학을 연구하는 한 학파를 지칭하기도 했다.

의 순서에 따른 단계가 되고, 산냐사sannyasa는 그 순서에 관계없이 수행할 수 있는 돌발적인 단계로 자리잡았다. 브라흐마짜리야, 그리하스타, 바나쁘라스타의 셋은 궁극적으로 상층 카스트, 즉 드위자dvija(재생자)를 위한 것이기 때문에 각 카스트에서 규정하는 의례가 있지만 산냐사의 경우는 드위자 신분과 관계없이 행하는 것이라 카스트의 여러 의례로부터 완전히 자유로운 위치를 부여받는다. 결국 브라흐마짜리야, 그리하스타, 바나쁘라스타라는 카스트를 기초로 하는 재가생활의 구조에 반反카스트 탈속 중심의 이질적인 문화가 종합을 이루어 힌두 종교와 사회의 근본이 된 것이다.

이것이 의미하는 바는 이렇다. 힌두교라는 종교는 카스트를 기반으로 출발했는데 카스트에 반대하는 운동이 발생하면 카스트 사회질서를 지키기 위해 반反카스트 문화를 받아들여 카스트 사회구조 안에 자리를 마련해 줌으로써 카스트 사회의 본질인 사회의 안정적 유지라는 목표를 달성하는 종교라는 사실이다. 이는 한 전통이 다른 전통을 배제하지 않고 새롭게 종합을 이룸으로써 이후 힌두교가 카스트 사회에서 지속과 변화를 지켜 나가는 전통으로 자리잡았음을 의미한다. 이 통합 정신의 아슈라마는 바르나·다르마와 더불어 힌두교에서 가장 중요한 바르나-아슈라마-다르마라는 하나의 체계를 이룬다. 힌두교 체계를 가장 핵심적으로 표현하는 것이 바로 '바르나-아슈라마-다르마'이다. 이는 곧 힌두교의 중심은 탈속적인 문화를 포용하여 힌두교의 근본인 세속적 삶 중심의 사회를 유지시켜 나가는 데 있다는 것이다. 이 체계 안으로 들어가면 근본 변혁은 못 이루는 대신 전체의 부분 안에서 자신의 정체성을 유지하게 되고, 체계 안으로 편입되는 것을 거부하면 역사의 무대에서 사라져 버린다. 힌두교는 전자의 역사를 보여 준다.

힌두교에서 구원을 얻기 위한 세 가지 길, 즉 뜨리 요가tri yoga 또한 바로 이 시기에 이루어진 종합화와 동일한 맥락으로 형성되었다. 뜨리 요가는 《바가와드 기따》에서 처음 구체화되어 나타난다. 까르마 요가 karma yoga(행위의 길)는 후기 베다 시대에 발전한 것으로 상층 카스트만 이 행할 수 있는 제사 중심 재가의 삶을 통해 각 카스트에게 주어진 각 각의 사회적 의무를 성실히 이행하고 그것을 통해 도덕적으로 정화를 이루는 길이다.

베다 전통에서는 이 행위의 길이 정통으로 인정되었다. 쟈나 요가 jnana yoga(지식/지혜의 길)는 베다 이후 우빠니샤드에서 강조된 것으로 우주의 본질과 궁극에 대한 깨달음을 추구하는 길이다. 대우주 브라흐 만과 소우주 아뜨만이 본질적으로 동일하다는 깨달음을 얻고자 한다. 이 둘 이후에 신을 믿고 헌신하는 박띠 요가bhakti yoga(신헌信獻의 길)가 새롭게 자리잡는다. 서사시 시기에 이 셋이 합쳐져 힌두교의 궁극을 위 한 세 가지 길이 완성된다.

뜨리 요가는 외형적으로는 상호 배타적인 것처럼 보이나 실제로는 서로 깊은 연관성을 가지면서 부정이 아닌 상호 보완의 관계가 된다. 그리고 통합된 셋은 서로 배타적이지 않으니, 힌두교 신자는 그 둘 혹 은 셋의 길을 함께 추구할 수 있다. 세 가지 요가의 상호 보완은 특히 박띠에 의해 가장 잘 이루어진다. 박띠가 행위(까르마)와 지혜(쟈나)의 연결을 추구하기 때문이다. 박띠를 통해 신에게 다가간다는 것은 인간 이 주체적으로 깨달음을 통해 어떤 궁극에 도달하는 것이 아니라 신이 내리는 은총으로 구원받음을 의미한다. 박띠 요가는 신을 믿고 따르고 예배를 수행하는 등 신의 은총에 의지하여 구원을 받는 것으로, 힌두교의 절대 본질에 대한 지식이라는 정적인 방식이 민간 신앙의 인격신을 믿고 그에게 헌신함으로써 구원을 얻는다는 동적인 방식과 만나 통합된 것이다. 사회 중심과 탈사회 중심, 두 전통이 결합된 길로서 힌두교의 종합적 성격을 잘 드러낸다.

힌두교에서 삶의 최고 목표라고 하는 네 가지 뿌루샤르타 또한 이 시기에 성립된 종합화의 산물이다. 네 가지 목표는 다르마(법, 도리, 의무), 아르타(부富), 까마(성애性愛), 목샤(해탈解脫)다. 앞의 세 가지는 앞에서 기술한 네 가지 삶의 단계나 세 가지 요가와 마찬가지로 베다의 재가 삶의 전통 셋, 즉 다르마, 아르타, 까마에 후기 베다 시대에 등장한 탈사회 전통의 목샤가 통합되어 힌두교적 기본 틀이 된 것이다.

뿌루샤르타 넷 가운데 다르마, 아르타, 까마는 사회적 인간으로서의 목표이고 목샤는 개인의 목표다. 앞의 셋은 인간을 제사 중심의 사회행위에 국한시키는 것이고 목샤는 그에 대한 반발로서 자아를 찾으려는 새로운 영적 운동의 산물이기 때문이다. 이렇게 서로 다른 이질적인 두 전통이 하나로 통합되었다는 것은 사회 중심의 삶에 대한 반발도 배척하지 않고 받아들여 포섭한다는 의미를 지닌다. 하지만 그것보다는 설사 받아들인다 할지라도 힌두 사회가 그 중심을 여전히 재가와 물질의 삶에 둔다는 의미가 더 중요하다. 크게 두 전통으로 구성된 이러한 통합의 틀은 힌두교의 기본 메커니즘이 되어 인도 아대륙의 전역으로 전파되어 수없이 많은 이질적인 요소들을 포섭할 때 사용할 수 있는 중요한 기제가 되었다. 뜨리 요가에 해당하는 특질이면 거기에 포섭하고, 다르마·아르타·까마에 해당하는 특질이면 거기에 포섭하는 것이다.

다르마 체계의 완성

서사시 시기에 힌두교가 체계화된 것과 관련하여 또 하나 중요한 의미를 갖는 것은 법전의 성립이다. 서사시 시기 이전까지 힌두법 최고의 원천은 슈루띠(계시)로 부르는 네 개의 베다였다. 당대인들은 베다가 완전무결하고 무오류이며 모든 판단의 원천임을 믿었을 뿐만 아니라 이후의 모든 지식과 판단의 권위가 베다에서 기원한다고 믿었다.

그런데 기원전 6세기경 베다 편찬이 끝나 버리자 그들은 이후의 지식은 베당가라고 부르는 여섯 가지 부수 학문을 통해 스므리띠(전승傳承)가 된다고 믿었다. 여섯 가지 부수 학문은 음성학Shiksha(쉭샤), 운율학Chandas(찬다스), 문법학Vyakarana(비야까라나), 어원학Nirukta(니룩따), 의례학Kalpa(깔빠), 천문학Jyotisha(지요띠샤)이다. 이 여섯 전승 가운데 가장 중요한 것은 의례학에서 계속 분화 발전되어 나타난 법(다르마)이고, 그것을 편찬한 것이 힌두 사회의 법전인 다르마 수뜨라dharma sutra이다. 베당가 지식은 모두 수뜨라라는 형식의 문헌으로 편찬되었다. 수뜨라의 원 뜻은 '실絲'인데 짧은 단어로 지식의 핵심을 응축시켜 실로 꿰어 놓은 듯 편찬했다는 의미다. 일종의 아포리즘 혹은 아포리즘의 모음이라 할 수 있다.

베다 시대가 끝난 후 사회가 분화되고 복잡해지자 브라만 법률가들은 사회에서의 인간들의 행동을 규정하기 위한 법을 편찬하기 시작했다. 그들은 법을 크게 셋으로 나누었다. 베다 제사와 의례에 관한 것, 재가생활을 하는 사람들의 통과 의례와 다양한 의례에 관한 것, 그리고 그 둘 사이에서 발전한 종교적이기도 하고 세속적이기도 한 보편법이 그것이다. 여기서 세 번째 법을 힌두교에서 가장 중요한 개념인 다르마라고 한다.

'지탱하다', '지키다', '지원하다', '이루다', '부양하다'의 뜻을 가진 어근 드리dhri에서 파생된 '다르마'는 '인간의 이상적인 행동거지를 규정하는 규범', '인륜을 실현하기 위한 행위 규범' 등을 뜻한다. 모든 법 판결의 기준이 되는 당위적 표준으로, '법', '의무', '관습', '종교', '도덕', '정의', '자연의 법칙', '보편적 진리' 등으로 번역될 수 있다. 인도 법의 세계에서 다르마보다 더 높은 것은 없다. 그래서 고대 인도인들은 다르마를 진리라고 불렀으며 만약 어떤 사람이 무엇이 진리인가를 밝히면 그것은 곧 다르마를 밝히는 것이고, 다르마를 밝히는 것은 곧 진리를 밝히는 일이라고 이해했던 것이다. 그들에게 진리와 다르마는 동일한 것이었으므로, 다르마의 개념은 결국 종교법적인 성격이 강하다고 할 수 있다. 이 개념을 이해하지 못하는 사람에게 다르마는 불분명하고 혼란스러울 수 있다. 하지만 다르마 안에서 생활하는 당사자들에게 그것은 삶에서 지켜야 할 경외 대상으로서의 우주의 원리다.

다르마는 베다 시대 말기부터 두드러지게 나타난 기세棄世·고행苦行 등 탈사회적 행위들을 보고해 사회 중심의 질서를 확립해야 한다고 주장하는 사람들에 의해 강화되기 시작했다. 베다 시대가 끝난 후 사회질서는 바르나 및 아슈라마와 결부되면서 정리된 다르마에 따라 유지되었다. 이 가운데 바르나는 주어진 각각의 신분에 맞춰 정해진 사회기능을 담당해야 하는 것으로 창조주에 의해 만들어졌다는 신화로 뒷받침되었다.

힌두 사회에서 신화 형성에 관한 독점권을 쥐고 있는 브라만은 《리그 베다》의 〈뿌루샤 숙따Purusha Sukta〉*에 뿌루샤purusha라는 원인原人이 스스로를 제사 지내 자신의 몸에서 네 개의 바르나를 출생시키는 신화를 만들어 냈다. 그의 입에서 브라만이, 그의 팔에서 끄샤뜨리야가, 그의 허벅지에서 바이샤가 그리고 그의 발에서 슈드라가 태어났다. 몸의 각 부분에 관한 상징은 각 바르나의 의례적 지위 및 그 집단의 사회적 기능과 관련을 맺고 있다.

브라만의 다르마는 머리가 하듯 제사에 관해 교육하고 재물을 받아 거두는 것이고, 끄샤뜨리야는 팔이 하듯 인민을 지키며, 바이샤는 허벅지가 하듯 농사·목축·장사와 같은 생산활동을 하며, 슈드라는 발이 그 위의 몸을 떠받들 듯 상위의 세 바르나가 각각의 기능을 원만히 수행할 수 있도록 그들을 섬기는 것이다. 신분과 다르마에 따른 이 같은 사회 기능의 배분은 베다 말기에 이미 이루어진 정착생활과 농업 생산의 확대 그리고 그로 인한 계급의 발생에 따른 브라만 중심의 사회구조 안에서 그들이 수행한 기능이 신화를 통해 정당화된 것이다.

다르마는 계시인 네 가지 베다, 선인의 가르침을 기억하여 전수하는 성스러운 전승, 베다에 능통한 스승이나 성자 등의 유전遺傳, 왕의 칙령 등 여러 가지로 구성되어 있다. 이는 다르마가 베다로부터 파생되기 시

---

* 《리그 베다》 10.90에 나오는 뿌루샤에게 바치는 찬가. 이 찬가는 〈슈끌라白 야주르 베다Shukla Yajurveda〉 30.1~16과 《아타르와 베다》 19.6.에도 나온다. 대부분의 학자들은 리그 베다 시기에 아직 등장하지 않는 '바르나'라는 용어가 나타난다는 점을 들어 이 찬가는 바르나가 확실한 사회체계로 자리잡힌 베다후 시기 이후 만들어진 것이 《리그 베다》에 삽입된 것으로 본다.

작하여 변화를 거듭했고 그러한 과정 속에서 율법이 확장되고 서로 상충되기 시작했음을 의미한다. 역사가 지속되면서 사회 변화에 따라 앞의 것과 달리 규정되는 다르마가 많이 생겨났다. 다르마에 의거하여 법을 집행하는 왕의 입장에서는 법의 집행을 융통성 있게 결정할 수밖에 없었다. 왕으로서는 인민들의 관습이 정부나 왕의 이해에 상반될 때, 그 관습을 무효화하고 정치적 행위의 정당화를 확립해야 하는지 아니면 전통과 관습을 따라야 하는지를 고민할 수밖에 없었다. 결정은 왕이나 정부의 성격과 역사적 상황에 따라 달리 나타났다. 힌두법 나아가 힌두교 자체가 상대주의로 흐르는 것은 이러한 맥락에서 이해해야 한다.

다르마가 흔들리는 시기에 이를 바로잡아야 하는 책임과 의무를 만들어 낸 사람들이 바로 브라만이다. 다르마를 바로잡으면서 그들은 사회 가치관 창달을 독점하는 계급이 될 수 있었다. 그러한 다르마의 정착 차원에서 발달한 것이 법전 편찬이다. 베다 시대가 끝나면서 편찬되기 시작한 몇몇 법전은 약 400~500년 정도 지나면서 수정·보완되어 왔다. 기원 전후 시기 인도 사회가 전례에 없던 큰 변화를 겪자 브라만들이 사회를 안정적으로 유지하기 위해 이전의 법전들을 체제를 갖춘 법전으로 보완, 집대성했다. 이에 따라 해당 시기의 법전은 이전 시기에 비해 주제별 체계가 완전히 갖추어졌다.

이런 법전 문헌 가운데 고대에서부터 현대까지 인도인에게 종교적이든 세속적이든 결정적인 판단의 원천으로 자리하는 것이 《마누법전》이다. 《마누법전》의 편찬자가 바르나 체계에 기초한 정통세계의 확립과 더불어 다르마의 권위와 그 보편성의 철저한 준수를 강조한 것은 이러한 시대 상황과 깊은 관련이 있다. 《마누법전》은 흔들리는 바르나 체계를 잡기 위해 다르마를 더욱 강력하게 정비한 것이고, 그때 사용한 것이 종교법이었던 것이다.

브라만은 종교법을 확고히 하면서 불평등한 바르나 체계를 쉬운 이야기와 신화를 통해 신에게 헌신하도록 만드는 종교와 연결하여 정당화했다. 바로 힌두교다. 브라만은 비슈누와 쉬바를 정점으로 그들에 대한 숭배와 예배를 전국적으로 널리 확장시킴으로써 비슈누교와 쉬바교의 발전, 즉 힌두교의 대중화를 꾀한다. 대중화되는 힌두교 속에서 힌두교의 전형이라 할 수 있는 것이 형성되었다. 베다 시대에는 존재하지 않았던 해탈, 채식주의, 여신, 사원, 금식, 순례, 예배, 우상 숭배, 신통기神統記, 종파 등이 자리잡은 것이다. 이 서사시 시기를 힌두교의 고전 시기라 하고 학자에 따라 밀교 힌두교가 본격적으로 통합되지 않은 힌두교를 고전 힌두교라 부르기도 한다. 하지만 이러한 성격 규정은 당시 대중 신앙 안에 이미 들어 있으나 체계화되지 않은 밀교 전통의 여러 신앙을 평가절하하는 것이라는 비판에서 자유롭지 못하다.

3-3. 비슈누교의 발전

박띠 신앙

비슈누교는 서사시 시기에 크게 대중화된 박띠 신앙과 함께 발전하기 시작했다. 박띠는 절대주로서의 신에 대한 인간의 믿음과 헌신의 신앙이다. 이러한 전통은 비슈누에 대한 예배에서 시작됐다. 그렇다고 꼭 비슈누 계열의 신만 믿음과 헌신의 대상이 되었던 것은 아니다. 이 전통에서는 믿음과 사랑과 헌신을 받는 절대주로서의 신을 바가와따bhagavata, 그것을 행하는 자를 박따bhakta 그리고 그 행위를 박띠bhakti라고 부른다.

박띠는 제사를 중심으로 물질이나 기계적 의례를 추구한 베다 시대의 종교 분위기에서는 당연히 생겨날 수 없었고 베다 시대가 끝날 무렵 성장한 깨달음, 즉 지혜를 추구하는 종교에서도 생겨날 수 없었다. 뜨리 요가 가운데 가장 대중적인 길인 박띠는 시기적으로 가장 늦게 생겨 본류에 합류한 길이다. 박띠는 베다 시대가 끝난 후 급격한 사회 변화로 이전 시대 제사와 의례의 가치관이 심각한 도전을 받으면서 생겼다. 베다 시대 이후 제사 중심의 세계를 부정하는 우빠니샤드, 불교, 자이나교, 요가, 베단따 등에서 상대주의, 개인주의, 영지주의 등의 세계관이 나타나게 되었고, 서사시 시기에 접어들면서 이전 시대부터 계속되어 온 베다 시대 만신전의 적자생존survival of the fittest과 이합집산이 이뤄지면서 특정 신을 믿고 따르는 풍조가 생겨났다. 박띠는 이런 세계관과 종교가 어우러지면서 힌두교의 중심으로 자리잡는다.

박띠는 불살생, 불쾌락, 무소유 등의 입장을 받아들였지만, 기존 제사 중심 베다 종교의 주요 틀인 윤회와 업 사상을 더욱 정교하게 만들어 내세 윤회와 영혼의 해탈을 동시에 추구했다. 이 때문에 본질적으로 예배 자체를 이질적인 것으로 여길 수밖에 없었다. 사회적으로는 브라만 계급의 독점적 위치에 반발하고 그들을 중심축으로 이루어진 카스트 제도를 비판했지만, 기존의 카스트 중심의 종교 전통과 큰 충돌을 일으키지는 않았다. 박띠 전통에 여러 가지 서로 다른 방편들이 있는 것은 이런 점 때문이다.

전체적으로 보면 박띠는 영원한 희열의 추구, 즉 이 세상으로부터 벗어남을 기본 목표로 삼고 있다. 그 가운데 교리의 중심이 될 수 있는 베단따 전통을 보면, 아드와이따advaita(불이不二)적 세계관 위에서 무신론적 베단따 입장과 유신론적 베단따의 입장으로 나뉜다. 전자는 세상을 비실재로 보기 때문에 영원하고 절대적인 우주의 실체를 아는 영적 지식을 통해 세상으로부터 해방될 수 있다는 입장을 취한다. 반면 후자는 세상이 비록 실재이긴 하나 저급하기 때문에 세상으로부터 해방되어야 하고 그것은 신을 의지하고 숭배하여 은총을 입어야 가능하다는 입장이다. 박띠는 절대 존재 브라흐만-아뜨만 개념과 제사를 중시하는 힌두교 전통을 비판한다는 점에서는 슈라만 전통과 같은 입장을 취한다. 그러나 초기 불교나 자이나교에서와 달리 신의 존재를 인정하는 유신론 안에서의 신앙행위가 주를 이루었다는 점에서는 불교·자이나교와 다르다.

박띠는 베단따 가운데 유신론 교리에서 크게 성장했다. 박띠의 신은 다신교에서의 여러 신 중 하나다. 박띠 신앙은 신을 통해 물질을 추구하는 것이 아니다. 우주를 초월하고 창조하면서 만물을 주재하는 신에 대한 믿음과 헌신이다. 박띠의 대상으로서의 신은 인격체이며 전지전능한 이슈와라ishvara다. 이슈와라는 환상이 아닌 궁극적 실재로, 박띠는 이슈와라에 대한 실재적 믿음이다. 즉 박띠 신앙은 신을 믿고 의지함으로써 신이 베푸는 은총에 의한 구원을 추구하는 것이다. 인격신을 사랑하고 그를 따른다는 이 같은 개념은 베다후 시대에 최고 교리인 절대 궁극 브라흐만을 신과 동일시하는 개념으로 발전한다. 신에 대한 믿음과 헌신이 궁극을 찾는 길이 된 것이다. 브라흐만은 비인격적이고 무형적이며 절대적이다. 그로부터 얻어지는 것은 진리의 희열이다. 하지만 이런 추상적인 개념은 대중이 이해하기에는 너무 난해했다. 이에 '비인격적인 궁극은 결국 신과의 일치'라는 좀 더 구체적인 종교 현상으로 박띠 신앙이 나타나게 된 것이다.

박띠 신앙의 등장으로 인격신은 이전의 절대 진리인 브라흐만-아뜨만과 전적으로 다르지 않으면서 구체적인 사랑의 대상이 되었고 인민들에게 매우 효과적으로 받아들여졌다. 힌두교 신앙 또한 박띠에 의해 비로소 믿음을 통한 구원이 궁극에 이르는 최상의 방편으로 자리잡게 된다. 박띠는 특히 여성이나 하층민에게 그리고 지리적으로 갠지스강 유역을 넘은 아대륙 전역에 널리 전해졌다. 박띠를 통해 힌두교는 더욱 확실하게 대중화되었고 인간의 감정으로 소통하는 종교로 발전하게 되었다. 현재 박띠는 힌두교에서 가장 대중적인 신앙의 방편이다.

박띠 신앙이 전면으로 등장하게 된 것은 《마하바라따》에서부터였다. 《마하바라따》는 이전 시대에 힌두교에 큰 충격을 준 불교나 우빠니샤드에서 중시하던 기세나 깨달음보다 바르나와 다르마를 지키며 사는 재가의 물질적 삶에 더 큰 가치를 두었다. 오로지 자기에게 주어진 다르마를 충실히 해야 하고, 전쟁조차도 선이 악을 이기기 위해서라면 피하지 말아야 하는 것이 다르마라고 역설함으로써 비로소 다르마는 우주질서를 지탱하는 완전한 힌두 최고의 보편법으로 자리매김하게 되었다. 여기에서 다르마 보편법은 절대적인 법이 아니라 실제 상황에 따라 달리 해석되는 법이 된다. 힌두교의 다르마는 역사적 상황의 변화에 따라 달라지고, 그 위에서 힌두교는 상대주의의 입장을 취한다. 이후 등장한 많은 법전들은 특정 사안에 따라 서로 다른 의견을 내놓았다. 이처럼 서사시《마하바라따》가 대중화된 힌두교 최고의 경전으로 자리잡으면서 상대주의 원리가 힌두교 법과 종교의 근간이라는 지위를 점하게 된다.

《마하바라따》에는 인드라, 바루나, 아그니와 같은 베다 시대의 신들도 등장하지만 이미 그들은 베다 시대가 끝난 후 더이상 숭배를 받지 못한 채 비슈누나 쉬바의 수하로 편입된 작은 신격체 처지가 되었다. 심지어 사람 모습의 영웅으로 나타나는 여러 신보다도 더 비중이 없는 존재로 전락했다. 반면 비슈누와 쉬바는 최고의 주로 등극한다. 특히 비슈누가《마하바라따》에서 특히 큰 비중을 차지했다. 이런 점에서《마하바라따》는 비슈누를 중심으로 형성된 새로운 교의, 실천, 신화, 의례 등이 신화 형식으로 집대성된 것이라 할 수 있다.

그중에서도 제6권 서두부에 들어 있는《바가와드 기따》는 당시 최고의 신앙 형태인 박띠 신앙을 집대성한 문헌이다. 여기에서 비슈누는 민간에서 널리 숭배된 끄리슈나와 일체화된다. 끄리슈나가 비슈누의 화신 중 하나가 된 것이다. 이에 따라 박띠의 신 끄리슈나는 우주를 주재하는 절대 지존의 위치까지 오르게 된다. 사랑을 특질로 하는 비非베다 계통의 한 작은 인격신 끄리슈나가 절대 지존에 올랐다는 것은 사랑이라는 종교행위가 힌두교의 최고 신앙행위로 자리잡았다는 의미다. 또한 끄리슈나가 우주의 궁극 원리인 브라흐만–아뜨만과 일체화되고 나아가 세계의 창조자, 인류의 구원자로까지 성장했다는 의미다.

《바가와드 기따》를 통해 박띠를 받는 가장 대표적인 신으로 등극한 끄리슈나가 구원의 주가 되면서 그에 대해 박띠를 하는 것은 곧 브라흐만과 일치되는 것이 되었다. 《바가와드 기따》에서는 끄리슈나를 믿고 의지하며 그에게 박띠를 하는 것은 행위의 결과에 대한 집착과 번뇌에서 벗어나도록 하는 것이라고 했다. 박띠를 행하는 자는 최고의 요기yogi(요가를 행하는 자)가 되고, 죄인이나 악행자를 구하고 변화시켜서 의롭게 만들고, 세계를 초월할 수 있도록 도와주며 죽음을 향해 있는 세속 존재의 바다로부터 구원해 준다. 끄리슈나에 대한 박띠, 즉 그를 믿고 따르고 섬기며 예배하는 것은 무한의 희열이며 그것이 바로 해탈이 된다. 박띠 신앙이 힌두교가 추구하는 뜨리 요가, 즉 세 가지 길에서 비로소 가장 대중적인 길로 자리잡게 된 것이다.

박띠가 끄리슈나, 즉 비슈누와 연계되면서 비슈누는 박띠와 관련된 수많은 작은 신들을 통합하기 시작한다. 끄리슈나의 지존위 등극은 베다 신들의 적자생존과 이합집산의 과정 속에서 이루어졌다. 베다 시대 1,000년 동안에는 베다 찬가를 통해 모든 신을 최고로 찬양하는 전통이 있었다. 대중에게 별로 숭배를 받지 못해 세력이 미미한 신이라도 그에 대한 찬양은 최고 수준으로 이루어졌다. 그래서 찬가 하나만 봐서는 그가 사회에서 어느 정도의 대중성을 가진 신인지를 알 수 없다. 사람들에게 많은 숭배를 받든 그렇지 않든 찬양은 크게 미화되었기 때문이다. 어떤 신이든 당대에는 하찮은 신일지라도 후대에 가서는 절대 지존의 위치로 오를 수 있는 기회를 가지고 있었다. 하지만 모든 신에 대한 찬양은 더이상 지속되지 못했다. 유목의 시대가 완전히 끝나고 농경 시대가 시작되면서 많은 신들은 과거의 찬양을 더이상 받을 수가 없게 되었다.

비슈누 중심의 적자생존

이 과정을 구체적으로 살펴보자. 후기 베다 시대는 제사가 사회적으로 가장 중요한 의미를 갖는 제사 지상주의 시대였다. 제사를 주관하는 사제 브라만은 최고 계급이 되었다. 후기 베다 시대 신들의 생멸 과정을 보면, 리그 베다 시대에 유목 정체성을 가지고 있던 신은 농경을 주요 생업으로 하는 새 시대에 접어들면서 인민들의 부름을 받을 수 없게 되어 거의 대부분 사라져 갔다.

아슈윈Ashvin 형제가 대표적인 경우다. 《리그 베다》에 마부로 나오는 그들은 역할이나 성취한 공적 등이 유목생활과 너무 뚜렷하게 관련되어 있던 터라 농경이라는 새로운 물적 환경에서는 어떤 사람들로부터도 숭배를 받지 못했다. 그들은 서사시 신화에서 거의 자취를 감추거나 새 시대에 크게 성장한 영웅의 종신從神으로 흡수되었다.

자연 현상이 인격화되어 만들어진 신들도 인민의 부름과는 거리가 멀었다. 이들은 자연 현상이 과거와 같이 절대적으로 중요하지 않게 된 베다 시대 끝 무렵부터는 숭배를 받는 신 지위를 획득하기에 부적당했다. 불을 인격화한 아그니, 태양을 인격화한 수리야, 물을 인격화한 바루나, 새벽을 인격화한 사위뜨리Savitri 등이 이 범주에 속하는데, 그들 모두 새 시대에서는 대중들의 관심을 끌지 못해 잊힌 존재가 되었다.

다른 범주도 있다. 변신을 잘 하기 위해 절대적으로 필요한 것은 성격이 모호하면서 변화를 담을 수 있는 잠재력인데, 뿌샨 같은 신은 생명체 특히 인간과 축우를 양육하는 역할을 주로 하는 신으로 나타나 전체적으로 성격이 아주 모호하다. 하지만 모호하기만 할 뿐, 잠재력을 가질 여지가 없다. 그래서 두각을 나타낼 수가 없게 되었다.

이에 비해 《리그 베다》에서 비슈누는 아주 미미한 존재였으나 매우 큰 잠재력을 갖춘 신이었다. 그는 《리그 베다》에서 '뜨리빠다위끄라마tripadavikrama(세 걸음을 가진 영웅)'라고 언급된 신이었다. 세 걸음이 뭔지 정확하게 규정되지 않았으므로 얼마든지 새롭게 규정될 수 있었다. 세 걸음을 가진 난쟁이는 악마에게 자신이 세 걸음을 디딜 만큼의 영역을 달라고 간청한다. 악마가 허락하자 두 걸음을 디딘 후 난쟁이에서 우주만큼 큰 거인으로 변신하여 세 번째 걸음으로 악마를 제압하면서 지존으로 성장하는 신화가 만들어진다. 원래의 이야기가 가지고 있던 모호함 덕분에 비슈누의 신화는 우주를 지배하는 절대 지존 신화로 변신하기에 용이했다. 특질이 명확하게 규정되지 않고 매우 불분명하여 유목민들의 제사에서는 크게 대우받지 못했으나 그 애매한 성격 덕분에 베다 시대 이후에는 변신할 수 있었던 것이다. 그가 베다에서 특별한 역할을 하지 못하고 확실한 공적을 쌓지 못한 이유가, 후대에는 어떠한 공적도 쌓을 수 있는 잠재력의 원천으로 바뀐 셈이다.

신들의 위치가 역사의 변화에 따라 크게 바뀌는 현상은 다윈이 말하는 적자생존 현상과 비슷하다. 유목 시대에는 사람들의 삶이 자연에 크게 의지하기 때문에 자연의 여러 현상이 신이 되었다. 그 가운데 특히 폭풍우 인드라, 불 아그니, 물 바루나 등 유목생활에 큰 영향을 끼친 자연 현상 신이 사람들에게 인기를 얻어 제사에 많이 초치되었다. 하지만 그들은 유목 특유의 강한 정체성 때문에 농경 정착 사회에서는 사람들에게 거의 주목을 받지 못하고 잊힌다.

반면 농경사회라는 새로운 환경을 담아 낼 수 있는 잠재력이 있던 신들은 두각을 나타내기 시작했다. 비슈누와 쉬바가 좋은 예다. 이러한 현상을 다윈이 말하는 적자생존으로 빗대어 이해하는 것은 농경이라는 새로운 환경에 잘 적응할 수 있는 신만이 살아 남았기 때문이다. 그러나 힌두교에서의 적자생존의 원리가 다윈의 과학적 현상과 동일한 것은 아니다. 새로운 시대 환경에 적응하여 거대한 주主로 성장한 신은 다른 신들과 유기적으로 연계되면서 그들을 흡수하여 새로운 개체로 성장했기 때문이다. 비슈누나 쉬바는 적자로서 생존하는 예를 보여 주지만, 과거 유목 시대에 사람들에게 숭배 받았던 여러 신들을 흡수해서 예전과는 전혀 다른 새로운 신이 되었다.

비슈누는 제사와 동일시되면서 지존으로 성장한다. 후기 베다 시대 산물인 브라흐마나 문헌에서부터 브라만들은 제사가 단순한 의례가 아니라 우주 그 자체라고 은유적으로 사유했다. 만신전에서 최고위로 대두된 신은 사회적으로 큰 의미를 부여받은 현상이나 사물에 비유되고 이 비유는 비유 대상인 신과 동일시되었다. 이런 방식을 통해 신의 영역은 확장되었다. 신격체는 사회 최고 가치의 행위와 일체화됨으로써 지존위의 위치에 오르게 된다. 비슈누는 당대 최고의 종교사회적 행위인 제사와 일치되면서 지존위로 떠올랐고, 쉬바는 당시 최고의 가치인 생산과 일체화되어 지존의 위치에 올랐다. 비슈누는 원래 베다에서 '아주 높은 곳'이나 '빛'과 연계되어 찬양받는 신이었다. 제사와 연결될 수 있는 여지를 애초부터 갖고 있었던 셈이다. 베다 시대가 끝난 후 '비슈누는 제사다' 혹은 '제사는 비슈누이다'라는 사고가 생겨났고 이를 통해 우주의 중심인 제사가 곧 비슈누가 되면서 결국 비슈누는 우주 최고의 신으로 등극하게 된다.

지존으로 성장한 비슈누는 북부 인도 전역에서 그의 속성과 비슷한 제사, 빛, 구원, 구복 등의 성격을 가진 여러 신들을 통합하기 시작한다. 비슈누는 빛이라는 속성을 가진 신이었던 터라 주로 태양 계열의 신들을 흡수했다. 베다 시대 사람들에게 최고 인기를 누렸던 신인 인드라를 휘하로 흡수하면서는 악마를 죽이는 특질을, 수리야와 사위뜨리를 흡수하면서는 광명과 황금의 특질을, 미뜨라를 흡수하면서는 인간에 대한 자비의 특질을, 바가Bhaga를 흡수하면서는 물질을 나누어주는 특질을 흡수했다.

비슈누는 태양 계열의 신들도 흡수하면서 인도자, 구세주, 복을 주는 자가 되었다. 나라야나Narayana, 바수데와Vasudeva, 끄리슈나, 슈리Shri, 락슈미Lakshmi 등은 만신전을 형성하는 데 중요한 역할을 했다. 이들 여러 신들은 거대 신 비슈누가 등장하기 전에는 각각 독립된 신격체였으나 비슈누와 통합된 후 비슈누의 별칭이 되거나 비슈누의 화신 혹은 비슈누의 비신妃神이 되었다. 이 같은 과정을 거치면서 비슈누는 무소불위의 능력을 갖춘 지존으로 성장한다.

비슈누에 흡수된 신들은 베다, 즉 아리야 계통의 신이 많았지만 모두가 아리야 계통은 아니었다. 좋은 예가 앞에서 설명한 박띠의 신 끄리

비슈누와 여러 화신(5세기)

비슈누는 우주의 시간 속에서 필요할 때에 모습을 달리 하여 화신으로 나타난다. 물고기·멧돼지 등에서부터 왕의 모습으로 나타나는데, 그를 믿는 힌두교도들은 그 여러 화신을 하나의 상像 안에 함께 조성하기도 한다.

슈나다. *끄리슈나*는 토착 계열의 신으로 흡수된 대표적인 화신이다. 그는 소를 보호하는 목자의 신이고 그와 싸우는 인드라는 소를 잡아 와서 제사에 바쳐 죽이는 역할을 한 신이다. 유목 시대에는 소를 잡아 제사에 바치는 인드라가 가장 큰 숭배를 받았지만, 농경 정착 시대로 가자 소를 보호하는 신이 더 가치 있다고 인정받으면서 *끄리슈나*가 사람들의 사랑과 존경을 받아 예배의 주가 되는 박띠의 신으로 등극하게 된다. 박띠행위가 힌두교에서 최고의 방편으로 등장하자 박띠의 신으로 있던 *끄리슈나*가 최고 신의 위치에 오른 것이다. 결국 인드라는 *끄리슈나*에 흡수되고, *끄리슈나*는 당시 지존으로 등극한 비슈누에 흡수되어 그의 화신(아와따라*avatara*) 중 하나가 된다.

비슈누는 암흑기에 이 세상을 구원하러 '아와따라'라는 장치를 통해 하늘에서 내려오는 주主다. 전체 힌두교에서 비슈누의 화신이 몇인지 정확하게 알 수 없지만《바이슈나와 뿌라나*Vaisnava Purana*》에는 열 가지로 나온다. 열 화신을 간략하게 살펴보자.

태초 홍수로 지구가 멸망할 때 인간을 구원하러 온 물고기 화신인 맛시야Matsya, 태초에 신들과 아수라들이 불사의 영약 감로(아므리따amrita)를 얻기 위해 함께 우유 바다를 막대기 산으로 휘저을 때 그 막대기 산을 지탱해 줄 기초가 되기 위해 온 거북이 화신 꾸르마Kurma, 악마가 땅을 바다 밑바닥으로 끌고 들어가 버리자 악마와 싸워 그 땅을 구한 멧돼지 화신 바라하Varaha, 하늘과 땅의 세계에 심각한 위협을 가하는 악마를 죽이러 온 인간도 짐승도 아닌 모습의 인간 사자인 나라신하Narasinha, 우주를 차지하려는 악마를 처치하기 위해 세 발걸음을 가진 난쟁이 모습으로 온 바마나Vamana, 악마를 죽이러 온 도끼를 든 라마인 빠라슈라마Parashurama, 서사시 《라마야나》의 주인공인 이상군주 라마Rama, 소를 보호하는 목자 끄리슈나, 사람들을 미혹시키기 위해 불교를 창시한 붓다, 악을 쳐부수고 암흑기를 끝내기 위해 앞으로 오게 될 미래의 화신 깔끼Kalki가 바로 비슈누의 열 화신이다. 이외에 끄리슈나의 형으로 나오는 발라라마Balarama, 베다를 되찾은 말[馬]의 모습을 한 하야그리와Hayagriva 등도 다른 문헌을 통해 나중에 비슈누의 화신이 된다.

'아와따라'라는 장치는 비슈누가 토착 계열의 여러 신격체들을 통합하는 역할을 함으로써 비슈누교가 성장하는 데 결정적 역할을 한다. 비슈누를 중심으로 하는 종파는 기원전 4~5세기경부터 기원전 2세기경 사이에 형성되기 시작했다. 당시는 역사적으로 마가다제국이 북부 인도를 통일하고 전국에 영향력을 발휘하던 시기였다. 이 가운데 특히 마우리야 시기에 박띠에 기반한 비슈누교가 두각을 나타내기 시작한 것으로 보인다. 이 시기 이후 기원 초기부터 굽따 시대까지 비슈누교는 아와따라를 통해 각지에 퍼져 있던 여러 토착신과 그와 관련된 문화를 본격적으로 흡수하고 드디어 우주 최고의 신으로 자리잡는다.

3-4. 쉬바교의 발전

쉬바 중심의 이합집산

베다 시대가 끝난 후 당시의 많은 신들 가운데 사랑, 구원 등 소위 태양 계열의 특질을 갖춘 신들이 끄리슈나를 앞세운 비슈누에 통합되는 동안 죽음, 폭력, 징벌 등 소위 태음 계열의 신들은 쉬바를 중심으로 모였다. 베다 시대의 작은 신 비슈누가 끄리슈나 등과 합쳐지면서 만들어진 비슈누교가 구원 중심의 종교로 성장한 반면, 쉬바교는 베다 시대의 공포의 신 루드라가 여러 신들을 흡수하여 악마를 숭배하는 종교로 자리한다.

쉬바교나 비슈누교 모두 기원전 4~5세기경부터 주변부의 여러 특질들을 흡수하면서 본격적으로 성장하기 시작했지만 그 가운데서 비슈누 신앙은 북부 인도 마투라Mathura를 중심으로 하는 평원의 농경민 사이에서, 쉬바 신앙은 산간 부족민을 중심으로 성장했다.

비슈누로의 통합 과정과 비슷하게 태음 계열의 신들 또한 베다 시대가 끝난 후 쉬바를 중심으로 모이기 시작했다. 베다 시대의 많은 신 가

쉬바, 춤추는 제왕(13세기)

쉬바는 힌두교 최고의 지존으로 그 역할에 따라 불리는 별칭이 다르다. 그 가운데 가장 널리 불리는 것 가운데 하나가 우주를 파괴하는 춤 추는 제왕 '나따라자'다. 나따라자 쉬바의 상은 중세 남부의 쫄라왕국에서 많이 만들어졌다.

운데 비슈누와 함께 쉬바가 적자생존의 원리에 가장 잘 부합되는 신이었기 때문이다. 《리그 베다》에서 활을 쏘고 창을 던지는 신으로 나오는 루드라는 분노를 잘 일으키고 성질이 포악하고 사악하여 사람들에게 공포의 대상이었다. 그는 길게 땋은 머리를 한 채 사냥터에 사는 신으로 하랍빠 문화에 기원을 둔 비非아리야 계통 원시부족의 신으로 지모신 숭배와 짝을 이루는 남근 숭배의 대상이었다. 유목을 주로 하는 아리야인들에게는 매력을 끌지 못해 숭배의 대상이 아니었다.

그런 사납고 포악한 루드라가 《리그 베다》에서 가축을 보호하는 자비로운 신이 되기도 했다. 모든 것을 파괴해 버리는 학살자이면서 동시에 자비로운 활과 화살을 가진, 사람과 짐승을 보호하고 질병을 치료하는, 정반대의 두 특질을 동시에 갖춘 신이 된 것이다. 이처럼 모순적일 정도로 애매모호하고 이질적인 특질은 향후 많은 신들을 포섭하는 기제로 작동했다.

정착생활이 자리잡고 아리야인과 비아리야인이 서로 섞이면서 주목을 받기 시작한 루드라는 그 과정에서 점점 더 어둡고 악마스러운 방향으로 변해 갔다. 그러면서 어둠의 특질들을 가진 주변의 여러 신들을 토착 계열에서든 아리야 계열에서든 가리지 않고 흡수하면서 성장하기 시작했다. 베다 시대가 끝날 무렵 그는 도둑의 왕, 산속 방랑자, 밤에 돌아다니는 자, 숲의 주인, 칼을 쥐고 있는 자, 검은 목과 하얀 목구멍

엘레판타섬 힌두 사원의 쉬바(5~9세기)

쉬바를 주신으로 모신 사원의 입구에는 그가 타고 다니는 황소 난디가 있고 가장 중심에는 생산의 주主 쉬바를 상징하는 남근석인 링가가 안치돼 있다.

을 가진 자, 지하를 떠돌아다니는 자 등의 별칭을 가진 거대한 악마신으로 성장했다.

여기에서 한걸음 더 나아가 루드라-쉬바는 죽음의 신이자 조상의 신이며 분노와 사악함을 특질로 가지고 있는 야마Yama(염라)를 흡수하고 토착민들의 죽음과 다산의 상징인 뱀 숭배도 흡수하여 '독을 가진 자'와 '목이 푸른 자'가 된다. 서사시 시기 초기에 악마신 쉬바를 '나마흐 namah(경배)'하는 것은 소의所依 경전에서 되풀이된다. 이는 힌두교가 아주 오래전부터 악마 숭배의 성격을 가진 종교로 발전해 왔음을 보여주는 것이다. 농경 정착을 한 이래로 대중의 악마에 대한 공포가 종교의 큰 틀 안에서 구체화되고 확대 성장한 것이다.

베다 내에 이런 종류의 감성이 신격화된 경우가 없었다는 사실을 상기해 보면, 루드라는 베다적인 특질과 비베다적인 특질들이 혼합되어 성장한 신이다. 그 안에는 토템, 죽음과 다산, 식물과 생장, 동물, 뱀, 남근, 정령, 심령주의 등 다양한 태음 계열의 숭배 형태가 총망라되어 있다. 이 모든 것들이 하나의 복합체가 되면서 지존위 쉬바가 출현하게 된다. 비베다적인 일부 요소들은 아리야인들이 들어오기 이전부터 존재했던 것들이다. 각각의 독특한 의례 양식을 가지고 있던 여러 신격체

쉬바 링가(4~5세기)

쉬바 링가는 하나의 링가만 있는 것, 그 한쪽 면에 쉬바를 새겨 놓은 것, 사면에 쉬바를 새겨 놓은 것, 동서남북 넷 혹은 거기에 중앙까지 포함하여 다섯 링가가 묶여 있는 것 등으로 재현된다.

들은 쉬바라는 복합체 안에서 한자리씩 차지하게 된다. 쉬바는 어느 곳에나 존재하는 비슷한 양상들이 모여 하나의 복합체를 이루지만, 그것을 이루고 있는 각각의 요소들은 지역에 따라 다른 의례 전통을 따르며 다른 형식으로 숭배되기도 한다. 인도 전국 각지에 이름이 다른 쉬바 숭배 전통이 다양하게 나타나는 것은 이런 이유 때문이다.

뱀이 있는 곳, 즉 산이 자연스럽게 거주지가 되면서 루드라는 산의 주主가 된다. 뱀이 쉬바의 또 다른 특질인 남근 링가와 연계되면서 루드라에게는 생명의 특질이 부여된다. 뱀이 거주하는 곳이 산이라는 사실은 루드라-쉬바가 산의 특질을 흡수하도록 한다. 그래서 루드라-쉬바는 약초와 깊은 관련을 가진다. 약초가 베다 제사에서 환각 작용을 하는 풀인 소마와 관련되다 보니 루드라-쉬바는 자연스럽게 신으로서 소마도 흡수하게 된다. 나아가 약초가 식물과 인간의 생명을 주관하다 보니 루드라-쉬바는 약초를 관장하는 신으로서 자연스럽게 모든 생명을 주재하는 신으로 확장된다. 그가 질병을 치료하는 자가 된 것도 이 차원에서다. 그는 점차 생명과의 연관성을 높여 가면서 다산을 주재하는 신으로 성장한다.

치병자로서 약초에 주로 나타나던 루드라-쉬바는 성스러운 치료자로 나타나기도 한다. 치병자로서의 쉬바는 이전의 악마 루드라와는 완전히 상반된 존재가 된다. 같은 맥락에서 식물과 약초를 관장하는 루드라-쉬바는 지하의 생명력을 가진 어떤 영혼과 관련성을 갖고, 야마 숭배와 연계된다. 지하에 있는 죽은 자의 영혼이 지상의 식물과 약초를 살아 움직이게 한다는 사고가 루드라-쉬바와 그 계열의 중요한 요체가 된다. 그렇게 루드라-쉬바는 인간과 동물 모두에게 독을 주어 목숨을 빼앗기도 하고 질병을 퇴치하여 생명을 주기도 하는 자로 자리잡는다.

루드라-쉬바는 갠지스강도 흡수하여 아리야인들이 정착 농경생활을 하면서 가지는 몬순 시기의 호우에 대한 두려움을 관장하는 농경 생산의 신이 된다. 산의 특질을 흡수한 쉬바는 산의 신 히말라야Himalaya의 딸 빠르와띠Parvati와 결혼한다. 이를 통해 산의 또 다른 특질인 요가와 방랑의 특질을 흡수하여 까일라샤Kailasha산에서 요가를 하는 신이 된다. 요가를 하는 주主로서 그는 미간에 혜안을 상징하는 제3의 눈을 가지고 있는데 거기에서 나오는 빛으로 모든 피조물을 제압한다. 쉬바는 호랑이 가죽을 입고, 뱀을 목에 감고, 황소 난디Nandi를 타고 다닌다. 이는 토착 비아리야 계통의 동물 숭배가 쉬바 안으로 적극 통합되었음을 보여 준다.

빠르와띠와의 사이에서 코끼리 머리를 한 지혜의 신 가네샤Ganesha와 군신軍神 스깐다Skanda가 태어난다. 빠르와띠는 피부가 희고 균형 잡힌 몸매를 지닌 아름답고 자애로운 현모양처다. 가네샤는 긴 코가 두드러진 코끼리의 얼굴과 뚱뚱한 몸과 하나의 이빨과 네 개의 손을 가지고 있다. 그는 성공적 인생을 상징하는 신으로 장애를 치유해 주고 학문과 예술을 보호하면서 힌두교에서 가장 대중적인 신 가운데 하나로 자리잡아 오늘에 이른다.

난디 숭배

히말라야에 있는 힌두 성지 께다르나트의
사원은 쉬바를 주신으로 모신 사원이다.
쉬바는 고행의 신이고, 숲의 신이라
히말라야의 신이다. 그의 사원 앞에 난디가
모셔져 있다. 순례객은 난디에게 먼저 경배를
하고 본당으로 들어간다.

이러한 과정을 거치면서 루드라는 주로 징벌, 파괴, 어두움, 질병, 생명, 생산 등과 관련된 특질들을 흡수해 성장한다. 이 때문에 그는 태음 계열의 신으로 분류되고 그에게 흡수된 신들도 모두 이 계열에 속한다. 루드라는 베다 시대가 끝난 후 서사시 시기 초기인 기원전 5~4세기경 편찬된 우빠니샤드에서 드디어 지존위의 위치에 오르고, 이후 본격적으로 거대 신으로 주변의 신들을 통합한다.

결국 루드라가 '백 가지 이름'을 가진 신으로 확장되면서 사람들은 루드라와 더욱 쉽게 접촉할 수 있게 되었다. "루드라에게는 불이 있고, 그에게는 물이 있고, 그에게는 식물이 있고, 루드라는 모든 존재에 다 들어가 있으니 그를 경배하라"라는 찬가가 가능해진 것이다. 이에 따라 루드라는 생명의 주主로 성장하여 밭과 평야의 주가 되고, '동물의 주', 즉 빠슈남빠띠흐pashunampatih가 된다. 여기에서 파생된 '빠슈빠띠'라는 이름은 후대에 루드라-쉬바의 별칭이 된다. 앞서 하랍빠 문화의 인장에 새겨져 있는 한 남신이 쉬바의 원형으로 추정된다고 했는데, 그 쉬바가 빠슈빠띠 쉬바다.

쉬바는 물과 함께 또 하나의 생명의 근원으로 여기는 불과 연계되기도 한다. 쉬바는 까빠르딘Kapardin, 즉 머리카락을 땋은 자로 불리기도 한다. 이는 전 시대에 중요 신이었던 불 — 즉 아그니 — 과 동일시되어

마두라이, 미낙시 사원(12세기)

남부 인도에는 중세 이후 건축된 힌두 사원이 많이 남아 있다. 힌두 사원은 우주 사방을 상징적으로 재현하기에 사원이 정사각형으로 되어 있고 그 사방에 입구가 있는데, 그 입구에는 고뿌람gopuram이라는 큰 타워가 있다.

화염의 모습으로 형상화되면서 붙여진 별칭이다. 이러한 과정을 거친 후 분노가 완전히 잠들면서 찾아온 평화 덕분에 그는 최종적으로 삼부 Sambhu, 즉 자비의 신이 된다. 최고의 대표 별칭인 샹까라Shankara(은혜로운)와 쉬바Shiva(복을 주는)까지 얻는다.

요컨대 루드라는 후기 베다에서 이전의 특질들과 새로운 특질들이 복합적으로 섞이고 당시 인도인들이 가지고 있던 범신론적 생명사상과 연계되면서 공포의 신에서 가축의 보호자로, 생명을 보호하는 자로, 생산하는 자로 그리고 종국에 가서는 식물과 동물 세계의 주인이 되고 마침내 창조주로 자리잡게 된다. 루드라가 대상이 되는 악마 숭배라는 것은 단순한 악마성을 숭배한다는 것이 아닌, 생명과 다산과 인간사 길흉화복을 주재하는 거대 신으로서의 신성을 숭배한다는 의미였다.

이처럼 악마와 은혜가 하나의 신격체 안에 공존하는 모순적인 현상이 가능하게 된 배경에는 인도인 특유의 일원론에 입각한 내재론적 범신론이 자리하고 있다. 인도인의 일신론의 세계관에 매우 이질적이고 다중적인 베다 시대의 작은 신 루드라가 잘 맞아떨어졌기 때문에 우주의 주로까지 성장하게 된 것이다. 이후 하나의 신격체를 여러 특질을 지닌 별칭으로 부르는 식의 성격 규정 방식이 보편화된다. 즉 죽음은 독이고 독은 짐승이고 짐승은 산이고 산은 생명이고 생명은 독이 되는 식의 은유를 통해 양쪽을 동일시하는 현상이 루드라의 경우부터 본격적으로 발전하여 후대 힌두교의 가장 대표적인 특징으로 자리잡았다.

이러한 모순의 공존은 후기 베다 시대에서부터 브라만 신학자들이 하나의 신의 여러 특질을 은유를 통해 일체화하는 작업을 본격적으로 시작함으로써 구체화한다. 이 같은 작업을 통해 루드라는 독을 줌으로써 병을 주고 생명을 앗아 가는 존재이면서 동시에 약초를 줌으로써 병을 낫게 하고 생명을 살리는 존재가 된다. 불행의 주이자 행복의 주라는, 죽음과 생산의 이중적 특질을 가진 지존의 존재가 된 것이다. 이는 힌두교 신이 서로 모순된 이질적이고 복합적인 특질들을 가졌으며 나아가 힌두교 자체가 그런 성격을 가진 상대주의에 입각한 종교라는 사실을 알려 준다.

쉬바가 지존위로 성장하게 되는 현상은 베다후 시기에 가장 궁극적인 문제로 떠올랐던 절대 본질과 윤회로부터의 해탈 문제로 이어졌다. 절대 본질과 윤회로부터의 해탈은 힌두교가 체계화되고 본격적으로 시작되던 베다후 시기 이후 현재까지 줄곧 변함없이 추구해 온 세계, 실체, 진리 등에 대한 존재와 자각에 관한 문제로서 소우주와 대우주와의 관계, 개체와 전체와의 관계, 아뜨만과 브라흐만의 관계 등으로 발전한다.

그것은 인간의 존재에 관한 의문으로 나타난다. '브라흐만은 만유의 근원인가?', '우리의 근원은 무엇인가?', '우리는 무엇으로 사는가?' 등이 그것이다. 이 의문에 대해 우빠니샤드 찬자는 '만유의 근본이자 우리를 지배하는 자는 영원한 주이시니 그는 보이는 자이면서 보이지 않는 자이고, 드러난 자이면서 드러나지 않는 자이다'라고 답한다. 지고의 존재는 여러 가지 특징과 그에 따른 별칭들을 가지게 된다. '주 가운데 지고의 주, 신 가운데 지고의 신', '초월자', '권세를 가진 자', '통치하는 자' 등 정교화된 외연이 생기게 된 것이다.

별칭은 당연히 당시 최고의 신으로 성장한 쉬바에게 붙었다. 쉬바의 별칭 중 가장 널리 사용된 마헤슈와라Maheshvara(위대한 주)가 쓰이기 시작한 것은 이때부터였다. 이는 거대한 종합화로서, 현상계에는 여러 신격체로 나타나지만 그 안에는 어떤 궁극적 본질이 존재한다는 것을 의미한다. 이로써 쉬바는 마헤슈와라로서 모든 현상 존재의 창조자이자 보존자이자 파괴자가 된다.

쉬바가 절대 본질 브라흐만과 연계되면서 힌두교에서는 이제 쉬바를 통해 윤회의 세계로부터 벗어나고 죽음을 극복할 수 있게 되었고 브라흐만과 아뜨만의 일치가 가능하게 되었다. 쉬바가 모든 존재의 생성과 소멸을 주관하는 요가를 하는 존재가 된 것이다. 우주를 지배하는 주로서 쉬바는 브라흐마가 세계를 창조하고 비슈누가 여러 화신을 통해 세계를 보존할 때 징벌로 세계를 파괴한다. 세계를 파괴할 때 검은 모습을 띠기 때문에 마하깔라Mahakala(대흑大黑)라 불리기도 하고 파괴의 사역을 할 때 우주 춤을 추기 때문에 나따라자Nataraja(춤추는 제왕帝王)라 불리기도 한다. 가장 대중적인 별칭인 마하데와Mahadeva(대신大神)로 불리는 경우도 있었다.

쉬바교가 여러 존재로 숭배받으면서 나름의 세계관과 사상을 갖춘 신앙으로 성립되는 시기는 대체로 기원 초로 보고 있다. 신앙이 되면서 쉬바는 우주의 신이자 지고이며 그 자체가 모든 선이면서 악이고 모든 생명이면서 무생명이며 모든 인간이기도 하면서 동시에 모든 인간 이하의 존재이기도 하고 모든 유한 존재이면서 모든 무한 존재이기도 한 존재로 성장한다.

3-5. 대승불교의 성립

불교 교리의 변화와 붓다의 신격화

종교가 대중화를 이루는 데 가장 중요한 요소는 재가 사회다. 힌두교는 출발부터 재가 사회가 중심이 되었던 터라 재가 사회에 대한 가치가 새삼스럽게 부각될 이유는 없지만, 불교의 경우는 다르다.

엄밀히 말해 불교는 재가 사회의 부정, 즉 재가 사회를 인정하지 않고 떠나는 데서 시작되었다. 초기 불교도의 입장에서 재가 신자는 있을 수 없는, 철저히 반反불교적인 존재였다. 출가를 하지 않아 불교의 궁극적 목표인 니르와나를 실질적으로 포기한 재가 신자는 불교도라 할 수 없었다. 그들의 이상은 니르와나가 아닌 선행을 함으로써 자신의 업을 개선하여 윤회의 세계 안에서 지금보다 더 나은 상태로 환생하는 힌두교 교리에 따르는 것이었다. 다만, 힌두교 내에도 존재하는 기세자에 대한 존경심과 그들에 대한 후원 차원에서 초기 불교 승려들을 따르는 것이었다. 재가 신도들은 불교를 힌두교와 전혀 다른 완전 별개의 종교로 인식했다기보다는 힌두교의 여러 종파 가운데 세상을 포기하고 떠나는 것을 중시하는 종파 정도로 이해했다.

이는 불교가 추구하는 이상에 철저히 배치되는 것이었다. 하지만 재가 신도들로서는 자신들이 처한 사회 내에서 추구할 수 있는 최상의 것이었다. 그들은 윤회를 위한 공덕을 쌓는 일이 최대의 목표였고, 그것을 위해서는 이미 사회를 떠난 출가승들을 접촉해야만 했다. 여러 가지 공덕행위 가운데 가장 많은 공덕을 쌓을 수 있는 것은 기부다. 그들은 기부를 통해, 물질세계로부터의 초월이라는 원래의 본질을 따르지 않고 새로운 이상을 달성하고자 했다. 더 좋은 윤회를 위해 더욱더 많은 물질을 승가에 기부함으로써 공덕을 쌓는 데 주력했다.

기부물의 종류도 점차 다양해졌다. 초기의 안거(거주지), 음식, 옷 등에서 탑을 비롯한 여러 건조물은 물론이고 탑을 조성할 때 붓다의 사리와 함께 부장될 보석류 같은 것까지도 포함되었다. 이는 아쇼까 사후 대승불교 성립 이전 시기 승가 내 승려들의 사유재산 축적이라는 심각한 문제를 불러오기까지 했다. 승려가 출가 전의 재산을 승가 내로 계속 연장 소유하기도 했으나, 주로 재가 신자가 기부하는 물질을 승가가 전유·축적하면서 이루어진 것이 많았다. 승가의 사유재산 축적은 승가가 재가 사회에 매우 깊은 관계를 맺고 있다는 표면적인 의미 외에 승가가 재가 사회에 경제적으로 매우 의존하고 있다는 의미도 포함한다. 좀더 구체적으로, 불교 사회에서 재가 사회가 승가에 대해 더 우월한 위치에 서게 되었음을 혹은 승가가 절대적으로 재가 사회에 의존하게 되었음을 뜻하는 것이었다.

결국 출가승들만을 위주로 한 불교 교리도 수정이 불가피하게 되었다. 이에 따라 재가 신자도 전생에 공덕을 충분히 쌓으면 다음 환생에는 니르와나에 이를 수 있다는 교리가 만들어진다. 이는 불교 근본 교리의 관점에서 볼 때 실로 파격적인 변화였다. 불교의 진로를 확실히 제시한 이 교리는 재가 신자들의 종교적 위치 격상과 그에 따른 불교의 대중화에 이론적 바탕을 마련해 주었다.

불교 교리의 변화는 붓다관觀의 변화를 가져왔다. 그들은 붓다에게 신성을 부여하기 시작했다. 붓다 사후 500년 정도가 지난 후 아슈와고샤Ashvaghosha가 쓴 붓다 전기 《붓다짜리따Buddhacarita》에는 붓다가 번민하는 인간 가우따마 대신 기적을 행하는 신의 모습으로 나타난다. 인간 가우따마에게 신적 능력이 부여되면서 그에 대한 믿음과 숭배가 널리 대중화되었다. 초기 불교에서는 붓다의 가르침을 좇아, 세상 일을 위해 초능력 혹은 주술의 힘을 사용하는 것은 이상적 존재인 아르하뜨arhat(아라한)가 되는 것을 방해한다고 했다. 반면 이 시대에 들어와서는 붓다가 초능력을 가져 비를 내리게 하고 불을 끄고 뱀에 물린 독을 치유하는 존재가 되었고 그것이 신앙의 주요 요인으로 기능한다.

붓다의 초능력에 의지하는 것은 그의 사리를 숭배하는 행위로 연결되었다. 아쇼까 때부터 널리 행해지기 시작한 붓다의 사리 축조는 사실 어떤 이론적 근거도 없는, 자신의 유물 숭배를 금지하는 붓다의 뜻에 역행하는 행위일 뿐이었다. 그런데 기원 초기에 들어와서 승려들에게는 여전히 금지되었지만 재가 신자에게만은 허용하는 쪽으로, 나중에는 승가에서 사리-탑 숭배를 인정하는 방향으로 교리가 바뀐다. 이에 따라 불교는 완전한 숭배 중심의 대중 종교로 자리잡는다.

재가 사회의 이러한 종교적 위치 변화는 그들과 불가분의 관계에 있는 출가승들의 종교적 이상에도 많은 변화를 불러일으켰다. 대승불교에는 초기 붓다의 지혜가 오로지 그만의 것이며 다른 사람들이 터득하기에 너무 어렵다는 이론이 전개된다. 모든 법은 공空이고 진정한 법을 이해한다는 것은 불가능하다고 강조했다. 이에 따라 붓다의 가르침과 원리를 이해하고 암송하는 것이, 재가 신자가 되는 일에는 물론이거니와 승려들이 재가 신자들을 교설하는 일에도 반드시 필요한 요소는 아니라는 인식이 확산되었다. 그러나 이제는 승려나 재가 신자나 할 것 없이 개인의 노력으로 진리를 깨닫는 것이 아니라 행위를 통해 모두 붓다가 될 수 있음을 이론적으로 정립시킨 것이다.

대승불교가 정착됨에 따라 단순히 붓다의 가르침을 듣거나 어떤 형태이든지 공덕을 쌓거나 도덕적인 삶을 살면 모두 붓다가 될 수 있게 되었다. 붓다의 사리를 숭배하거나 탑을 세우거나 불상을 만드는 등의 행위를 통해서도, 심지어 어린 아이들이 모래로 탑을 세우거나 벽에 아무렇게나 붓다의 그림을 끼적거리거나 탑에 꽃을 바치거나 음악을 바치거나 붓다를 존귀하는 마음으로 생각만 하더라도 최고의 경지에 이를 수가 있게 되었다. 이는 행위로는 물론이고 이론으로도 명실상부한 재가 사회 위주의 대중화된 불교, 즉 신앙의 불교가 성립되었음을 의미한다.

대중화된 불교를 따르는 승려들은 자기들의 불교를 '큰 수레'라는 뜻의 마하야나Mahayana(대승大乘)라고 불렀다. 인도인들의 세계관에서 '수레'는 '죽어서 강 이쪽에서 강 저쪽으로 건너갈 때 사용하는 배'를 의미한다. 그들은 붓다가 설파하고 그 원리를 따른 불교는 '작은 배'라는 뜻의 히나야나Hinayana(소승小乘)로 부르면서 무시하고 폄하했다. 새롭게 변화한 이러한 종교적 분위기는 붓다의 근본적 가르침과 관계없이 어떻게 하면 많은 사람을 구원할 수 있느냐의 문제가 중심이 되었다. 이를 대중적인 차원에서 보면 '발전'으로 해석할 수도 있겠지만 다르게 해석하면 정체성의 상실 혹은 변질로 볼 수도 있다.

대중화된 불교의 가장 큰 특징 중 빼놓을 수 없는 것은 미래불이라는 보살, 즉 보디삿뜨와bodhisattva의 존재다. '보살'은 빨리어로 '보디삿따 bodhisatta', 산스끄리뜨어로 '보디삿뜨와'를 한자로 음역한 보리살타菩

提薩埵를 줄여 쓴 것이다. 초기 불교에서 보살은 《자따까Jataka》 등 가우따마 붓다의 일대기를 그린 불전佛典에서 가우따마 붓다의 전생 존재를 지칭하는 용어로 쓰였다. 불전 편자들은 가우따마 붓다가 유일하게 성성聖性을 지닌 존재이므로 붓다의 일대기를 쓸 때 전생의 존재가 필요하다고 본 것이다. 가우따마 붓다의 전생 존재를 말하는 고유명사로 쓰인 보살은 이후 끊임없는 윤회의 시간과 겹쳐지면서 수없이 많은 존재를 가리키는 보통명사로 자리잡게 되었다. 좀 더 구체적으로, 보살은 자신이 니르와나에 들어갈 수 있음에도 불구하고 그것을 거부하고, 자신을 숭배하는 신자들에게 지금까지 쌓아 놓은 공덕을 양도함으로써 신자들을 구원하려는 존재가 되었다.

역사적으로 볼 때 한 명의 실재하는 인간이던 가우따마 싯다르타가 붓다가 되어 만들어진 현재불은 대승불교에 와서 과거불과 미래불이라는 삼세불三世佛로, '시방 세계 다불 출세十方世界 多佛 出世' 개념으로 확대되었다. 이 시기부터 붓다는 '갠지스강의 모래알만큼'이나 많은 수로 늘어났고, 더이상 번민과 고행을 겪는 인간적 존재가 아니라 많은 신을 거느리는 전지전능한 신이 되었다.

사람들은 붓다의 우상을 만들어 숭배하고 물질을 바치면서 의지했다. 붓다는 시간적으로 과거와 미래로 확대되었을 뿐 아니라 사방에 출현하면서 공간적으로도 확대됐다. 붓다가 곳곳에 나타남에 따라 불교 특유의 우주론이 전개된다. 서방세계는 정토淨土라는 이상의 불국토佛國土로서 불교에서 대표적인 피안의 세계로, 그곳을 주재하는 아미타불은 모든 신 가운데서 가장 대중적인 신으로 자리잡았다. 붓다는 모든 중생의 고뇌를 해결해 주는 존재가 되었다. 특히 초기 불교에서부터 신자들의 바람이었던 질병 치유를 담당하는 바이샤지야Bhaishajya(약사藥師)불, 태양신으로 나타나는 바이로짜나Vairochana(비로자나)불 등이 중요한 신의 위치에 올라선다.

보살은 인간들의 종교적 목표 달성을 돕는 힌두교의 여러 신과 기능면에서 동일했다. 보살이 대중적 신앙의 대상으로 자리잡으면서 불교는 더이상 가우따마 붓다 중심의 불교로 존재할 수 없게 되었다. 비록 붓다가 형식적으로나마 불교 신앙의 중심을 차지하고 있긴 했지만 재가 신자들의 신앙적 이해에는 항상 보살이 위치해 있었다. 대표적인 존재가 아왈로끼떼슈와라Avalokiteshvara(관음觀音 혹은 관자재觀自在), 만주슈리Manjushri(문수), 사만따바드라Samantabhadra(보현普賢)였다. 붓다는 실제 신앙의 대상으로서 항상 이들에 밀려 뒷전이었다. 이에 따라 신앙형태가 힌두교의 그것과 거의 흡사해졌다. 더욱 중요한 사실은 이로써 '팔정도에 의한 니르와나'라는 초기 불교의 최대 가치가 '보살에 의한 극락세계 환생'으로 바뀌었다는 것이다. 바로 대승불교의 핵심 신앙이다. 이로 인해 불교의 대중화는 급격히 힘을 받았다.

대승불교에서 붓다는 더이상 번민과 고행을 겪는 인간이 아니라 많은 신을 거느리는 전지전능한 지존위의 존재가 되었다. 사람들은 그의 상像을 만들어 숭배하고 공물을 바치고 의지했다. 당시 힌두교도들이 그들의 신 라마나 끄리슈나의 상을 만들고 모든 것을 바치는 박띠행위와 다를 바가 없는 모습이었다. 이는 불교가 4~5세기경 전 인도를 크게 휩쓸었던 박띠에 대처하지 못하고 그 안으로 휩쓸려 갔음을 뜻한다.

결국 불교의 창시자 인간 붓다는 6세기경 《맛시야 뿌라나Matsya Purana》에서 비슈누의 화신 중 하나로 편입되기에 이른다. 초기 불교의 정체성이 거의 상실되었음은 물론이다. 불교의 최대 가치가 보살에 의한 극락 환생으로 바뀌면서 보살은 인간들에게 세상의 복을 주고 그들의 종교적 목표의 달성을 돕는 힌두교의 신과 동일한 일을 하게 된다. 불교가 다신교적인 힌두교의 구조와 점점 흡사해진 것이다.

불교의 다신교적 변모는 불교가 대중화되는 과정에서 힌두교와 소수 부족들의 여러 신들을 흡수함으로써 이루어졌다. 본래 신의 존재는 불교의 발생 때부터 있었다. 다만 불교의 신은 업의 법칙에 따라 윤회하는 존재이기 때문에 불교의 궁극적 목표인 해탈에는 아무런 영향력을 행사할 수 없다 하여 숭배 대상이 되지 않은 존재였을 뿐이다. 초기 경전에 나오는 수많은 신들, 예컨대 아그니, 인드라, 바루나, 쁘라자빠띠, 수리야, 브라흐마, 소마, 야마, 짜뚜르와마하라자까 Chaturvamaharajaka(사천왕四天王) 등은 대부분 불교 성립 이전의 베다에 나오는 자연 현상들이 신격화된 존재들이다. 대승불교의 만신전은 이미 이러한 힌두교의 신들로 가득차 있었다. 그 외에 가네샤, 쉬바, 비슈누와 같은 주요 신들과 따라Tara, 하리띠Hariti와 같은 힌두교의 작은 여신들도 대승불교가 성립되면서 불교 신단에 편입되었다. 대승불교 당시의 불교 신단은 힌두교의 신단과 대동소이했다.

힌두교의 여러 신들이 불교에 편입되면서 기능이나 역할 혹은 이름이 약간씩 달라지는 경우도 있긴 했다. 그렇다고 불교의 신단체계가 힌두교와 구별되는 독특한 특성을 가지고 있다고 말하기는 어렵다. 불교와 힌두교의 신자들은 형식은 다르지만 본질은 거의 같은 신을 숭배하고 그에게 의지하게 되었다. 이는 두 종교가 근본적으로는 서로 다르지 않은 의례를 갖도록 만들었다.

기부행위와 사원 불교의 성장

대승불교 교리에 의하면 보디삿뜨와는 자신이 니르와나에 들어갈 수 있음에도 그것을 거부하고 지금까지 쌓아 올린 공덕을 자신을 숭배하는 신자들에게 양도하는 존재다. 사실 공덕을 양도할 수 있다는 이론은 불교의 근본 원리인 업사상에 크게 위배되는 모순적 이론이다. 원래 업사상에 의하면 공덕의 축적은 '뿌린 대로 거두리라'는 식으로 철저히 자기 자신에게만 달려 있는데, 공덕의 양도는 자신의 행위에 관계없이 남이 쌓은 공덕도 자신의 공덕으로 쌓을 수 있다는 이론이기 때문이다.

'공덕의 양도' 이론은 기존의 어느 이론보다 훨씬 사회적이다. 공덕의 본래 의미를 기준으로 보면 반反불교적이다. 개인은 그가 속해 있는 가족이나 더 큰 사회 집단을 위해 자신의 공덕을 양도할 수 있다. 게다가 공덕의 양도행위는 그 자체로 선행이기 때문에 또 다른 공덕을 쌓을 수 있다. 자신에게 더 많은 공덕이 쌓이게 되는 이중적 효과를 가지고 있는 것이다. 나아가 이 행위는 시간을 초월하기 때문에 자신이 속하지도 않은 과거의 어느 개인이나 사회, 즉 돌아가신 부모님이나 스승 혹은 그 밖의 여러 죽은 영혼들에게도 효력을 미칠 수 있다. 이 같은 공덕의 양도행위는 철저히 승가를 중심으로 이루어진다. 이는 승가와 재가 사회를 더욱 밀접하게 만들었다. 공덕사상의 깊은 사회적 성향은 불교가 더욱 사회적이고 대중적으로 변하도록 했다. 공덕사상이 불교의 대중화에 가장 핵심적인 역할을 한 것이다.

불교에서 재가 사회가 차지하는 위치의 변화는 그들과 불가분의 관계에 있는 출가승들의 종교적 이상에도 많은 변화를 불러일으켰다. 붓다의 혜慧는 오로지 그만의 것일 뿐 다른 사람들이 터득하기는 너무 어렵다는 점을 들어 모든 법은 공空이고 진정한 법을 이해한다는 것은 불가능하다고 강조하는 이론이 전개된다. 이는 성불하기 위해 출가자들에게는 빠라미따paramita(바라밀)의 수행이, 그리고 재가자들에게는 붓다의 구원에 대한 믿음이 중요하다는 인식으로 이어진다.

빠라미따는 문자적으로 '완성' 혹은 '피안에 이름'을 뜻하는 어휘로, 실천해야 할 덕목이다. 보시布施, 지계持戒, 인욕忍辱, 정진精進, 선정禪定, 지혜智慧의 여섯 빠라미따는 전체적으로 지혜 빠라미따로 통하는데 대승불교에서 이 지혜는 다시 공空이 된다. 불교 의례가 여섯 빠라미따에 맞춰 대중화되는 것도 재가 사회의 종교적 지위 상승에 따른 필연적 산물이었다.

원래 불교의 의례는 철저히 승가의 승려들만을 위한 것으로서 재가 신자들은 절대 참여할 수 없었다. 그런데 승가 사회가 점점 복잡해지고 다원화됨에 따라 초기의 단순한 의례행위는 점점 복잡해져 갔고 기능도 다양해졌다. 의례에 많은 절차가 필요해지자 경제력이 없는 승가는 재가 사회의 적극적 참여가 없을 경우 유대가 불가능해졌다. 재가 신자들의 기부가 뒤따르는 의례가 반드시 있어야 했던 것이다. 재가 신자들은 사원이 주관하는 의례에 참여하는 것 외에도 여러 의례행위를 중요한 시기마다 행했다. 자손의 출산, 결혼, 장례 등의 통과 의례나 출가 등은 두말할 것도 없고 재산의 상실, 새로운 일의 착수와 같은 비종교적 사업을 할 때에도 의례를 행함으로써 자신의 복을 빌었고, 물질을 승가에 기부함으로써 자신의 공덕을 쌓았다.

승가 또한 그러한 현실에 적극적이고 능동적으로 대처해 물질적 필요를 충족했다. 재가 신자들의 토지 기부 특히 왕실로부터의 토지 하사가 본격적으로 실시되지 않던 시기여서 승가는 의례를 통한 재가 사회의 기부에 경제적으로 의존할 수밖에 없었다.

의례행위의 발달은 사원이 성장하는 데 직접적인 요인이 된다. 마우리야조 이후 데칸 지역에 발생한 도시화는 불교가 그 지역에서 강하게 뿌리 내릴 수 있는 좋은 조건으로 작용했다. 마우리야조에서 본격적으로 시작된 북과 남의 문화 접촉은 불교를 통해 더욱 활성화되었다. 그런 사회적 변화는 기존의 카스트 체계를 인정하는 힌두교와 달리 불교는 사회체계를 부인하면서, 비록 사회 밖에서이지만 새로운 사회를 구축하고자 하는 이상주의에 기반한 포교 지향적 성격을 가졌다는 점과 관련이 깊다.

문화 접촉에 따라 발생하는 사회 변화에 대해 불교는 힌두교보다 더 관용적인 입장을 취했다. 새롭게 부를 축적하여 카스트를 상향 이동하려는 상인 등의 중간계층은 불교를 자신들의 사회적 지위 향상에 도움을 줄 수 있는 이데올로기로 받아들였다. 힌두교는 서로 다른 카스트끼리는 음식을 나눠 먹으면 오염된다고 믿어 원거리 여행을 꺼렸으나, 불교는 애초부터 그런 카스트 오염 개념으로부터 자유로웠기 때문에 당시 원거리 교역에 종사하는 상인들에게 매우 호의적으로 받아들여진

아잔따 석굴 사원(기원전 1세기~6세기)

고대에 인도와 로마 사이의 무역이 활발해지면서 부를 축적한 상인들이 데칸고원의 서西가트 산맥에 석굴 사원을 대거 조성하였다. 대략 700년 정도가 지나면서 조성된 이 석굴 사원은 힌두교, 불교, 자이나교 모두에 해당하는데, 불교 석굴 사원의 경우 인도에서 불교가 사라져버리는 시기에 자연스럽게 밀림 속으로 사라져버렸다가 근대 영국인 장교에 의해 우연히 발견되었다.

것이다. 이것이 불교가 서부와 데칸을 통해 남부로 영향력을 활발하게 확대할 수 있었던 결정적 이유다.

마우리야조 몰락 이후 기원 초기 도시화 과정에서 서부 데칸 지역에는 석굴 형태의 사원이 광범위하게 조성되었다. 불교의 석굴 사원은 주로 배후에 도시를 두면서 동시에 고개 마루와 항구 주변으로 통행이 연결되는 고원의 교역로 상에 위치한 경우가 많았다. 당시 불교는 여전히 포교를 위해 각지로 돌아다니다가 우기에는 일시적으로 휴식하는 전통을 강하게 지키고 있었기 때문에 사원의 위치는 사회와 어느 정도 격리되는 곳을 선호했을 것이다. 하지만 석굴에 사원을 조성하는 것은 북부에서 조성된 평지의 독립 건축 사원과 달리 조성 비용이 훨씬 많이 들수밖에 없다. 사원 조성에 소요되는 비용을 충당해 줄 수 있는 경제력을 가진 배후 집단이 존재하지 않으면 안 되었던 것이다.

대승불교가 활발하게 전개되면서 재가 신자는 공덕을 쌓으면 극락왕생하게 되는 대승불교 교리에 힘입어 활발하게 불사에 참여했다. 가장 활발했던 불사 참여는 사원에 기부하는 행위였다. 그러다 보니 물질 기부의 창구 역할을 하는 의례는 더욱 화려해질 수밖에 없었다. 이는 승가에서 허용하는 보시물의 변화를 통해 확인할 수 있다. 이 시대에 들어와 보시물은 그 범주가 늘어났고 화려하고 사치스러운 물품도 포함

아잔따 석굴 불교 사원(기원전 1세기~1세기)

아잔따 불교 석굴 사원 안에는 예배당, 승원, 수도원 등 여러 시설물이 들어서 있다. 시기에 따라 그 안에 축조된 불상이나 건축물 등의 모습을 통해 종교의 변천사를 살펴볼 수 있다.

되었다.

초기 불교에서는 재가 신자가 의례 때 승가에 보시할 수 있는 물품이 가사, 음식, 약 그리고 안거의 네 가지뿐이었으나 기원전 2세기경에는 옷, 탈것, 화환, 향, 도향塗香, 거주지, 등불기름 등이 추가되어 열네 가지로 불어났다. 흥미로운 점은 화환, 향, 등불기름 등은 원거리 교역의 중요한 물품이었고 그것들을 제공하는 화환 제작자, 향 제작자, 등불기름 제작자 등이 초기 불교 사원에 주요 기부자로 등재되어 있다는 사실이다. 이는 해당 시기 불교가 참선과 명상을 중심으로 하는 초기의 개인 수행 위주의 종교에서 숭배와 의례를 통한 구원의 종교로 점차 변화하고 있었음을 알려 준다.

당시 만들어진 여러 부조를 보면 스뚜빠,* 불상, 성수聖樹, 불족佛足, 법륜, 사리 등이 주요 숭배 대상이었다. 재가 신자들의 성물 숭배행위가 전대에 비해 훨씬 화려해졌음은 물론이다. 이 가운데 특히 스뚜빠가 숭배의 중심에 있었다.

붓다는 자신의 유골 숭배를 허용하지 않았지만 유골을 수습하여 묻는 장례마저 못하게 하지는 않았다. 그는 자신의 위치가 이미 범인들과 같이 단순하게 장례하여 유골을 강물에 뿌릴 정도가 아니란 것을 알고 있었기에 제자 아난다에게 자신의 유골을 수습하여 묻되 간소하게 하라고 지침을 내렸다. 그의 유골은 여덟 개로 나뉘어 여덟 곳으로 가 당

---

* 산스끄리뜨어로는 스뚜빠stupa이고 빨리어로는 투빠thupa다. 이 투빠가 한자어로 탑파塔婆로 음차되었는데, 중국인들이 한 음절 어휘를 선호한 형상으로 인해 탑塔이 되었다.

시 인도의 장례 풍습에 따라 간소한 돌무더기로 만들어진 여덟 개의 스뚜빠가 되었다. 이것이 탑과 그 숭배의 시초다.

붓다 사후 사람들은 유골을 묻은 스뚜빠에 와서 붓다가 하지 말라고 했던 행위, 즉 스뚜빠 주위를 돌고 주문을 외우고 복을 구하고 기도를 하는 힌두교 식의 행위를 했다. 그러한 행위가 반복되면서 붓다는 자신을 따르던 사람들에 의해 서서히 신이 되었다. 그 후 붓다를 따르는 사람들은 붓다가 활동했던 주요 장소에 그를 기념하는 스뚜빠를 세웠다. 붓다가 태어난 곳, 깨달은 곳, 처음으로 깨달음을 전도한 곳, 죽음을 맞이한 곳 등 주요 행적이 담긴 모든 장소에 유골탑이 세워졌다.

유골탑에 실제 붓다의 유골이 있는지 여부는 아무런 문제가 되지 않았다. 당시 인도인들은 사실 여부를 중요하게 생각하는 역사관을 갖지 않고 있었기에 누구도 그 문제를 신경 쓰지 않았다. 그들은 신이 된 붓다가 전설과 신화 속에서 스뚜빠와 어떤 방식으로든 연계되면 그만이었다. 이에 따라 붓다의 유골을 안치한 스뚜빠는 전설에 전설이 쌓이면서 8만 4,000개로 불어났다. 심지어 중국과 한국에도 세워졌다는 전설이 만들어지고 시간이 가면서 점차 늘었으니, 최근 한국의 진신사리탑

아잔따 석굴 불교 벽화(5~7세기)

아잔따 석굴 사원은 불교가 인도에서 크게 쇠퇴하면서
밀림 속으로 사라져 오랫동안 있었던 덕에 석굴 사원
벽에 그려진 벽화들이 온전히 남아 있는 것이 많다.
사진은 1번 석굴 벽에 그려진 벽화로 붓다의 전생
존재인 보디삿뜨와의 모습이다.

은 해마다 숫자가 늘어난다. 사리탑이 대중화된 불교에서 숭배 비즈니스의 중심 대상이기 때문이다.

인도를 비롯한 모든 불교 유적지에서 발굴된 고고학 유물들을 보면 스뚜빠는 항상 금, 은, 구슬, 유리 등을 비롯한 여러 보석으로 장식되었다. 중국에서 들어온 실크 또한 스뚜빠를 치장하는 물품으로 크게 각광을 받았다. 실크는 사원에서 승려들이 입는 가사를 만들거나 의자 등을 치장할 때 그리고 의례에서 필수적으로 쓰이던 깃발에도 널리 사용되었다.

재가 사회의 사원에 대한 기부는 왕실과 개인 그리고 상인과 수공업자들의 길드를 통해 이루어졌다. 그들은 현금과 현물 구분 없이 사원에 기부했다. 사원은 기부금으로 승려 가사와 식량과 여러 일상용품을 구입하거나 사원 건축이나 보수 등에 필요한 노동력을 구매했다. 사원이 구매한 물품은 사원에서 행하는 여러 가지 의례에 사용되기도 했다. 당시 도시화와 교역의 확대 과정에서 불교 사원의 의례가 점차 성행하면서 실크 수요가 늘어났다. 숭배 의례를 주도적으로 이끌어 나가는 사원에서 당시 최고 사치품인 실크가 널리 사용된 것은 이러한 맥락에서 해석해야 한다.

사르나트, 다메끄 스뚜빠(6세기)

붓다가 초전법륜初轉法輪을 펼친 사르나트에 세워진
스뚜빠. 현재의 스뚜빠는 산찌의 스뚜빠와 비슷한
시기에 아쇼까가 세운 것이 그 원형이라고 알려져 있다.
그 원형은 사라지고, 그로부터 700년경이 지난 후 다시
축조한 것이 지금의 다메크 스뚜빠다.

사원에 대한 기부행위는 현금과 현물 보시만이 아니었다. 현물 보시만큼은 아니었지만 왕실의 토지 하사 또한 기원 후 초기부터 점차 활발해졌다. 이 시기에 데칸 지역을 기반으로 성립한 사따와하나왕국의 왕실이 불교 사원에 인도 역사상 처음으로 토지를 하사했다. 데칸 지역의 불교가 북부에서 힌두교가 담당했던 사회질서 유지 역할을 수행했기 때문이다. 왕실은 기존의 카스트 질서체계가 새로운 도시 교역경제가 융성해지면서 흔들리자 종교 교단에 그것을 바로잡는 역할을 주문했는데, 데칸 지역에서는 그 역할이 불교 교단에게 주어졌던 것이다. 불교 사원에 하사된 촌락은 정부의 군대가 출입할 수 없고 정부 관리의 간섭을 받지 않으며 지역 경찰의 간섭을 받지 않는 권한을 위임받았다. 왕실의 입장에서는 불교가 사회질서 유지를 담당했기 때문에 정권의 정당성과 통치 기반을 확고하게 유지할 수 있었고, 불교 사원은 토지를 하사받아 정기적이고 항구적인 수입을 확보하고 사원을 안정적으로 경영할 수 있는 기반을 다질 수 있었다.

그렇다고 당시 사원에 대한 토지 하사가 광범위하게 시행되었던 것은 아니다. 7세기 이후 북부 날란다Nalanda 사원 등에서 널리 행해진, 주위의 많은 촌락으로부터 세금을 징수하고 생산 및 저장 시설을 운영하고 대학을 운영하고 여러 형태의 금융 기능을 수행하는 등의 현상은 아직 나타나지 않았다.

구복 불교의 발달

불교 종교생활의 중심이 수행이 아닌 숭배와 의례로 옮겨지는 데 결정적인 역할을 한 것은 구원 외에 치병, 구복 등과 관련된 벽사邪였다. 이는 대승불교에서 재가 신자들의 신앙의 궁극 목표가 해탈이 아니라 일상생활과 관련된 구복과 치병으로 바뀐 결과다. 치병은 출가 승려들에게도 마찬가지로 중요한 문제였다. 승려들 역시 자신들이 비록 사회를 버리고 나왔지만 허용되는 범위와 방법 내에서 스스로를 질병으로부터 보호해야 했다.

질병 치료의 범주와 방법은 초기 불교 때 안거 안 승려들 간의 열띤 토론 주제 가운데 하나였다. 붓다 당시부터 승가의 상당수 승려들은 치병을 위한 벽사 의례행위를 공공연하게 행했다. 그들은 우유와 꿀 혹은 버터 등으로 질병을 치료했다. 베다 전통에서 전해 내려오는 소 오줌을 더 중요한 치료약으로 쓰기도 했다. 붓다가 반대했음에도 소 오줌을 치료약으로 쓴 것은 그들이 소라는 영물이 갖는 성력聖力으로 행하는 주술적 치료 방법의 전통을 단절하지 못했음을 보여 주는 증거다.

대승불교 초기 승가가 재가 사회에 물질적으로 의존함으로써 재가 신자들의 물질적 신앙이 중요한 위치를 차지하게 되었다. 이에 따라 그

날란다대학(7세기)

인도에서 불교는 재가생활을 중심으로 하고 그 위에서 출가하는 전통을 받아들인 힌두교와 달리 출가 중심으로 시작하였다가 나중에는 출가와 재가를 같이 중시하게 되었기 때문에 출가자들이 학문을 연구하고 학습하는 전통이 크게 성행하였다. 그 가운데 가장 큰 규모의 대학이 날란다대학이다.

들이 구복과 치병의 차원으로 널리 이용하던 다라니dharani(주呪)가 기존의 수뜨라(경經) 안으로 흡수되었다. 고대 중국과 한국에서 가장 대중적인 경전으로 자리잡은 《삿다르마뿐다리까 수뜨라*Saddharmapundarika Sutra*》(법화경法華經)에 삽입된 이십일품과 이십이품이 대표적인 예다. 법화경에서는 벽사 불교의 가장 대표적 신앙 형태 중 하나인 약사藥師 신앙이 다라니 형태로 본격적인 역할을 하기 시작한다.

약사를 초치하여 행하는 치병 의례는 꽃이나 향을 바치는 봉헌 예배인 힌두교의 뿌자에서 시작되었으나, 대승불교 이후로는 제단을 쌓고 신상을 구비하고 깃발과 연등을 다는 등 의례가 보다 화려해졌다. '약사유리광불藥師琉璃光佛'의 이름을 줄기차게 암송하기도 했다. 깃발을 만들거나 제단과 사원을 장식하는 재료로 주로 실크를 썼다. 실크는 약사유리광불의 이름에 나오는 유리(라피스 라줄리lapis lazuli)와 함께 당시 불교 의례를 구성하는 가장 중요한 품목이었다. 실크와 유리는 기원 전후 시기에 중국의 한漢과 인도의 꾸샤나 사이에 행해진 실크로드 국제무역의 주요 사치품이었다. 그러한 사치품이 의례에 필수적으로 등장했다는 것은 당시의 국제무역에서 사원이 주도적인 역할을 했고, 기원 초기 도시경제의 발달이 대승불교의 구복적이고 물질적인 성격이 만들어지는 데 직접적인 영향을 끼쳤음을 보여 주는 증거다.

3—6. 서사시 시기 대중화 종교의 사회사적 의미

비슈누와 쉬바가 지존위로 성장하던 시기는 바르나—아슈라마—다르마 체계가 크게 흔들리던 때였다. 이는 기원 전후 시기 도시화로 인한 고대사회의 변화와 관련이 있다. 도시화가 진전되고 실크로드 무역이 왕성하던 마우리야제국 이후 꾸샤나–사따와하나 시대, 도시 내 동업조합을 통해 수공업이 발달하면서 경제력이 확장된 바이샤와 슈드라의 실질권력이 상승했다. 그들의 낮은 의례적 지위와 상승된 경제력을 바탕으로 상승된 실질적 지위는 큰 괴리를 발생시켰다. 이는 카스트 체계의 혼란을 불러왔다.

그들은 과거 농경 중심 사회에서 만들어진 바르나 체계의 경직성에 마냥 순종하지만은 않았다. 여기에 기원전 326년 알렉산드로스 침략 이후 그리스로 돌아가지 않고 인도 아대륙의 서북부에 남아 여러 나라를 세웠던 소위 인도–그리스인들, 꾸샤나·샤까Shaka·파르티아Parthia 등 서아시아와 중앙아시아의 많은 종족들도 가세했다. 인도–그리스인들이 주로 군주, 즉 끄샤뜨리야로 힌두 사회에 통합되면서 넷으로 나뉜 바르나 체계는 더욱 흔들리기 시작했다. 브라만들은 이를 심각한 사회질서 위기로 받아들였다.

문제 해결을 위해 군주들은 브라만에게 징세권과 행정권이 포함된 토지를 하사하고 브라만들은 그 대가로 종교를 통한 대중교육을 시행했다. 사회 안정을 위해 끄샤뜨리야와 브라만이 협력한 것이다. 초기의 토지 하사가 주로 사원을 대상으로 이루어지고 사원이 바로 다르마 문화를 창달하는 교육기관의 역할을 충실히 이행했던 것은 이런 맥락에서 발생한 현상이다. 바르나와 다르마 체계가 흔들리던 때, 다시 말해 사회는 진보하지만 브라만의 입장에서는 말세로 접어 가던 때, 그것을 바로잡기 위해서는 절대 지존의 신이 등장하고 그에 대해 무조건적으로 복종하며 그 신의 입을 빌려 바르나와 다르마 체계를 굳건히 해줄 종교가 필요했던 것이다.

이데올로기가 반드시 사회 실재를 반영하는 것은 아니기 때문에 지존위로서 쉬바의 절대 존재에 관한 우빠니샤드의 관념론이 당시 인도 사회질서의 실재를 반영한다고 할 수는 없다. 그러나 당시 지배계층이 추구하는 사회의 모습이 쉬바와 관련한 신앙이나 의례에 반영되는 것은 분명하다. 예컨대 베다 시대 때 미미한 존재였던 루드라가 쉬바로 성장하고 그가 우주의 절대 불변 요소인 아뜨만−브라흐만의 일여一如를 관장하게 된 것은 당시 최상층 카스트인 브라만 사제계급이 고안해 낸 절대 불변의 체제로서의 바르나 사회를 지배계층이 명백하게 지지했다는 사실을 보여 준다. 같은 이치로, 불교와 자이나교가 브라만교의 제사 근본주의에 반발하여 아뜨만−브라흐만과 같은 불변의 절대 존재를 부인하는 것은 바르나로 구분되는 계급사회에 대한 반대로 읽힌다.

힌두교에서 비슈누교와 쉬바교가 대중화의 확고한 기틀을 마련할 때 불교는 대승불교의 기틀을 닦았다. 제국이 성립되고 도시화가 진행되며 문명이 발생하고 확산되자 힌두교나 불교 모두 대중화가 촉진된 것

**라나뿌르,
자이나 사원(15세기)**

자이나교는 불교와 같은 시기에 발생하였다. 불교와 마찬가지로 당시 힌두교의 세계관에 반대하며 탈속을 주장하며 출발하였으나 불교와 같이 차츰 세상 안으로 다시 들어왔다. 그렇지만 불교와 같이 적극적으로 대중화를 이루지 않았기 때문에 대승불교와 같이 크게 대중화 된 종교도 발달하지 않은 반면에 불교와 같이 힌두교에 다시 동화되어 사라져버린 결과도 일어나지 않았다.

이다. 불교의 경우, 제국의 팽창과 도시화는 불교 승가와 재가 사회의 접촉을 활발하게 만들었고 이것이 불교 대중화의 제1원인으로 작동했다. 불교 대중화는 특히 붓다 사후 약 200년이 지난 아쇼까왕 재임 때부터 본격적으로 이루어졌다. 불교의 변화가 시대적으로 아쇼까의 통치 이상에 잘 결부되었기 때문이다. 아쇼까는 불교의 출가 문화를 장려하여 비非사회적인 백성들을 육성하는 것보다 불교를 대중화하여 종교에 의존하는 선량한 백성을 양성하는 것이 더 바람직하다고 봤다. 아쇼까의 제국 통치 이후 도시화와 교역이 활발해져 재가 사회가 경제적으로 부유해지면서 불교는 더욱더 대중화의 길을 걷다가 대승불교가 출현한 것이다. 요컨대 대승불교는 기원 초기 도시화의 산물이다.

대중화된 불교의 중심은 개인의 수행이 아니라 사원에서 행하는 의례였다. 사원은 수행하는 거처이기도 했지만 포교 일을 맡아 하는 조직이기도 했다. 사원은 포교를 통해 도시경제 속 재가 신자의 기부를 의례의 형식으로 유도했다. 힌두교와 자이나교 또한 불교와 마찬가지로 기세의 전통을 가지고 있었으나 수행과 포교를 축으로 공동체 생활을 하는 교단을 사회 바깥에 설립하지는 않았다. 불교만이 조직 차원으로 승려들에게 대중을 교화하는 포교를 의무로 부과했다.

자이나교 상(10세기)

자이나교의 한 성인인 고마떼슈와르Gomateshwar의 석상이다.
17미터 높이의 하나의 돌로 새긴 것이다. 자이나교는 출발할
때부터 불교보다 더 급진적이었으므로 훨씬 센 무소유와 불살생을
주창했다. 그래서 초기에는 옷을 입지 않은 사람이 대세였으나
나중에는 그것을 흰색으로 상징적으로 받아들인 사람이 대세를
이루었다. 불교보다 훨씬 그 변화의 정도가 덜 심하다.

승려들이 설법과 포교를 목적으로 먼 길을 떠나는 행위는 불교 승가가 상인들과 더욱 밀접하게 접촉하는 계기가 되었다. 기원전 6세기 이후 정기적인 보시가 보장되지 않는 고대 인도 사회에서 승려 혼자 재가 사회에 생계를 의존하면서 장거리 여행을 하는 것은 결코 쉬운 일이 아니었다. 이에 그들은 장거리 교역을 수행하는 상인 집단을 따라 가기도 했다. 동행하면서 상인들은 승려에게 설법을 듣고 승려는 상인들의 규칙적인 시주를 기반으로 생계를 유지할 수 있었다. 승가 입장에서는 사원 운영을 위한 경제력이 필요했고 재가 신자 입장에서는 물질을 통한 구원이 중요했기 때문에 둘은 적극적으로 만날 수 있었다. 종교에서 매우 중요한 상호성의 원리가 작동한 것이다.

이 같은 상호성에 따라 불교 초기의 의례 절차가 점점 복잡해졌고 역할도 다양해졌다. 그럴수록 양자의 상호 필요성은 더욱 증대되었다. 재가 신자들은 사원에서 행하는 의례에 적극 참여했다. 자손의 출산, 결혼, 장례 등의 통과 의례는 두말할 것도 없고 재산의 상실, 새로운 일의 착수와 같은 비종교적 사업을 할 때에도 불교 승려를 불러 의례를 행했다. 사원은 더 많은 물질을 확보할 수 있었고, 재가 신자는 해탈이나 니르와나를 버리고 극락왕생과 같은 윤회를 추구하게 되었다.

대승불교가 성립된 후 불교는 데칸을 넘어 남쪽으로 전파되었다. 남부가 시작되는 데칸은 고원 지형이었기 때문에 북부와 남부 사이의 교통망은 그렇게 쉽게 형성되지는 않았다. 양쪽의 접촉 가운데 대부분은 서부, 즉 북부의 서부 끝에서 구자라뜨와 마하라슈뜨라의 해안을 따라 길게 펼쳐지는 연안 평원에서 이루어졌다. 데칸 고원 서부 지역을 중심으로 진행된 도시화는 갠지스 유역의 여러 도시로 퍼져 나갔다. 북부와 데칸을 잇는 도로는 마우리야제국의 광범위한 행정망 건설을 이끌었다. 이 도로망을 따라 갠지스 유역의 발달한 철기 문화가 데칸 지역에 본격적으로 전파되었다.

마우리야는 100년 넘게 데칸 지역의 패자로 군림한다. 마우리야제국의 행정 조직과 도로망 덕분에 데칸 지역은 이앙법을 비롯해 철기, 주화, 도기, 원형 우물, 불에 구운 벽돌 등을 제작하는 기술과 불교·자이나교·힌두교와 같은 종교 그리고 카스트 체계, 문자 등 갠지스 유역의 여러 선진 문명을 접할 수 있었다. 그 결과 기원전 1세기 이후 데칸 지역에는 상당한 수준의 농업경제가 정착되었고 그를 바탕으로 수공업이 발달했으며 외부와의 교역 등이 이루어지면서 광범위한 도시화가 이루어졌다.

4. 초기 중세의 종교

4-1. 역사적 배경(500~1200)

고대사회가 중세사회로 전환되기 시작한 시기, 정치적으로 볼 때 굽따조 말기인 6세기부터 13세기까지의 시기를 인도사에서는 초기 중세라 부른다. 5세기 말 훈족의 침입에 시달리면서 굽따는 대부분의 영토를 상실하고 결국 몰락하게 된다. 6세기 중반 굽따조가 붕괴한 후 마가다 지역에 혈통은 다르지만 굽따의 정치적 계승자임을 천명한 후後굽따조가 흥하기도 했지만 길게 가지는 못했다. 곧이어 봉건 제후들의 패권 다툼이 전개되어 분열되어 있다가 7세기 초 까나우즈Kanauj를 도읍으로 정한 하르샤 바르다나Harsha Vardhana에 의해 북부 인도가 통일되었으나 그가 죽은 뒤 제국은 이어지지 못했다. 이때는 서아시아 무슬림 세력의 끊임없는 침입을 받으며 정치적으로 불안한 상황이었다. 정치 불안은 곧 경제적인 쇠퇴로 이어졌다.

마하발리뿌람 힌두 사원(7세기)

중세 남부 힌두교는 숭배 위주의 대중 신앙이 크게 성행함으로써 신도의 기부 행위가 많아지고 사원이 경제적으로 큰 부를 축적하게 된다. 사원의 규모도 커지고, 의례도 복잡하게 된다. 따밀나두 지역의 빨라왕국에서 자연 암석들을 조각해 그 자체를 사원으로 삼았다.

이 무렵 빈디야산맥 이남의 데칸 지역에는 바다미Badami에 수도를 둔 짤루끼야Chalukya조가 강대해지기 시작했다. 8세기 후반에는 동부 인도에 빨라Pala왕국, 서부에 라슈뜨라꾸따Rashtrakuta왕국, 북부에 쁘라띠하라Pratihara왕국이 들어섰다. 남부에서는 여러 왕국이 부침했다. 이 가운데 따밀 지역에 자리잡은 쫄라Chola왕국은 9세기부터 12세기까지 남부 반도 일대를 통일하고 북으로 벵갈 지역까지 군사원정에 나서 영향권 아래 두었다. 또한 동남아시아와 중국으로까지 무역을 확장하여 동남아시아에 인도 문화를 널리 전파했다. 11세기 초에는 투르크계 가즈니Ghazni조의 마흐무드Mahmud가 수차례에 걸쳐 북부 인도를 약탈하면서 무슬림의 북부 인도 침략이 본격화되었다.

고대사회가 끝나고 초기 중세사회로 전환되면서 카스트 체계가 많이 흔들렸다. 기존의 네 바르나 체계와 관련 없는 불가촉민이 대거 생겨났고, 바이샤는 자신들에게만 주어진 과중한 조세 납부 의무를 거부하기 시작했으며, 슈드라도 노역에 저항했다. 카스트가 계속 세분화되어 브라만과 끄샤뜨리야 사이에 까야스타Kayastha와 같은 새로운 카스트가 생겨나기도 했다. 하나의 바르나 안에 많은 자띠*가 만들어져 카스트로

---

* 포르투갈어 '카스타'의 영어식 표현이 카스트다. 이 '카스타'에 해당하는 인도 고유어는 없다. 인도인들은 전통적으로 그 단위를 바르나varna와 자띠jati로 이해하고 있다. 후기 베다 시대에 발생한 '바르나'는 이후 힌두 사회 전체를 단위로 기능하는 체계로, 사회의 실제 집단을 가리키는 것이 아니라 참조 범주로 기능해 왔다. 이와 달리 바르나가 점차 분화되면서 나타난 것이 자띠다. 자띠는 바르나와 달리 지역적인 체계다. 자띠의 본 뜻은 출생으로, 결혼이나 음식 등 일상생활에 직접적 관계를 갖는 실제 기능 집단을 지칭하는 용어로 쓰였다. 바르나는 넷으로 정해져 있는 반면에 자띠는

서의 기능을 맡는 일도 있었다. 카스트 체계 안에서 많은 위치 이동과 부침이 발생한 것이다. 그러나 브라만 세력은 여전히 최고 지위를 누렸고 슈드라와 불가촉민과 여성의 사회적 지위는 갈수록 악화되었다.

이러한 변화는 굽따제국 말기인 6세기경부터 고대사회가 중세로 본격적으로 전환한 것과 관련이 있다. 로마와의 교역이 쇠퇴한 후 몰락한 도시 상인과 수공업자들이 대거 농촌으로 유입되면서 브라만 문화가 각 변방으로 전파되었는데, 이는 아대륙 내 많은 부족들이 카스트 체계 안으로 흡수되면서 더욱 본격화되었다. 게다가 마디야데샤madhyadesha 라고 부르는 갠지스-야무나강 사이 평원 바깥 지역에, 고대부터 굽따제국 말기까지 발달된 철제 기술과 농경 기술, 의학술 등이 널리 전파됨으로써 인구가 증가했고, 그로 인해 토지 부족 현상이 발생했다.

도시가 몰락하고 카스트 구조가 흔들리면서 사회적 불안이 커져 가자 왕은 인구 분산과 사회 안정, 세금 증수를 목적으로 브라만이나 불교 승가에 토지 하사를 널리 시행했다. 그러나 하사할 토지가 부족했다. 이에 지역 변방에 있는 미개간 토지로의 이주가 떠올랐다. 그 결과

시간과 장소에 따라 그 수가 다르다. 지금까지 바르나와 자띠는 혼동되어 사용되고 있다. 어떤 경우에는 바르나를 '카스트'로 번역하여 사용하고 있고 또 어떤 경우에는 자띠를 '카스트'라 번역하여 사용하고 있다. 이는 사용 의미에 따라 달라지는데, 계급을 의미하는 경우에는 전자를, 그리고 사회적 기능 단위를 의미할 때는 후자를 쓰는 것이 보통이다. 주로 고대와 중세 초기의 경우에는 카스트가 바르나를 그리고 중세 후기 이후로는 카스트가 자띠를 의미한다. 중세 초기 이전에는 바르나에서 자띠가 아직 분화되지 않아 바르나가 중요한 사회 기능의 단위였지만 그 이후로는 자띠가 정치, 경제, 문화의 모든 분야에서 사회 기능의 주체이기 때문이다.

많은 브라만들이 토지를 하사받아 촌락으로 이주해 갔고, 브라만을 따라 장인과 농민이 함께 이주했다.

토지를 하사받은 브라만과 관리들은 사만따samanta, 즉 봉건영주로 성장한다. 스스로 마하라자maharaja라 칭하고 왕권을 확대해 나라를 일으킨 이도 있었다. 그 결과 도처에 아주 많은 나라들이 세워졌다. 이웃나라를 정복하여 충성 서약과 공납 대신 그들을 가신으로 삼아 영토를 봉토로 허용하는 관례도 생겼다. 서로 간의 세력이 거의 엇비슷해서 봉건영주로서 연합관계를 유지하고자 하기 위함이었다. 이는 결국 많은 영주들의 난립을 불러왔고 큰 제국이 형성되지 못하는 원인이 되었다.

4-2. 뿌라나와 힌두교

'암흑기'의 종교사

초기 중세 시기 브라만 법전가들은 당시의 사회 변화를 혼란으로 규정했다. 이전 시대 법전을 통해 구축된 바르나-다르마 체계가 심하게 흔들렸기 때문이다. 사실 바르나-다르마 체계는 브라만 법전가들이 자신

엘로라, 석굴 힌두 사원(7~11세기)

데칸고원의 한 암석 산을 통째로 위에서 아래로 조각해서 하나의 힌두 사원으로 만든 엘로라의 16번 까일라샤Kailasha 힌두 석굴 사원은 아잔따-엘로라 석굴 사원군 가운데 규모로나 예술적 측면으로나 가장 최고의 수준이다.

들만의 이상사회를 건설하기 위해 세웠던 목표일 뿐 결코 사회의 실제 모습은 아니었다. 네 가지 바르나로 구성된 성스러운 사회구조는 실체가 아니라 규범이 된 지 오래였다.

기원 전후 시기부터 네 바르나는 다수의 카스트(자띠)로 분화한 상태였다. 바르나 외에 재산이나 무력이 계급을 구분하는 실질적 요소로 자리잡기도 했다. 사회가 과거의 단순한 네 바르나에서 바르나 외에 여러 요소들의 영향을 받게 되었고, 바르나 자체도 여러 작은 카스트로 세분화되면서 카스트 체계가 더욱 복잡하게 변한 것이다. 사회의 위계가 여러 요소로 결정되면서 매우 복잡한 불평등 구조가 만들어졌다. 브라만은 네 바르나 외의 실질 카스트들을 모두 바르나상까라varnasankara(잡종 바르나)로 규정하여 매우 하찮게 취급하고 혐오했다.

브라만 법전가들은 이런 현상이 만연한 초기 중세 시기를 신화 속 우주의 시간에서 현세가 속한 깔리 유가Kali yuga(암흑기), 즉 말세라고 규정했다. 힌두 신화에 의하면 인류의 시간은 하나의 완전한 상태에서 도덕적으로 타락한 상태로 흘러간다. 그에 따르면 우주는 네 개의 유가yuga(기紀)로 나뉘어 순환된다. 완전 시대인 끄리따Krita기 172만 8,000년, 그로부터 조금 타락한 뜨레따Treta기 129만 6,000년, 그로부터 더 타락한 드와빠라Dvapara기 86만 4,000년, 그리고 마하바라따 전쟁이 시작된 시기로 기원전 3102년으로 추정되는 때에 시작해 총 43만

함삐 힌두 사원(7~10세기)

정치 세력의 흥망성쇠가 진행되는 가운데도 종교 권력은 변함없이 계속해서 유지되었다. 데칸고원에 위치한 함삐의 쉬바 사원인 비루빡샤Virupaksha 사원은 7세기부터 14세기까지 꾸준히 확장되면서 건설되었다.

2,000년간 계속되는 완전 타락한 암흑기인 깔리 유가다.

끄리따기에는 완전한 상태였다가 점차 도덕적으로 타락한 상태로 흘러가 깔리기에는 도덕, 즉 다르마가 완전히 잊힌 상태가 된다. 지금 우리가 살고 있는 깔리기는 문자 그대로 암흑 시대다. 암흑 상태는 비슈누의 미래 화신인 깔끼Kalki에 의해 전복된 후 처음부터 다시 시작된다. 완벽한 끄리따기가 열리는 것이다. 네 유가를 묶어 하나의 만완따라 manvantara라고 부르는데, 이는 마누Manu가 사는 기간이다. 만완따라 일천 개는 브라흐마 신의 하루와 같다. 일천 만완따라가 되면 우주는 불이나 물로 파괴된다. 파괴되고 나면 같은 기간, 즉 일천 만완따라 동안 브라흐마의 밤이 진행된다. 브라흐마의 낮과 밤은 86억 4,900만 년으로 이루어진다. 우리가 '겁'이라고 음역하여 알고 있는 깔빠kalpa다. 이러한 과정은 끝없이 진행된다.

이 같은 신화의 시간관은 역사적으로 굽따 시대 때 깔리 유가를 중심으로 개념화되었다. 이 시간관에는 바르나 체계가 흔들리던 당시의 사회 변화 상황이 반영되어 있었다. 브라만 신학자들은 바르나 체계가 흔들리자 이를 자신들의 기득권에 대한 위기로 인식했다. 그래서 변화에 저항하고 전통을 고수하면서 자신들의 이익을 최대화하기 위해 가장 타락한 '말세'라는 개념의 깔리 유가라는 우주적 시기를 고안한 것이다.

함삐 힌두 사원 돌 마차(7~10세기)

힌두는 사원을 움직이는 수레 개념으로 생각하였다. 데칸고원을 중심으로 형성된 고대 짤루끼야 왕국의 사원은 이러한 개념을 돌로 조성해서 사원을 이루었다.

뿌라나 신화

초기 중세의 사회 변화를 브라만 관점의 사회 위기로 인식 전환하는 데 큰 역할을 한 것은 신화집 뿌라나였다. 뿌라나는 문자 그대로는 '오래된'이라는 뜻인데, '옛이야기古談'라고 번역하면 가장 적절하다. 신화, 전설, 민담 등 여러 이야기를 임의로 모아 놓은 단순한 이야기집이 아니라 특정 신을 중심으로 선택적으로 모아 해설한 힌두 역사 인식과 종교에 관한 백과사전이다. 우주 생성론, 우주론, 신과 여신 계통론, 왕·영웅·현자 등의 계보, 사랑 이야기, 성지, 사원, 의약, 천문, 문법, 광물학 등 신과 우주에 관한 모든 세계관이 총망라되어 있다. 신화집 제목은 비슈누, 쉬바 그리고 여러 여신들의 이름을 붙여 지어진다. 《비슈누 뿌라나Vishnu Purana》, 《쉬바 뿌라나Shiva Purana》, 《맛시야 뿌라나》와 같은 식이다. 뿌라나는 마하대大뿌라나 18개와 우빠소小뿌라나 18개로 구성되어 있다.

뿌라나는 대중의 신앙이 브라만 신학 안에 어떻게 받아들여져 정리되는지를 잘 보여 준다. 뿌라나의 편찬자는 알려져 있지 않다. 모두 직업이야기꾼들이 채집한 민간에 돌아다니는 이야기들을 브라만들이 해석하고 분류하여 집대성한 것이다. 브라만들은 세계를 무기력(따마스tamas), 열정(라자스rajas), 진리(삿뜨와sattva)로 나누는 상키야 세계관의 세 가지 속성에 따라 분류했다. 이 세 범주에 각각 여섯 뿌라나가 속한다. 하지만 그 기준에 의해 확실하게 나뉘는 것은 아니다. 모아 놓은 이야기들을 세 가지 범주에 배치하다 보니 맞는 것도 있지만 맞지 않는 것도 있다.

이러한 분류 방식은 힌두교의 중요 특징 중 하나다. 신화집이 특정 신에 집중되지는 않지만, 큰 분류 내에 특정 종파를 중심으로 하는 종교 특질들이 모이는 성향이 있다. 《비슈누 뿌라나》나 《쉬바 뿌라나》의 경우 분명하게 비슈누나 쉬바와 같은 특정 신을 향하고 있다. 《비슈누 뿌라나》는 비슈누를 중심으로 한 세계관을 제시하고 《쉬바 뿌라나》는 쉬바를 중심으로 하는 세계관을 전한다. 전자에서는 비슈누가, 후자에서는 쉬바가 우주 최고의 신이 된다. 반면 《아그니 뿌라나》는 분파적인 특징이 명확하지 않아 비슈누와 쉬바의 요소를 모두 포함하고 있다. 사원과 같이 특정한 장소와 관련된 뿌라나도 있다. 특정 장소 관련 뿌라나에는 여러 신의 변화와 그를 둘러싼 신앙을 이해하는 데 필요한 근본적인 요소들이 담겨 있다.

뿌라나는 양대 서사시보다 후대인 기원후 3세기부터 편찬되기 시작하여 대략 10세기경에 완료된 것으로 알려져 있다. 이야기꾼들이 이야기를 모으고 듣고 전하면서 시간이 갈수록 살이 붙어 점차 더 방대해졌다. 10세기 넘어서까지 늘어나고 바뀌었으나 주요 틀은 굽따 시대인 3~6세기 사이에 체계화된 것으로 보는 것이 일반적이다. 뿌라나를 최종 편찬한 사람은 현자 비야사라고 알려져 있다. 비야사가 베다와 《마하바라따》를 편찬한 비야사와 동일 인물인지, 신화를 편찬하는 일을 하는 특정 직업인을 가리키는 말인지, 뿌라나의 편찬자는 실제로는 다른 사람이지만 《마하바라따》 편찬자에 가탁하여 비야사라 한 것인지 현재로서는 명확하지 않다. 역사 상식적으로 보면 동일인일 가능성은 없고, 편찬 직업인이거나 신적 존재에 가탁한 것으로 보인다.

《비슈누 뿌라나》에 의하면, 비야사가 그의 제자인 로마하르샤나

Lomaharshana에게 태초의 원原뿌라나를 전했고 그가 그의 제자들에게 다시 전해 최종적으로 열여덟 개가 되었다고 하나, 역사학자들은 대략 인도 특유의 후대 가탁으로 여기고 있다. 오랜 기간에 걸쳐 여러 지역에 흩어져 있던 내용들을 잡다하게 모아 놓았기 때문에 각 뿌라나의 최종 편찬 연대를 찾기란 사실상 불가능하다.

뿌라나는 극심한 사회 변화 속에서 이전 시대에 체계화된 힌두교의 세계관을 인도 전역에 널리 알리는 하나의 이데올로기로서 《마하바라따》와 《라마야나》 두 서사시의 뒤를 이어 더욱 깊고 넓어진 대중과의 접촉 과정에서 생산된 것이다. 당시 불교는 인도로 들어온 외래 민족들이 받아들여 세력이 매우 확장되었다. 힌두교의 브라만들은 그런 불교와 사회적으로 권력 경쟁을 해야 했지만 사회적 실질 권한이 크게 약화된 상태였다. 이에 자신들의 지배권을 강화시키기 위한 이데올로기로 신화들을 사용했다. 비슷한 시기의 법전과 마찬가지로 브라만 중심의 보수사회 유지를 위한 매체로 기능했던 것이다. 뿌라나가 다른 문헌과 비교하여 특별히 중요한 점은 신화로 윤색되어 있지만, 고대 인도의 여러 왕실 혈통의 계보를 담고 있기 때문이다.

뿌라나에 담긴 힌두교의 모습은 완연한 범신교 그 자체다. 당시 사회가 고대의 네 바르나의 단순 위계구조에서 초기 중세의 복잡한 봉건체계로 변한 것이 그대로 반영된 결과다. 힌두교의 신전을 보면 매우 복잡한 등급이 매겨져 있다. 비슈누는 구세주로서 많은 화신의 주主로 등장하고, 각 화신은 비슈누를 능가하는 최고의 구세주 역할을 담당했다.

신도가 화신에 대해 전적으로 종속되어 있는 관계는 실제 중세사회의 모습이라고 해석할 수 있다. 당시 인민들은 멀리 떨어져 있는 왕보다 가까이 있는 봉건지주에 철저히 종속되어 있었다. 이 같은 실제 사회의 모습이 종교에 반영된 것이다. 인민들의 신들에 대한 숭배가 보시라는 물질을 통해 이루어지고 그것은 근본적으로 지혜 추구에 대한 부정이며 법과 진리의 깨달음에 대한 부정이었다는 사실 또한 이 시기 중세사회의 산물이다.

당시 힌두교의 근간은 업의 응보다. 전적으로 신의 뜻에 의존하여 좋은 윤회를 구하고 그 위에서 구세주를 갈망하는 것은 중세 인민들의 사회경제적 핍박 상황과 잘 맞았다. 인간이 신에게 절대 복종을 함으로써 궁극적 이상을 추구하는 이상주의도 왕과 봉건영주에 대한 백성들의 충성관계와 조화를 이루었다. 지배자들은 이상주의가 추구하는 이데올로기야말로 서로 다른 계급이나 계층 간의 갈등을 하나로 묶을 수 있기 때문에 이 시대의 종교를 통치권 차원에서 적극 장려하였다.

이러한 모습은 불교에서도 똑같이 나타난다. 화신 대신 보살을 대입하면 힌두교와 동일한 모습이 드러난다. 붓다 대신 보살의 권세가 더 커진 것이나 인민들이 붓다가 아닌 보살에 대해 더 종속되어 있는 모습이 힌두교와 동일하다. 이 둘이 동시대의 산물이기 때문이다.

8세기에 편찬된 비슈누교 계통의 여러 뿌라나에는 열 가지 화신이 적시되어 있다. 비슈누의 첫째 화신은 맛씨야라는 물고기 화신, 둘째 거북이 모습의 화신 꾸르마, 셋째 멧돼지 모습의 바라하. 이 세 화신은 어떤 토착민들의 동물 설화 주인공이 비슈누교에 흡수된 것으로, 우주의 창조와 파괴와 재창조에 초점을 맞추고 있다. 《맛시야 뿌라나》에는 인류의 시조인 마누가 우주의 대홍수 속에서 물고기에게 어떻게 구조되는지 전하고 있는데, 이 신화가 고대 인도의 정치 족보와 연계된다.

넷째 화신 나라신하는, 창조주 브라흐마로부터 '어떤 신이나 사람이나 동물에 의해서도 죽임을 당하지 않는' 특권을 부여받은 악마가 세상을 어지럽히자, 반인반사자半人半獅子의 모습으로 나타나 결국 그를 제거하는 데 성공한다. 다섯째 화신은 세 걸음을 가진 난쟁이 바마나다. 그는 악마가 하늘, 땅, 지하의 삼계를 모두 차지하여 통치하자 난쟁이 브라만의 모습으로 나타나 그를 지혜로 굴복시켜 삼계를 되찾는다. 바마나의 모습은 《리그 베다》에 담긴 비슈누의 원래 신화에 후대의 토착 설화를 더한 것으로 보인다.

나라신하는 반은 사람이고 반은 동물인 모습이고 바마나는 난쟁이의 모습인데, 편자가 보기에는 모두 정상적인 인간의 모습은 아니다. 빠라슈라마, 라마, 끄리슈나 등 온전한 영웅이 나오기 전 예비 상태로 등장한 것이다. 여섯째는 빠라슈라마, 즉 '도끼를 든 라마'이다. 그는 악마로 상징된 끄샤뜨리야 계급의 권위를 무너뜨리기 위해 나타난 신이다.

비슈누의 화신 가운데 가장 대중적인 신은 일곱째 화신 라마와 여덟 번째 화신 끄리슈나다. 서사시 《라마야나》의 주인공 라마는 역사적으로 볼 때 갠지스강 유역에서 큰 문명을 일으킨 아리야인들이 남쪽으로 세력을 확장해 나가는 과정에서 발생한 실존 영웅들의 대표 상징으로 보인다. 《라마야나》는 라마와 그의 처 시따의 이야기다. 권선징악, 가부장 사회, 이상군주의 통치라는 주제는 인도인들에게 지대한 영향을 끼쳤다.

라마와 시따의 기원은 베다 시대로 거슬러 올라간다. 베다 시대의 어떤 종교 요소가 시대를 거쳐 눈덩이처럼 커져 대서사시의 요체가 되었다. 베다 시대 시따는 밭이랑이라는 뜻으로 여근의 상징이고, 라마의 어근 람ram은 남근과 뿌리가 같은 쟁기 '랑갈라langala'다. 그러므로 라마와 시따의 만남은 남녀의 성행위를 의미한다. 라마와 시따는 원래 다산을 주재하는 농경의 신이고 시따는 지모신이기도 하다. 라마와 시따가 농경이 크게 뿌리내리지 못했던 베다 시대 때는 대중들의 숭배를 받지 못하다가 농경이 본격적으로 실시된 베다 이후부터 서서히 대중들의 숭배를 받기 시작했다. 시따와 라마의 신화는 원시인들이 행하던 농경 의례에서 발달하여 최고의 대서사시 안으로 흡수된 후 힌두 최고의 신의 자리까지 올라가게 된 것이다.

라마가 가족과 사회에 대한 질서를 상징한다면 여덟 번째 화신인 끄리슈나는 사랑의 상징이다. 끄리슈나 또한 《리그 베다》에 언급될 정도로 기원이 오래되었지만, 거대한 신으로 성장하게 된 것은 《마하바라따》에서부터다. 베다에서는 인드라가 무찌른 토착민의 무장으로 나온다. 베다 시대 초기는 유목과 소를 바치는 제사행위가 가장 중요한 시기라 소를 잡는 인드라가 소를 기르는 끄리슈나를 무찌르는 위치에 오르는 것은 당연하다. 그러나 시간이 흘러 농경 시대로 변화하여 소를 보호하는 일이 더 중요한 사회적 행위가 되자 둘의 위치가 바뀐 것이다. 지존의 끄리슈나의 모습 또한 원래는 실존 인물이었으나 신격화되어 신화에 포함된 것으로 보인다.

끄리슈나는 아기, 목자, 성부聖父의 특질을 가지고 있어서 예수와 자주 비견되곤 한다. 더불어 그는 시, 음악, 유희 등을 즐기는 사랑의 연인이다. 끄리슈나에 대한 숭배로부터 힌두교에서 가장 대중적 신앙 형태인 박띠가 비롯된 것은 바로 이 때문이다. 끄리슈나를 통한 신에 대한 사랑은 《바가와드 기따》에서의 영적인 사랑에서 출발하여 후대의

《바가와따 뿌라나Bhagavata Purana》에 나타난 남녀 간의 육감적인 사랑으로까지 발전한다.

라마와 끄리슈나, 이 두 대중적인 화신에 이어 비슈누의 아홉 번째 화신의 자리는 붓다가 차지한다. 역사적으로 실존 인물이면서 힌두교에 반발하여 새로운 길을 연 붓다가 힌두교의 핵심인 비슈누의 가장 최근 형태로 아홉 번째 화신이 된 것이다. 힌두교를 비판하며 나타난 불교가 강력한 역사적 영향력을 발휘했기 때문에 그를 견제하기 위해 힌두교 안으로 편입시킨 것이기에 다른 화신들과 달리 붓다는 비슈누의 부정적인 모습을 띤다.

신화에 의하면 비슈누는 붓다로 등장해서 많은 악마들과 사악한 자들을 부추겨 베다를 무시하고 카스트를 부인하고 신의 존재를 부인하도록 한다. 이를 통해 비슈누는 불교가 사회의 악이라는 인식을 조장했다. 불교를 일소해야 할 적폐로 만들어 버림으로써 불교에 의해 흔들리는 힌두 사회의 안정을 꾀하고자 한 것이다. 붓다가 악신으로 비슈누의 화신 중 하나가 되었다는 신화 때문에 많은 힌두교도들은 불교를 힌두교의 한 종파로 인식하게 되었다. 이는 실제 역사에서 불교의 성장에 큰 타격을 주었다.

비슈누의 열 번째 화신은 아직 오지 않은 미래의 신이다. 깔끼라는 이름으로 힌두교에서 유일하게 존재하는 '앞으로 올 구세주'다. 기독교의 〈요한계시록〉에 등장하는 메시야의 모습과 대단히 흡사하다. 힌두교의 우주론에 의하면 지금은 세 시기가 끝나고 전쟁, 불화, 반목이 판치고 진실과 정의 대신 돈의 힘과 가식적 종교가 휩쓰는 깔리 유가, 즉 말세가 시작되는 시기다. 이 시기가 끝날 때 우주의 평화와 번영을 위해 비슈누가 다시 나타나게 되어 있다. 그가 바로 열 번째 화신 깔끼다.

이 열 화신 외에도 다른 모습의 화신들이 여러 뿌라나에서 많이 언급된다. 비슈누 계열에 속하는 신으로 라마를 도와주는 원숭이 신 하누만Hanuman, 비슈누가 타고 다니는 가루다Garuda 등이다. 가네샤도 베다에는 나오지 않고 뿌라나에 처음 나타난다. 각 지역에 이미 존재하는 토착민의 신격체들이 비슈누 계열로 흡수되면서 비슈누 화신으로 나타난 것도 있다. 동부 인도 지역에 매우 주요한 신으로 등장한 자간나타Jagannatha가 대표적이다.

뿌라나에서는 여신이 매우 중요한 위치를 차지하고 있다. 베다에서는 아주 미약한 존재였던 여신들이 우주적 힘을 지닌 존재가 된 것이다. 대표적인 여신으로 비슈누 계열에 속한 락슈미Lakshmi가 있다. 락슈미는 미와 부와 행운을 상징하는 힌두교의 대표적 길상천吉祥天으로서 물의 여신이자 궁극적으로 다산을 주재하는 여신이다. 그는 농업을 관장했던 터라 항상 풍요를 상징하는 물과 연꽃으로 특징지어졌고 때로는 우유를 상징하기도 한다. 락슈미 외에 두르가, 깔리, 라다Radha 등도 있다. 이 여신들은 지역 전통이 큰 틀 안으로 흡수된 것이다.

박띠 신앙의 대중화

이러한 신들은 모두 당시 널리 유행한 박띠행위에서 중요한 역할을 부여받는 것이다. 박띠가 대중화되자 신을 숭배하기 위한 신상이 본격적으로 만들어졌다. 신상이 열 개의 팔, 네 개의 머리를 가진 모습으로 제작되기 시작했다. 신상은 모두 신을 믿는 자들에게 이미지를 통해 뿌라나가 제시하는 주제를 쉽게 전달하고 이해시키려는 현실적 의도에서 만들어진 것이다. 신상이 생기면서 과거 만뜨라를 염송하는 엄숙한 의례 중심의 베다 종교 대신 꽃을 비롯한 여러 공물을 바쳐 신상을 장식하면서 가볍게 행하는 일상 예배인 뿌자가 중심이 되는 힌두교가 발전했다. 신상이 본격적으로 제작되면서 신상을 안치하는 성소가 나타났고, 이에 따라 점차 큰 규모의 사원이 생겨났다. 특히 굽따 시대에 큰 규모의 사원이 많이 세워지기 시작했다. 왕은 사원 건립을 물질적으로 지원했고, 브라만은 사원을 통해 사회 안정을 꾀했다. 전형적인 브라만 사제와 끄샤뜨리야 왕과의 결탁이다.

초기 중세 힌두교에서 일어난 대표적 현상으로 이전부터 이어져 온 박띠 신앙의 대중화를 꼽을 수 있다. 이 신앙은 주로 끄리슈나를 통해 이루어졌다. 초기 중세 이전의 박띠, 즉 주主와의 사랑은 본래 영적인 것이지 남녀 간의 육체적인 것은 아니었다. 하지만 이 시기 끄리슈나와 사랑의 관계는 이전 시대와는 달리 육체적인 사랑도 포함한다. 뿌라나에서 끄리슈나와 상대 여인들은 모두 매우 육감적인 모습으로 묘사된다. 끄리슈나는 목자 신으로 많은 고삐gopi(연인)와 연애한다. 그의 주 연인인 라다는 풍만한 가슴과 날씬한 허리 그리고 커다란 엉덩이를 가진 육감적 여인으로 묘사된다. 끄리슈나가 라다의 목욕 장면을 훔쳐보는 등 끊임없이 서로 애정 행각을 벌이는 모습이 묘사되어 있기도 하다.

끄리슈나와 라다의 정사는 신과 인간 사이의 존재인 박띠가 주는 영혼 간의 신비스럽고 육감적인 사랑의 상징으로 해석된다. 둘의 육감적인 사랑은 중세 이후 많은 시인들과 사상가들에 의해 박띠 가운데 가장 순수하고 지고하고 아름다운 사랑의 전형으로 제시되었다. 초기 중세 시기에는 영혼 간의 사랑이 육체적인 사랑으로 변한 모습이 민중들 사이에 깊숙이 전파되었다. 이는 힌두교가 초기 중세 이후로 밀교로서의 성격을 띠게 되는 데 큰 역할을 한다. 박띠가 힌두교의 여러 종교행위 가운데 가장 대중적인 방법으로 자리잡은 것은 밀교적 성격이 짙어진 박띠 신앙에 연유한다.

박띠에서 신에 대한 사랑은 철저히 우리가 살고 있는 물질세계 안에서 이루어진다. 원래는 초기 불교에서와 같이 모든 감정을 포기하고 극복하고 초월하여 구원을 추구하는 입장이었지만 초기 중세 시대에 와서는 달라졌다. 애초 박띠는 고행주의자들이나 금욕주의자들이 행위의 길로서 하는 자기 부정이나 자기희생을 수행하지 않는다. 박띠가 고행이나 물질세계의 포기 등을 부정하는 이유는 그러한 행위들이 박띠가 궁극적으로 추구하는 신과의 합일을 통한 세상으로부터의 초월과 동일한 효과를 가져오기 때문이다. 박띠의 길은 세상적인 자, 즉 물질을 추구하는 자와 세상을 포기하는 자 사이에서 영성을 추구하는 자를 위한 길이었다.

후대에 가면서 박띠를 행하는 자들 가운데 세상을 포기하고 오로지 신에 대한 숭배만 하는 경우가 등장했지만 원래 기본적으로 박띠는 세상 중심의 종교행위였다. 세상 중심의 인간적인 모습의 신을 바가완 Bhagavan이라 부른다. 그에 대한 숭배인 박띠가 대중 신앙으로 자리잡은 곳이 당시의 뿌라나다. 뿌라나는 극심한 사회 변화 속에서 군주가 사회 안정을 꾀하고 자신의 왕권을 정당화하기 위해 고안한 역사의 신화화이기 때문에 그것이 뒷받침하는 박띠는 체제 안정화의 장치로 맞

춤 작동한다. 유의할 점은 특히 박띠가 비슈누의 화신 장치를 이용하여 사회 안정을 추구하는 권력의 이데올로기로 초점이 맞춰진 부분이다.

박띠행위는 기본적으로 사회 내에서 집단을 구성하며 이루어진다. 박띠를 행하는 모든 박따는 사제관계에 있다. 신앙의 차원에서 동료들 간에는 바르나, 자띠, 성性 등에 의한 구분을 인정하지 않고 상호 평등하다. 누구든 신에 귀의하고 그를 숭배함으로써 구원의 경지에 도달할 수 있다. 그것을 평등주의의 입장에서 나온 것이라고 할 수는 없다. 박따 간 평등은 오직 신앙 안에서의 구원에 관한 것일 뿐 신앙 밖 사회의 현실과는 아무런 관계가 없다. 불가촉민은 여전히 사회에서 정상인으로 인정받지 못했고 슈드라와 여성은 신에게의 귀의는 허용되지만 여전히 빠빠요나야흐papayonayah(죄스러운 출생)로 규정되었다.

박띠 사상은 근본적으로 불평등한 당시의 사회제도를 부인한 것이 아니다. 종교적 구원의 길을 모든 사람들에게 열어 준 것일 뿐이다. 사회개혁적 차원에서의 긍정적 의미는 전혀 없다. 차라리 민중들로 하여금 현실을 포기하고 구원의 길을 찾을 수 있게 함으로써 전통적 사회계급 체계를 더욱 공고히 했다고 평가하는 것이 더 옳다. 중세에 박띠운동이 전국적으로 열렬하게 전개되었고 그 지도자들 가운데는 '빠빠요나야흐'가 많았음에도 불구하고 그것이 반反카스트의 사회개혁운동으로 연결되지 않았던 것은 이런 이유 때문에서다. 그러나 그들이 인간은 근본적으로 그 자체로서 신의 은총을 받을 자격이 있다고 보고 모든 인간들에게 박띠행위를 공개하고 환영을 천명한 사실은 나름대로 의미 있다고 할 수 있다.

박따는 박띠행위를 함으로써 신이 계급적 위치나 그를 기초로 한 사회적 의무를 개선해 줄 것이라고는 기대하지 않는다. 역으로 그들은 신을 믿고 봉헌함으로써 종교적으로 공덕을 쌓는 것을 기대한다. 신이 그들에게 부과한 '성스러운' 사회적 의무를 행해 공덕의 축적을 기대한 것이다. 노동하고 그 대가로 임금을 기대하는 것과 같은 이치다.

이러한 박띠의 성격은 중세에 접어들면서 더욱 심화된다. 중세에는 스스로 노예의 관계로 들어가는 상태가 된다. 신에 철저히 예속된 자만이 진실된 박따가 되기 때문이다. 진실된 박따는 자신이 좋아하는 일만 하거나 대가를 받고 행위하지 않는 자로 규정된다. 이는 자신을 버리고 신의 명령에 따르라는 뿌라나 편찬자, 즉 브라만들의 집단지성의 산물이다. 뿌라나 편찬자에 따르면, 신의 은총은 무소불위의 권력을 가지며 엄격하다. 신의 은총이라는 영광은 일반 사람들은 상상조차할 수 없는, 황제의 영광과 같은 것으로, 군주가 아랫사람들에게 베풀어 주는 것이다. 신에 대한 사랑에 헌신하는 최우선적인 요건은 자신을 비천하게 낮추는 것이다. 예컨대 굽따 왕 짠드라바르만Chandravarman은 주저하지 않고 자신을 비슈누의 첫째 하인이라 칭했다. 지배계급들은 비슈누에게 예속됨을 뜻하는 이름들을 많이 사용했다. 사무드라 굽따Samudra Gupta왕의 비문에는 신과 박따와의 관계가 주인–하인의 관계로 묘사되어 있다. 이러한 관계를 중세의 신학자들은 다샤바와dasyabhava(예속)로 표현했다.

박띠는 기본적으로 구세주를 갈망하는 사상이다. 때문에 이 사상은 중세 민중들이 겪은 사회 불안과 경제적 핍박 상황과 조화를 잘 이루었다. 정치관계로 볼 때도 박띠가 표방하는 인간의 신에 대한 무조건적 복종의 이데올로기가 왕과 봉건영주 그리고 봉건영주에 대한 백성들의 충성관계와 조화를 잘 이루었다. 지배자들은 박띠가 추구하는 이데올로기야말로 서로 다른 계급이나 계층 간의 갈등을 하나로 묶는 역할을 할 수 있기 때문에 박띠에 의한 종교행위를 통치권 차원에서 적극 장려하였다.

박띠사상의 근본적인 봉건주의적 성격은 인도 중세에 그것을 중심으로 한 종교행위가 크게 발전하는 토대가 되었다. 당시 전국적으로 엄청난 규모의 사원이 건축된 것은 그 일환이었다. 왕실이 토지를 하사하고 재가 신자들이 기부를 이어가면서 사원은 크게 확대될 수 있었다. 사원에서는 사회 안정을 위한 교육이 매우 광범위하게 이루어졌다. 사원에서 행해진 중세의 교육은 고대의 교육과는 달리 정치, 경제, 인간관계, 재가생활 등 실용학문을 포함한 교육에서 벗어나 종교교육에 함몰되었다. 당시에는 다름 아닌 사회질서의 유지를 위한 교육이 첫 번째 목표였기 때문이다. 그것이 사회질서의 유지를 원하는 왕실의 요구가 반영된 결과였다. 왕실의 요구를 사원이 행한다는 것은 사원이 왕실로부터 막대한 후원을 받는다는 것을 의미한다. 교육을 받을 기회 또한 이론적으로는 상층 카스트인 드위자 세 계급 모두에게 열려 있긴 했지만 실제적으로는 브라만만을 위한 것으로 좁혀졌다. 전체적으로 교육이 사회 변화를 억제하고 활력을 전혀 생성시키지 못하는 시기였다.

박띠를 통한 사랑은 신과 인간 간의 상호적 관계가 아니라, 인간이 신에게 일방적으로 봉헌하는 행위다. 박띠는 지혜를 추구하는 길에서 불가지성에 대한 명상이나 깨달음을 실행하지 않는다. 신을 만나고 신에게 예배하고 그에게 헌신하는 행위는 영적 세계의 산물이 아니다. 정신세계 내면의 의미만 있는 것도 아니다. 그것은 정신세계와 물질세계의 상호 경험과 관계에서 생성되고 발전된다. 박띠는 궁극적으로 환상이 아닌 이슈와라를 믿고 그에게 모든 것을 봉헌하는 행위다. 봉헌행위는 반드시 하나의 특정 화신과의 관계에서 이루어진다. 우상 숭배, 음악, 춤, 꽃, 시詩, 그림, 연극, 신의 이름 염송, 경전 송독 등의 봉헌행위는 고대와 중세 인도의 예술 발달에 지대한 영향을 끼쳤다.

박띠가 신앙의 중심으로 떠오르면서 베다 시대의 가장 중요한 행위인 희생제는 영향력을 완전히 잃는다. 대신 일상의 숭배행위인 뿌자가 힌두교의 가장 대표적인 의례행위로 떠올랐다. 신은 의례를 통한 숭배의 대상이 아닌 개인적인 믿음과 사랑을 바치는 대상으로 바뀌었고, 신을 선택하는 주체는 개인이나 가족이 되었다. 신에게 무언가를 바침으로써 신에게 다가갈 수 있고 그것이 신에게 다가가는 최고의 길이라고 가르치는 박띠가 대표적 종교행위가 되면서 힌두교는 바야흐로 대중화된 종교로 확고하게 자리잡게 된다.

서사시 시대에 접어들면서, 즉 베다 시대가 끝난 후 슈루띠(계시)로서의 베다 편찬이 마무리된다. 대신 기원 초기 형성되기 시작한 스므리띠(전승) 전통 속에서 뿌라나에 기초해 특정 신을 숭배하는 움직임이 일어났다. 특히 비슈누와 쉬바가 두드러진 숭배의 대상이 되었다. 두 신이 각각 지고의 위치까지 격상되면서 두 전통은 각각 비슈누교, 쉬바교라 불린다. 힌두교 신앙은 처음부터 베다에 기반을 둔 브라만 전통에서 나와 여러 이질적인 요소를 흡수하면서 토대를 만들었는데, 서사시 시대에 들어서면서 이 같은 일이 본격적으로 이루어진 것이다. 서사시 시대에 스마르따 전통에 기초하여 비슈누와 쉬바가 박띠 신앙을 주요 방편으로 숭배를 받는다. 이후에는 베다 방식의 제사를 통하던 과거와 달리

가정 중심의 뿌자 예배를 통한 신앙으로 변모하기 시작했다.

4-3. 딴뜨라와 밀교

딴뜨라의 체계화

힌두교의 기원인 하랍빠 시대 종교에서 가장 핵심적인 부분이었던 다산 숭배는 그 후 아리야인들이 주축이 된 베다 시대에는 널리 주목을 끌지 못하고 후기 베다의 일부《아타르와 베다》등에 원주민 문화로 통합되거나 다른 부분에 파편처럼 삽입되어 들어갔다. 이 같은 비非베다 전통은 경전으로 체계화되지 못한 채 실제 신앙에서만 널리 행해졌다.

경전으로 체계화되지 못한 채 실제로만 행해진 종교는 일반적으로 행해지지 않은 것으로 취급받아 왔다. 경전을 기준으로 삼는 것은 당시의 사회 기득권자나 현재의 종교학 혹은 신학 연구자나 마찬가지다. 경전 밖의 종교는 때로는 미신이라는 이름으로 때로는 이단이라는 이름으로 배척당했다. 아리야인들의 종교 전통이 주축이었던 베다 힌두교 시기 비非베다 전통의 힌두교는 그런 취급을 당했다. 비베다적 종교는 지모신 숭배, 남근 숭배, 부적이나 주문의 사용 등을 통해 서사시 시대에도 실제 종교생활 안에서 매우 중요한 역할을 했다. 그러한 예를 그들의 종교행위를 통해 살펴보기로 하자.

고대 인도인들은 다산을 숭배하던 여성성 숭배를 더 우선시했다. 월경, 임신, 출산 등 생산과 관련된 여성의 기능은 눈으로 직접 볼 수 있는 반면에 남성의 기능은 확실히 이해되지 않았기 때문에 여성성이 더 본질적이고 남성성은 여성성에 종속될 수밖에 없다고 생각했던 것으로 보인다. 결국 모母와 그에 관련된 생식기관이 생산의 최고 상징으로 자리잡게 되었고, 남성성은 남근 외에 멧돼지, 황소, 말 등의 상징을 통해 여성성을 보완하는 것으로 제시되었다. 예컨대 비슈누의 세 번째 화신 바라하는 멧돼지 신이고, 생산의 신 쉬바를 태우고 다니는 신은 황소 난디다. 말[馬]은 후기 베다 시기 가장 큰 제사 의례인 아슈와메다 Ashvamedha(마사제馬祀祭)* 제사에서 남성성의 상징으로 등장한다.

《마누법전》에서 여자는 밭이고 남자는 씨라고 했다. 이 구절은 대부분의 뿌라나와 법전에 자주 인용되었다. 《샤따빠타 브라흐마나 Shatapatha Brahmana》에서는 성교를 곧 제사로 인식하여 제사를 생산을 가져다주는 결합으로 표현하는 구절들이 자주 등장한다. 《브리하다라니야까 우빠니샤드Brihadaranyaka Upanishad》에서는 제사와 여자가 일치

---

* 아슈와메다 제사는 고대 인도에서 처음 영역국가가 탄생한 기원전 10~6세기의 후기 베다 시대에 행해진 제사다. 제사의 가장 중요한 부분은 왕이 자신의 말馬(ashva)을 자기 영토 전역과 바깥에 보내 그 땅을 밟게 하고 — 이때 그 왕의 말을 받아들이지 않은 부족장은 왕권에 대해 도전한 것으로 간주해서 전쟁에 돌입한다 — 궁궐로 다시 돌아오게 한 후에 말과 왕비를 의례적으로 성교시킨다. 그리고 말을 죽여 그 피를 제단에 뿌린다. 여기에서 왕비는 국모의 개념으로 국가 전체의 여성성을 상징하고 말은 남성성을 상징하여 둘의 성적 결합은 국가의 다산을 추구함을 의미하는 것이다. 외형적으로는 왕권 신장을 꾀하는 대관식의 형태를 띠고 있지만 내용적으로는 국가의 풍요를 추구하는 다산 숭배 의례다.

하는 부분을 그 외형에서 찾았다. 여자의 하복부는 제사의 단壇으로, 여자의 음모陰毛는 제사에 사용되는 식물로, 여자의 피부는 약초 소마를 짜는 바닥으로, 여자 성기의 두 음순은 제화祭火로 비유했다. 밀교 의례에 사용되는 것 가운데 가장 중요한 요소 중 하나인 신비한 도형 얀뜨라yantra*도 여성의 생식기를 나타낸 것이다. [그림 5]에서 확인할 수 있는 것처럼 얀뜨라는 주로 음부를 상징하는 역삼각형들로 이루어져 있는데 어떤 것은 가운데 점으로 형상화되는 남근이 함께 표현되기도 한다.

베다 바깥의 종교 전통은 베다 시대가 끝난 후 기원전 6세기경부터 기원후 6세기경 사이에 자연스럽게 통합되기 시작했다. 인민들의 물질적이고 이질적인 종교 전통이 7세기경부터 베다 전통의 형식을 빌려 체계화되고 집성된다. 바로 딴뜨라다.

'딴뜨라'란 넓게는 '행위, 원칙, 책, 특정 지식'을 뜻하지만 좁게는 '주술적이고 신비적인 의례에 관한 교서'를 의미한다. 베다가 보이지 않는 세계, 비실재의 세계, 영靈의 세계의 절대 원리에 관한 인식이라면, 딴뜨라는 매일의 실제 생활, 즉 목축, 농경, 야금, 연금, 의약 등과 같은 경험세계 내의 절대 원리에 관한 인식이다. 베다가 우주와 인간의 본질의 일치를 정신적인 면에서 찾은 반면, 딴뜨라는 그것들의 본질적 일치를 물질세계에서, 특히 인간의 육체에서 찾아 완성하려는 것이다. 따라서 딴뜨라 안에는 이전부터 존재해 오던 비베다 전통에 속하는 여

---

* 힌두교 주술에 사용하는 기하학적 상징 도형. 사원이나 가정에서 의례를 할 때 명상 보조용으로 쓰인다.

[그림 5]

힌두교는 우주가 원이나 정사각형처럼 균형 잡힌 것으로 인식한다.
힌두 사원이나 불교 사원의 배치가 균형을 이루는 것은
그것이 완벽한 우주의 상징이기 때문이다. 마술적 힘을 발휘하는 얀뜨라 또한
그런 이유에서 상하좌우 완전 대칭을 이룬다.

러 잡다한 사상, 신조, 의례, 컬트cult 등이 우빠니샤드의 지혜 중심 세계관, 민간 신앙에 널리 퍼져 있던 여러 인격신 숭배, 해탈 지향 신앙과 현세 이익 추구 신앙, 브라흐마나의 의례주의 등과 서로 이질적으로 함께 섞였다. 딴뜨라교 전통의 범주가 쉬바교나 비슈누교의 현교顯教 형태보다 훨씬 이질적이고 모호한 것은 이런 점 때문이다.

부연하자면, 비슈누나 쉬바를 믿는 사람들이 샥띠Shakti(음력陰力)를 믿지 않는 것도 아니고, 샥띠 마하데위Mahadevi*를 믿는 사람들이 비슈누나 쉬바를 믿지 않는 것이 아니다. 샥띠교 안에는 힌두교의 모든 것이 다 들어가 있다는 것이다. 그런 이질적인 신앙은 뿌라나를 거친 후 딴뜨라에서 체계화된다.

결국 딴뜨라는 물질 중심의 종교 전통에 제사와 박띠 중심의 브라만 전통과 지혜와 깨달음 중심의 슈라만 전통이 통합된 것이다. 종교의 핵심은 직접적으로 전하는 것이 아니고 은밀히 전한다. 딴뜨라교에 기초한 종교를 밀교密教라 부르는 이유다. 베다나 초기 불교의 경전들과 같이 직접적으로 전하는 종교를 현교顯教라고 하고, 다산 숭배와 같이 가

---

* 산스끄리뜨어로 신(남성)은 데와deva이고, 쉬바를 가리키는 지존위는 마하maha(위대한)의 의미를 추가해 마하데와mahadeva라 부른다. 여신은 데위devi이고 마찬가지로 '마하'를 추가해 지존위 여신은 마하데위mahadevi라 부른다. 이러한 용례는 앞서 설명한 바와 같이 봉건 시대의 산물이다. 봉건 시대 정치에서는 영주 혹은 소왕을 고대에서 왕을 의미하는 라자raja에 '마하'를 추가해 마하라자maharaja라고 불렀다. 그러나 마하라자가 고대의 라자보다 더 큰 권력을 가진 제국의 황제를 의미하는 것은 아니다. 이와 같이 마하데와나 마하데위는 힌두교에서 유일한 지고의 신이라는 의미라기보다는 그가 차지하는 만신전에서의 위치를 칭송하는 문학적 별칭일 뿐이다.

르침을 은밀하게 상징적으로 전하는 것을 밀교라고 하는 것이다.

밀교나 현교 모두 힌두교뿐만 아니라 불교에도 있고 기독교에도 있다. 진리를 전하는 방식이, 드러내고 하는지 은밀하게 전하는지에 따라 분류되므로 세계의 모든 종교에 다 존재한다. 비슈누교와 쉬바교에 현교로서의 전통도 있지만 밀교로서의 전통도 존재한다는 것이다. 다시 말해 현교 비슈누교, 현교 쉬바교도 있고 밀교 비슈누교, 밀교 쉬바교도 있다. 이 가운데 후자가 훨씬 더 대중적이고 더 이질적인 요소로 종합화되어 있다. 힌두 전통에서는 인생과 우주에 관한 지식에 두 개의 인식체계가 있다. 베다를 기초로 하는 인식체계인 '수뜨라sutra'와 비베다적인 인식체계인 '딴뜨라tantra'다.

딴뜨라의 원리는 매우 단순하다. 남성 원리와 여성 원리의 결합을 통해서만 종교의 궁극, 즉 지복至福이라는 물질을 달성할 수 있다는 것이다. 모든 진리는 육체 안에 있고 육체를 벗어난 의례는 모두 허위다. 이 관념 안에서 카스트를 기초로 하는 불평등과 그것을 대변하는 법전은 무의미해진다. 이것이 바로 딴뜨라 세계관이다.

딴뜨라는 4세기경에 성립한 고전 상키야 학파의 세계관과 동일하게 세계는 정신과 물질로 따로 존재한다고 본다. 유의할 점은 상키야 학파가 인간의 정신이 물질 요소로부터 완전히 떨어져 독존을 달성한 상태를 해탈이라 생각하는 것과는 달리, 그리고 초기 불교에서 붓다가 가르치는 윤회의 세계에서 해탈하는 니르와나와도 달리, 딴뜨라는 이 두 가

밀교 남근 숭배

힌두교의 가장 큰 성격 가운데 하나는 기복 신앙이다.
여신의 여근과 짝을 이뤄 쉬바의 링가로 표상되는 남근을
숭배함으로써 다산 숭배를 이룬다.

지 원리가 완전히 결합된 상태가 지고의 상태라고 주장한다는 것이다. 이 같은 관점에서 딴뜨라는 기본적으로 기존의 남성성만이 독자적으로 권력을 휘두르는 구조를 극복한 여성성을 중심에 둔다. 그 여성성은 궁극적으로 남성성과 합체되는 존재다.

딴뜨라 신화는 전체적으로는 신과 악마와의 싸움이라는 구조로 되어 있다. 여기에서 신은 남신을 극복한 여신으로, 절대 지존위로 성장한다. 예컨대 두르가의 경우, 악마 마히샤Mahisha와의 싸움에서 패하여 천상에서 쫓겨난 남신들이 악마를 물리치기 위해 자신들의 모든 에너지를 방출해 한데 모아 구름같이 만든 후 그것을 불리고 불려 여신의 몸에 투입하여 마침내 여신이 절대적 힘을 지니게 한다. 그렇게 해서 태어난 성스러운 여신은 탈것으로 사자를, 무기로 창, 칼, 곤봉 등을 받는다. 남신들에게 절대적 힘을 부여받아 아무도 도전할 수 없는 절대강자가 된 두르가 마하데위는 악마를 물리치면서 우주의 조화가 다시 제자리를 찾는 절대 절명의 과제를 완수한다.

이러한 구조를 근본으로 하는 신화가 초기 중세가 시작되면서 딴뜨라로 편찬되고 여신이 절대 지존의 위치에 오르게 된 것은 인도 종교사에서 매우 중요한 의미를 갖는다. 먼저 브라만 고전문헌에 의해 가치를 인정받지 못하거나 무의미한 종교행위로 평가절하된 여러 이질적인 종

여신 두르가

힌두교에는 빠르와띠와 같은 자애로운 여신도
있으나 깔리나 두르가와 같이 표독한 여신도
있다. 두르가는 특히 밀교에서 지고의 존재로
모든 악을 응징하는 사역을 한다.

교행위가 이 시기에 들어와서 또 하나의 가치체계로 인정받았음을 의미한다. 더 중요한 것은 오랫동안 유지되어 온 우주론 신학이 전복되었다는 사실이다. 비로소 대우주가 인간의 육체로 표상되는 소우주와 일치한다는 구조가 형성된 것이다. 이는 우주 궁극의 지혜를 추구하는 문제를 인간의 육체에서 찾아 완성하는 시도다. 그 안에서 여신 데위들이 지존위의 위치에 오른 것은 실로 대단한 차원의 문화 변동이었다.

여신 중심의 밀교

이 같은 변화를 만신전의 차원에서 보면 딴뜨라교는 여신을 중심으로 하는 종교가 된다. 중심에 모신이 있고, 그를 중심으로 베다 전통과 비베다 전통의 모든 여신들이 하나로 이합집산했다. 베다 전통에 속한 슈리, 락슈미, 사라스와띠 같은 모신들은 비슈누의 비妃로 편입되었다. 그 가운데 락슈미가 중심이 되어 영원한 우주의 본질이면서 비슈누의 원초적 에너지로 자리잡는다. 비슈누가 주로 베다 계열의 모신들을 종합한 것과 달리 비非베다 계통의 모신들은 쉬바를 중심으로 모이게 된다. 전자는 부富, 구세救世 등의 사역을 하는 여신이고 후자는 주로 남근 숭배, 징벌 등과 관련이 있는 여신이다. 슈리, 락슈미, 사라스와띠는 부를 가져다주는 여신이고, 두르가와 깔리는 징벌의 여신이다. 이러한 비베다 전통의 이질적인 여신 숭배가 힌두교 전통에 자리잡은 것은 《마하바라따》, 특히 그 부록이라 할 수 있는 《하리완샤Harivansha》에서부터였다. 《마하바라따》에서는 유디슈티라가 두르가에게 찬송을 바치는 부분, 《하리완샤》에서는 아르주나가 전쟁을 앞두고 두르가에게 기원하는 부분에서 여신 숭배를 볼 수 있다.

힌두교에서 딴뜨라 밀교는 핵심인 다산이 음의 원리이니 음의 궁극 에너지인 샥띠가 만물의 근원이 된다. 또한 샥띠의 현신顯身이 여신이니 여신이 절대 지존인 종교가 된다. 여신을 믿고 따르는 신도를 샥따 Shakta라고 하며 샥띠를 최고 에너지로 인식하는 밀교 힌두교를 학문적으로 샥띠교라 부르기도 하니 딴뜨라에 기반한 밀교 힌두교를 샥띠교라 부르기도 한다.

밀교 힌두교에서는 우주의 궁극적 창조 원리를 기존의 부父에서 찾지 아니하고 모母에서 찾는다. 모母의 여신은 성격으로 볼 때 크게 두 가지로 나뉜다. 우선 다산의 임무를 띤, 항상 풍만한 가슴이 대표적인 이미지로 재현되는 여신이다. 라마의 시따, 비슈누의 락슈미, 쉬바의 빠르와띠 등 현교 힌두교에서 널리 숭배받는 자애로운 모신이다. 그들의 위치는 남신에게 철저히 종속적이다. 사회 내 여성의 위치가 그대로 투사된 것으로 힌두 사회에서 규정한 모범여성의 상을 보여 준다. 반면, 밀교가 성행하면서 매우 사납고 위험한, '감히' 남성 위에서 성교를 하는 여신이 등장한다. 쉬바라는 마하데와 지존의 위에서 성교를 하는 깔리가 출현한 것이다. 그렇게 지존의 위치에 오른 여신을 데위 혹은 마하데위라고 부른다. 이로써 지금까지 힌두교 지고의 신인 쉬바나 비슈누는 마하데위의 창조물에 불과하게 되었고 이전까지 쉬바나 비슈누의 비신이었던 두르가, 깔리, 락슈미 등이 지고의 신 마하데위의 위치에 오르게 된다. 이 가운데 락슈미는 농경 중심의 중세 봉건사회 생산체계에서 다산 숭배의 구체적 표현이 되었고, 두르가와 깔리는 중세의 엄격한 카스트 제도 아래에서 억압받던 인민들에게 나타난 카타르시스의 표출 창구가 되었다.

깔리는 악마를 죽이는 신이다. [그림 6]과 같은 성화로 재현된 깔리는 잘라 낸 악마의 머리를 한 손에 들고, 또 한 손으로는 피를 받아먹으며, 목에는 해골로 만든 목걸이를 걸고, 허리에는 잘려진 손으로 만든 치마를 두른 잔인한 모습을 하고 있다. 이것이 바로 쉬바의 비신妃神으로서 피의 여신이다. 깔리, 까띠야야니Katyayani, 짜문다Chamunda 등 '피에 목마른' 여신들은 원시 시대에 성행하던 산 사람이나 짐승 희생제의 유산이다. 피의 여신이 쉬바와 마찬가지로 생산의 신으로 자리잡게 되는 이유다. 이들 피의 여신은 다른 세계 종교에서는 잘 나타나지 않는, 힌두교에서 매우 중요한 존재가 된다.

힌두교에서 여신은 기본적으로 모신, 곧 다산의 신이다. 이 원리는 물질 생산뿐만 아니라 자손 생산에도 적용된다. 모신은 자손을 수호하는 여신으로서의 기능도 갖는다. 아기 수호 여신은 사람들에게 은혜를 가져다주는 친근한 신으로 숭배되기도 하지만 정반대로 무서운 여신으로 경외시되기도 한다. 논리는 매우 단순하다. 영아 사망률이 매우 높은 사회였던지라 영아 사망이라는 무서운 일이 신의 저주 때문이라고 이해했던 것이다. 다산의 풍요로움을 얻지 못함은 곧 황폐함을 얻는 것이다. 다산을 주재하는 신의 자애는 곧 파괴를 주재하는 신의 포악함으로 나타날 수도 있다. 이에 따라 아기 보호신은 동시에 아기를 죽이는 악령으로도 인식되기도 하여 두려움과 공포의 대상이 된다. 결국 모신은 지모신이나 아기 수호신처럼 긍정적 방향에서 다산 추구의 신으로 숭배되기도 하나 반대로 질병의 신이나 피에 굶주린 신으로, 즉 부정적

[그림 6]

한두 최고의 신 쉬바를 응징하는 깔리는
후대 식민 지배기에 지배자 영국을 응징하는 모티프로
민족운동에 널리 쓰이기도 했다.

방향을 통해 다산 추구의 신으로 숭배되기도 한다. 이런 논리로 힌두교에서 생산의 추구는 그와 반대되는 개념인 파괴와 일치한다. 힌두교 최고의 신 쉬바가 피를 부르는 징벌의 신이고 질병을 주재하는 신이자 링가로 상징되는 다산의 신인 것은 이 같은 힌두교 특유의 논리에서 비롯한다.

딴뜨라라는 명칭으로 일군의 문헌이 편찬된 것은 기원후 7세기 이후부터였다. 비슈누교와 쉬바교 그리고 밀교에서 각각 별개로 만들어진 딴뜨라 문헌은 일반적으로 지식부, 요가부, 제사부, 행위부로 구성되어 있다. 지식부에는 우주 생성론을 포함한 철학사상이, 요가부에는 감각기관의 제어 방법, 곧 요가를 통해 실제로 습득하는 방법과 거기에 관계되는 비의적秘儀的 인체생리학이, 제사부에는 딴뜨라 행자行者가 되기 위한 입문식 방법과 예배 때 사용하는 만뜨라, 얀뜨라, 무드라mudra* 등의 의미와 해석 그리고 그 사용법이, 행위부에는 딴뜨라 행자의 생활 논리, 속죄 의례, 사원 건설에 관계되는 여러 규칙, 신상 제작 방법과 안치 방법 등이 담겨 있다.

전체적으로 볼 때 딴뜨라 문헌은 종래의 정통파 철학사상, 수행법, 의례 등을 통합하여 의례주의, 주술주의, 비의주의秘儀主義, 상징주의로 채색한 것이다. 사람들은 문헌에 담긴 만신전萬神殿, 연금술, 의례, 하타 요가hatha yoga, 점복과 점성술 등을 통해 복을 구하고 질병 치유를

---

* 힌두교에서 오른손과 왼손 각 다섯 손가락을 펴고 오므리면서 표시하는 암호. 대개 수인手印이라 번역한다.

기원한다. 오마사五魔事(panchamakara)*가 밀교의 요체가 된 것은 이런 맥락에서다. 오마사는 모두 현교의 세계관에서는 지극히 오염된, 멀리해야 하고 부정해야 하는 것들로 베다에서도 인정하지 않고 붓다도 부정한 육체적이고 물질적인 것들이다.

밀교에서는 육체를 크게 강조하며 매우 긍정적으로 쓴다. 밀교에 의하면, 우주의 진리와 모든 신들은 다 육체 안에 존재한다. 우주에 존재하는 것 가운데 육체 안에 존재하지 않는 것은 없다. 이러한 세계관에서 그들이 추구하는 해탈은 정신을 통해 브라만-아뜨만의 일치를 찾거나 깨달음을 이루는 것이 아니다. 해탈은 생산을 추구하는 것으로, 육체적 힘 특히 그 가운데 샥띠를 통해서만 이룰 수 있다. 그들이 현교에서 부정하는 모든 것을 다 긍정하는 것은 이런 이유에서다. 정신에 대한 물질과 육체의 반론이다.

근본적으로 현실세계를 긍정하는 밀교의 세계관에서 욕정은 욕정에 의해서만 제거할 수 있다고 본다. 독을 제거할 수 있는 것이 정결한 물이 아니라 또 다른 형태의 독(항생제)인 것과 마찬가지 논리다. 현자는 오염으로 자신을 정결하게 만드는 자다. 이러한 세계관에 따라 살인, 강간, 탐욕, 사기, 절도 등의 행위조차 용인할 뿐만 아니라 권장하기까지 했다. 여성성을 최고 가치로 간주하다 보니 쉬바교와 비슈누교의 샥띠를 따르는 성자들은 여자와 같이 옷을 입는 것은 물론이고 여자와의 성교를 음양합일로 해탈하는, 즉 최고 대법열에 이르는 길로 인식하기

_____

* 산스끄리뜨어 어휘에서 '마ma' 발음으로 시작하는 다섯 가지—술(마디야madya), 살처(만사mansa), 물고기(맛시야matsya), 수인手印(무드라 mudra), 성교(마이투나maithuna).

도 했다. 이 같은 급진적 윤리관으로 인해 밀교는 브라만 중심의 보수적 사회로부터 비난과 혐오의 표적이 되었다.

딴뜨라 밀교를 따르는 사람들은 남성 원리와 여성 원리의 결합을 매우 중시했다. 그들은 일체화 방법으로 내적 방법과 외적 방법 두 가지를 두었다. 딴뜨라의 우주관에 의하면 우주녀宇宙女의 머리 끝부분에는 쉬바 신이 있고, 회음부에는 지고의 여신이 있다. 그들은 꾼달리니* 요가를 통해 염상念想을 행하면 회음부에 거하는 여신과 정수리에 거하는 쉬바가 하나가 된다고 믿는다. 이때 일어나는 신체의 변화는 우주 전체의 변화와 일치한다고 생각한다. 신체 내에 있는 두 신의 결합은 육체의 여성 원리가 우주의 남성 원리 속으로 회귀함으로써 여성 원리 중심의 음양일치가 이루어지는 것을 의미한다. 이것이 내적 방법으로서 명상 수행법이다.

외적 방법은 수행자가 외부에 있는 신이나 신적인 요소를 자기의 육체 안으로 받아들이는 것이다. 이때 신상神像, 만뜨라, 얀뜨라, 주문 등을 수단으로 사용한다. 지고의 여신과 실제의 여자를 동일하게 간주해 실제 여자와 성교하는 것을 음양의 일치로 해석하는 극단적 수행을 하기도 한다. 일부 학자들은 힌두교와 불교의 이런 극단적 전통을 좌도左道 밀교라고 부르기도 하는데, 학문적으로 보면 좌와 우의 분간이 명쾌하지 않다는 한계가 있다.

---

* 인간 안에 잠재된 우주 에너지로 생명과 영혼의 근원이 되는 것이다. 단전 아래 코일처럼 감겨진 여성적 에너지의 근원을 의미한다. 모든 것의 근원이 바로 이 육체 안에 응집되어 있으니 그것을 자각해야 우주의 에너지를 얻을 수 있다.

소위 좌도 밀교의 급진적 반사회적 행위는 대중의 지탄을 받았고 결국 사회에서는 널리 퍼지지는 못했다. 밀교에서 중요시한 남녀 간 성교는 음란한 행위가 아니라 다산 숭배의 종교 상징적 표현인데, 그것을 실제 사회에서 실천하니 사회에서 받아들일 수 없었던 것이다. 그 후 좌도 밀교라 불리는 일부 급진적 종교는 자연스럽게 퇴출되었고, 그 외의 밀교는 힌두교의 물질 중심 기복 신앙으로 더욱 중요한 위치를 차지하여 오늘에 이른다.

다만 아직도 대중적인 밀교 형태로 남아 있는 것이 있다. 쉬바의 경우 신상神像의 오른쪽은 남신 쉬바의 형상을, 왼쪽은 여신 샥띠의 형상을 가진 [그림 7]과 같은 아르다나리슈와라ardhanarishvara 형태로 숭배하는 것이다. 음양합일이라는 종교의 원리를 상징적으로 이해하고 숭배하는 것은 통용되지만 실제 사회에서 실천한 것은 받아들이지 못한 것이다.

밀교 불교

딴뜨라 밀교는 힌두교뿐만 아니라 불교에도 큰 영향을 끼쳤다. 두 종교는 밀교라는 교집합으로 인해 결국 본질적으로 동일한 것이 되어 버린다. 즉 처음 붓다와 초기 불교가 반대하고 금지했던 주술, 점복, 숭배,

카주라호 사원 남녀 교합 부조(10세기)

마디야 쁘라데시주에 위치한 카주라호의 여러 힌두 사원들은 전형적인 밀교 힌두교 사원으로 음양일치를 구체적으로 형상화하여 남녀 교합의 모습이 사원 전체 벽면에 새겨져 있다.

[그림 7]

힌두교가 남성성과 여성성의 합일을 중요하게 생각하는 원리는
우리나라의 태극 문양과 다를 바 없다.
우리 것은 관념적이고 힌두교에서는 구체적이라 느낌이 다를 뿐,
문명과 야만의 문제로 치환하는 것은 옳지 않다.

의례, 만신전 등이 대거 종교 안으로 들어와 중요한 위치를 차지함으로써 힌두교 입장에서는 불교마저 포용했고 불교 입장에서는 주체성을 상실하여 두 종교 간의 차이가 없어져 버린 것이다. 7세기 이후 등장한 밀교 불교 경전인 여러 딴뜨라는 '붓다에 의해 설파된' 것으로 알려져 있지만 사실은 힌두교의 딴뜨라와 동일한 내용으로 붓다의 가르침과는 전혀 관계 없는 것이다. 오히려 그 모든 것은 붓다가 금했던 내용들이다. 초기 벽사辟邪 의례에서 시작해 널리 행해진 방호주paritta, 진언, 총지(다라니dharani) 등은 붓다 사후 밀교 불교에 들어와서 결코 빠질 수 없는 중요한 요소가 되었다.*

---

* 불교의 벽사 전통은 불교가 인도 땅을 벗어나 한국에 들어와 토착 신앙과 습합되는 데 중요한 역할을 한다. 팔관회는 토착 신앙에 불교의 벽사의 성격이 섞인 것으로, 인도에서와 달리 전쟁이 잦았던 삼국과 고려에서 왕실이나 국가의 구복이나 치병을 위한 벽사 의례가 크게 성행했다는 사실은 특기할 만하다. 팔관회를 왕실이 직접 후원하고 왕이 참가하는 국가적 집단 행사로 거행한 것은 무엇보다도 전쟁과 통일 그리고 잦은 외침이라는 특수한 정치적 환경 속에서 국가가 의례를 통해 사회적 통합을 이루고 그를 통해 왕권 강화와 정치 안정을 꾀하려 했기 때문이다. 이러한 의례를 '호국'이라는 좁은 개념으로 규정짓는 것은 바람직하지 않다. 삼국과 고려의 많은 예에서 호국의 개념이 뚜렷이 나타나는 것이 사실이지만 호국은 여러 다양한 벽사의 기능 가운데 하나일 뿐이다. 국가든 개인이든 악귀로부터 방호하고 악귀를 물리친다는 벽사의 개념은 동일한 것인데, '호국'을 단독으로 개념화하여 마치 '호국'이 별개의 성격으로 존재하는 것처럼 강조하는 것은 불교 이해에 중대한 오류를 불러온다. 더군다나 '호국'을 강조하여 한국 불교를 '호국 불교'로 규정하는 것은 일본제국주의 학자들이 국가, 즉 일본제국에 대한 충성을 정당화하기 위해 호국 불교를 강조했던 점을 상기해 보면 한국 불교 이해에 걸림돌로 작용할 뿐이다. 인도 종교사를 통한 불교의 역사적 맥락에 대한 이해가 더욱 중요하다는 것을 잊지 말아야 한다.

불교에서 밀교의 물질 추구가 가장 중요해지면서 힌두교의 의례주의를 반박하던 붓다의 비판정신은 완전히 사라졌다. 반면 더욱 화려하고 복잡한 의례행위가 자리잡으면서 불교의 내용과 의미가 힌두교와 거의 동일해졌다. 이 밀교 불교를 금강승Vajrayana이라 부르기도 한다. 딴뜨라 밀교의 핵심인 샥띠가 금강석金剛石과 같이 영원불멸하는 존재이고 어떤 것에 의해서도 그 빛을 잃지 않는 존재라고 간주했기 때문에 붙여진 명칭이다. 금강승 안에서 진리를 깨달은 자, 즉 샥띠를 소유한 자라면 모든 행위가 인정되는 것은 이런 인식 때문이다. 무슨 짓을 해도, 어떠한 오염되고 불경한 행동을 해도 절대로 샥띠는 변질되지 않는다고 믿는다.

  금강승 밀교 불교에 의해 불교의 초기 원리는 완전히 전복되고 소멸된다. 대신 세상은 진리를 구할 수 있는 참된 모체이자 그것을 위한 최적의 장소이며 윤회 그 자체가 니르와나이고 따라서 니르와나에 의한 해탈은 바로 이곳에서 지금 당장 얻을 수 있는 것이라는 인식이 불교를 지배하게 되었다. 대승불교의 공空(슈냐따shunyata)을 양陽의 원리로, 비悲(까루나karuna)를 음陰의 원리로 간주하면서 힌두교의 쉬바교나 비슈누교에서와 같이 양 즉 남성 원리는 공空이 되고 음 즉 여신의 원리는 비悲가 되어 무한대로 생산하는 대자대비가 된다고 본 것이다. 그리고 양과 음의 합일, 즉 마이투나를 통한 대법열大法悅(마하수카mahasukha)의 실천을 절대적인 요소로 인식했다.

  금강승 밀교 불교 시대가 도래하면서 붓다의 진리를 따라 개인의 각성을 추구하는 자는 공空을 추구하는 자, 구체적으로 자비를 베풀지 아니하는 자이자 궁극적으로 해탈하지 못하는 자가 된다. 진리를 구할 수 있는 참된 모체이자 그것을 위한 최적의 장소는 바로 우리가 지금 살고 있는 이 물질세계일 뿐이다. 사회는 더이상 붓다의 논리와 같은 고苦의 존재가 아니니 굳이 산사라(윤회)와 니르와나(열반)의 구별이 있을 필요가 없고, 사회 내 모든 존재는 다 불성을 갖춘 존재이고 모두가 다 붓다다. 니르와나란 다름 아닌 윤회이니 니르와나에 의한 해탈은 바로 이곳에서 지금 당장 얻을 수 있는 것으로까지 인식된 것이다.

이에 따라 출가마저도 별 의미가 없게 되고, 여자와 함께 산다는 것이 더욱 의미 있는 일이 되었다. 모든 생명은 음과 양의 합일로부터 비롯되고 그것의 궁극적인 원천은 여성의 자궁이기 때문이다. 요가를 수행하는 남성 즉 요기yogi와 요가를 수행하는 여성 즉 요기니yogini 간의 육체 결합이 니르와나 즉 대법열에 이르게 하기 때문이다. 밀교 불교의 싯다siddha(성취자) 84인 가운데 대부분이 결혼한 혹은 요가를 하는 여성과 육체적 결합을 한 사람들이었던 것이 그래서다. 이제 밀교 불교는 밀교 힌두교와 실행적인 모습은 두말할 것도 없고 이론적인 면조차도 전혀 다르지 않게 되었다. 사회 안에 불교만의 공동체는 더이상 존재하지 않았고, 정체성이 사라져 버린 승가만이 남게 되었다.

밀교 불교가 제사와 의례를 반대한 붓다의 반反힌두교적 성격은 지우고, 붓다가 반대했던 요소들, 예컨대 사회생활, 신 숭배, 업과 윤회 신앙, 의례행위 등을 받아들여 종교의 요체로 삼은 것을 주목할 필요가

미따올리, 요기니 사원(11세기)

전형적인 밀교 사원으로 완전한 원형이다. 현재 인도공화국 국회의사당의 모본이 되었다. 밀교에서 요가를 하는 여성 요기니는 궁극적 음력陰力을 지녀 여신과 동일한 존재로 간주된다. 이 사원에서는 65명의 요기니를 모셔두고 밀교 의례를 행했다.

있다. 그러한 요소들로 인해 밀교 불교는 재가 신자들에게 가까이 다가 갈 수 있었고 그들로부터 많은 경제적 후원을 받을 수 있었으며 그럼으로써 불교는 대중 종교로 성장할 수 있었다. 물론 반대급부도 있었다. 승가가 경제적으로 재가 신자들에게 완전히 종속된 것이다. 게다가 재가 사회는 힌두교-카스트 체계 안에 있었다. 따라서 불교의 재가 신자들은 힌두교-카스트 안에서 불교의 외형을 추구하는 것에 지나지 않았고 이는 불교 재가 사회의 독자성 확보에 큰 타격을 주었다. 요컨대 불교는 기존 사회와 큰 마찰을 불러일으키지 않아 많은 개종자들을 끌어들일 수 있었고 이로 인해 대중화된 불교가 흥성할 수 있었다. 하지만 그것은 불교가 힌두교-카스트 체계 안으로 동화되어 가는 것이었다.

불교에 이 같은 변화가 진행되던 12세기경에 무슬림 세력이 인도를 본격적으로 침략했다. 무슬림이 세운 델리 술탄조朝의 무함마드 칼지 Muhammad Khalji가 날란다Nalanda 사원을 불 지르고 파괴하는 등 불교는 외부로부터 물리적 억압을 심하게 받았다. 물론 힌두교도 마찬가지였다. 중앙아시아와 아프가니스탄에서 들어온 약탈자들은 두 종교를 황폐화시켰다. 황폐화된 후 재조직화의 양상은 달랐다. 힌두교는 카스트를 기반으로 하는 강한 사회 조직이 근간이었기 때문에 굳이 따로 출가하지 않아도 혈통에 따라 반드시 누군가가 브라만 사제의 일을 맡았고 그를 중심으로 종교가 재조직될 수 있었다.

반면 불교의 경우는, 우선 승려들이 대거 죽음을 당하거나 네팔이나 티벳으로 도망칠 수밖에 없었다. 게다가 재가 사회가 이미 힌두교 사회에 동화되어 있던 터라 불교가 따로 필요하지 않았고 그런 재가 사회에서 출가 승려가 나오기란 여간 어려운 일이 아니었기 때문에 종교가 소생하기는 불가능했다. 불교 소멸의 원인을 무슬림의 불교 사원 침략에서 구할 수 있지만, 더 근본적인 이유는 불교가 이미 힌두교화되어 정체성을 잃어버렸기 때문이었던 것이다.

포용력이 강하고 사회 조직이 탄탄한 힌두교가 바깥사회에 포진하고 있는 상황에서 독자적 사회 공동체를 갖지 못한 대승불교가 더욱 대중화되면서 힌두교와 동화된 역사를 '발전'이라 할 것인지 '쇠퇴'라 할 것인지는 깊이 생각해야 할 문제다. 대승불교 식으로 말하자면, 발전이 곧 쇠퇴고 쇠퇴가 곧 발전이라 할 수 있을 것이다.

4-4. 초기 중세 시대 대중화 종교의 사회사적 의미

자즈마니 체계와 브라만-끄샤뜨리아 권력 연합

대략 6세기부터 13세기까지 인도는 사회경제적으로 고대사회가 초기 중세 봉건제로 전환되는 시기였다. 이 시기에 많은 브라만들이 벵갈, 오디사Odisha, 네팔, 앗삼Assam, 데칸 등지에서 토지를 하사받아 그 지역을 통치하게 되었다. 비슈누교와 쉬바교가 전국적으로 널리 세력을

딴자우르, 힌두 사원(11세기)

따밀나두 딴자우르Tanjavur에 있는 쉬바교 사원으로, 그 지역을 기반으로 하여 정치적 최고 전성기에 갠지스 유역과 동남아까지 세력을 확장한 쫄라왕국 때 세운 사원이다.

형성하고 딴뜨라교가 북부, 특히 동부 인도에서 크게 유행했던 것은 바로 이 시기에 토지 하사가 널리 시행되어 그곳의 토착 신앙이 비슈누-쉬바교와 딴뜨라 체계를 통해 힌두교로 대거 흡수되었기 때문이다.

중세 초기의 인민들은 고대에서처럼 국가에 직접 종속되지 않고 새롭게 형성된 봉토 안에서 제사를 중심으로 지주 역할을 담당하던 브라만에게 철저하게 예속되었다. 브라만 지주와 생산을 담당하는 사람들이 자즈마니jajmani 체계 안에서 경제사회적 관계를 맺게 된 것이다. 자즈마니란 베다 시대 제사(야자yajna)를 지낼 때 공동체 내의 모든 구성원들이 자신의 생산물과 노역을 제사에 바치는 데서 유래한 촌락 공동체의 물물교환 방식이다. 지주는 토지에서 나온 곡식을 노역자에게 주고 노역자는 노역을 바침으로써, 화폐 교환이 아닌 물물교환 형태로 가족 대 가족 간 사회적 관계를 맺은 것이다.

이 체계에서 지주는 생산 및 용역을 하지 않고 생산된 것들을 받아들이기만 하면 되었다. 생산품이나 용역을 만들어 내는 행위는 모두 오염된 행위였다. 이 때문에 오염행위를 하는 직업은 의례적 위계상 낮게 위치하고, 오염으로부터 멀리 떨어져 있는 일을 하는, 즉 제사를 주관하거나 베다나 법전 같은 경전을 가르치는 직업은 높은 위계에 위치하는 체계가 점차 굳어졌다.

오염은 오염원에서 방사된다. 오염원은 인간과 동물의 신체에서 나오는 배출물들, 예컨대 주검, 피, 정액, 땀, 오줌 등이다. 이 가운데 특히 주검은 가장 강력한 오염원이다. 따라서 육체적 노동으로 생산을 담당하는 사람들은 낮은 위계에 속하고, 높은 카스트인 브라만은 그런 오염된 일들을 해서는 안 되었다. 이러한 오염 인식은 현재에 이르기까지 힌두 사회에서 카스트 중심의 의례와 음식 관계에서 모든 행위를 규정하는 가장 중요한 기준으로 작동하고 있다.

자즈마니 체계에서 오염을 유발시킨 물품 생산 및 노역 활동은 재가생활을 하는 브라만들에게는 필수적인 일이었지만 직접 수행할 수는 없었다. 물품을 확보하는 통로는 오로지 제사였고, 제사는 브라만 제주가 관장했다. 제주 입장에서는 제사를 통해 자신은 오염을 회피하고 낮은 위계의 사람들에게 오염의 낙인을 찍음으로써 사회적 권위를 세울수 있었으니 매우 적절한 사회 통제 이데올로기로 작동되었다. 반면 낮은 위계에 위치한 사람들은 물품 및 노역을 기부함으로써 종교적으로공덕을 확보하고 구원받을 수 있었다. 물질과 종교적 은혜의 수수授受라는 호혜성은 오염 물품 생산자나 노역 종사자가 구원을 담보로 자발적으로 착취 당하는 체계에 순응하도록 만든 것이다. 이것이 힌두교를비롯한 모든 초기 중세 인도 종교의 사회사적 의미다.

일반적으로 고대에서는 제주가 곧 브라만이었지만 중세에 들어서면서 그 외의 카스트, 즉 끄샤뜨리야나 바이샤 같은 사람들이 토지를 확보하기도 해서, 이에 따라 브라만 외의 카스트 가운데 실질 권력을 가진 자들이 제주가 되는 일이 많아졌고, 이때 브라만은 단순히 제사를집행하는 고용인의 위치로 전락했다. 어떤 경우라도 봉건사회에서 물물교환을 중심축으로 하는 자즈마니 체계는 바르나를 유지하고자 하는사회 지배체계를 더욱 강화했다. 자즈마니를 중심으로 하는 중세사회에서 지배권력을 확보하기 위해서는 브라만과 실질 권력 사이의 연합이 절실히 필요했다. 《마누법전》은 이를 두고 '브라만은 철광석, 끄샤뜨리야는 쇠'로 비유하거나, 제사를 소홀히 하여 슈드라로 강등된 끄샤뜨리야 군주 가문들을 열거함으로써 군주들이 제사를 후견해야 한다고 역설했다. 지배계급은 합력하여 통치하고 피지배계급은 철저하게 예속되는 체계를 뒷받침한 것이 중세 힌두교였다.

초기 중세 힌두교의 사회사적 의미

인민들이 철저하게 브라만과 봉건영주에 예속된 초기 중세 봉건 시대에 종교사적으로는 크게 두 가지 현상이 발생했다. 하나는 이전 시기에 체계화된 박띠 요가를 토대로 비슈누와 쉬바가 여러 신격체들과 종교 특질들을 통합하여 각각 비슈누교와 쉬바교를 형성했다는 것이다. 다른 하나는 이질적인 여러 종교 전통이 딴뜨라 안에서 체계화되어 밀교가 융성했다는 것이다.

우선 비슈누교와 쉬바교의 형성이 사회사적으로 어떤 의미를 갖는지 살펴보기로 하자. 두 종교의 기초가 되는 박띠는 카스트에 개의치 않고 누구라도 신에 귀의하여 그를 숭배하면 구원에 도달할 수 있다는, 전형적으로 신에 대한 예속의 신앙이다. 박띠는 6~7세기경 남인도로 퍼져 크게 유행한 후 다시 인도 전역으로 퍼져 힌두교의 가장 기본적 요소의 하나가 되었다. 서사시 시대 이후 줄곧 확대일로에 있던 박띠는 이 시기에 들어와 이미 지존위로 등극한 비슈누와 쉬바가 확장된 농경지 주민들의 이질적인 종교 특질들을 힌두교 체계 안으로 흡수하는 데 중요한 통로로 작용했다.

비슈누와 쉬바 두 지존위는 동일한 존재로 일체화되었다. 이를 종교적으로 해석하면 힌두교에서 이전 여러 신이 담당했던 역할들이 비슈누와 쉬바 안에서 통합됨으로써 그동안 확장일로에 있던 범신적 세계관이 점차 단일신적 세계관으로 바뀌어 갔다고 할 수 있다. 고대 농경 정착 시대를 거쳐 초기 중세까지 서로 다른 이질적 토착 문화를 힌두교 틀 안에서 받아들여 종합화를 이룬 끝에 중세 시대의 통합 담론이자 브라만 권력의 지배 이데올로기가 형성된 것이다.

여기에는 왕권의 약화와 사회 불안 그리고 왕권과 브라만 세력 간의 연합권력 수립 차원에서 왕실이 브라만에게 토지를 하사한 것이 큰 역할을 했다. 토지는 주로 브라만 사제나 각 사원에 하사되었다. 브라만들은 하사된 토지를 중심으로 각 지역의 부족들과 광범위하게 접촉한다. 변방으로 이주해 간 브라만들은 그곳 토착민들에 비해 농경 확산에 필요한 선진 기술과 지식을 확보하고 있었기에 주도권을 행사할 수 있었다. 브라만은 새로 확보된 토지에 대해 사유재산권을 행사했다. 토지에서 실제 경작을 한 부족민은 농노의 위치에 서게 되었는데, 카스트 체계로는 슈드라로 편입되었다.

브라만은 토착민의 편입과 통합 과정에서 그들을 사회경제적으로 하층민에 배속하여 지배권을 확보하는 대신 그들의 고유 신앙은 허용해 주었다. 새로운 곳으로 이주해 간 브라만은 부족민과의 갈등에 직면할 수밖에 없었는데 갈등을 증폭시키지 않기 위해 신앙을 허용해 주는 전략을 사용한 것이다. 부족민들의 신앙은 베다 전통과는 전혀 다른 기복 중심의 물질 신앙이었다. 그러한 기복적이고 물질적인 신앙이 힌두교 안으로 들어오고 신도의 수가 크게 늘어나면서 힌두교는 더욱 이질적으로 변하고, 물질적인 성격이 더욱 짙어졌다.

이에 그들과의 문화 통합을 위해 그들의 신앙체계를 브라만 전통의 형식 안에서 체계화하는 작업이 이루어졌다. 브라만 문화가 변방 지역으로 확산된 것이지만 반대로 보면 지역 토착 문화가 브라만화되는 과정이기도 했다. 이것이 비슈누교와 쉬바교의 발전으로, 동시에 딴뜨라교의 체계화로 이어진 것이다.

딴뜨라의 기본적인 논리는 성과 속의 분리에 대한 반대다. 딴뜨라는 궁극적 우주의 진리를 성이 아닌 속에서 찾는다. 모든 기존의 성 중심 문화, 사회적으로 봤을 경우 가부장적 문화에 대한 부정이다. 밀교가 카스트 제도, 남신 위주의 종교, 이원론에 입각한 구원의 방법 등에 대해 철저하게 부정하는 이유가 바로 여기에 있다.

딴뜨라가 기존의 사회질서에 저항하는 세계관을 유지한다는 점이 중요한 또 다른 이유가 있다. 이 시기에 여러 이질적 종교 특질들이 딴뜨라로 체계화될 때 그 안에 들어온 신앙의 주인공이 기존 바르나 체계에서는 최하위에 위치한 슈드라와 여성이었다는 점이다. 슈드라는 관념의 세계에서가 아니라 실재의 세계에서 농경을 하는 생산자였고 종교적으로는 다산을 추구하는 신앙을 가진 사람들이었다. 다산 숭배 신앙인들은 그 중심을 여신에 두었는데 그와 관련된 대중적 관습, 신앙, 의례 등이 힌두교 안으로 흡수되고 그것이 딴뜨라 안에서 종합화를 이루었다.

토지 하사로 인해 농경이 확산되고 생산의 중요성이 증대되면서 슈드라는 고대의 노예, 장인, 잡역부 등 최하층 지위에서 농민이라는 중간적 지위로 사회적 위치가 상승했다. 그들은 고대에 비해 경제적으로 상당한 힘을 축적할 수 있었고 사회적으로도 늘어난 인구수를 토대로 세력을 키울 수 있었다. 슈드라는 카스트 체계 내에서 유일한 생산계급으로, 슈드라 계급의 수가 크게 증가했다는 것은 농업 생산량도 증가하면서 그들 세력이 사회 주체로 성장하게 되었다는 것으로 해석할 수 있다. 이와 더불어 그들이 믿고 따르는 여러 가지 이름의 모신母神의 등장, 성性 의례의 정착, 사당祠堂(pitha)의 확산, 치병과 기복 신앙의 대중화 등은 그들이 종교에서 주체적으로 자리잡게 되었다는 해석을 가능하게 한다.

딴뜨라교는 브라만과 지주 중심의 봉건사회 유지에 큰 역할을 했다. 원래 궁극적 실재로 무형이었던 마하데위는 이제 우주적 시간 안에서 질서를 어지럽히는 악을 없애는 존재로 현현한다. 비슈누나 쉬바가 아닌 샥띠가 우주의 창조와 보존 그리고 파괴를 담당하는 지고의 신이 된 것은 그래서다. 지고의 샥띠는 사회 내에 있는 모든 여성을 자신의 육화된 존재로 인정한다.

이런 종교적 상황에서 여성은 딴뜨라를 통해 비로소 여러 가지 가내의례나 사원 의례에 참여할 수 있게 되었고, 궁극적으로 해탈의 경지까지 이를 수 있게 되었으며, 신화적으로는 죽어서 신의 경지에까지 이를 수 있게 된다. 하지만 여성이나 슈드라와 같은 피지배층 인민들은 지고의 여신을 통해 카타르시스로 심리적 안정을 얻었을 뿐, 종교 바깥의 실제 사회에서의 위치는 전혀 달라지지 않았다. 그들은 사회에서의 착취와 억압이 심할수록 종교를 통한 카타르시스에 몰입했고, 그것은 가부장 체제 유지를 위한 효과적 수단으로 작동했다.

요컨대 여성의 종교적 위치만 상승했을 뿐 실제 사회적 지위는 변화하지 않았다. 여성은 여전히 가부장제 안에 속해 있고 남성 중심 사회의 부속물일 뿐이었다. 피억압 기층 인민은 브라만이나 지주로 대표되는 지배계급이 만들어 내는 사회·경제적 갈등을 사회적으로 해결하지 못하고 종교적으로 샤띠교를 통해 해결했다. 이는 실제 갈등을 종교 안에서 원만히 조절하고 보수사회를 유지하는 데 크게 일조했다. 지고의 여신이 주는 카타르시스 기능은 주변부의 이질적인 문화가 중심부의 정형화된 틀 안으로 들어가 통합되는 데 중요한 역할을 했다. 계급 간 갈등이 사라지고 물질적 충돌이 모두 신앙세계 안으로 용해되면서 기존 사회는 안정적으로 유지되었다.

여신은 인민들에게 독자적인 신앙의 영역을 허용하면서 궁극적으로는 기존 정치·사회의 틀을 확고하게 유지하도록 하는 첨병 역할을 했다. 결국 딴뜨라는 기존의 브라만 전통 안으로의 사회 통합을 위한 수단이었을 뿐이다. 혹자가 밀교를 사회 통합의 종교적 표현이라 규정하는 이유다.

정치에서 갈등을 해소하는 가장 전형적인 방식인 통합과 조정의 역할을 인도의 중세에서는 밀교가 맡은 셈이다. 밀교는 모든 요소와 체계가 서로 원만한 관계를 유지하도록 만들어 사회가 보수화되는 데 결정적인 역할을 한다. 대부분의 국가에서 남성 중심의 봉건사회는 근대화를 계기로 사라져 가거나 세력이 약화된다. 하지만 인도에서는 중세 이후 현대에 이르기까지 큰 변화 없이 흔들림 없이 안정적으로 이어져 오고 있다. 여기에 결정적 역할을 한 것이 바로 이 딴뜨라 전통이다. 밀교를 제외하고 힌두교를 말하는 것이 사실상 불가능한 까닭이다.

5. 후기 중세의 힌두교

5-1. 역사적 배경(1200~1700)

8세기 초 지금의 아프가니스탄에 있는 가즈니의 마흐무드가 인도를 침
략했고 이어 고르Ghor의 무함마드Muhammad가 그보다 더 큰 규모로
침략하여 약탈하고 돌아갔다. 이후 1192년 델리에서 무슬림 통치의 막
이 열렸다. 무함마드는 토착민 가운데 한 사람을 본국으로 데리고 가
왕재王才로 교육시킨 후 인도를 통치할 군주로 보냈다. 바로 그가 꾸뜹
웃딘 아이박Qutb—uddin Aibak이다. 꾸뜹 웃딘 아이박이 델리에서 술탄
에 즉위하면서 델리Delhi 술탄Sultan조朝가 시작되었다.

델리 술탄조는 다섯 개의 조朝가 이어가면서 1206년부터 북부 인도
를 약 300여 년 동안 통치했다. 무슬림 군주 아래 중앙에서는 많은 갈
래의 무슬림 귀족이 통치했고 지역에서는 대부분 힌두 토후들이 지배
권을 유지했다. 그 두 세력은 느슨하게 봉건적으로 연결되었다. 이슬
람이 들어오면서 정치·행정·군사·문화 등에서 서아시아 요소들이 많
이 유입되었다. 특히 델리 술탄조에서 모든 백성은 주민세인 지즈야
jizyah를 내야 했지만 무슬림에게는 면세 혜택을 주어 갈등이 생기기도
했다.

델리 술탄이 멸망한 후 북부 인도에서 정치세력 간의 싸움이 치열해

지긴 했지만, 남부는 데칸을 중심으로 한 바흐마니Bahmani 술탄조와 그 아래 반도부를 중심으로 하는 남부 인도의 힌두 왕이 다스리던 비자야나가라Vijayanagara왕조가 유지되면서 인도 전체는 정치적으로 안정되었다. 경제적으로는 남부 인도를 중심으로 상업이 발전하고 많은 도시가 흥성했다. 사회적으로는 도시화가 크게 이루어졌음에도 카스트의 위치 이동이나 새로 발생한 직업의 세습 정도의 변화만 있을 뿐 카스트 체계는 구조적 변화 없이 굳건하게 유지되었다. 그렇다고 무슬림 군주가 이슬람 근본주의를 적용해 카스트 체계를 무리하게 억압하려 하지는 않았다. 그들에게 필요한 것은 이슬람 근본주의보다는 브라만과 좋은 관계를 유지하여 안정된 사회를 유지하는 것이었기 때문이다.

델리 술탄조 때 이슬람의 한 종파인 수피즘Sufism이 들어와 북부 인도에 널리 퍼졌다. 수피즘은 수니Sunni나 시아Shia와 같은 이슬람 종파와 달리 교리 학습이나 율법을 강조하지 않고, 감성을 통해 신과 합일되는 것을 최상의 가치로 여긴 이슬람 신비주의 종파다. 그들은 신과의 합일을 가장 중요시했고, 춤과 노래를 통해 메시지를 널리 전했다. 그들은 일체의 형식을 배격하고, 내면의 깨달음을 추구하는 신비주의 해석과 그에 의거한 금욕, 청빈, 명상 등의 삶을 추구했다.

이 신비주의 종교 수피즘은 힌두-이슬람의 조화라는 새로운 차원의 문화를 이루어 냈다. 동부와 서부에는 강력한 왕국이 서지 않았기 때문에, 소규모 토착 지역 세력들이 무슬림 통치자가 지배한 델리 술탄과 이후의 무갈제국과 끊임없이 갈등을 벌였다. 그러는 사이 이슬람 문화는 인도 전역에 깊숙이 영향을 끼쳐 인민 대부분의 종교생활에 큰 변화를 가져왔다. 특히 힌두 귀족을 대폭 등용한 벵갈 지역 술탄들의 보호 아래 벵갈어 지역 문학이 이전의 산스끄리뜨어 문학을 대체하면서 크게 발달했다. 무갈제국의 휘하에 들어간 이후에는 특히 생산이 많이 늘어 세계 최고의 경제적 부유 지역으로 번영했고, 직물이나 선박 건조 산업은 서구 산업혁명의 전조라 평가될 만큼 크게 성장했다.

16세기 들어 몽골제국의 중앙아시아 패권 제국인 티무르의 후손 바바르Babur가 인도를 침입하여 1526년 무갈제국을 세운다. 이들은 부계가 티무르, 모계가 몽골의 칭기스칸 가계임을 주장하며 '몽골'을 의미하는 '무갈'로 이름을 정했으나, 몽골 쪽은 아니고 페르시아 출신에 가깝다. 2대 황제인 후마윤Humayun이 셰르 샤 수리Sher Shah Suri에게 왕위를 찬탈당해 페르시아로 망명했으나 3대 황제 아크바르Akbar(재위 1556~1605)에 의해 다시 회복되었다.

아크바르는 궁정 내의 많은 귀족세력과 각 지역 토후들의 반란을 평정하면서 제국의 통치권을 굳건히 다졌다. 그는 전 시대부터 서서히 이어져 온 힌두–이슬람 간의 종교 융화정신을 살려 지즈야를 폐지하고 고위 관리에게도 문호를 개방해 힌두, 특히 라즈뿌뜨Rajput* 출신을 많이 기용했다. 라즈뿌뜨 세력은 델리 술탄 때는 주로 독립왕국을 유지했으나 무갈, 특히 아크바르 이후에는 무갈제국에 복속당했다. 그러나 곧바로 여러 곳에 작은 독립국을 많이 세웠다.

---

* 5세기경 훈족이 북부 인도를 침입해 들어온 이후 주로 지금의 라자스탄을 중심으로 하는 지역에 정치세력을 형성한 외래 이주민으로 하나의 단일 종족은 아니다. 주로 힌두교를 받아들이고 지켜 끄샤뜨리야로 자리잡았기 때문에 왕족이라는 의미로 넓게 라즈뿌뜨라고 불린다.

이러한 정치적 상황은 뻰잡 지역도 마찬가지였으나 주로 힌두교와 이슬람이 통합한 신흥종교인 시크 세력이 왕국을 크게 형성하면서 무갈과 많은 갈등을 벌였다. 아크바르는 모든 종교의 사상을 하나의 유일신 사상(타우히딜라흐tauhid-i-Illah)으로 묶어 장려하는 등 종교에 관해 만인 평화(술흐-쿨sulh-kul) 정책을 채택했다. 이외에도 사회의 악습을 철폐하는 등 사회개혁을 실시하고 문학과 예술을 보호하고 교육과 학문을 장려했다. 힌두-이슬람의 조화로운 분위기는 전국적으로 널리 퍼졌고, 무굴제국의 5대 황제 샤 자한Shah Jahan(1592~1666)에 이르러서는 전 인도가 정치적으로 평정되고 문화적으로 조화로운 상태에서 국내외 교역이 크게 발전했다. 그러나 6대 황제 아우랑제브Aurangzeb(재위 1658~1707)는 종교 융합정책을 무시하고, 토호세력과의 소모전을 무리하게 추진하여 중앙 정부의 통치권을 크게 약화시켰다.

이 시기는 토지의 산성화가 시작되면서 농업 생산력이 뚜렷이 감소하기 시작했지만, 이를 극복하기 위한 새로운 경작 기술이나 농업과학 등의 발전이 뒤따르지 못했다. 반면 매관매직으로 인한 관리의 폭증과 이를 둘러싼 권력의 암투가 빈발하여 농민을 피폐화시켰다. 귀족들의 타락과 당파 싸움도 무갈제국 쇠퇴의 큰 원인이었다. 무엇보다 무갈제국 쇠퇴의 가장 근본적인 원인은 의식의 후진성과 사회 변혁의 실패였다. 브라만과 지주계급의 부패와 힌두교에 의한 여러 악습들이 널리 퍼져 있었고 여러 지역에서 이를 타파하려는 노력이 있었으나 성공하지 못했다. 무슬림 통치자들은 다신교나 우상 숭배와 같은 종교 문제에 대해서는 많은 압력을 행사했지만 카스트의 구조나 힌두 악습에 관해서는 대체로 불간섭 정책을 폈다. 경제적으로 생산체계의 안정적 유지와 그를 통한 안정된 세수 확보 및 노동력 확보가, 그리고 사회적으로 전통사회의 안정적 유지가 필요했기 때문이다. 이를 위해서는 사회의 지배권력인 브라만과 지주세력의 사회권력과 문화를 존중해 주는 것이 더 중요했던 것이다.

5-2. 박띠운동

남부 인도의 박띠운동

박띠 신앙을 포함한 힌두교가 북부에서 남부로 전파된 초기 중세 이후부터 박띠 신앙은 남부 인도에서 크게 유행한 후 다시 북상하여 북부와 동부로 널리 퍼졌다. 원래 남부 인도에는 북부의 산스끄리뜨어 경전에 기반한 브라만 문화의 영향을 받기 전부터 이미 낭만적이고 감성적인 문화가 풍부하게 있었다. 이는 신을 감성적으로 예배하는 박띠 신앙이 크게 일어날 수 있는 좋은 환경으로 작용했다. 특히 따밀 지역에서 기원전 6세기부터 기원전 3세기 사이에 꽃 피운 상감Sangam* 시대의 서정

---

* 기원전 400년에서 기원후 200년경까지의 시기에 지금의 따밀나두 지역에 선 빤디야 Pandya왕국의 궁정에 세워진 시인과 문인들의 집합소. 이들의 작품 대부분이 전설과 신화이고 공적이고 사실적인 기록은 대부분이 결여되어 있긴 하지만, 상당한 역사성을 추출할 수 있다.

적 시詩 전통은 박띠 신앙이 널리 퍼지는 거름 역할을 했다.

따밀 지역 사람들은 오래전부터 의례, 초월, 기세, 고행 등 북부에서 발달한 무미건조한 성聖 전통보다는 엑스터시, 정서, 영감, 교감, 노래, 시, 춤과 같은 예술 등 감성적인 속俗 전통을 중시했다. 이들이 편찬한 초기 상감문학의 주제는 대부분 사랑이었다. 자연 풍경과 사람들 간의 애틋한 감성 등을 상징적으로 다룬 시가 많았다. 대부분이 사랑하고, 이별하고, 그리워하고, 결혼하고 갈등하면서 자연과 사람들과의 관계에서 생기는 여러 감정에 가치를 둔, 한마디로 세속적이라 할 수 있는 작품이 대부분이었다.

이러한 토착 정서에 북부 인도에서 내려온 신에 대한 감성적 접근인 박띠 신앙이 조화를 이룬 것이다. 이곳에서 꽃을 피워 다시 북부로 널리 퍼진 박띠 신앙은 카스트 체계 안에서 의례를 중시하는 형태의 신앙을 벗어나 인간으로서 신을 직접 경험하는 신앙으로 나아갔다. 어떤 정형성에서 벗어나 신과 인간의 관계에서 신을 믿고 사랑하며 그의 가호를 바라는 섬김의 신앙이 되었다. 초월종교의 성격이 강화된 것이다. 이는 카스트 체계에서 억압받는 하층민들을 힌두교 안으로 포섭하는 데 큰 역할을 했다.

인간 중심의 길을 취하다 보니 따밀 지역 힌두교는 쉬바교든 비슈누교든 모두 하층민을 억누르는 카스트 체계에 저항하는 성격을 어느 정도 지니게 된다. 종교운동 내에서 벌어졌기 때문에 사회변혁 투쟁으로서의 성격이 미약하긴 했지만 카스트 중심의 경직된 구조와 이성과 의례 중심의 종교에 맞서는 측면이 강하게 나타났다는 사실은 분명한 의미가 있다. 이에 따라 종교는 의례, 단식, 성지 순례, 고행, 깨달음 등의 종교적 방식이나 조혼, 과부 재가 금지 등 반인간적 사회행위에 반대하는 방향으로 발전하게 되었다.

샤이바 싯단따Shaiva Siddhanta, 링가야뜨Lingayat와 같은 일련의 반反브라만 전통의 쉬바교가 남부에서 흥성한 것은 바로 이런 맥락에서 나온 결과다. 반反브라만교의 움직임은 6~7세기부터 남부 인도에서 비슈누를 믿는 알와르Alvar와 쉬바를 믿는 나야나르Nayanar라는 음영吟詠 시인들에 의해 널리 퍼지기 시작했다. 그들은 신앙이 금욕과 형식이 아닌 사랑으로 이루어져야 한다고 외치고 다녔다.

이후 비슈누교는 네 명의 영적 스승의 이론에 기반하여 조금씩 다른 네 가지 전통이 발달했다. 라마누자Ramanuja(1017~1137년경), 마드와Madhva(13세기), 발라바Vallabha(1479~1531), 님바르까Nimbārka(12세기) 등 불이론不二論에 토대를 둔 비슈누교 박띠 신학자들의 가르침이 바로 그것들이다. 가장 영향력이 큰 신학자는 라마누자다. 라마누자는 이 지역에서 가장 강한 여파를 끼치던 비슈누교의 일파 슈리 바이슈나와Shri Vaishnava 전통에 기반한 영적 스승으로 일신론의 관점에서 베단따 전통을 해석했다. 그에 따르면 비슈누를 믿는 신자는 자신의 업보와 관계없이 죽어서 비슈누의 천국으로 가고, 영혼이 사랑을 통해 신과 합일을 이루어 황홀경에 도달하는 것이 곧 궁극을 이루는 것이다. 끄리슈나와 같은 비슈누 화신을 통해 비슈누를 믿음과 봉헌으로 섬기면 황홀경에 도달하게 된다. 그것은 모두 인간의 노력이나 법의 준수에 따른 것이 아니라 무한한 신의 은총 덕분이다. 이 같은 라마누자 전통은 남부 인도 박띠 신앙의 큰 줄기가 된다.

남부의 여러 박띠 신앙은 공통적으로 쉬바와 비슈누, 특히 비슈누의 화신 끄리슈나를 중심으로 이루어졌다. 끄리슈나는 남부에서 힌두교 최고의 구원의 신으로 자리잡는다. 박띠운동은 따밀 지역을 중심으로 성장하다가 12세기 이후 지금의 까르나따까와 안드라Andhra-뗄랑가나Telangana 지역으로 확산된다.

남부의 박띠운동은 대체로 카리스마를 갖춘 창시자를 중심으로 모여 하나의 종파를 형성하면서 본격적인 운동을 하는 경향을 갖는다. 스승의 가르침에 따르는 사람들은 일정한 입문식을 치른 후 문하생이 되어 단체의 전통과 가치를 공동으로 유지하는 공동체를 형성한다. 그들은 북부에서와 달리 계시(슈루띠)인 베다보다 전승(스므르띠)인 뿌라나를 더 중시했다. 뿌라나를 토대로 하는 스마르따 전통에 의해 뿌라나 박띠와 딴뜨라 그리고 남부의 감성주의 신앙의 전통이 하나로 통합된다.

스마르따 전통은 베다 방식의 공공 제사보다 가정에서 하는 뿌자 예배에 더 중점을 둔다. 뿌자는 현재 인도에서 가장 대중적인 예배 형식이 되었다. 스마르따 전통은 원래는 딴뜨라로 불리는 비非베다적인 기복 신앙 전통과도 거리를 두었지만, 비슈누와 쉬바를 믿고 따르는 하층민들 사이에 널리 퍼지면서 비브라만적이고 딴뜨라적인 요소를 흡수했다.

남부의 슈리 바이슈나와 공동체가 북부 인도에서 내려온 뿌라나에 기초한 스마르따 전통과 만나 박띠 방식으로 신앙을 전개했다는 사실은 인민들이 카스트 기반의 종교 이데올로기에 순응하고 카스트 체제에 안주했음을 의미한다. 다만 베다에 기반한 의례주의보다는 신과의 합일을 통한 감성주의 종교로 기울어지기 시작했다. 불평등한 카스트는 그냥 두고, 황홀경을 통해 신과의 합일을 강조하는 신앙행위에 역점을 둔 종교 신앙이 대세가 된 것이다.

힌두교가 종교 내에서의 카타르시스에 몰입하는 것은 바깥 사회구조에 무관심하다는 것을 의미하게 되었다. 하지만 그들이 카스트 기반의 전통 힌두교 분위기를 바꿔 새로운 풍조를 연 것으로 해석할 수도 있다. 이러한 움직임은 샤이바 싯단따에서 찾을 수 있다. 샤이바 싯단따는 원래 카시미르 지역에서 나왔으나 남부로 전파된 후 그곳의 박띠와 만나 남부 중세 힌두교를 대표하는 종파로 자리잡았다. 그들은 세계를 이원론으로 보고 쉬바의 계시에 따르면서 그를 시와 노래 그리고 춤 등으로 찬양하고 그의 은총에 힘입어 깨달음을 구한다고 믿는다. 그들은 상징적으로 성행위 의례를 하고 술과 고기를 짜문디Chamundi 같은 잔인한 여신에게 바치는 종교행위를 함으로써 사회에 공공연하게 퍼진 도덕의 위선에 저항했다.

하지만 그것은 어디까지나 종교적인 차원에서였을 뿐이고 사회운동으로는 아무런 영향력을 발휘하지 못했다. 의례도 모든 계급에게 열렸지만 여성에게만은 허용되지 않았다. 슈리 바이슈나와와 샤이바 싯단따는 감성주의 박띠 신앙에 기초하여 신과의 합일을 강조하고 베다의 권위를 부인하긴 했지만 카스트 체계를 기반으로 하는 힌두교의 불평등 사회를 비판하지는 않았다.

남부 힌두교에서 카스트에 기반한 힌두 사회에 대한 비판은 비라샤이바Virashaiva로부터 본격적으로 시작된다. '영웅스런 쉬바교도'라는 의미인 비라샤이바는 바사와Basava에 의해 12세기에 창시되어 12세기 말부터 13세기 초 인도 남부의 까르나따까 지역에서 안드라 지역까지 확장된 중세 쉬바교의 한 종파운동이다. 이들은 베다의 권위, 사원 의례, 고행 등을 거부했다. 베다 신학자를 조롱하기 위해 그들 앞에서 개로 하여금 베다를 읽게 하는 퍼포먼스까지 할 정도였다. 그들은 베다를 부인하고 박띠를 통한 신에게 귀의하는 길만 강조했다. 그리고 쉬바를 유일한 실재이자 궁극적 실체로 간주하여 쉬바만을 최고의 신으로 숭배했다.

남녀 모두 입문의식을 치른 후 은이나 나무로 만든 쉬바 링가(남근)를 목이나 팔에 걸고 다녀서 그들을 '링가야뜨', 즉 '링가를 지닌 자'라고 부르기도 했다. 그들은 목걸이로 거는 링가를 제외하고는 다른 어떤 우상 숭배도 거부했고, 카스트 체계 또한 완강하게 거부했다. 창시자 바사와는 카스트에 얽매이지 않는 결혼과 평등주의를 강조했다. 그가 세운 공동체 안에는 카스트 구별을 두지 않았다. 그들은 성사 착용, 오염 의식, 조혼, 과부 재가 금지 등 카스트 문화를 구성하는 여러 가지 특질 그리고 제사, 성지 순례, 윤회, 점성술, 화장 등 의례와 관련된 여러 가지 특질을 거부하거나 부정했다. 사제, 상인, 농부, 장인 등이 이 운동을 강력하게 지지했다. 여기에서 사제는 전통적인 브라만 사제직을 부정하고 카스트 사회에서 빠져 나와 영적 스승의 역할을 담당했다. 그들은 '움직이는 링가'라는 의미의 장가마jangama라고 불렸다.

동부 인도의 박띠운동

16세기 남부 인도의 박띠운동이 북상하면서 동부 인도의 밀교와 만난다. 남부 인도에서의 감성에 기반한 박띠운동은 북부 특히 벵갈, 오디샤 지역으로 깊숙하게 전파되었는데, 그곳에서 토착 신앙과 깊이 습합되면서 또 다른 박띠운동으로 성장한다.

우선 16세기 동부 인도에서 짜이따니야Chaitanya Mahaprabhu(1486~1534)가 주도한 비슈누교의 박띠운동을 주목할 만하다. 이 종파는 가우디야Gaudya 비슈누교라고도 불렸다. '가우디야'가 벵갈어로 벵갈 지역을 가리킨다는 점에서 보면, 이 종파가 벵갈 특유의 지역 정체성을 가지고 있음을 강조하는 용어다. 비슈누교는 끄리슈나를 최고 유일신으로 모시는 점에서 남부 인도의 박띠운동과는 다르다. 이들의 박띠 신앙은 베단따적 일원론에 기반하여 일신론의 성격이 강하다.

짜이따니야는 오디샤주의 뿌리Puri 지역에서 20년간 지내면서 고대 때부터 널리 숭배해 오던 지역 토착신인 자간나타가 끄리슈나의 다른 모습이라 말하며 자간나타를 숭배하고 헌신했다. 자간나타-끄리슈나 신의 이름을 염송하는 것이 신앙의 핵심이라고 가르치기도 했다. 토착신 자간나타의 기원에 대해 종교사학자들은 여러 가지 이론을 폈다. 대체로 쉬바교, 비슈누교, 샥띠교, 자이나교 그리고 불교의 여러 요소들이 모두 습합되어 하나의 토착신 형태로 만들어진 것이라 보고 있다.

원래 이곳은 갠지스-야무나 평원에서 멀리 떨어져 있고 동東가트ghat 산맥이 높게 서 있는 변방 지역이라 토착 신앙의 요소가 매우 강했다. 거기다가 불교와 자이나교가 전파되어 강하게 뿌리를 내린 곳이라 토착 신앙과 불교 및 자이나교가 일찌감치 습합되었고, 여기에 남부로부터 전래되어 온 힌두교가 또다시 습합되어 강한 시너지 효과를 낼 수 있는 조건이 마련되어 있었다.

자간나타 신앙에는 주신으로 자간나타와 형 발라바드라Balabhadra, 여동생 수바드라Subhadra의 삼위가 함께 봉헌된다. 세 신위의 상은 나무를 깎아 만들었다. 여기에 힌두교의 태양신 수리야가 짜끄라chakra(바퀴) 숭배로 만들어진 수다라샤나 짜끄라Sudarshana Chakra(수레바퀴 형태의 무기)가 함께 자간나타 숭배를 이루는 네 가지 주요 축이 된다. 이 넷의 상은 수레 행렬ratha yatra(라타 야뜨라) 축제에서 하나로 통합된다. 라타 야뜨라는 인도 동부에서 가장 대표적인 종교 문화로 자리잡아 오늘까지 지속되고 있다. 수천 수만의 사람들이 세 개의 신상을 안치한 수레를 끌고 마을을 향해 행렬한다. 누구든 이 수레를 보고 기도하면 죄와 악업이 씻어지고 신의 은혜를 입는다는 믿음이 자간나타 신앙의 핵심이다. 이 때문에 수레 행렬을 보기 위해 인도 전역에서 많은 순례자가 찾는다. 행렬 축제가 벌어지는 뿌리가 힌두교의 성지가 되기까지 했다.

짜이따니야가 자신의 박띠 신앙을 오디샤 지역의 자간나타 신앙과 합치시키면서 오디샤와 벵갈 지역을 중심으로 그를 따르는 제자들이 지역 토착 신앙인 자간나타 숭배와 결합하게 되었다. 이는 엄청난 대중성 확보로 이어진다. 끄리슈나를 매개로 끄리슈나 신앙이 시작된 곳이자 가장 큰 근거지라 할 수 있는 인도−갠지스 평원의 가운데에 위치한 마투라 지역과 연계되면서 동부 인도를 넘어 북부 인도에도 많은 신자들이 생겼다. 그들이 성지 순례 기간에 오디샤 지역을 찾음으로써 비록 일시적이긴 하지만 참가자 사이에 카스트의 구별이 예외적으로 영향을

꼬나락, 수리야 사원(13세기)

힌두교에서 짜끄라(수레바퀴)는 윤회, 악에 대한 선의 승리 등을 상징하는 것으로 태양을 신으로 형상화한 것에서 기원하여 수레바퀴로 의미가 확대되었다. 동부 오디샤주의 꼬나락에 있는 수리야 사원은 수레바퀴가 사원을 움직이는 형상이다.

미치지 않는 집합적 정체성이 형성되었다. 그것은 오디샤, 벵갈 등 동부 인도를 하나로 묶는 역할을 한다.

짜이따니야에 의해 전개된 박띠운동은 원래 끄리슈나와 그의 연인 라다와의 사랑을 신과 인간의 영혼의 사랑으로 비유하면서 신앙 차원으로 승화시킨 것이다. 종교의 핵심을 신과 인간의 영혼 교접이라고 보았고 그것을 엑스터시로 만날 수 있어야 한다고 가르쳤다. 그들은 그 둘 간의 사랑을 전파하는 수단으로 노래와 춤을 적극적으로 이용했다.

박띠와 수피즘의 만남

짜이따니야의 박띠운동과 같은 새로운 형태의 대중 종교가 이번에는 인도 아대륙의 서북부로 들어와 이슬람 수피즘의 감성 종교와 만난다. 수피즘에서는 원래 집단적으로 엑스터시에 도달할 때까지 신의 이름을 부르면서 악기 소리에 맞춰 춤을 추는 것이 매우 중요한 문화였다. 짜이따니야 종파가 신과의 합일 수단으로 삼은 노래와 춤은 수피즘의 끼르딴kirtan을 만나 또 한 번의 문화 전변을 일으킨다.

끼르딴은 사람들이 집단으로 신을 찬양하는 행위다. 북과 장구 등 악

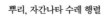

뿌리, 자간나타 수레 행렬

동부 인도의 뿌리의 힌두 사원에서
가장 활발하게 일어나는 수레
행렬은 이곳의 토착 종교인
자간나타 신앙으로 세 개의 신상이
수레 위에 안치되고, 엄청난
규모의 사람들이 그 수레를 끌면서
행렬하는데, 이 수레를 보고
기도하면 신의 은혜를 입는다는
믿음이 그 핵심이다.

기에 맞춰 상체를 흔들며 부르는 끼르딴 합창은 곡이 단순하며 반복적으로 '하리 끄리슈나Hari Krishna(끄리슈나 신이시여)'를 몇 시간 동안 노래한다. 짜이따니야와 그를 따르는 제자들은 끼르딴을 하며 마을을 돌아다니고 도시를 찾아다녔다. 그 찬양 합창은 대중을 끌어 모으고 사회적으로 조직을 배가시키고 그 힘을 과시하는 데 중요한 역할을 했다.

그들은 끼르딴을 통해 개인이 신을 체험할 수 있고 엑스터시 상태에 도달할 수 있다고 주장했다. 그들은 신비주의 신앙을 기반으로 힌두교의 여러 요기들 및 성자들과 많은 교분을 가졌고 다른 종교인 이슬람의 수피즘과도 빈번히 접촉했다. 특히 벵갈 지역에서 술탄의 후원을 받으면서 이슬람의 요소를 적극 받아들여 문화 통합의 꽃을 피웠다. 벵갈 지역 브라만들이 벵갈 지역어 문학을 크게 발전시킨 것이 좋은 예다. 이러한 종교 화합의 분위기는 이후 전국적인 현상으로 발전하면서 서로 다른 종교들 간에 화합의 기틀을 마련하는 계기가 되었다. 특히 무갈제국의 아크바르가 시도한 종교 융합정책에 결정적 기반을 제공했다.

그들이 개척한 종교운동의 가장 큰 의의는 종교 간의 대화와 통합을 통한 인본을 바탕으로 하는 대중 신앙의 확산이다. 그들은 언어도 상층 카스트들의 산스끄리뜨어와 무슬림 지배자들의 페르시아어 대신 토착 지역어인 벵갈어를 사용했고, 벵갈어로 제자들을 교육했다. 이는 200년 정도 뒤에 영국이 도입한 근대주의와 기독교의 영향을 받아 이 지역에서 힌두 종교·사회 개혁운동이 크게 활발해진 것과 비교된다. 그래서 이 짜이따니야운동을 16세기 벵갈 르네상스라고 부르기도 한다.

짜이따니야의 이 같은 모습은 기원전 6세기에 강력한 종교·사회 개혁을 추동한 붓다의 초기 불교운동과 비슷하다. 그러나 그는 붓다와 달리 짜이따니야 종파는 독자적인 종교 공동체로 발전시키려 하지 않았다. 경전을 남기지도 않았고 독자적 정체성의 의례 같은 것도 만들지 않았다. 종교 지도자들도 두지 않았고 독자적인 사회경제 체계를 갖춘 공동체도 두지 않았다. 오로지 예배하는 조직만 두고 종교적으로 평등한 신앙만 추구했다. 그 결과 사회개혁을 추동하는 힘을 갖추지 못했다.

거기까지가 짜이따니야의 한계였다. 그가 족적을 남긴 후 거의 같은 선상에서 비슷한 박띠운동을 벌인 구루Guru* 나낙Nanak은 그와 달리 독자적인 종교·사회 공동체를 구축하여 카스트 사회를 철폐하는 데 상당한 성공을 거두었다. 카스트에 대해 좀 더 적극적으로 개혁하지 못한 짜이따니야운동은 결국 18세기경 사회적 추동력을 잃고 말았다.

중세 시기부터 인도 아대륙 전역에 퍼진 박띠운동을 계기로 사원 건축이 활발하게 전개되었고 순례 행렬이 늘어났으며 음유시인들에 의해 신을 찬양하는 시와 노래가 많이 지어졌다. 성자 시인들은 산스끄리뜨어 대신 누구나 이해하기 쉬운 따밀어, 뗄루구어, 우리야어, 벵갈어 등의 지역어로 지은 사랑과 헌신의 메시지를 들고 방방곡곡을 찾아다녔다. 그 가운데는 브라만 출신도 있었지만 슈드라 출신이나 여성도 상당수였다. 그들은 비록 카스트 체계를 없애려는 사회개혁운동을 본격적으로 추동하지는 못했으나 불평등한 카스트 체계를 비판하는 일은 멈추지 않았다. 13세기 이후 박띠운동이 베다 지식에 기반을 둔 제사 중

---

* '스승'이라는 뜻. 시크교 창시자로서 신도들이 스승으로 존경하여 '구루'를 붙이는데, 때로는 바바Baba, 즉 '아버지'를 붙이기도 한다.

심의 의례적 힌두교에서 철저하게 소외된 슈드라와 여성에게 많은 호응과 지지를 받은 것은 이 때문이다.

박띠는 문화적으로도 중요한 역할을 했다. 가장 먼저 꼽을 수 있는 것은 지역 문화의 발전이다. 박띠가 성행하기 이전에는 문학작품을 짓고 종교 경전을 설파하는 일이 대부분 산스끄리뜨어를 통해 이루어졌기 때문에 식자층을 제외한 일반 대중들은 소외당할 수밖에 없었다. 반면 성자 시인들은 지역어를 적극적으로 사용했다. 그 결과 문학, 예술, 사상이 일반 대중에게 널리 확산되고 각 지역의 언어와 문화가 크게 발전했다.

박띠는 사회적으로 또 하나의 중요한 역할을 수행했다. 고대로부터 내려온 많은 종교 전통과 다양한 구원사상 그리고 그로 인해 상충될 수 있는 여러 종파와 종교행위 등을 하나로 절충하고 통합한 것이다. 박띠 운동은 동부는 물론이고 남부, 서부 그리고 북부에까지 널리 퍼져 지역에 따라 달랐던 여러 소小전통을 하나의 대大전통으로 통합했다. 나아가 중세 이후, 특히 이슬람이 들어온 이후 힌두-무슬림의 융합에도 기여했다. 이를 통해 힌두교가 보편적으로 대중화되는 근간이 되었고, 인도라는 문화적 동질성과 일체성을 유지하는 토대가 되었다.

5-3. 이슬람과의 만남과 시크교의 성립

이슬람의 도래와 종교 통합

이슬람은 어느 한 시기에 인도에 들어온 것이 아니다. 현재의 파키스탄 서부 신드 지역이 무슬림 세력에 의해 군사적으로 정복된 것이 시작이 었는데, 8세기의 일이다. 그 후 북부 인도의 중심인 인도-갠지스 평원 이 무슬림에 의해 군사적으로 정복된 것은 델리에 술탄조를 세운 12세기 이후의 일이고, 북부와 남부에서 여러 이슬람 세력이 흥하고 망하는 과정을 거치면서 16세기 초에 무슬림 통치자에 의해 무갈제국이 건설되어 19세기 중반까지 이어졌다.

인도 아대륙 대부분이 이슬람 세력에 정복된 것은 17세기경의 일이다. 하지만 무갈이 아대륙 전체에 지배권을 행사했다고는 할 수 없다. 동부 벵갈의 치타공Chittagong까지 이슬람 세력의 지배 아래 들어간 것은 1666년의 일이고, 데칸의 마이소르 이남은 무슬림의 지배를 받은 적이 없다. 무슬림 상인들은 군사적 정복과 달리 이미 8~9세기에 벵갈 지역에서 교역활동과 함께 포교활동을 했다. 특히 신비주의 수피들의 인도 포교는 상당히 광범위하게 퍼졌다.

힌두교는 이슬람이라는 전대미문의 종교와 접촉하면서 지금까지와 는 전혀 다른 차원의 새로운 변화를 겪게 된다. 이슬람은 종교 성격상 힌두교와 근본적으로 다르다. 가장 기본적으로 이슬람은 알라Allah라는 유일신을 믿고 무함마드Muhammad라는 분명한 창시자가 존재한다.

신비주의 수피파를 제외하고 대부분의 이슬람 교리는 신의 절대적인 힘 앞에서 인간은 완전히 무력한 존재라고 믿는다. 교리에 따르면, 최후 예언자 무함마드도 신이 아닌 단순한 사람에 지나지 않는다. 신은 매우 추상적인 존재이기 때문에 신상이나 그림으로 묘사할 수 없고, 사람과 완전히 차원을 달리하는 존재이기 때문에 인간이 그 의지를 추측하는 것은 불가능하다. 이슬람 사원인 모스크에 신상도 없고 제단도 없고 신에게 공물을 바치는 것도 없는 이유다. 숭배와 의례 중심의 힌두교와는 전적으로 다른 것이다. 신과 인간의 통화는 신 쪽에서의 일방적인 계시만 성립한다. 인간이 신에 대해 행할 수 있는 것은 신에게 신앙 고백을 하고, 신앙의 표현으로써 성전《꾸란Quran》에 쓰인 규범을 일상생활 속에서 지켜 나가는 것뿐이다. 동물과 사람은 천지창조 때부터 다른 서열에 속하는 존재로 창조되었기 때문에 힌두교도와 같이 인간이 동물로 된다거나 동물이 신이 된다는 관념은 처음부터 있을 수 없다. 윤회도 있을 수 없으며 카스트로 서열이 나뉠 수도 없다.

이슬람과 힌두교의 접촉은 12세기 델리에 무슬림의 술탄 정권이 들어서면서 본격적으로 전개되었다. 델리 술탄조 이후 인도 각지에 뿌리를 내린 여러 무슬림 권력은 안정적인 통치 기반을 다지기 위해 문화 융합을 적극 시도했다. 산스끄리뜨어 문헌을 페르시아어로 번역하여

델리, 꾸뜹 미나르(12세기)

현재 인도 수도인 뉴델리의 도시 상징인 꾸뜹 미나르는 꾸뜹 웃딘 아이박이 12세기에 북부 인도를 정복한 후 이곳에 도읍을 정하면서 세운 승전탑이다. 자신들의 승리를 과시하기 위해 오래된 힌두 사원을 파괴하고 그 위에 세웠는데, 이 사실이 현대 힌두 근본주의 정치인들에 의해 무슬림이 힌두교를 파괴했다는 빌미를 줌으로써 정치 문제의 상징이 되었다.

종교 간 대화를 시도한 것이 대표적인 예다. 무갈조에 가서는 아크바르가 개종하지 않는 힌두에게 부과하는 주민세 지즈야를 폐지하기도 했다.

아크바르는 또 1582년에 '성스러운 믿음'이라는 독특한 종교 화합의 장을 마련했다. 그것은 힌두교와 이슬람 그리고 기독교, 유대교, 조로아스터교의 스승들을 한 곳에 모아 서로 토론하고 화합하도록 만든 회합이다. 학자에 따라서는 새로운 종교로 보기도 하지만 대체적으로는 종교 간 화합을 위한 행위 모임으로 본다. 바야흐로 종교 간 화합과 통합과 사랑의 분위기가 권력의 비호 아래 무르익은 것이다. 이후 두 종교의 접촉과 변화는 적극적으로 이루어졌다.

당시는 힌두교의 박띠운동이 활발하게 전개되고 딴뜨라에 기초한 밀교 전통이 매우 넓고 깊게 영향을 끼쳐 포용력이 매우 강한 상황이었다. 그 위에서 힌두교는 이슬람이라는 정체성이 아주 강한 외래 종교를 자연스럽게 받아들일 수 있었다. 이후 힌두교는 이슬람의 영향을 받아 내부적으로 상당한 변화가 이루어졌다.

두 종교의 만남에서 초기 접촉을 시작한 수피즘이 이슬람 주류 신학과는 달리 신과 인간과의 신비적 사랑을 강조한 것도 중요한 계기가 되었다. 수도승인 수피들은 많은 인민들에게 종교란 추상적이거나 탈인격적인 것이 아니고, 인간적이고 감정적이고 본능적인 것이라 했다. 지

핫산, 힌두 사원 물 저장소(12세기)

힌두교는 오염 의식을 기반으로 일상생활을 규정한다. 오염된 것은 물이나 불 혹은 우유나 경전의 말씀으로 성화한다. 힌두교 사원에는 항상 물을 저장하는 탱크가 있어서 거기에서 세정 의례를 한다. 그 지하 저수조는 지상의 건축물과 똑같이 아름답게 건축한다.

식보다는 개인적인 영적 경험이 더 필요하다고 설파했다.

기본적으로 수피즘은 종교나 종파를 초월하여 내재한 영적 가치를 중요하게 인정함으로써 다른 종교와의 공존을 가능하게 하는 다원주의적 요소를 가지고 있었다. 그렇게 대중화와 종교 융합에 최적화된 수피즘과 박띠 신앙이 대중화의 전면에서 만난 것이다. 둘은 서로 다른 것을 받아들일 수 있는 공통분모를 이미 공유하고 있었다. 특히 수피파에서 행하는 금욕, 참회, 단식, 호흡 조절 등은 힌두교가 이미 오래전부터 공유하고 있던 종교행위라 함께할 수 있는 여지가 충분했다.

인도로 들어온 많은 수피들 가운데 무인 알딘 치슈티Muin al-Din Chishti의 역할이 매우 컸다. 페르시아 출신으로 아프가니스탄을 거쳐 인도로 들어와 정착한 그는 다른 이슬람 종파 선교사들과 달리 힌두교에서 이슬람으로 개종하는 사람들이 신을 경배 찬양하는 데 음악을 사용하는 것을 허용했다. 그의 이러한 실천은 두 종교의 융합에 큰 영향을 끼쳤다. 특히 벵갈에서의 짜이따니야운동과 만날 수 있는 여지를 만들어 주었다. 이로 인해 이후의 힌두교 신앙에서 음악과 춤은 중요한 역할을 차지했다.

남부에서 북부로 올라온 새로운 박띠운동에서는 14세기 초 마하라슈뜨라 출신의 나마데와Namadeva와 라마난다Ramananda가 중요한 역할을 했다. 그들은 특히 카스트 체계를 비판하며 만민평등 사상을 가르쳤고, 박띠 신앙을 카스트에 전혀 개의치 않고 모든 사람들에게 가르쳤다. 그들의 사랑과 평등의 가르침은 북부 인도에 널리 영향을 끼쳤고 그 결과 브라만의 권위와 권력에 큰 타격을 주었다.

더군다나 14세기 초는 무슬림들이 델리에 술탄 정권을 세우고, 힌두

무사 귀족인 라즈뿌뜨의 권력과 명예가 크게 떨어진 시기다. 이슬람 권력이 들어서면서 자연스럽게 힌두 사회 내에서 브라만-끄샤뜨리야의 힘이 약화된 것이다. 많은 사람들이 기계적 의례주의와 위계화된 카스트에 염증을 느끼고 새로운 종교를 기대하게 되었다. 힌두교와 이슬람의 조화와 새로운 종교 탄생의 분위기는 마하라슈뜨라에서 올라와 북부에 널리 퍼진 비슈누교 박띠운동인 산뜨Sant 전통을 통해 본격적으로 시작된다.

시크교의 성립

산뜨는 끄리슈나 같은 신이 추상적 절대 존재자가 아니라 인간의 속성을 지닌 지고의 존재이기 때문에 그와 사랑을 나누고 그에게 모든 것을 바치는 것이 최고의 신앙이라고 가르쳤다. 산뜨 전통에 의하면 인간과 모든 생명체는 신의 은총에 의해 생로병사의 속박으로부터 자유로워진다. 그들은 오랫동안 북부 인도를 중심으로 내려온 힌두교의 의례주의를 거부하고 초월적 신에 대한 개인의 경험을 신앙행위의 핵심으로 삼았다. 그들은 남부에서 발달한 비슈누교 박띠 그리고 외부에서 들어온 수피즘과의 공통점을 찾아 하나로 묶기 위해 노력했다.

이 시기 산뜨 전통을 이끈 스승으로 까비르Kabir, 나낙, 라위다스Ravidas, 미라바이Mirabai 등이 있는데, 상당수가 하층 출신이었다. 까비르는 베 짜는 직조공이었고, 라위다스는 불가촉민 가운데서도 가장 낮은 가죽 일을 하는 짜마르Chamar 카스트였다. 미라바이는 한 작은 왕국의 공주였고 나낙은 *끄샤뜨리야* 출신이다. 이들 산뜨 가운데 까비르와 나낙이 가장 대중적인 사람이었다.

까비르는 신이란 라마든 *끄리슈나*든 알라든 이름만 다를 뿐 모두 하나라고 주장하면서 힌두와 무슬림이 다르지 않음을 강조했다. 그는 카스트 체계 특히 불가촉민에 대한 차별, 우상 숭배, 성지 순례, 성욕聖浴, 의례주의, 기세 등을 신랄하게 비판했다. 종교를 둘러싼 사상, 종족, 남녀, 가문, 재산 등으로 인해 발생하는 모든 종류의 차별이 그의 비판 대상이었다. 그러나 그는 어디까지나 개인의 변화를 강조했을 뿐 사회구조의 변혁을 시도하지는 않았다.

또 다른 산뜨 전통의 스승 나낙은 하나의 신에 대한 믿음, 카스트와 우상 숭배 반대 등 종교와 관련해서는 까비르와 거의 동일한 입장을 취했다. 그러나 까비르와 달리 신에게 다가가기 위한 조건으로 청정심이 필요하다고 설파했고, 구원의 길을 가기 위해 안내자로서 구루guru(스승)의 필요성을 역설했다. 이는 시크교의 토대가 되었다. 까비르와 나낙 두 사람이 주도한 새로운 산뜨 전통의 박띠 힌두교운동은 짜이따니야운동과 더불어 무갈 시대의 종교·사회 융합 분위기 조성에 큰 역할을 한다.

히말라야 시크교 성지 힘꾼드 사힙

시크교는 힌두교와 이슬람의 좋은 점을 혼합하여 인위적으로 만든 종교다. 처음에는 힌두교의 성지 순례를 비판하였으나 시간이 가면서 힌두교의 성지 순례를 받아들여 지금은 성지 순례가 널리 행해진다. 그 가운데 한 곳이 힌두교도가 숭배하는 히말라야산과 성스러운 강의 원천이다.

나낙은 처음부터 시크교를 창시하려고 의도하지는 않았다. 그러나 그를 믿고 따르던 제자들이 그의 포용력과 중도의 정신을 살려 시크교라는 새로운 종교를 발전시켰다. '시크Sikh'라는 말은 뻔자비어로 '제자'를 뜻한다. 1대 구루 나낙을 시조로 하고 10대 구루 고빈드 싱Gobind Singh을 끝으로 하는 10명의 구루를 중심으로 하여 형성된 종교다. 시크교의 성전은 나낙부터 4대 구루인 람 다스Ram Das의 말씀을 5대 구루인 아르준Arjun이 집대성하여 편찬한 《아디 그란트Adi Granth》다.

시크교의 주요 교리는 힌두교의 창조론과 윤회론, 이슬람교의 유일신과 평등 사상이 큰 윤곽을 이루고 있다. 시크교는 박띠와 수피의 좋은 점을 받아들여 힌두교와 이슬람의 양립 불가로 보이는 몇 가지 세계관을 조화롭게 하나의 교리로 만들었다. 이슬람을 따라 창조주가 있지만 힌두교를 따라 구루가 매우 중요한 위치를 차지한다. 힌두교 가운데 윤회는 인정하지 않고 구루를 따르는 명상을 통해 신과의 합일을 중시한다. 세계는 마야幻이기 때문에 그 안에서 신과 영혼의 만남을 통한 해탈을 주장하는데 그것은 구루를 통해 가능하다고 보았다. 다만 구루는 힌두교에서 말하는 신의 화신이나 이슬람의 메시야가 아니고, 전지전능한 유일신과 인간을 연결시켜 주는 교량일 뿐이다. 그들은 인간의 의지로서만 운명을 극복할 수 있고 그것을 재가의 삶을 통해 이루되 물질적 생활에 빠져서는 안 된다고 가르친다. 그리고 이슬람의 만민평등 정신에 따라 모든 형태의 억압이 존재하지 않는 정의로운 사회를 추구한다. 카스트, 우상 숭배, 의례주의, 수도승, 요가, 고행 등 힌두교의 주요 요소들을 거부하고 이슬람의 공동체 복지 우선 정신을 받아들였다. 이는 식사에서도 실천된다. 항상 구르드와라gurdwara라 불리는 예배당 안에서 전체가 모여 공동으로 식사한 것이다.

1대 구루인 나낙은 시크들의 공동체 모임인 다람샬라Dharamshala를 건설해 그 안에서 신을 찬양하게 함으로써 그들의 모임이 종교화되는 길을 열었다. 2대 구루인 앙가드Angad는 나낙의 전기와 찬송집을 편찬했다. 3대 구루인 아마르 다스Amar Das는 관구를 조직하고 공동체 복지를 위한 조세를 걷음으로써 종교 조직을 구축했다.

이때까지의 시크교는 아직 독립된 종교로서의 정체성을 확립하지 못하고, 짜이따니야파의 영향 아래 유일신론을 중심으로 하는 힌두교 안에서 카스트를 부정하는 평등 중심의 새로운 박띠운동의 하나였을 뿐이다. 그러던 것이 4대 구루 이후 구루들에게 성성聖性을 부여하고 독립 공동체를 유지하는 체계를 조직하면서부터 하나의 종교로 독립하기 시작했다. 4대 구루인 람 다스는 시크교의 본산지인 아므리뜨사르Amritsar를 건설하고 구루의 직職을 세습하도록 함으로써 혈통에 신성성을 부여했다. 5대 구루 아르준은 힌두와 무슬림 양 종교로부터 후원을 받아 오던 체제를 독립 체제로 전환시켜 아프가니스탄이나 페르시아와 같은 외국과의 교역을 통한 이익금으로 운영비를 충당했으며 아므리뜨사르를 성지聖地로 추앙했다. 특히 그는 나낙, 앙가드, 아마르 다스, 람 다스, 아르준의 가르침과 열세 산뜨 시인과 두 수피 시인의 말씀을 모아 《아디 그란트》라는 최고 경전을 편찬함으로써 실질적인 독립

아므리뜨사르, 시크교 황금사원

시크교의 본산인 뻰잡의 아므리뜨사르에 있는 황금사원. 인디라 간디 수상은 시크 테러리스트들이 숨어 있는 이 사원을 중화기로 무장한 군인들로 초토화시켰고, 이로써 시크 분리주의 테러리스트의 반발이 더욱 거세어졌다. 그 결과 인디라 간디가 암살당하고, 델리에서 시크 대학살이 벌어졌다.

된 종교의 초석을 다졌다. 독립 종교의 초석을 놓은 구루 아르준은 무갈 황제 자항기르Jahangir에 반역을 저지른 죄인을 숨겨 준 죄로 황제의 노여움을 사 순교함으로써 자신들을 더욱 독립적인 종교 공동체로 발전시키는 계기로 삼았다.

이어 6대 구루인 하르 고빈드Har Gobind는 그들의 집단을 무슬림식으로 무력 집단화하여 무갈 조정과 세 차례에 걸쳐 전쟁을 벌이고 모두 승리했다. 시크교도들이 채식주의를 포기한 것도 이러한 무장화의 일환이었다. 이후 7대인 하르 라이Har Rai와 8대인 하르 끼산Har Kishan 때는 무갈 조정과 평화관계를 유지하면서 세 확장에 주력했으나 9대 구루인 떼그 바하두르Tegh Bahadur가 다시 무갈 황제 아우랑제브Aurangzeb에게 박해를 받아 순교를 당한다. 이때 그가 남긴 말 "머리는 내어 줄 수 있으나 믿음은 내어 줄 수 없다"는 시크교도들의 무장화에 많은 영향을 끼쳤다.

이어 10대 구루인 고빈드 싱에 의해 시크교도는 완전한 무력 집단으로 변했고 구루 전통도 이를 기점으로 마감했다. 그는 자신의 아버지이자 9대 구루인 떼그 바하두르가 무갈 황제 아우랑제브에게 참수당한 뒤 그에게 바친 찬송을 《아디 그란트》에 추가했다. 고빈드 싱은 아우랑제브와의 전쟁을 치르던 중 1699년에 자신들의 종교 공동체를 위해 순교할 다섯 전사를 선발하여 칼사Khalsa 단원으로 삼았다. 칼사의 원래 어의는 '청정, 자유' 등의 뜻인데, 시크교에 입문한 신자들의 공동체를 의미한다.

칼사 단원은 뻔자비어로 'ㄲ' 음으로 시작되는 5개의 징표를 항상 지니는 것을 의무로 삼았다. 바로 께쉬kesh(머리카락), 깡가kangha(빗), 까라

Kara(쇠팔찌), 깟체라kacchera(속 반바지), 끼르빤kirpan(칼)이다. 이후 칼사 단원이 된 남자에게 싱Singh(사자)이라는 이름을 붙여 주었으니 남성 시크교는 모두 이름을 싱으로 썼다. 여자에게는 카우르Kaur(여군주)라는 이름을 붙여 주었다. 결국 시크교는 처음의 의도와 관계없이 무갈이라는 강력한 정치권력과 충돌해 심한 박해를 받으면서 집단 정체성이 강화되고 구성원들이 하나의 독립된 종교 공동체 의식을 갖게 되었다.

5-4. 후기 중세 시대 박띠운동의 사회사적 의미

4차 도시화와 힌두교의 변화

박띠운동이 전개되던 중세, 힌두교와 이슬람 두 종교 간의 대화는 13세기부터 일어난 인도 아대륙의 도시화와 궤를 같이한다. 당시 인도에서는 상품 생산이 크게 증가하고 곳곳에 생겨난 도시를 중심으로 국내외 교역이 크게 일어났다. 아시아-유럽-북아프리카 세 대륙 간에 상품, 사람, 기술 등의 교역이 활발해진 것이다. 델리 술탄의 정치 안정에 따른 경제 성장과 도시화는 이 세계 체제 발전에 한몫했다.

당시 대부분의 인도 도시는 전형적인 상업 도시였던 유럽 도시와 달리 국가의 행정 정치력에 의해 형성된 도시였기 때문에 유럽 도시에 비해 자생적 역동성이 떨어졌다. 그렇지만 인도와 서아시아의 교역이 활발해지면서 인도 아대륙에 도시화가 일어났고, 이로 인해 남과 북, 동과 서의 이동과 교류가 더 활발해졌다. 이는 서로 다른 두 종교, 이슬람과 힌두의 조화를 이끌어 냈다.

델리 술탄조의 이슬람 정권은 사회적으로 카스트 체계에 간섭하지 않는 정책을 폈다. 그들이 원하는 것은 새로운 환경에서 국가 건설에 필요한 재정 확충이었다. 이를 위해서는 농촌에서의 세수稅收 확보와 도시에서의 저임금 노동력 확보가 무엇보다도 필요했다. 국가 운영세력으로서, 현재의 일부 힌두 근본주의자들이 주장하는 것과는 달리, 종교가 다르다는 이유로 힌두교를 핍박하는 게 더 우선시될 수는 없었다. 카스트 차별이 만민평등 교리에 어긋나긴 하지만 상층민과 하층민이 질서 있는 체계 속에서 생산만 잘 진행한다면 크게 문제될 것 없다고 본 것이다.

도시를 중심으로 형성된 새 지배계급에게는 더 안정된 세력 구축을 위해 기술과 재화의 확보가 우선적으로 필요했고 이는 결국 새로운 기술의 개발과 직업의 창출로 연결되었다. 국가에 의해 무슬림으로 개종된 많은 하층 카스트들은 기술, 상업, 무역 등의 새로운 직종에 차용되었다. 이러한 일련의 사회경제 발전으로 인해, 비록 제한된 수준이지만 어느 정도의 카스트 이동과 분화가 이루어지고, 카스트를 비롯한 여러 공동체 간의 변화가 발생했다.

박띠운동 이후의 사회 변화 가운데 가장 눈에 띄는 것은 남부의 링가야뜨운동으로, 바로 이 시기에 흥성한 도시화가 만들어 낸 결과다. 링가야뜨운동은 약 2,000년 전 동북부 인도 갠지스강 중상류 유역에서 불교가 발생한 것과 유사하게 도시 문명이 크게 번성하자 생산과 상업, 유통에서 권력을 키운 신흥 직업인들의 지지를 받으면서 성장했다.

링가야뜨운동이 발생한 인도의 서남 해안 지역은 서아시아 지역 특히 동로마제국과의 실크, 후추 등의 대외무역이 활발해지자 제4차 도시화가 활발하게 전개된 곳이었다. 도시에서는 수공업과 상업의 발달에 따라 화폐 중심 경제가 돌아가고 있었지만, 농촌에서는 여전히 농민이 브라만의 토지를 소작하면서 저임금에 시달리고 있었고 사원에 대한 물질 기부에 의존하고 있었다. 이는 새롭게 태동된 도시 화폐경제 신흥세력과의 갈등을 불러왔다.

갈등 상황에서 강력해진 도시경제 세력은 곧 사원경제의 근간을 흔들고 전통 종교체계에 상당한 타격을 주었다. 링가야뜨가 사원에서 행하는 모든 의례와 숭배행위를 거부한 것은 이러한 도시경제 기반 신흥세력의 부상이라는 차원에서 해석해야 한다. 즉 겉으로는 종교의 싸움이지만 실제로는 당시 한창 성장 중이던 신흥세력과 기득권 세력 간의 경제 주도권 싸움이었던 것이다.

링가야뜨에서 종교 지도자 집단인 브라만 출신의 장가마는 당대에 강력한 힘을 가진 상인 집단으로부터 큰 후원을 받았다. 상인과 함께 농민과 장인들이 강력한 지지자 그룹을 형성했다. 특히 베 짜는 사람

---

* 인도에서 근대 이전의 도시화는 네 차례 있었다. 처음은 인더스강 유역과 아대륙의 서부까지 펼쳐진 하랍빠 문명 시기였고, 하랍빠 문명이 몰락하고 1,000년 정도 지난 기원전 6세기 갠지스강 중상류 유역에서 일어난 갠지스 문명이 두 번째, 그로부터 500년 정도가 지난 기원 초기에 아대륙 서북부를 중심으로 중국과 로마와의 실크로드 교역이 왕성하던 시기에 진행된 도시화가 세 번째, 그로부터 약 1,000년 정도가 지난 13세기경 아대륙의 남부와 서부를 중심으로 서아시아와의 왕성한 교역과 활발한 사원 경제에 따라 일어난 도시화가 네 번째다.

들, 옷 만드는 사람들, 염색하는 사람들, 기름 짜는 사람들과 같은 장인들이 많았다. 그들은 당시의 새로운 도시경제 분위기 안에서 새로운 권력을 형성했음에도 여전히 종교 전통에 따르는 의례적 지위가 슈드라였다. 하층민 대접을 받을 수밖에 없는 상황이었던 것이다. 이는 전통질서에 대한 불만을 낳았고 전통질서에 대한 도전으로 이어졌다.

신흥세력이 기존 사원의 종교행위, 즉 우상 숭배나 의례를 거부한 것은 곧 사회 기득권의 원천인 사원경제 행위를 부정하는 것이었다. 기존 종교가 갖는 힘의 원천이 사원경제에 있음을 깨닫고 그것에 공격을 가한 것이다. 그들은 종교행위와 관련하여 기존의 브라만 질서를 거부하고 장가마들과 폭넓은 유대관계를 가지면서 지역의 사당을 거점으로 탈脫의례의 신앙생활을 영위해 갔다. 아울러 전통적 브라만들과는 철저히 거리를 두면서 베다에 근거를 둔 '정통' 힌두교와 결별을 시도했다.

14세기 이후 도시의 활력이 쇠퇴하고, 사원에서 세력을 키운 토지 중개인의 도시 생산 수공업자들에 대한 장악력이 커지면서 링가야뜨 세력은 쇠퇴했다. 사회경제적 힘이 뒷받침되지 못하면 종교는 쇠퇴하기 마련이다. 그런 상태에서 종교 집단 외부에 강력한 영향력을 가진 사회 질서가 포진해 있으면 종교 집단은 결국 그 질서를 받아들일 수밖에 없게 된다. 링가야뜨 세력과 힌두교 카스트가 꼭 그랬다. 힌두교 카스트를 배격한 공동체를 지탱해 줄 물적·사회적 토대를 갖추지 못하면서 링가야뜨 공동체는 자신들이 배격하고 나온 카스트 사회에 의존할 수밖에 없게 되었다. 독자적인 집단 공동체를 형성하지 못했기 때문에 세습 직업을 통한 물물교환이든 결혼이든 음식이든 더 큰 카스트 공동체를 무시하고 독자적으로 운영할 수 없게 된 것이다.

　이는 링가야뜨 공동체 안에 또 다른 카스트를 발생시켰다. 상업과 수 공업에 기반을 둔 신흥 지지세력이 브라만 지주에 다시 종속되면서 사 회개혁의 활력을 상실하고 결국 운동은 실패했다. 이것이 인도사에 나 타난 카스트와 반反카스트 사이의 역동적 정치학의 원리다. 비록 실패 로 끝났지만 링가야뜨 공동체의 개혁운동은 인도 종교사에서 유례를 찾기 힘들 만큼 획기적으로 카스트 중심의 계급사회를 부정하고 혁파 를 시도한 운동이었다.

중세 박띠운동의 실패 원인

링가야뜨 세력이 실패한 가장 근본적 이유는 카스트 사회에 저항하면 서 세력을 지탱해 줄 수 있는 독자적인 공동체를 확보하지 못한 지점에 서 찾아야 한다. 초기 불교가 카스트에 저항하는 급진적 종교를 창시하 고 독자적인 공동체까지 세웠으나 물적 토대를 독자적으로 구축하지 못한 데다 재가 신자들이 불교 공동체만의 독자적 의례를 구축하지 못 하여 개인이나 가족 간의 관계에서 기존의 힌두교 카스트 체계 속에서 살게 되어 결국 다시 사회 안으로 들어가 힌두교화되어 버림으로써 사 라져 버린 것과 같은 역사적 현상이다.

　16세기 오디샤와 벵갈 지역에서 매우 큰 영향력을 행사했던 짜이따 니야운동 역시 이와 비슷한 경로를 밟았다. 짜이따니야운동은 감성적 인 종교에 몰두했기 때문에 신비적 체험만 중시했을 뿐 남부 인도의 비라샤이바운동과 같은 사회개혁 등에는 그리 관심을 두지 않았다. 카스트 체계를 비롯하여 과부 순장인 사띠, 브라만 일부다처제, 유아 결혼, 고행과 같은 악습에 대해 별다른 저항을 하지 않았던 것이다.

상층 브라만들은 이러한 악습을 모두 다음 세상에 좋은 곳으로 윤회 전생하는 통로라고 가르쳤고, 인민들은 그러한 힌두교 교리의 노예로 전락해 있었다. 짜이따니야는 잘못된 종교 관행을 신에 대한 인간의 사랑을 찬양하는 것으로 없애야 한다고만 했을 뿐이다. 그는 자신의 뜻에 의거하여 카스트와 관계없이 모두 악습을 따르지 않고 오로지 신과 사람들과의 사랑만으로 이루어진 종교 안에서 공동체를 따로 조직하려 했다.

보기에 따라서는 오히려 그들이 의례와 우상 숭배를 적극적으로 따른 것이라 해석할 수도 있다. 의례와 우상 숭배를 통한 신과의 합일 그리고 엑스터시의 길을 설파했기 때문이다. 그들의 신앙이 우상 숭배와 의례를 철저히 거부하지는 않았지만, 궁극적으로 인간 중심적이고 인간의 감성 특히 사랑과 아름다움에 역점을 둔 인본주의적 신앙이었다는 것을 부인할 수는 없을 것이다. 끄리슈나 이름을 부르며 춤과 노래로 찬양하는 끼르딴 합창에 카스트 관계없이 누구나 참여할 수 있게 했다는 점은 특히 중요하다. 비록 그들도 대부분의 다른 박띠운동들과 마찬가지로 카스트 제도를 효과적으로 제압하지는 못했지만, 카스트의 엄격함을 느슨하게 했던 것은 사실이다.

짜이따니야파는 힌두 사회 속에서 경제력은 상당했으나 의례적으로는 여전히 낮은 위치에 있던 상인 카스트에게 큰 지지를 받았다. 그것은 짜이따니야파가 가장 왕성하게 전도활동을 하던 끄리슈나 탄생 성지 마투라−브린다완Brindavan이 북부 인도의 교통의 요지로 상업의 요충지였다는 사실과 관련이 있다. 특히 브린다완은 동부 인도와 북부 인도를 연결하는 교역로 상의 중심지였기 때문에 짜이따니야운동이 전국적으로 크게 유행하게 된 데 직접적 영향을 끼쳤다.

짜이따니야운동은 정치적으로는 당시 동부 지역을 통치하던 가자빠띠Gajapati조의 많은 후원을 받은 결과 동부의 뿌리 지역에 안착할 수 있었다. 가자빠띠왕국에서 끄리슈나, 즉 자간나타 신은 왕권에 정당성을 부여하는 신이었고, 왕실은 그 대가로 사원에 상당한 물질적 기부를 했다.

짜이따니야는 동부 인도의 부족 지역과 앗삼에까지 영향력을 넓혀 그곳을 힌두화하는 데 크게 기여했다. 그는 카스트에 따른 차별을 두지 않고 직조공, 우유 짜는 사람, 신기료 등 하층민들을 직접 만나 그의 조직에 들어오도록 초대했다. 그 결과 그의 조직에는 브라만뿐만 아니라 하층민도 많이 있었다. 그는 무슬림과 여성에게도 문화를 개방했다. 그래서 짜이따니야운동은 특히 무슬림과 낮은 위치의 카스트에 지대한 영향을 끼쳤다.

당시 남부와 동북부 그리고 서북부에서 일어난 박띠운동은 초기 중세 시기의 박띠운동과는 사뭇 다른 사회적 의미를 갖는다. 대부분의 박띠운동이 카스트에 대한 사회적 저항이라는 요소를 가지고 있었던 것이다. 하지만 당시의 박띠운동은 카스트 구조의 철폐로 이어지지 못한 채 또 하나의 독자적 카스트 종파 형성으로 귀결되었다. 이는 당대의 반反카스트운동이 항상 영적靈的 구원 문제와 관련되어 출현했기 때문에 나타난 현상이다.

당시 반카스트운동이 전개되는 양상은 다음과 같다. 특정 시점에 카리스마를 지닌 스승이 등장하여 새로운 길을 창도하면서 많은 제자들이 그의 주위에 모여든다. 스승의 새로운 가르침에는 항상 만민평등, 의례주의 타파, 카스트 부정이 있었고 이에 여러 다양한 카스트에서 많은 추종자들이 모여든다. 그들은 기존 사회와의 거리두기를 실천하는 과정에서 반反카스트 중심의 개혁정신에 동참한다. 링가야뜨, 짜이따니야, 산뜨운동이 이에 속한다.

하층 카스트 출신이 대다수였던 그들은 카스트 철폐에 목소리를 높였지만 종교 안에서 울리는 목소리밖에 되지 못했다. 사회의 카스트는 건드리지 못하고 성공하면 자기들끼리 만든 새로운 종교 공동체 안에서 카스트로부터 해방되어 사는 것이었다. 실패하면 카스트 사회 안으로 다시 돌아가는 수밖에 없었다.

결국 원래의 위치로 돌아가게 된 개혁 동참자들은 정체성을 유지하기 위해 자신들만의 결혼과 음식 관습이 통하는 관계를 만들었다. 그로 인해 특정 문화를 공유하는 특정 범주가 되다 보니 새로운 카스트를 또 하나 형성하게 된 것이다. 이로 인해 새로운 종교를 창시하지 못하고 하나의 종파운동으로 존재하다가 활력을 잃으면서 사라졌다.

이들과 다른 경우가 시크교다. 시크교는 카스트를 비롯한 힌두 사회를 개혁하는 데 상당한 성공을 거두었다. 독자적인 공동체 조직을 구축했고, 내적으로 성스러운 종교화 사업을 하고 외부로는 무갈 정부에 대한 저항을 통해 정체성을 다짐으로써 개인의 영적 생활이 아니라 단체로서의 공동체를 강화하여 결국 사회개혁이나 독자적 종교의 위치 정립에 성과를 거두게 된 것이다.

이 대목에서 힌두교와 이슬람의 갈등과 조화에 대해 평가할 필요가 있다. 델리 술탄 때는 물론이고 무갈제국 시기의 무슬림 왕들 또한 범신론적인 힌두교 위에서 카스트 체계가 굳건히 자리잡은 현실을 굳이 문제 삼지 않았다. 그들은 자신들의 정치적 지배권을 인정하는 조세를 납부하는 한 힌두들의 종교에 간섭하지 않았고 개종을 강요하지도 않았다. 이슬람으로 개종하면 세금을 면제해 주었을 뿐이다. 이후 많은 하층민들이 이슬람으로 개종하기는 했으나 두 종교 공동체 간의 갈등은 일어나지 않았고, 두 전통이 만나 자연스럽게 새로운 문화를 형성했다.

무슬림으로 개종한 사람들은 대부분 사회경제적으로 최하층에 놓인 불가촉민이었다. 그들은 개종한 후에도 같은 카스트끼리의 혼인과 직업의 세습을 유지했고, 무슬림이지만 카스트로서 브라만–지주를 중심으로 하는 촌락 위계 조직에서 최하위 계층에 자리했다. 당시는 철저히 촌락 공동체 안에서 카스트에 따른 물물교환 형태로 사회경제적 관계가 유지되었지 지금과 같이 화폐경제 체계로 유지되는 것은 아니었기 때문이다. 자신이 개종하더라도 자기 가족이나 힌두 카스트 체계 밖에서 단독으로 살 수는 없었던 것이다.

여기에 하나를 추가한다면, 최근 이슬람 지배자들이 힌두 사원을 노략질하고 여성을 강간하여 힌두교를 핍박했다는 최근 힌두 근본주의자들의 주장은 역사학적으로는 전적으로 수용할 만한 것은 아니다. 사실 자체로서는 맞는 주장이다. 하지만 역사학에서 '누가', '언제', '어디서', '무엇을'만 적시하는 건 무의미한 일이다. '어떻게'와 '왜'가 빠진 사실의 나열은 역사 왜곡으로 이어질 수 있다. 역사학은 '어떻게'와

'왜'가 들어가면서 해석이 이루어지고 여러 해석을 통해 사실에 의미를 부여하는 학문이기 때문이다.

무슬림의 폭력은 힌두교나 힌두 공동체를 핍박하고 능멸하기 위한 것이 아니라 모든 전쟁에서의 보편적 행위로 해석해야 한다. 중세 시기 재물을 탈취하기 위해 가는 곳은 종교 사원이었고, 상대의 기를 꺾기 위해 여성을 강간하는 것이 전쟁의 보편적 문법이었다. 이런 점에서 당시 이슬람의 힌두 사원 노략질과 여성 강간을 힌두와 이슬람의 갈등이 심했다는 증거로 삼을 수는 없다. 무슬림뿐만 아니라 힌두도 마찬가지 방식으로 전쟁을 수행한 것이 역사적 사실이다.

이와는 조금 다른 맥락에서 생각할 점이 있다. 힌두 사회가 받아들인 여러 이슬람 문화의 특질 가운데 카스트 사회의 공고화를 유지하는 데 기여한 것도 있다는 점이다. 여성의 얼굴을 가리는 무슬림의 관습 뿌르다purdah가 대표적이다. 뿌르다는 이슬람 지역에서 여성 보호 방안으로 시작되었다가 여성의 사회 참여를 제한하는 방안으로 활성화된 관습인데, 힌두 브라만들이 이를 수용하여 여성을 억압하는 수단으로 강화시켰다.

뿌르다 관습은 북부 지역에서 일어난 현상으로, 서부의 라즈뿌뜨족 공동체나 남부에서는 거의 받아들여지지 않았다. 카스트 가운데 바이샤나 슈드라도 받아들이지 않았다. 이는 힌두 브라만이 이슬람 문화에서 온 것이든 유럽의 근대화로부터 온 것이든 그들 중심의 카스트 사회를 안정적으로 구축하는 데 도움이 된다면 배척하지 않고 적극적으로 받아들였음을 보여 준다.

당대의 종교정신은 힌두교와 이슬람의 공존과 조화였다. 그들이 평화를 사랑하고 인간을 존중했기 때문이 아니다. 지배와 피지배, 카스트 체계 내외에서의 여러 갈등이 역사 속에서 자연스럽게 조화를 이루면서 상호 이익을 극대화시켜 주었기 때문이다. 종교는 실제 역사에서 공동체 간의 이익 극대화를 위한 수단일 뿐 자치 영역은 아니었다.

6. 근대 힌두교

6-1. 역사적 배경(18세기~현재)

1757년 영국이 동인도회사를 앞세워 벵갈 지역 쁠랏시Plassey에서 승리한 것을 기점으로 영국의 본격적인 식민화와 인도의 근대화가 시작되었다. 그 후 약 100년 동안 영국은 동인도회사를 앞세워 전쟁을 수행하면서 영토를 확장하고 인도를 식민 통치했다.

영국은 벵갈에 대한 지배권을 처음 확보한 후 본격적으로 영토 확장 정책을 시작하기 전까지는 인도의 종교, 사회, 문화에 대해 간섭하지 않는 정책을 썼다. 동인도회사는 인도를 수월하게 통치하기 위해 인도의 전통적인 법체계 등을 연구하여 영국의 통치에 협조할 수 있는 중간 엘리트를 양성하는 데 더 집중했다. 같은 맥락에서 개화주의자들이 근대 교육을 적극 도입했고 인도인들 또한 적극 동조했다.

인도 사회는 서구의 민주주의, 민족주의, 반제국주의 등을 접하면서 점차 근대화되었고, 민족 개념이 형성되면서 그에 기반한 운동이 성장해 나갔다. 영국의 식민 통치가 시작된 지 약 100년 만인 1857년 델리 부근 메러뜨의 군부대 내에서 세포이(용병)가 모반을 일으켰다. 이는 북부 인도 대부분의 지역으로 번져 반영 봉기로 확대되었다. 영국은 세포이 봉기 진압 후 인도의 종교·사회에 대한 개혁정책을 포기했다. 힌두 종교·사회에 대한 자신들의 정책이 인도인들이 큰 반감을 불러 일으켰고 그것이 봉기의 원인이라고 판단해서였다. 그들은 힌두와 무슬림 간, 카스트 간 잠재적 갈등을 이용하는 분리통치divide rule 정책을 적극적으로 실시했다.

1857년 봉기는 비록 구태의연한 방식이었으나 민족의 개념이 태동하는 계기가 됐고 이후 인도의 민족운동에 애국애족심과 민족적 자긍심을 제공하는 원천으로 작동했다. 19세기 후반에 접어들어 인도에는 모든 계급, 분파, 종교 등을 초월하는 민족운동이 전국적으로 일어나게 된다.

유럽의 사상과 교육제도, 언론과 문학이 널리 퍼지고, 유럽인들이 인도 역사를 왜곡하자 이에 대한 반발로서 고대 인도사를 재발견하려는 노력이 이어졌다. 그로 인해 인도인들의 문화적 자긍심이 크게 고취되었는데 그 토대가 힌두교였다. 이는 인도 민족운동의 중요한 원인이 되었다. 인도의 민족운동은 본질적으로 종교와 떼려야 뗄 수 없었던 것이다. 인도 민족운동의 출발이 18세기 말에 일어난 종교·사회 개혁운동이었음은 이런 맥락에서 이해해야 한다.

민족운동은 1885년에 창립된 인도국민회의Indian National Congress가 본격적으로 주도했다. 인도국민회의는 초기에는 친영 입장이었으나 그 효과가 나타나지 않자 좀 더 적극적인 반영 민족주의로 전환했다. 이에 영국 측은 1905년에 분할통치 차원에서 반영 민족운동의 본거지인 벵갈을 동서로 분할하겠다고 발표한다. 그러나 벵갈인들이 벵갈 분할에 반발하면서 반영 민족주의는 더 불타오른다.

이즈음 러일전쟁에서 일본이 승리하며 아시아인들이 유럽세력에 자신감을 갖게 되었고, 이는 스와데시swadesh(자국自國)운동 등 힌두교에 기반을 둔 좀 더 급진적인 민족운동이 일어나는 계기로 작용했다. 그들은 대부분 인도 고대문화의 부흥을 주장하면서 종교적 감정을 민족적 자긍심과 반영 감정으로 연결시켜 인민으로부터 큰 지지를 받았다. 이후에는 폭력파와 무슬림운동이 민족운동에서 한자리를 차지하게 되었다. 이슬람과 힌두교가 갈등하게 되면서 종교 공동체주의가 성장했다.

인도국민회의 진영은 한때 분열되었으나 1916년 라크나우 대회에서 통합의 결실을 보았다. 온건파와 급진파는 물론이고 무슬림 정당인 무슬림연맹Muslim League도 하나로 합세했다. 이후 본격적인 스와라즈Swaraj(자치)운동이 시작되었다. 다음 해인 1917년 자치운동이 절정에 이르자 영국은 처음으로 인도에 책임 정부를 점진적으로 수립하겠다고 약속했다.

간디M. K. Gandhi는 인도 민족의 단합을 기본 전제로 완전 자치를 위해 투쟁했다. 1919년부터 인도의 무슬림들이 주도한 킬라파트Khilafat운동에 힌두들이 대거 참여하면서 투쟁의 분위기는 더욱 고조되었다. 1919년에 하르딸(파업)이 전국적으로 격렬하게 전개되자 영국군은 아므리뜨사르Amritsar에서 대학살을 자행하고 인도 인민은 이에 반발하여 폭력 투쟁으로 맞섰다. 간디는 단식을 통해 인도 인민의 폭력 자제를 촉구하면서 동시에 일체의 영국 통치를 거부하는 시민불복종운동을 전개했다. 그러나 킬라파트운동의 퇴조와 함께 간디의 노력도 실패하고 말았다.

킬라파트운동은 전 인도의 모든 구성원들이 민족운동에 참여하는 중요한 계기가 되었다. 이는 힌두-무슬림을 단합시킨 반면에 종교가 정치에 혼입되는 원인이 되었다. 이후 도시를 중심으로 무슬림들은 정치

세력화되었고 종교 공동체주의가 구체화되었다.

종교 공동체주의는 진나M. A. Jinnah가 시민불복종운동이라는 간디 노선에 반발하기 시작하면서 심화되었다. 1940년 그는 힌두와 무슬림은 서로 다른 두 개의 민족이므로 분리 독립해야 한다면서 무슬림만을 위한 파키스탄의 건국을 주장했다. 수많은 논란과 갈등 끝에 힌두-무슬림 사이에 엄청난 폭력 참사가 잇따랐고 급기야 무슬림연맹의 영향하에 있는 이슬람 문화권은 파키스탄으로, 나머지는 인도로 독립하는 데 합의를 보게 되었다. 그러나 이 합의는 카슈미르를 비롯한 인도 내 이슬람 토후 군주국 문제를 깨끗이 해결하지 못한 것이었다.

1947년 영국 제국주의로부터 독립을 쟁취했지만 분단으로 치닫던 인도에 남아 있는 가장 심각한 문제는 토후국 처리를 비롯한 국민 통합에 관한 것이었다. 특히 카슈미르 문제를 놓고 인도는 파키스탄과 분쟁을 지속했다. 초대 수상 네루Jawahar Lal Nehru(1889~1964)는 세속국가를 기반으로 하는 연방제 국민국가의 기틀을 다졌고, 샤스뜨리R. B. Shastri 총리에 이어 집권한 인디라 간디Indira Gandhi(1917~1984)는 이른바 녹색혁명을 성공적으로 실시하여 농업경제를 안정시켜 총선에서 압승을 거두어 재집권했다. 1971년 인도는 파키스탄을 견제하기 위해 전쟁을 벌였고, 1975년에는 비상계엄을 선포해 헌정을 중단하는 치명적

마하뜨마 간디 추념비

마하뜨마 간디는 인도와 파키스탄이 분단된 후 끝까지 그 결정을 돌이키려고 파키스탄으로 길을 나서다 힌두 근본주의 극우 행동대원에게 암살당했다. 힌두교의 장례 전통에 따라 델리를 흐르는 아무나강 화장터에서 화장된 후 산골하고 그 추념비가 강가에 세워져 지금에 이른다.

인 과오를 저질렀다.

그 후 인디라 간디는 선거에서 패배했고 1977년 인도 역사상 처음으로 비非회의당인 자나따Janata당이 집권한 중앙정부가 탄생하여 데사이M. Desai가 수상이 되었다. 하지만 집권당의 실정과 분열이 계속되면서 1980년 인디라 간디가 다시 집권했다. 그러나 1981년의 시크교도들의 분리독립운동, 1984년의 인디라 간디 정부의 아므리뜨사르 황금사원 무력 진압, 인디라 간디 수상의 피살, 시크교도들에 대한 보복 학살 등으로 인해 국가가 큰 위기를 맞기도 했다.

1984년 인디라 간디의 아들 라지브 간디Rajiv Gandhi가 수상직에 오른 후 일련의 경제개혁 정책을 실시하는 등 의욕적인 정치를 시도했으나 1987년 집권당 내에서 부정부패 독직사건이 터지면서 싱V. P. Singh이 회의당(I)으로부터 탈당하여 자나따달Janata Dal당을 결성했다. 1989년 제9대 총선에서 그가 중심이 된 야당 연합세력이 승리하고 싱이 수상에 올랐으나 1년도 안 돼 물러났다.

회의당(I)의 경제 개방으로 물가가 상승하고 빈부격차가 심화되고 경제가 불안해지자 하층 카스트 및 중산층 이하 국민들의 불만이 커졌다.

아요디야, 바브리 마스지드 파괴(1992)

1992년 힌두 정치 깡패들이 동원되어 바브리 마스지드를 파괴한 행위는 인도 역사상 가장 처참한 폭력 행위이다.

여기에 민족주의 성향의 야당인 인도국민당Bharatiya Janata Party과 민족의용단Rashtriya Swayamsevak Sangh, 세계힌두협회Vishwa Hindu Parishad와 같은 힌두 극우세력들이 1992년 아요디야에 있던 무갈제국 개조 바바르의 사원을 파괴했다. 그들은 외부에서 들어온 무슬림들이 힌두 신화《라마야나》에 나오는 라마 사원을 파괴하고 그 위에 모스크를 세웠기 때문에 현재의 모스크인 바브리 마스지드Babri Masjid 대신 힌두 사원을 복원해야 한다고 주장하면서 모스크를 파괴해 버렸다.

이 사건은 이후 종교 공동체 간의 폭력을 크게 심화시켰다. 힌두는 무슬림을 증오하면서 폭력을 서슴지 않았고 무슬림 역시 무차별 테러로 응수했다. 힌두 근본주의에 기반한 종교 공동체주의가 정치 전면에 등장했다. 1993년의 뭄바이 폭탄 테러와 2002년 구자라뜨주의 무슬림 학살이 대표적인 비극이다. 이후 '힌두뜨와Hindutva(힌두성性, 힌두스러움)'라는 왜곡된 극우 힌두주의를 기반으로 한 인도국민당이 전국 정당으로 성장하고 결국 집권하기에 이른다. 인도국민당은 2014년 총선에서 압승을 거두고 2019년에는 더 큰 승리를 거둬 인도는 바야흐로 적어도 정치문화적으로는 힌두 국가를 향해 가자는 쪽과 그에 저항하는 쪽 사이의 갈등이 첨예하게 대립하는 중이다. 그사이 무슬림, 여성, 불가촉민 등에 대한 차별과 탄압은 더욱 심해지고 있다.

아요디야, 라마 사원 복원도

2019년 인도 대법원은 파괴된 바브리 마스지드의 터는 힌두 측에게 모두 양도하고, 이슬람 측에게는 대체 부지를 제공하여 그곳에 모스크를 지으라고 판결하였다. 이에 힌두 측은 라마 사원을 옆 그림과 같이 건축하겠다고 예고하였다. 이 라마 사원이 복원됨으로써 종교 공동체 간의 갈등이 사라질지는 아무도 장담하지 못한다.

6−2. 근대 종교·사회 개혁운동

브라흐모 사마즈 운동

18세기 유럽의 동양학자들이 만들어 놓은 오리엔탈리즘 이후 200년이 훨씬 넘는 지금까지도 일부 학자들과 문필가 그리고 예술인들은 힌두교를 정신적인 종교라고 인식하는 경향이 많다. 이는 그들이 인도를 자신들이 원하는 낭만주의의 틀에 맞추어 보고 싶은 것만 보기 때문에 생긴 것이다.

그들에게 인도는 합리적이고 물질적인 유럽에 비해 감성적이고 영적인 것으로 인식되었다. 식민 담론은 성숙 대 미성숙, 문명 대 야만, 발전 대 정체 등과 같은 이항 대립을 통해 기독교를 믿는 자기들 스스로를 전자의 성격을 지닌 지배의 주체로 설정하고 비기독교, 즉 힌두교의 인도를 후자의 성격을 지닌 지배 대상으로 정립했다. 그들은 이러한 유럽식 계몽주의로 비기독교의 나라들을 개화시켜야 한다는 역사적 의무 내지는 소명을 피력하면서 개화시킬 수 있다고 자신했다. 영국 빅토리아 시대에 널리 풍미했던 이른바 '백인의 짐the burden of the white'이다. 그것은 영제국주의 식민통치의 정당화를 위한 방편으로 활용되었다.

인도의 민족주의자들은 이러한 서구 식민주의 역사학에 대한 반발로 자신들 문화와 체계의 우월성을 담은 주체적 역사관을 세우려 애썼다. 그들은 유럽의 동양학자들이 만들어 놓은 상상의 인도, 특히 신비롭고 정체된 인도라는 이미지를 부정하고, 인도를 주권과 자치권에 대해 단일한 의지를 가지고 있는 완전한 하나의 실체로 그려 낸다. 나아가 인도에 계급이나 종족 집단의 이질성과 다양함을 초월하는 하나의 민족을 만들어 내는 오류를 범한다. 반反식민주의의 입장을 취했지만 결과적으로 식민주의가 구축한 오리엔탈리즘 안에 갇혀 버린 것이다.

근대화에 기초한 영국의 식민 지배는 처음에는 벵갈 지역에서 상당한 호응을 받았다. 다수의 인도인 선각자들은 영국의 근대화 정책을 토대로 인도 전통사회의 개혁을 시도했다. 그 중심에는 힌두 사회가 시대에 뒤떨어졌다는 판단이 있었고 그 근저에는 힌두교가 타락했다는 전제가 놓여 있었다.

람 모한 로이Ram Mohan Roy는 근대 인도에서 가장 먼저 힌두 사회의 개혁이 필요하다고 주장하면서 개혁의 도구로 서구 문명을 활용해야 한다고 주장했다. 로이는 자신이 조직한 브라흐모 사마즈Brahmo Samaj라는 결사체를 통해 사회개혁을 해야 한다고 강조했다. 브라흐모 사마즈는 50여 년 후 설립된 아리야 사마즈와 함께 힌두교를 일신교적 면모를 갖춘 종교로 바꾸어야 한다고 주장했다.

로이의 종교 개혁운동은 1828년 당시의 캘커타에서 로이와 데벤드라나트 타고르Debendranath Tagore가 공동체를 처음 조직하면서 시작되었다. 이후 인도는 사회, 문화, 교육 등의 분야에서 대대적인 개혁운동의 바람이 불었다. 이를 이른바 19세기 벵갈 르네상스라고 한다. 브라흐모 사마즈는 카스트, 신조, 종교 등에 따른 구별에 반대하면서 무형의 본질인 브라흐만을 깨닫는 것을 목표로 삼았다. 그래서 특정 경전을 소의 경전으로 삼지 않고, 어떤 종류의 신이나 화신도 믿지 않으며, 우상 숭배와 카스트 구별에 반대하고, 불가촉민을 차별하는 것을 금지하며, 의례 중심의 종교행위를 거부하고, 과부 순장인 사띠나 유아 결혼 등을 폐지할 것을 주장했다.

이 가운데 가장 심각한 것은 역시 불가촉민 문제였다. 그들은 사원에 들어갈 수도 없고 브라만 사제가 의례를 집전해 주는 것도 허용되지 않아서 자기들끼리 사제를 정해 의례를 치러야 했다. 모두 마을 밖에 거주해야 했고, 상층 카스트와 종교·사회적으로 일체 접촉을 해서는 안 되는 존재였다. 로이는 이러한 비인간적 상황에 놓인 불가촉민의 폐지를 크게 외쳤지만, 사회적 지지는 거의 받지 못했다. 그는 전통법을 해한다는 죄를 뒤집어쓰고 파문을 당해 자신의 카스트에서 추방당했다. 로이는 이외에도 인권 신장, 남녀 평등 등을 옹호하고 홍보했는데, 모두 서구적 개념에 기초한 구호로 대중으로부터 큰 지지를 받지는 못했다.

로이와 그를 따르는 사람들은 과거 13세기경부터 본격적으로 접하게 된 이슬람 문화보다 당시 막 접하기 시작한 영국의 서구 근대화가 인도 사회에 훨씬 더 압도적이고 직접적인 영향을 끼친 것으로 평가했다. 이슬람은 오랫동안 인도의 넓은 지역을 지배했지만, 일부를 제외하고는 대부분이 힌두 문화에 불간섭 정책을 폈다. 그 결과 일부에서 개종이 일어나긴 했지만 둘 사이에 종교로 인한 정치적 충돌은 그리 심각하게 일어나지 않았다. 반면 영국은 달랐다. 학문적으로 인종진화론과 그에 기초한 백인우월론도 아직 확고한 위치를 확보하지 못한 터라 영국 측

불가촉민 촌락 희생제

힌두 사회에서 불가촉민은 현재 헌법에 의해 차별을 받을 수 없는 정당한 시민이지만, 현실은 전혀 그렇지 않다. 특히 일상의 종교에서 그들은 힌두교에 의해 철저히 차별을 받고 있는데, 밀교를 많이 믿는 그들은 살아 있는 염소를 목을 따 제단에 바치는 희생제를 지금도 하는 경우가 많다. 물론 그때 그 제사는 브라만 사제가 집전하지 않는다.

은 토착 사회 상층계급의 지지가 절대적으로 필요했고, 좋은 관계를 유지해야 했다. 처음 벵갈 지역에 터전을 잡은 영국인들은 인도 여성들과 결혼을 하기도 했고, 브라만 문화를 존중했다. 이러한 토착 문화 존중은 영국이 인도에서 아직 정치적으로 확고한 지배자로서의 위치를 확보하지 못했기 때문에 취한 전술이다.

이는 역사적으로 디아스포라가 형성되는 초기에는 어디서나 나타나는 현상이다. 이주민들은 경제적 목적으로 건너와 일시적으로 체류하는 사람들이기 때문에 굳이 토착민들과 문화적으로 갈등관계를 만들 필요가 없었다. 그들은 대부분 식민지에서 충분한 부를 축적한 후 귀향할 생각이었기 때문에 토착민들의 종교나 문화에 대해 적대감을 갖는다거나 충돌할 필요는 전혀 없었던 것이다. 토착민 사회에서도 브라만 이외에 근대화가 가져다준 기회 상승의 장에서 부를 확보하고 그것을 기반으로 하여 신분 상승을 이룬 사람들도 많았다. 새로이 중산층의 한 층을 이룬 그들은 강자로 등장한 영국인의 문화를 적극적으로 수용하면서 새로운 신분질서에서 자신의 위치를 확립하고자 했다.

동인도회사가 데칸 쪽으로 세력을 확장하여 남부 인도를 시작으로 전국에 탄탄한 세력을 다지기 시작한 1830년대 이후부터 영국은 힌두 문화를 신랄하게 공격했다. 그들은 과거 이슬람 세력과는 전적으로 다르게, 근대화의 힘을 바탕으로 힌두 사회를 바꾸고 힌두 문화를 개혁하려 했다. 전적으로 자본주의 시장경제의 확장이라는 필요에 따른 조치였다.

동인도회사의 공격 지점은 힌두교였다. 그들은 힌두교의 우상 숭배, 카스트, 의례주의 등을 들며 힌두교가 반反인간적인 종교라고 신랄하게 비판했다. 람 모한 로이와 근대화론자들이 인도 사회개혁을 위해 가장 먼저 해야 할 일로 힌두교 개혁을 내놓은 것은 이런 맥락에서였다. 로이는 서구 문명을 역사적 진보라고 적극 선전했다. 그는 영국의 문화나 교육 등은 물론이고 영국의 인도 지배에 대해서도 긍정적으로 평가하면서 인도는 절대적으로 영국을 뒤따라야 한다고 주장했다.

전통과 근대화라는 이분법 위에서 자신들의 전통을 극복해야 한다는 로이의 사고는 결국 식민주의의 착취를 애써 무시하고 식민주의자들의 수탈을 감추는 역할까지 수행했다. 그는 당시 대표적인 서구 경제사상이었던 자유무역론을 무비판적으로 받아들여 벵갈에서 영국 상인들과 긴밀한 협조 체제를 구축하는 것만이 부르주아 자유주의적 문명으로 발전할 수 있는 길이라고 믿었다.

식민주의에 대한 종속이 부르주아 근대로 이어진다고 생각한 그의 사상은 세계사의 흐름을 전혀 이해하지 못하고 만들어 낸 환상이었다. 기존의 전통 덕분에 엘리트 지위를 누리던 그가 엘리트의 입장에서 일방적으로 전통과의 결별을 주장한 것은 모순의 전형을 보여 주는 것이었다. 그러한 비합리성으로 인해 그의 엘리트적 주장은 오로지 담론으로만 가능할 뿐 사회개혁의 근거를 제공해 줄 수 없었고 결국 대중의 지지를 끌어내지 못했다.

힌두교를 악습으로 몰면서 개혁해야 한다는 로이의 주장은 힌두들에게 모멸감을 주었다. 많은 보수적 인도인들은 이러한 근대화를 너무 급진적이라 여겨 따르지 않았다. 그들은 오히려 전통 가치가 사라질까봐 두려워했다. 자신들의 종교 모멸과 급진개혁에 대한 반발은 1857년 반영 봉기의 원인 중 하나가 되었다. 북부 인도 대부분이 봉기에 가담했다. 하지만 영국의 근대화 문화가 맨 처음 들어와 큰 영향력을 발휘하던 도시 꼴까타(캘커타)를 포함하여 벵갈 지역은 영국의 편에 섰다.

아리야 사마즈 운동

서구 근대화론에 입각한 람 모한 로이의 브라흐모 사마즈와 기독교 선교사 및 동인도회사의 인도 사회 개조론은 힌두교 전통주의자들의 반발을 불러일으켰다. 그들은 힌두교가 특정 근본이 있는 종교라고 규정하면서 '영원한 진리'라는 의미로 사나따나Sanatana 다르마라고 불렀다. 이는 주로 서양의 동양학자들이 오리엔탈리즘의 시각에서 규정한 힌두교였다. 명상, 요가, 영지주의, 초월 등 인위적으로 만들어진 힌두교를 의미했던 것이다.

'사나따나 다르마'라는 어휘가 고대 문헌에 나오지 않는 것은 아니다. 베다 세계관에 반대하는 의미의 '진리'로서 '사나따나'를 처음 사용한 것은 초기 불교의 《담마빠다Dhammapada》(법구경法句經)이다. 이후 《마하바라따》, 《바가와드 기따》, 그리고 여러 우빠니샤드와 뿌라나 등에서도 특정한 '진리'를 지칭하는 용어로 사용했다. 대체로 카스트나 가족 혹은 지역에서 통용되는 특정 전통이나 관습을 뜻하는 것일 뿐 특별히 힌두교의 본질을 상정하고 그것을 의미하는 것은 아니었다.

그러나 근대에 들어와 서구화에 반대하는 일부 힌두교 신학자들은 힌두교를 시간이 가도 변하지 않는 진리 혹은 본질이라는 뜻으로 왜곡하여 사용하기 시작했다. 이러한 해석은 서구에 힌두교가 오리엔탈화된 모습, 즉 불변의 영적 종교로서 알려지게 되는 계기가 되었다. 이후 서구에서 영적 스승으로 널리 인정받은 비웨까난다, 라다끄리슈난 Sarvepalli Radhakrishnan 등에 의해 이 개념이 널리 알려지게 되었다.

그들의 새로운 해석은 베다가 불변의 절대성을 지닌 계시라는 관점을 중심으로 만들어졌다. 그들은 베다의 무오류성과 역사 초월성을 받아들여 힌두교 안에는 인간이 행한 역사가 개입될 여지가 없다고 주장했다. 베다는 변화하지 않기 때문에 현재까지도 유효하다는 것이다. 그들은 베다를 따르지 않고 인간이 오염시킨 것들, 즉 카스트 구별, 신의 우상 숭배, 복잡한 의례행위 등은 모두 제거해야 한다고 강조했다. 그런 것들을 뺀 베다 종교의 영적이고 초월적인 부분이 근본 힌두교라고 주장한 것이다.

이는 철저하게 자의적이고 반역사적인 해석이다. 베다는 시간이 변화하면서 내용이 많이 변화했다. 어떤 특정한 것을 베다의 정수라고 말할 수 없다. 그들이 베다라고 말한 것도 엄밀하게 보면 후기 베다일 뿐이다. 《리그 베다》에는 그들이 말하는 영적 종교의 모습은 보이지 않는다. 힌두교는 베다 시대뿐만 아니라 베다 시대 이후에도 계속해서 변화했다. 전형적인 역사적 변화의 산물이다. 그럼에도 보통의 힌두는 대부분 베다를 읽어본 적이 없다. 기독교인들이 《바이블》을 읽는 것과는 다르다. 베다를 기록한 시대의 산스끄리뜨어가 이후 산스끄리뜨어와 달라 해석할 수도 없었거니와 설사 번역되어 있더라도 굳이 종교생활을 위해 그것을 읽을 필요는 없기 때문이다. 그들에게 필요한 것은 의례 때 염송하는 몇몇 만뜨라일 뿐이다. 그 결과 대부분의 힌두는 베다가 어떤 내용을 담고 있는지를 모른다.

베다 그 자체는 단일한 것도 아니다. 심지어 힌두교 최고의 경전이라는《마누법전》만 해도 베다 시대가 끝나고 1,000년 가까이 흐른 뒤 최종 편찬된 경전이기 때문에 두 텍스트가 말하는 종교가 결코 같을 수 없다. 사나따나 다르마를 주장하는 것은 역사적 실체가 없는 것이고, 현실적으로 그런 주장 안에서 결코 통일된 형태와 내용을 규정할 수도, 마련할 수도 없다. 이는 사나따나 다르마라고 주장하는 이들 내부에 여러 분파가 만들어지는 원인이 되었다. 다양한 분파 가운데 사회에서 가장 큰 영향력이 있는 운동으로 성장한 것이 아리야 사마즈다.

아리야 사마즈는 힌두 기세자인 스와미 다야난다 사라스와띠가 1875년 뭄바이(봄베이)에서 아리야 사마즈라는 이름의 종교 결사체를 세우면서 시작된 보수적 종교·사회 개혁운동이다. 이 단체는 식민주의자들이 오리엔탈리즘에 입각해 힌두교의 성격을 야만으로 규정하고 개혁해야 할 대상으로 폄훼하는 것에 대응해 조직되었다. 기본적으로는 힌두교를 기독교 모습에 가깝게 재구조화하려는 운동이었다.

그들은 기독교에서《바이블》에 오류가 없다고 주장하는 것과 마찬가지로 베다 또한 무오류의 계시라는 인식에 기반하여 힌두교를 유일신교로 재구조화하려 했다. 힌두교의 브라흐마–비슈누–쉬바 삼위일체로서의 지존을 믿고, 베다 이후에 만들어진 우상 숭배나 카스트의 배타적 체계를 부인했다. 또한 힌두교를 개종 가능한 종교로 만들면서 베다를 교육하는 학교를 세우고, 베다의 덕목을 가르쳐 서구 교육에 오염되지 않게 하고, 그를 통해 정규적인 힌두 공동체를 만들려 했다.

근대화에 반대하면서 베다 시대로 돌아가야 한다는 이들의 개혁 방향은 힌두교를 개혁해야 한다는 데에는 동의하지만 전통을 버리고 서구화로 나아가는 데에는 반대하는 것이었다. 즉 내부로부터의 개혁을 추동하는, 보수개혁이었다. 이는 중세 때 일부 불가촉민의 경우를 제외하고는 이슬람으로의 개종을 거부하고 이슬람과 조화를 꾀함으로써 외부 충격에 대응한 힌두 사회 특유의 보수적 전통과 일맥상통한다. 중세 때 박띠운동과 그 연장선에서 나타난 시크교운동은 외부 충격에 대해 구조 전복이 아닌 내부에서 조화를 통한 개혁을 추동하는 것으로 대응했다. 아리야 사마즈가 지향한 개혁 방향도 이와 궤를 같이한다.

아리야 사마즈는 베다에 근대 서구 사회의 민주주의, 남녀 평등, 인권과 비슷한 개념이 있고, 카스트의 심한 차별과 배타, 의례주의, 우상숭배, 사띠와 같은 여러 가지 악습 등은 존재하지 않았다고 주장했다. 이는 베다가 충분히 사회개혁의 전범이 될 수 있다는 주장으로 이어졌다.

하지만 이는 매우 비非역사학적인 주장이다. 그들이 회귀하고자 한 베다 시대는 유목을 주요 생업수단으로 삼은 시대다. 아직 정착 문명이 발달하지 않은 채 이동하면서 유목을 하는 시대의 사회체계는 기본적으로 평등하고 민주적인 사회체계와 유사할 수밖에 없다. 당시의 평등성이나 민주성은 이후 국가가 발생하고 사회가 복잡하게 전개되면서 필요하게 된 평등성, 민주성과 전적으로 다르다. 정착 이전의 유목 사회는 본격적으로 분화되지 않은 상태로 부족 중심의 정치 체제가 있었을 뿐이다. 베다 시대로 돌아가면 그 많은 제사 의례는 어떻게 수행할 것인지를 생각해 봐야 한다. 아슈와메다 같은 의례는 1년 넘게 걸렸는데, 그것을 지금 같은 현대사회에서 어떻게 따르겠는가? 베다 사회를 모본으로 삼아 그와 같이 개혁하자고 주장하는 것은 어불성설이었다. 힌두교에서 문제가 되는 악습이나 제도가 베다 시대에는 당연히 없을 수밖에 없다. 정착도 이루지 못해 사회 분화가 이루어지지 않았으니 사회 악습이 있을 리 만무하다. 그런 상태를 평등과 민주 개념으로 받아들일 수 있다면, 구석기 시대는 더 평등하고 민주적이었다.

현재 힌두교의 기본 틀은 우빠니샤드와 이후의 두 서사시에 기초한 것이고 그 시대는 베다 시대가 끝난 후 몇 백 년부터 1,000년 정도가 흐른 뒤에 만들어진 것이다. 유목 시대의 산물인 베다 본집 네 개의 상히따는 힌두교 최고의 경전이라는 상징적 의미만 있을 뿐 유의미한 종교·사회 구조는 담겨 있지 않다.

상히따 안에는 힌두교 최고의 기본체계인 바르나-다르마-아슈라마의 개념도 없고, 브라흐마-비슈누-쉬바의 삼위일체 개념도 없으며, 해탈과 기세의 개념도 없고, 구원에 이르는 까르마-쟈나-박띠의 세 가지 길, 즉 뜨리 요가도 없고, 힌두 인간이 추구해야 할 네 가지 삶의 가치인 다르마-아르타-까마-목샤 개념도 없다. 비슈누의 아와따라 개념도 없고, 우주의 주로서의 쉬바도 없다. 박띠나 딴뜨라가 없는 것은 말할 필요도 없다.

이러한 문제에 눈을 감는 태도는 힌두교의 구조와 역사적 성격을 고려하지 않고 오로지 기원이라는 상징적 의미에만 중점을 두는 것이다. 아직 농경과 국가와 계급이 생기지 않은 당시 사회를 기준으로 삼아 19세기 식민주의 아래에서의 근대사회를 변화시키자고 한 것은 그만큼 실현 가능성이 없었다. 아리야 사마즈는 애초부터 사회에 뿌리를 내린 종교 실천운동이라기보다는 정치 메시지가 강한 정치운동으로 변질될 가능성을 내포하고 있었다.

아리야 사마즈는 1857년 봉기 이후 성장한 민족주의와 만나면서 힌두 종교민족주의로 변모한다. 다야난다 사라스와띠는 힌두교를 개혁하되, 정통을 통해 개혁해야 한다고 주장하면서 베다의 가치를 가르치는 전통 사립학교 구루꿀gurukul을 곳곳에 세웠다. 청소년을 모아 구루꿀에서 베다의 가치, 문화, 진리, 삶의 지혜 등을 가르치고 매일 베다 시대에 있었던 여러 종교 의례를 행하고 정신 수양을 공동으로 실천하도록 했다. 등록금은 물론이고 교복, 책, 숙식 등 교육에 필요한 모든 것을 철저히 무상으로 제공하여 청소년을 교육시키는 학교였다.

구루꿀을 통해 지속적으로 양성된 힌두 수구민족주의 전사戰士는 1980년대 이후 인도 정치에서 크게 세력을 확장했다. 람 모한 로이의 브라흐모 사마즈가 종교의 실천보다는 악습을 개혁하는 데 중점을 두고 인민 대중보다는 지식인들에게 초점을 맞춘 것과 달리 아리야 사마즈는 교리 학습과 종교적 실천에, 엘리트가 아닌 인민 대중에 초점을 맞추었다. 브라흐모 사마즈보다 아리야 사마즈가 사회에 더 큰 영향력을 끼칠 것은 명약관화했다.

아리야 사마즈가 주창한 '베다 시대로 돌아가자'는 구호는 베다 경전을 낳은 아리야인에 대한 배타적 선민의식을 키웠고 인도의 문화를 아리야 대 비非아리야로 나누는 오류를 만들어 냈다. 아리야인은 자신들을 식민으로 삼고 있는 또 다른 아리야인인 영국인과 동일한 종족이라는 자부심을 갖는 묘한 모순에 빠져들게 되었다. 이는 영국의 인도 지배를 인도인이 정당화하는 희한한 결과마저 빚어 냈다.

그들의 주장에 따라 인도의 사회개혁은 세계 최고 선진 문명인 아리야인의 힌두교를 통해 이루어져야 했다. 인도의 통일도 힌두를 통해 이루어져야만 했다. 그들은 인도의 부활을 주장했다. 그것은 힌두교의 재생이자 힌두교로의 복고를 통한 부활이어야 했다. 힌두주의자들은 무슬림의 도래로 인해 그들의 고대 이상사회가 파괴되고 악이 퍼졌다고 주장했다. 당시의 모든 사회악이나 그들의 열악한 상황이 모두 무슬림 때문이라고 강조했다. 당시 힌두 사회가 가지고 있던 여러 악습과 폐단은 힌두 문화를 핍박하는 이슬람에 저항하면서 사회와 문화를 보존하기 위해 어쩔 수 없이 만든 것이라고 역설했다.

그들의 주장은 힌두 사회의 개혁은 악의 존재이자 힌두 문화의 파괴자인 이슬람 세력부터 몰아 내는 것으로 시작해야 한다는 것이었다. 물론 이는 철저하게 비非역사적인 것으로 전혀 근거가 없는 주장이다. 아리야 사마즈의 개혁은 사회개혁이 아니라 기독교와 이슬람이라는 외래 종교와의 싸움에 초점을 맞추는 쪽으로 방향을 정하게 만들 뿐이었다. 이는 1980년대 이후 인도 사회가 종교 공동체 간의 폭력 갈등을 겪게 되는 원인으로 작용하게 된다.

그들의 아리야인 신화에 따르게 되면 세계 최고의 고대 인도 문화는 오로지 아리야인에 의한 것일 뿐이다. 드라비다인을 비롯한 토착 원주민들의 문화는 무시되었다. 이러한 논리 전개는 다수 인도인의 과거와 전통에 대한 자긍심을 불러일으키는 데는 효과적이었을지는 모르나 좀 더 근대적인 의미의 민족/국민을 성립시키는 데에는 장애 요소로 작용했다. 실제로 고대 인도 문화 찬미는 당시 식민지 상태에 허덕이던 인도인에게 문화에 대한 긍지를 심어 주었고, 인도 민족운동가에게 사상적 기반을 제공하여 자치운동에 박차를 가할 수 있게 했다. 반면 힌두-무슬림의 대립을 불러일으켜 끝내 인도 아대륙이 인도와 파키스탄으로 갈라서는 비극의 씨앗이 되기도 했다.

다야난다 사라스와띠를 비롯한 아리야 사마즈의 지도자들은 청정운동을 벌여 무슬림과 기독교로 개종한 사람들을 힌두로 재개종하는 운동을 벌이기도 했다. 이는 브라흐모 사마즈가 힌두교는 선교나 개종 문제로부터 멀리 떨어져야 한다고 주장한 것과 정반대되는 운동으로, 종교 공동체주의적 갈등을 증폭시키는 방향으로 가버린 것이었다. 역사적으로 존재하지 않은 힌두교의 정체성이 힌두교가 선교 중심의 종교여야 한다는 주장의 토대가 되었다. 이는 힌두교를 배타적으로 만들어갔다. 이후 재개종 문제는 인도 사회의 종교 공동체 간 갈등을 야기하는 요인으로 꾸준히 잠복해 있다가 힌두 근본주의 진영의 정권에서 국가를 분열시키는 가장 심각한 요소 가운데 하나로 부상했다.

6-3. 신新힌두교

힌두교의 세계화와 새로운 힌두교

18세기 종교·사회 개혁운동의 주요 흐름으로 브라흐모 사마즈와 아리야 사마즈 두 가지가 있었지만, 이후 또 다른 제3의 흐름도 생겼다. 간단히 말하면 힌두교를 세계화하는 운동이다. 19세기 들어 도처에서 등장한 힌두교의 영적 스승들은 주로 베단따 신학을 토대로 하는 스마르따 힌두교 전통의 영성운동을 강조했다. 종파는 다를지라도 결국 하나라는 통합론을 주장하는 신학이었다.

이들이 주창한 힌두교는 당시 인도와의 접촉을 늘린 서양의 지성인들에게 감동을 주었고, 큰 주목을 받는다. 서구의 기독교가 식민, 전쟁, 민족 갈등과 같은 심각한 인류 문제를 해결하는 데 아무런 도움을 주지 못한다고 인식되는 상황에서 그 가능성을 힌두교에서 찾아보려는 노력으로 연결된 것이다. 그들은 세계의 정의, 평화, 박애 등 휴머니즘의 보편적 가치 회복을 우선 과제로 삼았고 그 원천을 힌두교에서 찾았다.

본격적인 출발은 1893년 제1회 세계종교대회The Parliament of World's Religions에서 벵갈의 기세자 스와미 비웨까난다가 행한 연설이었다. 인류에 대한 관용과 포용을 주장하는 그의 연설은 세계의 종교 지도자들에게 큰 울림을 주었다. 서구의 기독교인들은 힌두교가 수많은 전통을 가지고 있으나 서로 간의 차이를 극복하고 하나의 절대적 진리를 찾는다는 개념에 큰 감동을 받았다.

스와미 비웨까난다에게 이러한 종교 인식을 가르쳐 준 사람은 라마끄리슈나Ramakrishna였다. 라마끄리슈나는 벵갈 지역에 많은 지식인층 제자를 두었는데, 비웨까난다는 이들 가운데 한 사람이다. 비웨까난다는 처음에는 서구의 과학과 이성주의에 강하게 영향을 받아 브라흐모 사마즈의 일원이 되었으나 라마끄리슈나의 제자가 된 후 비웨까난다라는 이름으로 기세자가 되었다.

라마끄리슈나에 따르면 모든 종교는 다 진실하고 신에 대한 각자의 길이 있다. 서로 다른 종교는 신의 총체성을 표현할 수 없고 각각 신의 한 측면을 드러내는 것이다. 그에 의하면 여신 깔리와 절대 본질 브라흐만은 하나의 실체가 달리 나타난 것일 뿐이다. 비웨까난다의 사상은 신은 사회적 지위와 관계없이 모든 사람에게 존재한다는 베단따 세계관에서 출발한다. 사랑과 사회적 조화를 갖춘 실천을 통해 신이 모든 사람에게 존재하므로 신과 합일을 이룰 수 있도록 수행해야 한다. 그가 시카고에서 서구 기독교인들을 앞에 두고 한 연설이 그들에게 엄청난 감동을 준 것은 바로 모든 종교는 하나의 통일성을 가지고 있다는 메시지 때문이었다. 서로 다른 것이 결국은 같은 것이라는 다양성 인정의 베단따적 메시지는 힌두교의 스마르따 전통에 바탕을 둔 것이다. 그래서 학자들은 이를 신新베단따Neo-Vedanta라고 규정한다.

비웨까난다는 자신의 사상을 전하기 위해 1895년 뉴욕에 베단따협회Vedanta Society를 세웠다. 힌두교가 세계로 널리 퍼지기 시작한 첫 사건이다. 인도로 돌아온 그는 교육과 사회개혁을 장려하고 고통을 겪는 사람들을 지원하기 위한 조직으로 라마끄리슈나 포교단Ramakrishna Mission을 세운다. 이 포교단은 사회적 행위를 가장 중요한 덕목으로 삼았다. 또한 서구인들이 해야 할 일은 인도를 기독교로 개종시키려는 선교가 아니라 굶주림에서 벗어나게 하는 물질적 후원이라고 했다.

비웨까난다를 통해 서구인들은 힌두교를 탈물질, 명상과 요가의 종교이자 관용과 보편의 종교이며 사회적 실천을 중시하는 종교로 인식했다. 그의 명상과 초월의 영적 진리를 찾아 인도로 떠나는 서양인들이 대거 생겨나기도 했다. 그들은 주로 인도에서 구루를 통한 기세 중심의 힌두교를 배웠는데, 그것을 힌두교의 전부로 인식했다. 이에 따라 힌두교를 구성하는 일부 요소들, 즉 기세, 요가, 구루, 명상 등이 본격적으로 서구세계로 수출되기 시작한다.

비웨까난다의 신베단따적 행위 중심의 종교관은 민족주의와 만나면서 마하뜨마 간디 같은 이에게도 큰 영향을 끼쳤다. 그리고 간디의 영향력은 힌두교가 비폭력, 단식, 수행, 명상 등의 종교라는 잘못된 인식을 전 세계에 더욱 확산시켰다. 서구세계로 퍼진 힌두교는 베단따의 일원론적 세계관을 힌두 신학으로, 《바가와드 기따》와 우빠니샤드 등을 경전으로 하는 종교로 자리매김되었다.

베단따의 일원론적 세계관은 세계를 현상과 실재 둘로 나누고 절대 존재와 자아에 관한 지각을 지고의 선으로 간주한다. 이에 따라 브라만의 이상적 삶은 힌두의 보편적인 삶으로 일반화되었고, 폭력—불살생, 채식주의, 관용, 요가, 명상, 깨달음 추구 등은 힌두교 추구의 절대적 가치로 호도되었다. 이들 모두 유럽의 동양학자들과 미국에서 만들어진 가상의 이미지일 뿐 실제 힌두 사회의 모습과는 거리가 먼 것이다. 실제 힌두교의 중요한 부분을 차지하는 물질적이고 실제적이고 비체계적인 성격의 신앙은 어디에도 찾아볼 수 없게 되었다.

힌두교의 세계화에 또 다른 기여를 한 것으로 신지학神智學theosophy을 들 수 있다. 신지학이란 보통의 신앙으로는 이해할 수 없는 신의 신비한 세계를 체험이나 계시를 통해 알 수 있다면서 영성을 종교의 가장 중요한 요소로 여기는 사상이다. 러시아 심령사인 블라바츠키Helena Blavatsky 부인과 올코트Henry Steel Olcott 대령은 1875년 뉴욕에 신지협회Theosophical Society를 설립한 후 1877년에 인도로 건너와 본격적으로 활동했다.

신지협회는 시인 예이츠W. B. Yeats와 소설가 헉슬리Aldous Huxley와 같은 서구 지식인들에게 영향을 끼쳤다. 그들에 의해 힌두교는 탈물질의 영적 깨달음을 추구하는 종교로 왜곡되고 세계화된다. 블라바츠키 부인의 뒤를 이은 비산트Annie Besant는 한 어린 소년을 세계의 정신적인 지도자가 되도록 교육을 시켰다. 그가 바로 세계적인 명상가이자 철학자로 명성을 떨친 끄리슈나무르띠Jiddu Krishnamurti다.

비산트는 1925년 끄리슈나무르띠를 메시아로 선언하고, 그의 종교 사상을 신앙으로 널리 알리기 위해 동방성단the Order of the Star in the East을 설립한다. 하지만 끄리슈나무르띠는 이러한 조직적 운동을 거부하고 전 세계를 다니면서 베단따의 불이론에 의거한 순수의식과 자각에 대해 가르쳤다. 이후 끄리슈나무르띠를 따르는 많은 추종자가 서구에서 나왔지만, 힌두교의 한 종파로서 성장하지는 않았다. 그는 베단따 철학에 기반한 스승이었다.

세계로 퍼진 신힌두교의 스승 가운데 한 사람으로 고슈Aurobindo Ghosh 또한 주목할 만하다. 고슈는 영국 식민 정부가 벵갈 지역의 민족운동을 억압하기 위해 1905년에 획책한 벵갈 분할 선언에 반발한 인도국민회의 급진파 지도자 가운데 한 사람이었다. 그는 반영 민족운동을 이끌다가 수감되고 난 후 남부 따밀 지역에 있는 당시 프랑스 식민지 뿌두체리Puducherry로 가서 40년 동안 베단따를 연구하고 수행에 몰두했다.

베단따 철학을 비판적으로 재해석한 그는 그 위에서 밀교 힌두교와 통합을 시도했다. 곧 베단따적으로 해석한 밀교 힌두교 안에 정신이 물질과 함께 통합으로 향하는 영적인 길이 있는 것이었다. 이러한 사상과 수행을 함께하는 것을 통합 요가Integral Yoga라고 부르는데, 많은 추종자가 인도 내외에서 생겨났다. 그가 세운 뿌두체리 근교 오로빌Auroville에는 지금도 세계 곳곳에서 많은 사람들이 찾아와 그의 베단따적 밀교 요가 수행에 전념한다.

따밀 출신 신비주의자 마하리쉬Ramana Maharishi도 고슈와 같은 시대 사람으로 힌두교의 세계 전파에 큰 역할을 했다. 그의 가르침은 8세기 중세 사상가 샹까라짜리아Adi Shankaracharya 신학에 기반을 둔 베단따 불이론에 기초한다. 그가 설정한 모든 문제의 근원은 '나는 누구인가?'로 귀결되는 자아에 대한 명상으로 결국 아뜨만과 환幻maya에 대한 궁구다. 그는 '나'란 육체도 아니고 정신도 아니고 감정도 아니고 인격도 아닌데 그러면 무엇인가라는 질문을 끝없이 계속했다. 이 성찰은 과학적 지식에 찌든 서구인들을 크게 매료시켰다.

고슈, 마하리쉬와 동시대인으로 서구 사람들을 매료시킨 또 한 사람이 자아실현협회Self-Realization Fellowship를 설립한 요가난다Paramahansa Yogananda다. 요가난다는 요가를 통해 자아를 깨닫고 신을 만나는 삶을 살아야 한다고 주장했다. 1920년에 미국으로 건너가 캘리포니아에 자아실현협회를 세운 그는 많은 강연과 저술을 통해 자신의 가르침을 서구 사회에 전파했다.

뻔잡 출신으로 또 하나의 신힌두교 종파 집단인 라다소아미 사뜨상 Radhasoami Satsang의 제2대 수장을 지낸 싱Sawan Singh도 있다. 싱은 뻔잡 신비주의 전통에 선 종교인으로 자아실현과 같은 자아 탐구가 아닌 요가 수행을 통한 신의 깨달음을 강조했다. 그는 1891년 뻔잡의 비아스Beas 강가에 세운 수행 단체인 라다소아미 사뜨상을 세계적으로 널리 알리는 데 큰 역할을 했다. 서구 사회에 큰 영향을 끼친 영적 스승으로 초월명상Transcendental Meditation운동의 창시자 마헤쉬 요기Maharishi Mahesh Yogi도 있다.

주로 베단따 세계관에 기초하여 명상이나 영성 추구를 힌두교의 기본으로 인식한 신힌두교는 서구 사회에서 기독교와 서양의 '잃어버린 자아'를 찾는 대안으로 떠오르게 되었다. 그들이 추구하는 영성이 현대 물리학, 화학, 생물학, 핵물리학과 같은 첨단과학과 일맥상통하는 것으로까지 평가받았다.

1960~70년대가 되자 신힌두교는 서구에 더욱 널리 알려지게 되었다. 신힌두교는 구루를 중심으로 깨달음이나 자아 탐구를 목표로 하던 이전과 달리 스승을 중심으로 하나의 종교 공동체를 이뤄 신흥종교로서의 기틀을 다졌다. 신성광명포교단the Divine Light Mission(이후 Elan Vital로 개명)을 세운 마하라즈Guru Hansji Maharaj, 중세 짜이따니야운동의 전통을 이어받아 하리 끄리슈나 운동을 일으킨 쁘라부빠다Bhaktivedanta Prabhupada의 국제끄리슈나지각협회International Society for Krishna Consciousness(ISKON), 싯다 요가Siddha Yoga를 창시한 묵따난다Swami Muktananda, 기세에 관한 전통적인 힌두 이해를 급진적으로 재해석하고 추종자들을 산냐시라고 부르면서 인도의 명상을 서양의 심리 요법과 결합시켜 신흥 종교 단체인 라즈니쉬 국제재단Rajneesh International Foundation을 세워 미국에서 큰 위세를 떨친 라즈니쉬 Bhagavan Shree Rajneesh가 그러한 움직임의 주요 인물들이다.

이외에도 여러 가지 이적을 행하면서 인도 국내에서 힌두·무슬림 양쪽에서 많은 추종자를 거느린 쉬르디Shirdi의 사이 바바Sai Baba의 화신이라 주장하면서 세계적으로 많은 추종자를 끌어모았던 사티야 사이 바바Sathya Sai Baba도 있고, 구자라뜨 등 특정 지역 출신들을 중심으로 이루어진 전 세계 이주 공동체에 널리 퍼진 스와미나라얀 종파 Swaminarayan Sampraday도 있다. 2005년에 완공되어 현재 세계에서 가장 큰 힌두 사원으로 알려져 있는 델리의 악샤르담Akshardham 사원은 스와미나라얀 종파의 한 후계 형태인 밥스BAPS(Bochasanwasi Shri Akshar Purushottam Swaminarayan Sanstha)에서 건축한 사원이다.

미국에서 만들어진 신힌두교

앞에서 본 이러한 여러 신힌두교 운동들에는 세계관에 대한 궁극적인 차이가 분명하게 존재한다. 세계관이나 추구하는 바를 기준으로 볼 때 이들 신힌두교는 단일적이거나 균질적인 것이 아니다. 원래의 힌두교가 단일적이고 균질적 성격을 지닌 종교가 아니라서 그러하다. 이질적인 복합체로서의 힌두 종교를 포스트 식민post-colonial 상황에서 미국의 필요에 따라 인위적으로 고안하고 조직화했기 때문이다.

힌두교의 그러한 이질적이고 복합적인 성격은 힌두교가 미국인들 사이에서 균질적이고 단일적인 기존의 기독교에 대한 대안으로 자리잡는 데 도움이 되었다. 미국에서 힌두교의 영향력 확산에는 베트남전쟁이 중요한 역할을 했다. 베트남전쟁이 초래한 미국 사회의 정신적 공황은 미국사에서 그때까지 경험하지 못한 종류와 수준으로 심각했다. 기존의 물질이나 기독교 종교를 통해서는 치유할 수 없는 상태였다. 그들은 해결책을 유토피아의 창조에서 찾았다. 새로운 힌두교는 원래의 힌두교에서 이어져 온 특유의 혼합주의적 성격 덕분에 미국의 기독교 문화와 쉽게 동화할 수 있었다.

전후 미국 사회에서는 반反문화운동 진영이 신힌두교를 유토피아의 전형으로 삼았다. 소외된 중산층 출신의 대학교육을 받은 청년들은 힌두교 안에서 유토피아를 찾는 것으로 시작해 결국 현실의 여러 문제를 도외시한 채 객관적 사실에서 도피하여 반도덕적 상대주의나 전지전능한 종교에 빠져들었다. 이처럼 미국 사회의 필요에 따라 만들어진 힌두교는 이후 왜곡된 형태로 생산·유통되고 지성계를 독점하던 미국의 지위에 힘입어 전 세계로 전파되었다. 최종적으로는 원산지인 인도로 전달, 유포되기까지 했다.

인도 밖에서 크게 일어난 힌두 신흥종교운동은 대항 문화로서 뉴에이지New Age라는 새로운 서구 문화를 형성하는 데 일조한다. 그러면서 하타 요가hatha yoga와 같은 인도의 문화가 서구 사회에 널리 퍼지게 되었다. 고대 힌두 의약에 관한 지식을 집대성한 아유르베다Ayurveda가 과거 전통을 기반으로 하면서 더 세련되고 현대화된 비즈니스의 형태의 대안 의약으로서 크게 각광을 받았다. 요가는 종교 색채를 다 덜어내고 거의 건강과 체형 관리용 운동으로 널리 유행하여 오늘날까지 이어져 오고 있다. 채식주의와 비폭력운동도 서구 문화가 된 신힌두교 전통의 요소들이다.

한국에서 아직까지도 힌두교가 명상과 사색과 요가 혹은 기세의 종교로 알려진 과정 역시 마찬가지다. 1990년대 초 미국에서 불어온 신힌두교의 영향 아래 류시화 등 탈속 문화를 과도하게 강조한 일부 문필가들의 기행 수상문이 널리 퍼지면서 힌두교가 명상의 종교로 잘못 알려지기 시작한 것이다.

6-4. 힌두 민족주의와 종교 공동체 폭력 정치

힌두뜨와란 무엇인가

영국이 식민 지배를 시작한 지 100여년 만에 터진 1857년 봉기에 두려움을 느낀 영국 통치자들은 1885년 '안전밸브safety valve' 차원에서 인도 최초의 정당인 인도국민회의를 만드는 데 앞장선다. 더 이상의 대규모 반란이 일어나지 않도록 하기 위해서였다. 인도국민회의가 만들어지고 20년 정도가 지난 뒤 인도국민회의를 중심으로 민족운동이 점차 거세지자 영국은 민족운동 세력을 약화시키고자 1905년에 민족주의의 온상인 뱅갈을 분할하겠다고 공표했다. 분리통치 전략이었다.

이에 친영 온건 입장을 취하던 인도국민회의 민족운동 진영에 급진 민족주의자들이 등장한다. 그들 중 일부는 세력을 키우기 위해 힌두교와 연계하여 민족운동을 자극적인 방향으로 이끌었다. 힌두 민족주의가 갑자기 커지자 위기감을 느낀 이슬람 세력은 1906년에 정당 무슬림연맹을 결성했다. 일부 힌두 민족주의자들은 인도국민회의와 무슬림연맹 모두에 대항하는 힌두 마하사바Hindu Maha Sabha를 창립했다.

힌두 극우 민족주의 정당인 힌두 마하사바는 새롭게 만들어진 힌두교 극우 이데올로기 힌두뜨와를 기초로 하는 정당이다. 힌두뜨와는 사와르까르Vinayak Damodar Sawarkar라는 아리야 사마즈 소속 사상가가 고안한 반영 저항민족주의를 말한다. 사와르까르는 《힌두뜨와: 힌두는 누구인가?*Hindutva: Who Is Hindu*》라는 책에서 '힌두'는 아리야인이 정치적 팽창 과정에서 히말라야에서부터 바다에 이르기까지의 영토 안에 자신들을 중심으로 모든 비아리야인들을 포용하면서 형성한 하나의 국가, 하나의 민족이라고 주장했다.

그가 기술한 인도 중세사는 무슬림의 침략과 약탈, 특히 힌두 여성들에 대한 겁탈로 점철되었다. 오로지 무슬림에 대한 적의로 가득찬 역사 왜곡이다. 그는 힌두는 '우리', 무슬림은 '적'으로 간주하면서 전자는 정의로운 존재, 후자는 사악한 존재로 규정했다. 또한 제일의 목표를 힌두 다르마의 보호에 두고 이를 위한 유일한 방편을 무슬림에 대한 보복으로 상정했다. 나아가 마하뜨마 간디의 비폭력주의 같은 것은 보복이 배제된 사랑으로, 힌두교의 일부일 뿐인 비폭력에만 치중한 정신 나간 짓일 뿐이라고 주장했다. 그는 다르마를 위해 목숨을 바치고 그 죽음을 통해 모든 것을 다 죽여야 한다고 강조한다. 자신에게 주어진 '자기 다르마swadharma' 안에 승리가 있음을 천명하면서 그것만이 '자기 통치swarajya'를 세우는 것이라 주장했다. 전통적으로 사회종교적 의미인 스와다르마와 스와라지야를 국가와 민족을 위한 순교라는 정치적 문제로 왜곡한 것이다. 전형적인 이분법에 기초한 힌두교의 왜곡이고, 힌두교를 가장한 힌두 민족주의 이데올로기다.

힌두뜨와의 대표적인 단체는 1925년 힌두 마하사바의 당원 헤드게와르K. V. Hedgewar(1890~1940)가 세운 민족의용단Rashtriya Swayamsevak Sangh이다. 민족의용단은 무슬림, 기독교도, 공산주의자에 대항해 힌두의 복지를 증진해야 한다고 설파한다. 하지만 사실은 힌두 국가 수립을 목표로 하는 반제 극우 정치 단체다. 민족의용단의 2대 대표 골왈까르 M. S. Golwalkar는 힌두의 개념을 사와르까르보다 더 종교적인 색깔로 채색했다. 그에게 힌두는 태고부터 지금까지 인도 아대륙에서 살아온 사람들로서 그 땅의 영원한 주인이다. 이 과정에서 형성된 힌두 민족은 혈통의 종족뿐만 아니라 정신의 종족이기도 했다. 이런 개념을 토대로 그는 무슬림의 경우 전자는 공유하고 있지만 개종함으로써 후자를 상실하여 같은 민족에서 이미 떨어져 나간 것이라고 주장했다.

그는 힌두스탄에 살고 있는 비非힌두교도들은 반드시 힌두 문화와 언어를 배워 익히고 힌두 문명의 영광을 찬양해야 하며, 그렇게 하지 않으면 그들은 민족으로서 어떠한 권리도 가질 수 없고 심지어 공민권 조차 제한받아 마땅하다고 주장했다. 골왈까르의 이러한 배타적 종교 민족주의는 민족의용단 조직을 등에 입고 영국 식민 통치기에 전국적으로 확대되었다. 그들은 힌두뜨와가 새로운 힌두교라고 주장한다. 하지만 복합적이고 이질적인 성격의 힌두교를 변형시켜 민족주의 이분법에 버무린 정치 이데올로기일 뿐이다. 적대적 이데올로기를 통해 인도의 민족 정체성을 종교적으로 만들려는 이 같은 시도는 많은 반발과 갈등을 불러일으켜 숱한 종교 공동체 간의 폭력을 야기하다 결국 1947년 인도 아대륙 분단에 결정적인 영향을 끼친다.

나그뿌르, 민족의용단RSS 본부

영국 식민 지배기에 민족운동을 벌이면서 '힌두뜨와'라는
왜곡된 힌두교 정치 이데올로기를 기반으로 하여
반反이슬람 운동에 더 경사된 힌두 우익 정치 집단의 모태인
민족의용단RSS의 본부가 나그뿌르에 있다.

힌두뜨와 정치학

힌두 민족주의는 독립 후 국가 통치이념으로 성장할 수 있는 기회가 없
지는 않았지만 그렇지 못했다. 결정적 계기는 힌두 민족 이데올로기로
무장한 민족의용단 소속 단원이 간디를 암살한 사건 때문이었다. 엄밀
히 말하면 1905년 벵갈 분리 반대운동 이후 반영反英 민족운동을 이끌
어 온 힌두 민족주의와 반反이슬람 차원에서 정치 이데올로기 역할을
한 힌두뜨와는 별개다. 하지만 보통사람들은 그것을 쉽게 구분하지 못
했다. 독립 후 민족의용단이나 정당 인도국민단Bharatiya Jana Sangh과
같은 힌두 이데올로기 정치세력들은 비록 간디 암살에 대한 전 국민의
비난을 받고 종교 공동체주의자라 낙인찍혔지만 아이러니하게 '힌두'
라는 동류의식을 통해 국민들의 동정심을 받기도 했다.

분단과 국민국가 수립 과정 곳곳에서 무슬림과의 종교 분쟁이 빈발
하고, 카시미르 분쟁이 발발하면서 파키스탄과 무슬림에 대한 적개심
은 더욱 커졌다. 정치 이데올로기로서 힌두뜨와의 성장이 쉽게 예견되
는 상황이었다. 하지만 인도국민단이 힌디 국어화운동을 무리하게 추
진하면서 벵갈이나 남부에서의 상당한 반발을 불러왔다. 무엇보다도
그들은 힌두 쇼비니즘에만 의존함으로써 정책 정당으로 성장하는 데
소홀했다. 결국 네루가 수립한 자유주의와 세속주의에 기반을 둔 국가
중심의 정책이 새 국가의 통치 중심으로 자리잡고, 힌두뜨와는 네루 정
부의 정교 분리 원칙에 따라 중심 조직인 민족의용단이 활동을 금지당
하면서 그 세력이 크게 약화되었다. 1980년대 말 회의당의 일당 우위
체계가 쇠퇴하는 것을 틈타 인도국민단의 후신인 인도국민당이 힌두뜨

와 이데올로기를 꺼내면서 종교 공동체 갈등에 의한 폭력 정치가 다시 전면에 부상했다.

민족의용단 외에 또 다른 거대 힌두뜨와 극우 조직으로 세계힌두협회Vishva Hindu Parishad도 있다. 1964년 조직된 세계힌두협회는 힌두 사원을 건립하거나 이를 위해 타 종교의 사원을 파괴하는 일까지 자행했으며, 암소 도살을 막는다거나 힌두로 재개종을 시키는 등 힌두교와 직접 관련된 일을 주로 맡았다. 대부분 폭력을 동반하여 사업을 하기 때문에 일반적으로 무장 종교 조직으로 분류되고 있다.

이외에도 많은 단체가 힌두뜨와 이데올로기를 토대로 조직되었는데, 그들을 모두 묶어 의용단일가Sangh Parivar라고 부른다. 의용단일가와 같은 힌두뜨와 세력은 전체를 하나로 유지하는 조직을 통해 내부 단합을 유지하고 외부에 공격을 가하는 전위대로서 인도 사회에 영향력을 점차 넓혀 갔다.

까르 세왁kar sevak이라고 하는 의용단원들은 분단 당시 파키스탄에서 피란 온 난민들을 위한 구호활동을 통해 한편으로는 인간 존엄과 동지애를, 다른 한편으로는 무슬림에 대한 증오를 심는 데 큰 역할을 했다. 민족의용단과 의용단일가의 구호사업은 학교, 보건소 등을 세우고 난민들에게 의료, 식량을 보급해 주며 법률 조언을 하거나 기술을 가르쳐 취업을 알선해 주는 일이었다. 처음에는 난민사업에서 출발했으나 점차 촌락 수준으로 하방下放하여 활동했다. 특히 카스트 힌두세계 밖에 있는 아디와시adivasi라는 산간 오지 부족민과 가난한 농민, 영국 식민 지배자에 의해 기독교로 개종한 사람들을 재개종시키기 위해 교육,

식량, 의료, 법률, 기술교육 등을 제공하며 세력을 확대했다.

힌두뜨와 세력은 기본적으로 기득권자다. 그들은 사회적 약자인 불가촉민, 여성, 아디와시 등이 힌두 사회에 내재한 차별을 철폐하고 동등한 권리를 주장하는 운동을 하면 복리 증진 개선 방법으로 포섭하여 그들의 요구를 무슬림에 대한 적개심으로 전환시키는 전술을 사용한다. 1992년 미국 로스엔젤레스에서 흑인들의 불만을 한인들에 대한 적개심으로 전환시켜 한인에 대한 폭동으로 막은 것이나 1920년대 남아공에서 백인 식민 정부가 두 인종의 거주 지역 사이에 인도인 거주지를 위치시켜 흑인들의 폭동이 인도인들에게 향하도록 완충 작용을 하게 만든 것과 동일한 이치다. 힌두뜨와 세력은 사회적 약자들의 복리 증진을 위해 낮은 수준의 개선책을 제공할 뿐 근본적인 문제인 가부장제나 카스트 체계는 개선하지 않았다. 그들은 민족이라는 이름으로 약자들을 흡수해 무슬림이나 기독교인을 적으로 보고 폭력을 행사하도록 유도한 것이다. 최근 인도 곳곳에서 무슬림에 대한 폭동에 불가촉민이나 아디와시가 주도적인 역할을 하는 것은 이 때문이다.

힌두뜨와 세력은 하방 전술을 통해 분단 이전에 지하에 머무르던 이념을 지상으로 끌어올리는 데 성공했다. 그들이 주도한 사업에는 주州나 연방 수준의 정부에서 주관하는 사업과 비정부 기구의 자발적 사업이 섞여 있었고, 넓게 보면 정치적 함의가 큰 사업으로 확장된 것들이었다. 힌두뜨와 세력의 정치행위는 철저히 지역 단위 수준에서부터 이루어져 중앙에서 조정했다. 정치가 중앙에서 조직되어 촌락 단위로 이어지는 이전 단계의 방식에서 벗어나 가장 아래 단위의 지역에서 인민들이 스스로 조직하게 된 것이다. 이에 따라 모든 이슈가 지역 단위에 필요한 현실적인 정치·사회·문화에 관한 것들로 만들어졌다. 모든 이슈들은 상호 연계되었고, 결국 매우 많은 사람들이 참여하게 되었다.

힌두뜨와 세력의 역사 왜곡

독립 후 하방하여 여러 조직을 갖춘 극우 힌두뜨와 세력은 시민 단체로서 권력을 잡기에는 역부족임을 깨닫고 권력 획득을 위해 인도국민단을 창당한다. 인도국민단은 1977년 국민당Janata Party으로 이름을 바꾼 후 정권 교체를 이루었고 인도국민당으로 재창당한 후 1998년 재집권했다. 그들은 두 번의 집권기 동안 똑같이 역사 교과서 문제를 정치의 중심 이슈로 끌어올렸다.

   그들은 단호하게 인도국민회의─회의당(I) 정권의 역사 교과서가 공산주의에 의해 왜곡된 역사라 규정하면서 검인정 교과서 가운데 가장 권위를 인정받는 국립교육연수원NCERT 간행 역사 교과서를 새로 집필하게 했다. 그리고 본격적으로 힌두 근본주의 색채를 덧입혔다. 그들은 좌파 공산주의자들이 자신들의 권력을 위해 애써 민족의 위대함을 무시한다는 논리를 폈다. 1998년 다시 집권하기 전에 그들은 무슬림 사원 바브리 마스지드를 파괴하고 그 위에 라마 사원을 다시 세워야 한다고 주장했다. 이는 자신들이 암살한 간디가 역설하고 많은 민족주의자들이 마음에 품던 이상향의 정치인 라마라지야Ramarajya의 환상을 구체화하려는 시도로, 종교와 정치가 만날 때 발생하는 극한 모순을 잘 보여 주는 사례다.

그들의 역사 왜곡 가운데 중요한 것이 하랍빠 문명의 주인공이 아리야인이라는 주장이다. 하랍빠 문명은 알 수 없는 이유로 사라졌고 그즈음 그들과 아무 관계없는 아리야인들이 이곳을 거쳐 인도 아대륙으로 들어왔다는 것이 여러 역사적 근거를 통해 밝혀졌다. 그럼에도 그들은 하랍빠 문명이 베다 문명이고, 그래서 베다가 세계 최고의 경전이며, 그것을 바탕으로 하는 힌두교가 세계 문명의 젖줄이라는 식으로 주장한다. 이 같은 왜곡의 단초는 《리그 베다》에 나오는 '사라스와띠'강이 제공했다. 사라스와띠강은 《리그 베다》에서는 매우 중요한 종교적 역할을 하는 강으로 언급되는데 지금은 메말라 사라져 버렸다. 힌두뜨와 신봉자들은 이 사라스와띠강에서 하랍빠 문명이 발생했다고 주장하고 있는데, 이는 '사라스와띠'를 기존 학설의 '인더스'에 대입시킨 것이다. 좀 더 자세히 보면 궁극적으로는 인더스가 위치하고 있는 파키스탄에 대비하여 인도에 위치하고 있는 사라스와띠를 부각시키는 것이다. 전형적인 반反이슬람 힌두 이데올로기의 역사 왜곡이다.

1990년대 말부터 극우세력이 줄기차게 요구한 역사 수정은 민족의용단의 전국 각 지부(샤카shakha)에서 자신들이 만들어 낸 힌두뜨와 민족주의 역사관을 널리 가르치면서 급속하게 퍼졌다. 수정 교과서를 통해 유치원부터 고등학교까지의 청소년을 교육하여 의용단원을 양성했다. 지부는 2004년 이후로 세가 줄어 현재 전국 1만여 개 정도가 있으나 1990년대에는 6만 개가 될 정도로 번성했다. 지부에서는 힌두 중심의 종교 공동체주의적 역사관을 토대로 요가, 의례, 예술 등 광범위한 힌두 문화를 가르치면서 국수주의적 세계관을 일상에서 실천하도록 하고 있다. 전인도지식교육원The Vidya Bharati Akhil Bharatiya Shikha

Sansthan이 운영하는 2만여 개의 학교에서는 전국적으로 200만 명이 훨씬 웃도는 청소년들이 유치원 때부터 청년으로 성장할 때까지 교육을 받는다. 이들 학교는 도시보다 시골이나 소수 부족 거주지에 집중되어 있어 다른 정보와 지식을 접하기 어려운 해당 지역 청소년들의 인식을 왜곡하는 데 큰 역할을 한다. 거기에서 교육을 받은 청소년들은 민족의 용단과 의용단일가의 다양한 조직의 행동대원으로 충원된다.

그들은 힌두 신화에 나오는 라마나 끄리슈나와 같은 신의 행적을 역사적 사실로 인정해야 한다는 내용과 중세 시기는 무슬림이 힌두 문명을 파괴하고 핍박했다는 내용을 가장 중요시한다. 그동안 과학적 역사관에 의해 부정되어 온 이 두 주장은 하나로 통합된다. 힌두 신의 이야기가 역사에 편입되어 인도는 모든 면에서 세계 최고의 문명국으로 우뚝 선다. 또한 세계 최고인 인도 고대 문명이 무슬림·기독교도 등과 같은 이민족들의 침략에 의해 파괴되었다는 역사가 펼쳐진다.

종교적 산물인 라마와 끄리슈나 신은 역사적 인물로 만들어진다. 그들의 행적이 담긴 신화의 내용이 실제 역사로 둔갑한다. 신화에 나오지 않는, 실제의 카스트 체계가 낳은 갈등의 역사는 모두 배제된다. 이것이 그들이 주장하는 힌두 라슈뜨라Hindu Rashtra, 즉 힌두 국가의 면모다. 2014년 모디Narendra Modi 정부가 들어서면서 히말라야 빙하와 갠지스강에 인격권을 부여해야 한다는 주장이 구체화되기 시작한다. 이는 전 국토의 인격화를 통해 바라따 마따Bharata Mata(어머니 인도)라는 환상을 심는 단계로 가는 조처다. 곳곳에 퍼져 있는 전국 규모의 대표 성지들과 각 지역의 성지 관련 신화를 실제 있었던 역사로 만들어 완전한 힌두의 나라인 신정국가 힌두 라슈뜨라를 세우는 것으로 발전한다.

그렇게 되면 전국은 하나의 힌두뜨와 이데올로기 아래에 거미줄같이 이어지게 될 것이고, 그 촘촘한 망이 성지 순례로 1년 내내 이어질 것이며, 그를 통해 행동대원의 동원과 정치 세력화는 갈수록 거대하게 될 것이 자명하다.

힌두뜨와 세력의 폭력 정치

힌두뜨와의 목적은 군중을 세뇌하고 선동하여 특정 정치행위에 동원하는 것으로 모아진다. 힌두뜨와의 선동과 폭력이 가장 잘 드러난 사건이 1992년 의용단일가와 세계힌두협회가 주도했던 이슬람 사원 바브리 마스지드 파괴 사건이다. 그들은 힌두교에서 이상군주로 자리매김된 라마는 선한 군주인데, 그의 탄생지에 있던 사원을 파괴하고 그 자리에 이슬람 사원을 세운 무갈 황제 바바르는 악한 군주라는 도식을 만들었다. 바브리 모스크를 파괴하고 다시 라마의 사원을 세워야 악을 물리치고 선을 세우는 라마의 이상에 부합된다고 역사를 왜곡했다. 이 사건 이외에도 1993년 뭄바이 무슬림 학살, 2002년 구자라뜨주 무슬림 학살 등도 힌두뜨와의 폭력 정치를 보여 준 사례들이다.

힌두뜨와의 폭력 정치 과정을 면밀히 살펴보면 2차 세계대전 당시 독일·이탈리아의 파시즘과 유사하다. 이슬람 사원 바브리 마스지드 파괴 이후 일어난 폭력 사건은 모두 군중 폭동이라는 공통점을 가지고 있다. 이 난동은 힌두뜨와에 세뇌된 행동대원들의 순간적 분노에 의한 것처럼 보이지만 사실은 바브리 마스지드에 접근하지 말라는 대법원 명령을 거부한 것부터 시작하여 전국적으로 정치 깡패gunda들이 조직적으로 동원된 것까지 모두 사전에 잘 짜인 조직된 폭력이었다. 이 단계에서 필수적으로 등장한 것이 나치의 경우와 동일하게 웃따르 쁘라데쉬주 정부 공무원, 특히 경찰의 깊숙한 개입이다. 국가의 법이 국가 기구에 의해 철저하게 폐기되어 버린 것이다.

힌두뜨와 세력의 폭력은 2002년 2월 27일 구자라뜨주의 한 작은 역인 고드라Godhra역에서 발생한 사바르마띠Sabarmati 열차 방화 사건에서 절정을 이룬다. 그날 역을 막 떠난 기차 안에서 원인을 알 수 없는 화재가 발생해 58명이 순식간에 불타 죽는 참극이 일어났다. 희생자 대부분은 여성과 어린아이들이었다. 아요디야에 갔다가 돌아오던 수구 난동 세력인 세계힌두협회 대원들이 탄 기차가 고드라역을 떠난 지 몇 분 되지 않아 무슬림 밀집 거주지에 비상 정지했다. 이때 무슬림 군중이 몰려들어 돌을 던졌고 동시에 기차에서 불이 났다. 앞 뒤 출입문은 잠겨 있었고 안에 있던 58명이 불에 타죽었다.

사건 발생 당시 연방 정부와 주 정부의 여당이던 인도국민당이 구성한 조사위원회의 발표에 따르면 무슬림 폭도가 휘발유를 구입해 기차 바닥에 뿌리고 안에서 불을 질렀다고 한다. 조사위원회는 무슬림 폭도에 의한 방화 사건으로 규정했고, 그 가운데 죄질이 무거운 31명에게 유죄 판결이 내려졌다. 시민 단체는 조사위원들이 뇌물을 받았다고 반발했으나, 제대로 된 조사는 이루어지지 않았다. 하지만 연방 정부의 여당이 바뀌면서 조사위원회가 다시 꾸려졌고, 결론은 전혀 다른 방향으로 흘러갔다. 방화가 아닌 식당 칸 또는 다른 우연한 원인으로 화재가 발생했고, 외부 폭도들의 난동은 우발적인 사건이라는 것이다. 그러나 지금까지도 기차가 왜 비상 정지했는지, 누가 외부 사람들을 선동하고 자극했는지, 화재는 어떻게 발생했는지에 대해 제대로 밝혀진 바 없다. 많은 사람이 사건의 기획자로 지목한 자는 다음 선거에서 압승해 주 총리가 되고 정치인으로 승승장구하며 지금은 연방 정부 총리가 된 인물이다. 진실은 밝혀진 바 없고 정치만 난무했다.

사건은 고도로 치밀하게 짜인 각본에 의해 자행된 범행이었다. 이 사건이 계기가 되어 이후 구자라뜨주 전역에서 힌두뜨와 세력이 주동이 되어 무슬림 학살을 벌였다. 이 또한 구자라뜨주 권력의 보이지 않는 손에 의해 조직적으로 이루어진 학살이었고, 학살이 이루어진 뒤 법원이 자신의 권한을 방기한 학살이었다.

힌두뜨와에 기반한 정치세력이 가장 큰 기반을 가진 곳은 마하라슈뜨라주이고 그 주인공은 쉬브 세나Shiv Sena라는 극우 정당이다. 쉬브 세나가 힌두뜨와 이데올로기에 기반하여 반反무슬림 종교 공동체주의에 입각한 주장을 펴기 시작한 것은 1980년대부터였다. 그것은 마하라슈뜨라 지역의 대도시 뭄바이에서 대대적으로 전개되기 시작했다.

뭄바이는 독립 이후 직조산업이 발달했기 때문에 북부 인도로부터 많은 무슬림들이 유입되었다. 그들은 상당한 세력을 형성하며 이란의 호메이니 이슬람혁명 이후 점차 이슬람 근본주의적 움직임까지 보였다. 원래 이 지역은 마라타Maratha*라는 종족 정체성으로 다른 어느 지

---

[*] 지금의 마하라슈뜨라 지역을 기반으로 하여 세운 마라타Maratha연맹은 1674년에서 1818년까지 동인도회사와 맞서 싸운 실질적인 인도 토착세력의 최후 강자였다. 최고 전성기 때는 서부와 중북부 지역을 거의 석권하여 무갈제국을 완벽하게 대체할 수 있

역보다 힌두 근본주의가 강한 곳이었다. 힌두주의에 기반한 종교 공동체적 정당인 쉬브 세나가 큰 위력을 떨칠 수 있는 기반이 갖춰진 곳이었다.

쉬브 세나는 1984년 뭄바이 북부에 위치한 도시 비완디Bhiwandi에서의 폭력 충돌을 위시로 1993년 뭄바이 폭동 등 마하라슈뜨라 지역의 수많은 종교 공동체 폭력 사태를 조장했다. 그들은 정당한 목적을 위해 폭력적 수단을 사용하는 것은 하등 문제가 되지 않는다면서 힌두 사회를 지키기 위해 무슬림을 반드시 제거해야 한다고 공공연히 주장했다. 폭력은 폭력 자체가 문제가 아니라 부당한 목적으로 사용할 때 문제가 되는 것이라고 합리화했다. 국가의 수호를 위한 폭력의 사용은 자의성에도 불구하고 합리적이고 합목적적이라는 주장이었다.

사실 그들의 폭력 옹호는 힌두교의 입장에서는 상당한 논리성을 갖추고 있기는 하다. 그것은 힌두교에서 무력과 폭력을 정당화하는 끄샤뜨리야 전통이 힌두 사회에서 오랫동안 중요한 위치를 차지해 온 사실과 관련이 있다. 앞에서 여러 차례 언급했다시피 힌두교는 브라만 전통으로만 구성되어 있는 것이 아니다. 힌두교에는 슈라만 전통도 있다. 브라만 전통이 정淨─부정不淨의 이데올로기를 기초로 하는 바르나─아

을 것으로 예상되었으나 내부 분열을 이기지 못해 결국 동인도회사에 패퇴했다. 마라타는 무갈제국을 전복시키려 했고, 그 과정에서 인도 왕국을 건설하겠다면서 '힌두'라는 어휘를 사용했다. 그것을 현재와 같은 의미의 반反이슬람의 힌두교 차원으로 해석할 수는 없다. 그러나 현재 대중들은 대체적으로 마라타가 반이슬람 힌두 왕국의 기치를 내건 것으로 이해하고 있다.

슈라마-다르마 체계를 고수하는 반면, 슈라만 전통은 정-부정의 담론으로부터 자유롭고 폭력과 갈등, 전쟁 등에 대해 상대적으로 관용적인 성격을 갖고 있다. 고대 경전에도 전쟁터 전사자는 비록 브라만 전통에 모순적인 행위를 했으나, 브라만 전통에 따라 다르마를 수호하기 위해 자살한 자와 동일하게 취급받아 먼 길을 돌지 않고 바로 천국으로 가는 것으로 규정된다. 이는 끄샤뜨리야 전통을 브라만 전통이 적극 포용하여 받아들인 것이다. 쉬브 세나가 주장하는 국가 수호 논리는 이러한 끄샤뜨리야 전통만을 확대 해석한 것이다. 침소봉대 혹은 과장된 해석이긴 하지만 힌두 전통에 전혀 존재하지 않는 것은 아니다.

힌두교가 이 정도로까지 왜곡되어 정치 이데올로기로 변한 데에는 반反식민 민족운동을 이끌던 마하뜨마 간디가 대중의 지지를 좀 더 끌어올리기 위해 종교를 정치에 혼입시킴으로써 민족운동을 고양시킨 데에도 그 원인이 있다. 종교가 정치에 스며들어 정치가 종교화되는 일이 본격화된 것이다.

민족의용단 지도자 사와르까르는 배제, 폭력, 무력 사용과 같은 정치의 속성을 종교 공동체에 집어 넣어 종교 공동체를 정치 단위로 완전히 변질시켜 버렸다. 힌두뜨와의 목적은 군중을 세뇌하고 선동하여 특정 정치행위에 동원하는 것으로 자리잡았다. 선동과 동원의 양상이 파시즘과 매우 닮아 적을 만들고 그들을 혐오하고 그들에게 폭력을 행사하는 것이 주를 이룬다.

1990년 10월 인도국민당 당수 아드와니L. K. Advani는 TV연속극에 나온 라마 신으로 분장한 채 전차를 타고 라마 사원을 다시 세우기 위한 벽돌 모으기 정치 캠페인을 벌였다. 아드와니는 체포되었으나 일약 순교자로 격상되었고 정치적 입지가 매우 탄탄해졌다. 그 후 인도국민당을 비롯한 힌두 극우세력들은 지속적으로 이 문제를 물고 늘어졌고 그 결과 1991년 총선에서 119석을 확보함으로써 당당히 제2당의 입지를 굳혔다.

그들은 무슬림들이 자신들의 신화《라마야나》에 나오는 라마 사원을 파괴하고 그 위에 모스크를 세웠기 때문에 바브리 마스지드를 파괴하고 그 위에 힌두 사원을 복원해야 한다고 주장하면서 1992년 12월 6일 아요디야에 있는 바브리 모스크를 완전히 파괴시켜 버렸다. 그 과정에서 232명이 살해되었고 그 후로도 유혈 사태가 계속되어 500명 이상이 사망했다. 아요디야 사태는 무슬림의 반발을 불러일으켰고, 이로 인해 양 종교 공동체 간 폭력이 극도로 심화되었다. 힌두는 무슬림을 증오하면서 폭력을 서슴지 않았고 이에 대해 무슬림은 무차별 테러로 응수했다.

대표적인 사건이 1993년 3월 17일에 터진 뭄바이 폭탄 테러다. 인도 경제의 심장부인 증권거래소를 비롯한 도심 12곳에서 폭탄 테러가 동시다발적으로 일어나 317명의 사망자와 1,400여 명의 부상자가 발생했다. 이후 무슬림에 대한 힌두 극우 집단의 보복 테러가 잇달았다. 구자라뜨주에서 일어난 무슬림 학살은 그 절정이었다. 이는 2002년 구자라뜨주의 수도인 아흐메다바드Ahmedabad를 비롯한 주 전역에서 무슬림들이 학살당한 것으로 사망자만 2,000명이 넘은 것으로 알려져 있다. 당시 모디 주 총리는 폭동 사태에 적절한 조치를 취하지 않은 책임을 지고 사임한 후 주 의회선거를 다시 치렀으나 인도국민당이 압승을 거둬 모디가 다시 주 총리로 취임했다.

6-5. 근대 시기 힌두교 변화의 사회사적 의미

신힌두교와 힌두뜨와의 근본주의 정치

근대 이후 힌두교에 두 가지 의미 있는 변화가 일어났다. 하나는 신힌두교이고 또 하나는 힌두뜨와 이데올로기다. 두 가지 변화는 모두 도시를 중심으로 일어난 현상으로, 인도를 변화가 없는 사회, 명상과 사색과 요가의 나라, 변하지 않는 본질을 가지고 있는 종교 등으로 표상하는 서구의 오리엔탈리즘에서 나온 쌍생아다. 다른 점이 있다면 전자는 힌두교의 세계화에 힘입은 것으로 서양 사람들의 필요에 따라 만들어져 인도로 역수입된 탈정치 세계관이고 후자는 인도인들이 식민주의에 저항하는 정치를 추동해 오면서 인도 국내에 엄청난 갈등을 야기시킨 이데올로기라는 사실이다.

일상을 유지하는 종교로서의 힌두교가 아닌 수구 정치 이데올로기인 힌두뜨와는 1947년 분단 이후 새로운 국민국가 안에서 '적 만들기' 작업에 가장 효과적인 지식체계가 되었다. 최초의 적은 무슬림이었지만 차츰 기독교인과 시크교도도 포함되었고, 경우에 따라 미국을 비롯한 서양인으로 확장시키기도 했다. 이러한 맥락에서 만들어진 힌두교의 영향력은 종교학자 바라띠Agehananda Bharati가 말하는 '피자 효과'

를 훨씬 뛰어넘는다.[*]

　이처럼 왜곡된 힌두교 구조에는 홉스봄Eric Hobsbawm이 말하는 '전통 만들기'의 전형이 엿보인다. 만들어진 힌두교가 집단 성원들의 정신 또는 사회적 결합력을 확립시키거나 상징화해 공동체와의 일체감에서 비롯된 민족으로서의 공동체를 표현하는 기능을 하기 때문이다. 상상으로 만들어진 그 공동체는 곧 왜곡으로 변형된 민족이 되고, 그렇게 변형된 민족은 심오한 수평적 동료의식으로 고무된다. 앤더슨Benedict Anderson이 말하는 그 기이한 상상의 발명품을 위해 지금도 수없이 많은 사람들이 죽기를 두려워하지 않는 비극을 바로 이곳에서 쉽게 찾을 수 있게 된 것이다.

　힌두교가 이렇게 왜곡 변형된 것은 식민주의 전통이 독립 후, 즉 포스트식민의 시기에도 분단이라는 구조 때문에 계속 유효하게 전개되었던 역사적 상황 때문이다. 왜곡된 이데올로기로서의 힌두교를 국민국가 건설의 주체로 등장한 일부 민족주의 엘리트들이 국민국가의 정체성을 세우는 작업에서 손쉬운 해결책으로 활용했던 것이다. 역사적으로 민족운동 엘리트들이 오랫동안 반식민지 투쟁을 전개하는 과정에서 힌두교를 적극 활용함으로써 터득한 방법이어서 유혹을 떨쳐 내기는 어려웠다.

　이런 맥락에서 1980년대 이후 민족의용단이나 세계힌두협회를 비롯

---

[*] 피자 효과란 원래 매우 단순한 구운 빵일 뿐이었던 피자가 제1차 세계대전 이후 미국으로 건너간 후 맛과 모양이 다양하고 화려하게 변했고 다시 원산지 이탈리아로 건너가 그 의미와 지위 그리고 영향력이 크게 달라졌다는 뜻의 비유다.

한 일련의 극우 힌두 집단의 군국주의와 새롭게 등장한 신힌두교의 기세 문화가 변태적으로 혼합된 종교 근본주의 담론이 위세를 떨치기 시작했다. 신힌두교는 서구 사람들, 특히 1960년대 이후 미국이 설정한 하나의 유토피아다. 유토피아는 기존의 존재 질서를 부분적으로나 전적으로 파괴해 버리는 현실 초월적인 방향을 설정한다.

유토피아 관념은 기존 사회에 대해 비판적이고 개혁적인 성격을 띠는 이데올로기로 작용하기도 하지만 동시에 보수적으로 작용하기도 한다. 보수주의 이데올로기로 작용하는 유토피아 이데올로기는 인민들로 하여금 세계를 이원적으로 보게 하고 실재의 세계를 변혁하기보다는 신화의 이상세계로의 회귀를 추구하게 한다. 이를 통해 실재의 역사를 낙관적으로 바라보게 함으로써 사회를 보수적으로 유지시키는 역할을 한다. 그 과정에서 이질적인 부분이나 상대주의적 관점은 고려하지 않아 다중으로부터 떨어져 자기들끼리만의 공동체로 존재하거나 소수에게 폭력을 가한다. 세계 밖 공동체로 미국의 아미쉬Amish 집단을 들 수 있고, 폭력을 사용하는 전체주의로는 나치를 들 수 있다. 이런 점에서 보면 유토피아는 원형을 추구하는 것이고 그 원형은 결국 전체주의적 성격을 띨 수밖에 없다.

1970년대 이후 인도로 역수입된 신힌두교는 보수적인 힌두 종교 공동체주의와 쉽게 결합했다. 세속주의를 기치로 내건 인도국민회의 일당지배 체제가 40년 만에 흔들리면서 종교 공동체주의를 기반으로 하는 정치세력이 등장하게 된 것이다. 힌두 근본주의가 정치·경제 권력뿐만 아니라 문화권력까지 잡게 되자 무슬림은 모든 부문의 권력으로부터 소외당하게 된다. 권력을 장악한 극우 힌두교 집단은 자신들이 벌이턴 역사와 종교 왜곡행위에 학자와 예술활동가들이 저항하자 이들을 테러 대상으로 삼았다. 그들은 폭력을 사용하면서 반反서구 문화를 조장하는 과정에서 전통문화로 신힌두교를 적극 활용했다. 그런 점에서 신힌두교 또한 바라띠가 말하는 피자 효과와 비슷한 기능을 한다.

2000년 메흐따Deepa Mehta 감독의 영화 〈워터Water〉가 갠지스강을 모독했다 하여 의용단일가 단원들이 단체로 갠지스강에 투신자살하겠다고 협박하면서 영화 촬영을 저지했다. 그들은 영화의 주인공 남자가 자기 아버지의 애첩을 취했는데 그 여인이 다시 과부가 되고 결국 창녀가 되는 일련의 일들이 갠지스강의 성도聖都 바라나시에서 벌어졌다는 줄거리를 신성모독이라고 했다. 극우 보수주의자들은 여주인공 역을 맡은 배우가 무슬림이라는 사실을 강조하면서 영화가 악의적으로 힌두 문화를 모욕하고 짓밟는다고 했다. 일부 극우 지도자들은 이 영화를 무갈과 영국에 이은 세 번째의 힌두 침공으로 간주하면서 급진적 힌두 이데올로기를 부추기는 데 안간힘을 썼다.

그들이 내건 '하나의 국가, 하나의 문화, 하나의 종교, 하나의 언어' 슬로건에서 나치 독일의 '하나의 국민, 하나의 국가, 하나의 지도자'를 읽어내는 것은 전혀 어렵지 않다. 2002년에는 델리대학교 역사학과의 자D. N. Jha 교수가 《성스러운 암소 신화The Myth of Holy Cow》를 집필했는데, 국제표준도서번호(ISBN)까지 나온 상태에서 출판사를 습격하고 폭력을 가하면서 협박하여 출판을 못하게 했을 뿐 아니라 저자를 각 지역 법원에 고발하고, 극우 단체가 저자에게 사형선고를 내리기까지 했다. 베다 시대부터 최근 200년 전까지 인도인들이 암소를 식용으로 먹어 왔다는 사실을 역사학적으로 규명한 책이지만 극우 단체는 그런 역사적 진실에는 아랑곳하지 않았다. 전형적인 힌두 파시스트들의 광기가 역사의 전면으로 부상하고 있음을 보여 준 사건이었다. 자 교수의 이 책이 인도에서 출판되지 못하고 영국에서 출판된 때는 고드라 열차 방화와 구자라뜨 학살 사건이 발생한 시점이었다.

극우주의자들은 2008년에는 인도의 저명한 화가 훗세인M. F. Hussain의 전시회를 난장판으로 만들어 버렸다. 훗세인이 바라따 마따Bharata Mata(어머니 인도) 여신을 누드로 그리는 등 힌두교를 모욕했다는 이유에서였다. 뿐만 아니라 그들은 힌두 고유의 전통문화를 모욕했다면서 패션쇼나 발렌타인데이 축하장을 공격하기도 했다.

2009년 1월 24일 망갈로르Mangalore에서는 한 서구식 주점을 습격하여 그곳에서 유튜브를 하고 있던 여성들에게 무차별 폭력을 행사했다. 심지어 그들은 엄연한 정당인 사회주의당Samajwadi Party에 대해서까지 폭력을 행사했다. 그들은 사회주의당이 불가촉민의 권익을 보호하는 정치를 하는 불가촉민의 정당이기 때문에 힌두 사회의 근간인 카스트 체계를 뒤흔드는 단체라고 당당하게 주장했다. 2010년에는 영화배우 칸Shah Rukh Khan이 인도 크리켓 프리미어 리그에서 파키스탄 선수를 받아들이기로 한 결정을 지지한다고 하자 신랄하게 비난하고 협박하기도 했다. 2017년 하반기부터 2018년 상반기 사이에는 영화 〈빠드마와뜨Padmavat〉의 감독과 여주인공 배우가 살해 협박을 당하는 일이 발생한다. 무슬림 왕과 힌두 왕비가 꿈에서 사랑을 나눈다는 스토리 때문이었다.

이러한 일련의 문화 쇼비니즘 행동에 대해 힌두뜨와 세력은 단순히 힌두 문화를 수호하기 위해 불경스러운 젊은이들을 훈육시키는 차원에서 벌인 작은 사건일 뿐이라며 종교 집단 간의 갈등은 아니라고 확대 해석을 경계한다. 하지만 사실은 테러의 극대화를 추구하며 고의적으로 기획한 과장된 폭력이다. 그들은 살인과 같은 극단적 행위를 동반하지 않더라도 익숙한 일상의 공간에서 폭력을 사용함으로써 반무슬림 힌두주의를 자극하는 정치 전술을 구사하는 것이다.

2014년 총선에서 거의 30년 만에 절대 다수당의 지위를 확보하고 5년 후인 2019년에는 그보다 더 큰 수준의 압승으로 집권한 인도국민당의 모디 정부는 2014년 집권 후 힌두주의 정치의 색채를 조금씩 덧칠해 갔다. 더이상 힌두뜨와에 입각한 공동체 폭력에는 의존하지 않으나, 요가부 설치, 히말라야-갠지스 인격권 부여, 암소 도축 금지 문제 이슈화 등 힌두 이데올로기 색채가 강한 정책을 널리 시행했다. 전통 힌두 문화를 고양하는 차원에서 요가, 암소, 갠지스 등 일상의 힌두 문화를 자긍심의 근거로 삼는 문화 특질들과 관련된 여러 가지 정책을 기획하고 실행했다. 실제로는 매우 이질적인 카테고리인 '힌두'를 동질 집단인 것처럼 만들어 하나의 정치 단위로 계상하고 그 토대 위에서 득표를 꾀하는 고도의 선거 전술인 것이다.

그들은 1980년대 야당이었을 때 행동대원을 동원하여 시행한 전국 단위의 야뜨라yatra(순례 행렬) 등의 대규모 힌두문화축제는 더이상 열지 않았다. 이슬람 사원 파괴나 무슬림 학살과 같은 극단적 폭력도 배제하였다. 그런 폭력을 통해 갈등을 유발하기보다는 힌두 신화의 역사화와 같은 사이비 역사학 지원, 고대 힌두-불교 유적의 발굴 및 복원과 관광 사업의 연계, 고대 민속 문화의 재조명, 고대 신화의 현대화 사업, 힌두 축제의 지원 등의 정책을 펴고 있다. 이는 결국 인도국민당과 민족의용단 및 의용단일가가 추구하는 힌두 국가 건설을 향해 나아가는 장기 프로젝트다. 그 안에서 헌법까지 어겨 가면서 기독교인의 재개종, 여성들의 힌두 사원 출입 금지, 불가촉민 핍박 등의 문제를 일으킨다.

힌두뜨와 세력의 폭력이 위세를 떨친다는 것은 인도라는 국민국가가 여전히 세속화를 진전시키지 못하고 있음을 보여 준다. 그와 더불어 인도는 카스트, 종교, 종족성, 불가촉천민 등 전근대적인 문제가 여전히 주요 이슈로 작동하는 봉건성이 지배하는 나라로 남아 있다.

2002년 구자라뜨에서 벌어진 폭력과 그 후 전개된 폭력 양상을 보면 나치의 학살과 유사한 점이 많다. 인도의 극우세력은 처음에는 무슬림을 타깃으로 삼았으나 공격 대상이 점차 기독교도와 외국인으로 확장되고 있다. 처음에는 유대인이 타깃이었으나 점차 공산주의자, 자유주의자, 기독교인 등으로 공격 대상이 확대된 나치와 흡사하다. 인도나 독일 모두 역사 왜곡과 신화를 통한 환상 심기라는 차원에서 일어난 집단 혐오에서 비롯된 것이라는 사실도 유사하다. 또 의용단일가가 집회, 캠페인 등을 통해 가두방송을 집중적으로 진행하면서 학살 대상에 대한 적대감을 심화시키고 적극 가담자를 대거 확보하는 등 고도의 선전술을 통해 폭력을 실천한다는 점도 유사하다.

의용단일가 집회

의용단일가는 우산 조직으로, 민족운동 단체부터 노조, 대학생 조직, 지식인 조직 등은 물론 정당도 그 안에 있고, 무장 단체까지 있다. 평상시에는 서로 맡은 바를 달리하지만, 공통의 목표가 정해지면 같이 연대하여 행동한다. 그러니 그 힘은 실로 막강하다.

오늘날의 힌두교

오늘날의 힌두교는 대체적으로 보면 18세기까지 변화하면서 형성되어 온 베다를 기본 경전으로 삼되, 스마르따 전통에 따른, 박띠 신앙을 기반으로 하는, 이슬람과 조화를 이루어 내면서 만들어진, 대중화된, 재가 사회 위주의, 물질 추구를 중심으로 삼되 기세, 명상 등 또 다른 축을 이루는 여러 이질적인 것들을 통합한 종교다.

현재 인도 사회에서의 힌두교는 일상생활에서 떼려야 뗄 수 없는 여러 요소들로 대부분의 삶을 규정하고 있다. 힌두교는 기독교와 같은 믿음의 종교가 아니고 실천의 종교이기 때문에 기독교인들의 일상생활에서 종교가 차지하는 비중보다 훨씬 더 크다. 기독교인은 하루 일상의 대부분을 기독교 신앙과는 거리를 두기 때문에 외부인이 행동만으로 그의 종교적 정체성을 확인하기가 쉽지 않다. 반면 힌두교는 목욕, 음식, 화장실, 의복, 주택, 명절 등 모든 일이 힌두교의 오염의식과 깊게 연관되어 있어서 누가 보더라도 힌두의 종교적 정체성을 금방 알 수 있다.

힌두교의 예배는 일정한 공통 양식이 있지만 상황에 따라 다양하게 진행하기 때문에 정형성이 희미하다. 이와 달리 신힌두교는 예배당, 인도자, 설교 등 일정한 정형성이 있다. 신힌두교가 대부분의 힌두들이 하고 있는 보통의 힌두교 예배에 상당한 거리감을 느끼는 이유다. 그렇다고 일반인들이 신힌두교에 대해 거부감을 느끼지는 않는다. 여러 신힌두교 종파를 힌두교를 구성하는 또 하나의 종파로 간주하면서 아무 거리낌 없이 관계를 갖는다. 힌두뜨와는 다르다. 대개의 힌두, 특히 시골에 사는 힌두들은 힌두뜨와에 대해 거의 관심을 보이지 않는 것을 넘어 거부감을 갖는다. 힌두뜨와의 본질이 신힌두교와 달리 종교가 아닌 정치 이데올로기라는 사실을 알고 있기 때문이다. 힌두들이 힌두뜨와에 관심을 표하는 것은 선거와 같이 정치에 대한 관심이 폭발할 때뿐이다. 이는 힌두뜨와가 종교로서가 아닌 정치에 대한 개인의 호오일 뿐이라는 의미다. 힌두뜨와 이데올로기는 특히 도시인에게 많은 영향을 끼칠 뿐이고, 그 도시인마저 그가 집이나 회사에서 영위하는 종교생활은 그 힌두뜨와와 전혀 관계가 없다는 것을 그들은 잘 안다.

힌두교의 일상 모습을 예배를 중심으로 대체적으로 보면 다음과 같다. 물론 각 지역, 카스트 그리고 집단에 따라 다르다는 것은 말할 필요가 없다. 힌두는 아침이면 세정식을 하고, 새 옷으로 갈아입고, 뿌자를 하는 것으로 일상을 시작한다. 가족이라고 해서 모두 같은 신을 믿는 것은 아니다. 어머니는 친정 전통에 따라 끄리슈나를 섬기고 아버지는 쉬바를, 아들은 락슈미를, 딸은 가네샤를 섬기는 것과 유사한 예는 아주 흔하다. 보통 각각 자신이 믿는 신에게 향을 태워 바치고 자신이 의지하는 경전의 일부 구절을 암송하면서 가족의 건강이나 물질을 기원한다.

지역마다 집안마다 예배를 드리는 대상이 다르고, 형식이나 장소 또한 다르다. 그런 점에서 힌두교는 철저히 개인적인 종교다. 가족이 동일한 신을 믿는 것도 아니고, 개인이 특정 신만을 믿는 것도 아니다. 필요에 따라 초치하는 신이 다르다. 한 가족 내에서 서로 다른 신에게 예배하는 것은 신앙에 따른 갈등이 생겨날 소지를 없앤다. 여자가 결혼해도 배우자 집안의 종교 전통을 따라야 할 의무가 없고, 자식이 부모의 신앙을 따라야 할 의무도 없다.

일상의 종교행위 가운데 가장 중요한 것은 뿌자다. 뿌자는 신과 영적으로 교접하기 위한 것이다. 신과의 영적 접촉은 기독교에서와 같이 정해진 성소나 사원에서 하는 것도 아니고, 성소라고 정해진 곳이 따로 있는 것도 아니다. 집안의 어느 한 곳 혹은 집 밖 주변 어디든 괜찮다. 돌이나 나무나 꽃 혹은 그림 같은 것을 안치해 두고 성화 의례를 하면 그곳이 성소가 된다. 일단 상이 성화되면 그 상은 신성한 권력을 갖게 되는데 큰 사원의 경우 매우 큰 신성물이 된다. 신상은 아침마다 신성한 물을 비롯해 우유 등 여러 물질로 반복해서 씻어 낸다. 세정을 다 끝낸 후 반드시 제대로 의복을 갖춘 뒤 대중에게 공개된다. 도시, 특히 아파트 주거지 등의 경우 성소는 유동적인 장소가 되고 간이시설로도 된다. 어떤 연유로 인해 성소가 훼손되거나 사라져서 다른 곳에 다른 돌이나 꽃을 모셔 두고 의례를 통해 다시 성화하면 그곳이 다시 성소가 된다. 힌두교에서는 성소에 본질이 있는 것이 아니라 의례가 성소를 만들기 때문이다.

뿌자는 기독교처럼 회합하여 집단적으로 하지 않는다. 주로 가족 단위로 하고, 사제가 반드시 인도할 필요도 없고, 설교가 꼭 있어야 하는 것도 아니다. 중요한 점은 현현된 것이 조각이든 단순한 돌이든 그림이든 사진이든 자신의 필요에 따라 초치한 신상에게 경우에 따라 맞는 기도와 찬가가 포함된 의식을 통해 경의를 바치는 것, 그를 통해 신과 접촉한다는 영적인 신실함을 갖는 것이다. 신상은 자체로서 가치를 갖는 것이 아니라 신에게 예배를 올리는 자가 신과 접촉하기 위해 사용하는 단순한 매개물일 뿐이다.

가정 안에 차려진 성소는 어떤 형태도 괜찮다. 사진 한 장도 괜찮고

벽 일부에 설치해 놓은 것도 괜찮다. 가정에서 올리는 뿌자는 가족 구성원들끼리 혹은 개인이 알아서 한다. 사원 예배에서 하듯 브라만이 반드시 주재할 필요는 없다. 사원은 개인이 정하는 바에 따라 가면 된다. 사원에 갈 때는 보통 코코넛이나 바나나, 꽃 등을 사서 신상 앞에 바친다. 신의 상을 알현하고 기도하면 브라만 사제가 신도들이 바친 것을 모아 신의 이름으로 나눠 주는데 이를 쁘라사드prasad(음식)라 한다. 쁘라사드를 통해 신의 축복과 가호를 받고 사원을 한 바퀴 돌고 나온다.

이러한 힌두 신앙의 일상은 힌두 신앙 구조를 둘러싸고 있는 거대한 보편법인 다르마를 실천하는 것이다. 다르마는 카스트에 따라 삶 전체가 규정된다. 결혼을 하여 가족을 꾸리는 재가 중심의 물질적 삶을 사는 것을 이상으로 여기는 것은 동일하지만, 구체적인 종교적 삶은 카스트에 따라 달리 나타난다. 그것들이 어떻게 달리 나타나더라도 모두 고대사회에서 규정되어 오늘에 이르는 바르나-아슈라마-다르마 구조 안에서 작동한다.

바르나-아슈라마-다르마가 근대사회로 들어온 이후 힘과 권위가 약화된 것은 사실이지만, 사적인 영역에서는 여전히 힌두 사회를 지탱하

사원 뿌자

힌두교에서 가장 중요한 종교 행위는 뿌자다. 불교에서는
한자로 공양供養이라는 번역어로 이해할 수 있다. 개인이
가정에서 올리는 것도 있고, 사원에 가서 올리는 것도 있고,
공양물로도, 꽃, 향, 촛불, 등, 우유, 물, 음식 등을 하나의
신 혹은 여러 신에게 바친다.

는 가장 중요한 구조로 작동하고 있다. 바르나–아슈라마–다르마 구조 안에서 힌두는 무엇을 어떻게 믿느냐와 같은 신앙의 종교로서보다는 공동체 내의 이웃과 어떤 관계를 맺으면서 살아가야 하는지 그리고 개인적으로 어떻게 실천해 나가야 하는지 등을 고민하는 공동체의 종교로 작동하고 있다.

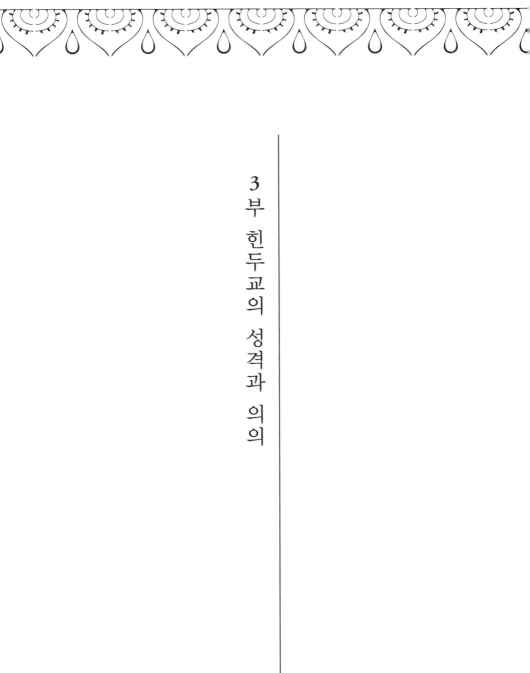

3부 힌두교의 성격과 의의

1. 여러 전통의 통합

1-1. 힌두교의 세 가지 전통

힌두교는 하나의 정해진 경전을 가지고 있지 않다. 베다에서부터 최근의 신힌두교가 경전으로 삼는 신흥 교주들의 어록까지 그 종류와 가지수는 헤아릴 수도 없다. 뿐만 아니라 경전에 들어가 있지 않은 구전 전통이나 경전과 달라진 실행적인 면도 엄연히 힌두교의 일부다. 힌두교 자체가 기록과 구전, 이론과 실행에 차이를 두지 않기 때문이다. 모두 서로 다른 이질적인 요소들이 모여 하나의 힌두교를 이룬다.

이질적인 요소는 크게 세 가지 종교 전통으로 나눌 수 있는데, 역사가 전개되면서 하나로 통합되었다. 하나는 베다에 뿌리를 두거나 그렇게 부회하는 전통이고, 다른 하나는 베다와 전혀 관계를 맺지 않는 전통이다. 전자를 브라만 전통이라고 하고 후자를 비非브라만 전통이라한다. 비브라만 전통은 다시 슈라만 전통과 딴뜨라 전통으로 구분할 수있다. 가정과 사회 중심의 브라만 전통, 기세 중심의 슈라만 전통, 물질과 기복 중심의 딴뜨라 전통, 이렇게 이 세가지 큰 전통 각각에 들어 있는 여러 특질들이 서로 교차하고 통합되면서 오늘에 이른다. 세 전통이 가지고 있는 여러 요소가 전혀 동질의 것이 아님에도 범주를 확장해서 오늘의 힌두교를 이루었다. 굳이 외형적으로 비유해서 말하자면 모자이크와 비슷하다고 할 수 있다. 멀리 떨어져 보면 윤곽이 보이지만 하나씩 자세히 들여다보면 다 다르다는 의미다.

브라만 전통은 그 안에서 여러 작은 전통이 서로 관계를 맺고 있다. 작은 전통들은 스승과 제자의 관계가 지속적으로 이어지는 것으로 빠람빠라parampara(동문同門) 혹은 삼쁘라다야sampradaya(교파敎派)라고 불린다. 크게 두 가지 전통이 있는데, 비슈누를 중심으로 하는 바이슈나와 전통, 쉬바에 중심을 둔 샤이바 전통이다. 대체로 베단따 신학을 기반으로 체계화되었다. 베단따는 베다가 끝나갈 무렵인 기원전 7세기경부터 편찬되기 시작한 초기 우빠니샤드를 신학의 기반으로 한다.

여러 우빠니샤드는 상당한 차이와 다양성이 있지만 대부분 가장 대표적인 사상으로 아드와이따advaita를 꼽는다. 아드와이따는 '불이不二'라는 의미이며, 세계는 다양하게 나타나지만 그 안에는 하나의 본질이 존재한다는 일원론이다. 오직 브라흐만 그리고 그것과 동일한 아뜨만을 참된 실체라고 간주하고 그 외의 모든 다양한 현상을 환幻maya으로 본다. 이 같은 본질의 이치를 아는 지혜를 중시하고 그것을 알지 못하는 것을 무명無明(avidya)이라면서 극복 대상으로 여긴다. 이는 신을 알지 못하는 상태라고 보는 세계관이다. 여기에서 신은 작은 신격체로서의 데와deva가 아닌 주主로서의 이슈와라ishvara로, 절대 유일의 보편적

우빠니샤드 교설

'우빠니샤드'라는 말은 '곁에 앉는다'라는 뜻이다. 스승이 깨달은 바를 제자들에게 비밀스럽게 가르치는 것으로 세계의 궁극인 절대 본질에 대해 전달하는 가르침이다. 이는 힌두교에서 스승과 제자 간에 지혜를 찾아가는 방식으로 이후 힌두 세계관의 주류를 형성한다.

존재다. 세계의 모든 현상들은 이슈와라로 인해 이어지고 하나로 통합된다. 바로 이 이슈와라로서의 신이 비슈누이고 쉬바다.

브라만 전통에 의하면 절대 주로서의 신을 아는 것이 우주의 본질을 깨닫는 것이고 참자아를 아는 것으로, 곧 해탈이다. 다양한 변화의 세계 안에서 절대 존재의 신에게 제사를 지내고 모든 것을 바치는 행위가 중심이 되는 신앙행위다. 이는 사회를 떠나지 않고 카스트를 중심으로 하여 형성된 사회질서 안에서 신앙행위를 하도록 만들었다.

브라만 전통 안에서 특정한 신을 중심으로 하는 집단이 형성되었다. 비슈누를 중심으로 형성된 바이슈나와 전통, 쉬바를 중심으로 하는 샤이바 전통, 베다보다는 전승(스므리띠)에 초점을 맞추는 스마르따 전통 등이다. 이러한 전통들은 각각 고유한 경전과 의례를 가지고 있지만 다른 전통과 완전히 구별될 정도로 독립적이거나 개별적 정체성을 형성하는 것은 아니다.

스마르따 전통은 숭배하는 신에 따라 종파가 달라지는 신학을 거부한다. 그들은 비슈누, 쉬바, 수리야, 가네샤, 마하데위의 다섯 신을 숭배하는데, 이 각각의 신을 숭배하는 것이 모두 동일하다고 주장한다. 이는 결국 베단따 세계관에 입각한 서사시 시기부터 형성된 힌두교 전형에 충실한 종교 전통이 되었다. 이때부터 힌두교는 교파/동문은 서로 다르지만 큰 틀에서는 하나인 종교가 된다.

슈라만 전통은 브라만 전통의 사회 중심 세계관에 저항하는 세계관을 갖고 있다. 반제사, 탈사회, 즉 기세, 무소유, 깨달음 등이 중요한 요소다. 물론 슈라만 전통이라고 해서 단일한 것은 아니다. 짜르와까 혹은 로까야따라고 불린 세상 중심의 물질론도 있고, 아지위까Ajivika*와 같은 숙명론도 있다. 같은 슈라만 전통에 속하는 불교와 자이나교는 세상을 포기하고 깨달음을 추구하지만, 불교가 금욕과 방종이라는 두 극단 사이에서 중도를 강조한 데 비해 자이나교는 극단적인 금욕과 불살생을 강조했다.

스마르따 전통 안에 있는 다양한 종파는 공통적으로 계시서로서의 베다를 거부하고 그에 의거한 세계관을 따르지 않았다. 그래서 그들은 브라만 전통에 의해 아스띠까(존재)가 아닌 나스띠까(부존재不存在)로 간주되었다. 아스띠까와 나스띠까에서 말하는 '존재'란 브라흐만과 베다의 존재를 의미하지만, 경우에 따라서는 절대 주로서의 신(이슈와라)의 존재를 의미하기도 한다.

한자어로 외도外道라 번역하는 나스띠까를 기독교에서의 이단heresy이라는 용어와 동일하게 이해하는 경우도 있는데, 이는 잘못된 것이다. 기독교의 '이단'은 삼위일체설이나 예수의 신성을 정통으로 인정하는 325년 니케아 공의회와 381년 콘스탄티노플 공의회 이후 확정된 정통 교리를 인정하지 않는 유파를 가리킨다. 잘못된 가르침이라는 신학적인 뜻과 함께 반드시 사회에서 격리해야 한다는 사회학적 의미가

---

* 문자대로는 생명이 아닌 것이라는 의미다. 세계를 구성하는 요소로 12원소설을 주장하는데, 인간의 영혼도 그 가운데 하나일 뿐이라는 극단적 유물론이다. 생사와 윤회는 인과업보에 의한 것이 아니라는 무인無因 무연無緣론을 주장한다. 수행을 통한 해탈 등 인간의 의지로 이룰 수 있는 것은 아무것도 없고, 모든 것은 이미 결정되어 있다는 숙명론이다.

포함되어 있다. 이단 인식 아래에서 마녀사냥 등 역사적 현상이 일어나기도 했다.

기독교의 이단과 달리 힌두교에서 나스띠까는 단순히 '부존재'라는 뜻으로 베다, 브라흐만 혹은 절대 주로서의 신(이슈와라)의 존재를 믿지 않는 자들을 의미할 뿐, 그들을 배제하거나 격리해야 한다는 뜻을 내포하지 않는다. 힌두교에서는 특정 세속권력이 특정 종교 전통을 정통으로 공인하고 그 안에 포괄되지 못하는 것들을 이단으로 규정하는 일은 없었다. 종교나 정치의 권력에 의한 공인이라는 역사적 사건이 발생하지 않았기 때문에 힌두교는 정통과 이단이 존재하는 종교가 아닌 것이다. 역사적으로 이질적인 요소들이 통합된 힌두교에서는 기독교, 이슬람, 유대교 등 이분법 종교가 가지고 있는 '이단'의 개념은 있을 수 없다. 서로 다른 전통 속에서 주류와 비주류만 있을 뿐이다.*

슈라만 전통의 여러 요소들은 역사가 전개되면서 브라만 전통과 융합하여 하나의 힌두교 체계를 이루었다. 슈라만 전통이 브라만 전통에

---

* 어떤 종교 전통을 이단으로 규정하느냐 하지 않느냐는 이단 규정을 기독교적 개념으로 하느냐의 여부일 뿐이다. 힌두교나 불교와 같은 기독교 외의 다른 종교사의 입장에서 어떤 기준에 의거하여 규정하는 것은 아니다. 2020년 한국 사회에서 코로나 바이러스 재난과 관련하여 사회적 물의를 일으킨 신천지(신천지예수교 증거장막성전) 같은 경우 자신들이 기독교를 표방하기 때문에 기독교 주류에 의해 '이단'으로 규정되지만, 그것은 어디까지나 기독교 주류의 시각에 따른 규정일 뿐이다. 이 종교를 힌두교가 갖는 개념으로 규정한다면 신천지라는 종교는 많은 종교 전통 가운데 하나일 뿐 이단이라고 하지는 않는다. 물론 그 종교가 사회에 나쁘고 좋고, 옳고 그르고를 평가하는 것은 또 다른 문제다.

들어가 자리잡은 가장 좋은 예는 '불살생'일 것이다. 불살생은 베다 시대가 끝날 무렵 정착 농경의 발전과 도시의 흥성이라는 환경의 변화에 모순되는 소 희생 제사가 여전히 유지되던 현실을 거부하는 슈라만 전통의 대표적 사상이었다.

불교와 자이나교의 불살생 사상은 힌두 사회에서 브라만으로 하여금 영적 가치 싸움에서 위기를 느끼게 했다. 베다 시대에서부터 이어져 온 희생 제사 위주의 가치관에 혼란이 생기면서 불교에서 강조한 '무소유', '기세'와 함께 '불살생'은 영적 가치 면에서 힌두교의 브라만 전통보다 우위를 차지했다. 이에 따라 힌두교는 불살생을 주요 다르마로 채택하지 않을 수 없게 되었다.

힌두교는 그 이후로도 경쟁 상대의 강한 이슈를 배제하는 대신 받아들임으로써 싸움을 더 키우지 않고 주도권을 넘기지 않는 전통을 세운다. 이는 힌두교 특유의 통합 전술로서, 강력한 경쟁 상대일 경우 핍박하거나 죽이지 않고 큰 틀에서 받아들여 융합시켜 버림으로써 경쟁 상대의 정체성을 약화시켜 버리는 전술이다. 이러한 통합 전술은 갈등과 배척이 아닌 흡수와 융합을 통해 종교를 키우는, 힌두교의 가장 주요한 성격이 되었다.

'불살생'의 경우도 마찬가지다. 힌두교가 불살생을 받아들임으로써 영적 경쟁에서 불교에 주도권을 넘기지 않을 수 있었던 것이다. 근본적으로 물질적이고 사회 중심적인 기존의 힌두교에 불살생이 채택됨으로써 인도 사회 전체적으로 봤을 때 불교에서의 불살생보다 파급 효과가 훨씬 크게 나타나게 되었다. 불살생이 재가 신자가 따라야 할 하나의 다르마로 자리잡고, 세상을 부정하고 버리고 떠나는 기세가 기존의 세 단계 아슈라마에 추가되어 네 단계의 아슈라마로 완성된 후에 브라만 전통은 인도 아대륙 전역으로 퍼져 이질적인 특질들을 적극적으로 흡수 통합하게 되었다. 바르나-아슈라마-다르마가 힌두교를 지탱하는 가장 기본적인 틀로 완성됨으로써 이질적인 요소들을 슈라만 전통의 틀로 흡수하게 된 것이다.

세계의 여러 종교 가운데 사회를 버리고 떠나는 것에 가치를 둔 종교는 인도의 종교밖에 없다. 세상 안에 가치를 두고 살아가는 세계관이나 그 대척점에 있는 기세의 세계관 모두 윤회의 세계관에 기초하고 윤회의 세계관은 인도에서만 유일하게 발전했기 때문에 가능한 일이다. 세상 안에 가치를 둔 세계관은 베다 시대의 전통으로 윤회에서 행위가 가장 중요하다고 윤회를 긍정한 반면, 세상 안의 일을 가치 없는 것으로 본 기세사상은 지혜를 최고의 방편으로 보면서 윤회를 극복해야 한다고 믿는 것이다.

기세는 물질적이고 사회적인 것을 부정하면서 그와 반대되는 고행, 금욕, 무소유 같은 것을 실천하고자 한다. 세상 중심의 브라만 전통은 카스트에 따라 해야 할 의무가 부과되기 때문에 상층 카스트만 사회적으로 의미 있는 행위를 할 수 있지만, 기세 전통은 고행을 통해 본질을 깨닫는 것이기 때문에 카스트에 관계없이 누구에게나 열려 있다. 그런데 카스트는 사회적 관계의 네트워크로 존재하기 때문에 기세를 한다는 것은 이 네트워크 밖으로 나간다는 의미가 된다. 다시 말하면 사회적 인간으로서의 존재를 포기하고 사회 밖에서 철저히 개인으로서만 존재한다는 것이다. 기세자 전통은 브라만 전통이 주장하는 신에게 제사를 지내는 것이 다음 생에서 더 좋은 삶으로 윤회할 수 있는 으뜸가는 선업이라는 이론을 정면으로 반대하는 것이다. 전통은 끝없는 윤회는 고통이고 그 고통을 끝내는 것은 윤회의 원인인 업을 소멸시키는 것으로 사회 내에서 인과관계를 맺지 않아야 가능하다고 주장한다.

그들은 브라만 전통이 주장하는 사회 안에서 지켜야 할 삶의 가치인 다르마(도덕, 의무), 아르타(부, 실리), 까마(성애)를 지키지 말고 오로지 금욕과 고행을 통해 해탈을 추구해야 한다고 강조한다. 그 후 다르마, 아르타, 까마 등 브라만 전통에 기반을 둔 세 가지 가치에 슈라만 전통 기반의 기세, 즉 목샤(해탈)가 추가되어 4중 가치가 형성되어 힌두교의 기본 틀로 자리잡았다. 완전히 이질적인 것이 하나의 프레임 안에 들어가 용해된 것이다. 이 4중 가치는 기원이 서로 다른 공존하기 어려운 것을 하나의 프레임 안으로 집어넣음으로써 힌두교의 통합 원리를 대표하는 체계가 되었다. 이로써 힌두교는 공격적으로 이질적인 특질을 포용하는 데 효율적인 기제를 마련하게 되었다.

다르마, 아르타, 까마, 목샤라는 4중 가치가 힌두가 추구하는 모든 것은 아니다. 재가자는 다르마와 아르타와 까마를 추구하고, 기세자는 목샤를 추구한다. 네 번째 아슈라마에 포함되어 산냐시라고 불린 기세자들은 사회로부터 존경을 받는 훌륭한 사람이라는 의미로 남자는 사두sadhu, 여자는 사두원sadhuvin으로 불린다. 사두는 베다의 의례를 버

사두
—

힌두교는 세상을 인정하고 그 안에서 카스트를 기준으로 하는 사회적 법에 따라 물질적 삶을 살아가는 사람이 대부분이지만, 일부 세상을 버리고 궁극을 찾으며 수도하는 사람도 있다. 그들을 사두라고 부른다. 그들에게 축복을 받으려 그들을 알현하는 속세 사람들이 많다.

리기 때문에 그 의례의 핵심인 불을 포기한다. 집안에서 음식을 해먹는 것을 포기하고 아예 집안에서 거주하는 것을 포기한다. 죽어서도 화장을 하지 않고 시신을 신성한 강에 띄우거나 직립 상태로 묻는다. 살아서는 오로지 구걸로만 생존해야 한다. 옷도 사회에서 입던 옷을 다 버리고 나체로 다니거나 사프란(황토색)색 가사를 두르고 다닌다.[*]

기세자들은 중세 이후 북부의 바드리나트Badrinath, 동부의 뿌리, 남부의 라메슈와람Rameshwaram, 서부의 드와르까Dwarka에 이르는 이른바 인도의 사방四方을 순례하는 전통을 만들었다. 이 전통은 오늘날까지 계속되고 있다. 일부 사두는 기세자 공동체에 들어가거나 도량道場(아슈람ashram)이나 사당(마타matha)에서 생활하기도 한다. 힌두교의 수도원 생활은 불교에서 시작된 수도원 생활을 흡수한 것으로, 초기 중세 이후 크게 성장했다.

인도 아대륙의 동서남북 곳곳에 있는 성지를 순례하는 행위는 힌두교를 하나의 종교로 통합시키는 데 크게 기여했다. 초기 중세 때부터 인도의 각 지역에 퍼져 있는 종교 성지들을 서로 묶어 뿌라나에 탑재함으로써 범인도 순례의 전통이 만들어진 것이다. 서로 다른 여러 전통이 혼합되면서 각 전통에 따라 규정되는 성지가 다르기 때문에 일

---

[*] 기세자들은 사프란색 원피스를 입고 다니는 집단도 있지만, 나체로 다니면서 몸에 화장을 하고 유골 재를 몸에 칠하고 다니는 나가Naga 사두도 있다. 그들은 모두 상층 카스트의 징표인 어깨에 걸치는 성사를 태워 버리고 차지 않는다. 머리카락은 완전히 밀거나 자르지 않고 길게 늘인 채로 다닌다. 몇 년 동안 누워서 잠을 자지 않거나 앉지 않거나 말을 하지 않거나 팔을 위로 높이 들고 있거나 고개를 땅 속에 박았다 뺐다를 반복하거나 하는 등의 고행을 한다.

정하게 정해진 곳은 없지만, 각 종파에 따라 전국적으로 정해진 곳을 순례함으로써 인도 아대륙 내의 종교를 하나의 힌두교로 통일시키는 데 기여했다는 사실은 중요하다. 현재를 기준으로 볼 때 일반적으로 북부 히말라야 지역의 아마르나트Amarnath, 바드리나트, 께다르나트Kedarnath, 하리드와르Haridwar, 강고뜨리Gongotri, 야무노뜨리Yamunotri 등 갠지스와 야무나강의 발원지에서부터 갠지스강을 따라 바라나시Varanasi, 쁘라야그라즈Prayagraj 등과 서쪽의 드와르까Dwarka, 남쪽의 라메슈와람, 동쪽의 뿌리, 주요 도시로 아요디야, 마투라, 웃자인Ujjain, 깐치뿌람Kanchipuram 등이 주요 성지로 숭배받는다.

힌두교에는 브라만 전통도 아니고 슈라만 전통도 아닌 또 다른 세계관이 있다. 여신 데위에 초점을 둔 딴뜨라 전통이다. 이것은 다른 두 세계관과 전혀 다른 기층 인민들의 세계관으로, 철저히 베다와 베다를 토대로 하는 카스트 질서 바깥에 있는 것들이다. 물질적이고 생산/기술적이고 기복적이고 지역적이고 부족적인 성격의 세계관이 베다 전통의 형식에 따라 집대성된 것이 딴뜨라 전통이다.

딴뜨라 전통은 세계관을 굳이 베다에 부회하지 않고 독자적인 체계를 이루어 왔다. 원래는 특정한 체계나 틀이 없었던 것들을 '딴뜨라'라

쁘라야그라즈, 꿈브멜라

성스러운 강물에 몸을 담금으로써 악업을 씻는다고 믿는 종교 의례인 꿈브멜라kumbh mela는 쁘라야그라즈(옛 알라하바드), 하리드와르, 나쉭끄, 웃자인의 네 곳에서 12년에 한 번씩 돌아가면서 열린다. 그 가운데 갠지스강과 야무나강 그리고 신화 속 사라스와띠강이 합쳐지는 곳인 쁘라야그라즈에서 열리는 꿈브멜라가 그 규모가 가장 크다.

는 외형의 틀을 갖추어 정리한 것이다. 이렇게 되면 힌두교는 하나의 통합구조 안에서 브라만 전통의 절대 존재인 브라흐만을 중심으로 하는 지혜 추구의 세계관과 신과 제사 중심의 형식 의례주의 틀이 하나의 프레임을 형성하고, 그 안으로 이 두 축과 전혀 다른, 민간에 널리 퍼져 있던 매우 잡다하고 다양한 기복 중심의 물질적 신앙 요소들을 본격적으로 포함할 수 있게 된다. 이에 따라 하랍빠 시대부터 베다 시대와 서사시 시대를 거쳐 대중 속에서 체계화되지 않고 있던 비非브라만 전통의 여러 이질적 요소들이 딴뜨라 안에서 우주론, 의례론, 종말론의 세 가지 구조 안으로 정리되어 통합된다.

딴뜨라 안에서는 실로 획기적인 신학의 위치 변동이 일어났다. 신전의 최고 존재가 남신에서 여신 마하데위로 옮겨간 것이다. 마하데위는 이전 시대부터 존재해 온 일개 여신이 아니라 절대 지존위로 등극했다. 이는 일차적으로는 이전 시기까지 저급하고 가치 없는 것으로 취급되던 문화가 단순히 산스끄리뜨어를 대동한 브라만 문화 안으로 흡수된 것을 의미한다. 나아가 인민의 저급한 신앙이 산스끄리뜨어의 권위를 빌려 존엄성, 경건함, 전통성, 영원성 등의 힘을 갖추게 되었음을 의미한다. 이로써 신학의 구조가 바뀌었음을 의미하기도 한다.

드와르까, 쉬바 성지

구자라뜨주의 드와르까에 있는 쉬바 사원. 드와르까는
일반적으로 신화에 나오는 끄리슈나 탄생지로 간주되지만,
그것은 신화일 뿐, 역사적 사실이 아니다. 인도 아대륙의
서부에 위치한 한 성지가 신화에 부회된 것이고, 그로 인해
힌두교에서 가장 중요한 성지 중 하나가 되었다.

변화된 신학 안에서 이전 시대의 지존위인 비슈누는 락슈미에게, 쉬바는 두르가 혹은 깔리에게 지존위 자리를 내어주고 마하데위가 만신전에서 최고의 위치를 차지한다. 이를 넘어 과거의 지고의 신인 쉬바나 비슈누는 마하데위의 창조물에 불과하다는 신학에 이른다. 이보다 더 중요한 종교사적 의미는 이 같은 변화 또한 인민의 신앙이 브라만 전통에 흡수 통합되어 버린 결과라는 사실이다. 딴뜨라 신학은 지존위에 의한 우주질서 재조정이라는 과거 브라만 전통에서 남신이 여신으로 모양만 바뀌었을 뿐 신학의 프레임과 의미는 동일하다. 외형상으로만 기존의 남성 중심 구조를 여성 중심 구조로 전복시킨 것일 뿐, 거대한 우주적 시간 속에서 남성이든 여성이든 누군가가 다시 이 땅에 내려와 악을 물리쳐 질서를 바로 잡는다는 신화의 구조는 동일하다.

브라만 전통이 만들어 놓은 바르나-아슈라마-다르마의 사회질서는 여전히 살아 있고, 신에 대한 숭배와 의례가 절대적 위치를 차지하는 현실 또한 아무런 변함이 없다. 신화 속에서 악마를 물리친 여신은 절대 지존이지만 힘, 전투, 악마 징벌 등의 특질을 가진, 기존의 남성성으로 이루어진 문화의 특질을 그대로 답습한 존재다. 샥띠란 기존 구조를 파괴하고 새로운 구조를 만들어 내는 존재가 아니라 기존 구조 안에서 남신의 위치와 여신의 위치만 바꾸는 전복을 통해 지존의 위치에 올라

히말라야 성지 께다르나트 사원

힌두교에서 히말라야는 그 자체가 성스러운 곳이고,
거기에서 강이 시작되는 수원지는 특히 성스러운
곳인데, 께다르나트 사원은 그 가운데 하나로 쉬바를
모시는 사원이다.

간 존재일 뿐이다. 여성성이라는 외피를 둘렀지만 남성성 중심의 구조로부터 궁극적인 변화를 만들려 하지 않았고, 신화와 종교를 벗어나 사회구조를 바꾸는 동력을 만들어 낼 수 없었다. 결국 딴뜨라 신학은 브라만 전통의 신학과 180도 신의 위치만 다를 뿐, 그것이 지탱하는 사회적 메시지와 의미는 동일한 것이다.

딴뜨라 신화는 신화 바깥의 실제 사회에 만연해 있는 남성 중심의 사회를 신화 속에서만 여성 중심의 사회로 만든 것이다. 실재하는 여성의 열등한 위치를 신화 속에서만 전복할 수 있도록 허용해 준 것이다. 신화 속에서 여성이 남성보다 우위에 섰다고 실재에서도 그렇다는 건 아니다. 깔리나 두르가가 딴뜨라 전통에서 최고의 여신임에는 의심의 여지가 없지만, 여러 딴뜨라를 통해 신학자들이 말하고자 하는 것은 사회 내 여성의 독립이 아니다. 딴뜨라 경전에서 가장 추앙받는 여성은 남성으로부터 독립된 존재가 아닌 모성을 지닌 존재다. 이상적인 여성은 반드시 결혼을 해야 하고, 남편이 살아 있어야 하고, 아들을 낳아 키워야 한다. 그런 여성이라야 축복받은 존재가 된다. 딴뜨라에서 최고로 축복받은 자는 사우바기야와띠saubhagyavati, 즉 '좋은 자궁을 가진 여성'이

히말라야 성지 바드리나트 사원

강고뜨리(갠지스강 수원지), 야무노뜨리(야무나강 수원지),
께다르나트와 더불어 히말라야에 있는 작은 4대 성지 가운데
하나인 바드리나트 사원은 비슈누를 주신으로 모시는
사원이다.

다. 딴뜨라 신학에서 여신이 추구하는 바는 가정과 생산을 중심으로 하는 세상, 즉 브라만 전통에서 추구던 세상과 동일했던 것이다.

1−2. 흡수 통합의 성격

이상에서 보듯, 서로 다른 이질적인 전통을 하나로 통합하는 힌두교는 내용은 변화시킬지라도 구조는 절대로 변화를 허용하지 않는 관성을 유지했다. 이 같은 관성 위에서 힌두교는 이슬람과 만나고 서구 근대화와 만난다. 13세기 이후 여러 이슬람 세력이 인도 전역에 자리잡고 상당한 뿌리를 내렸지만, 기존 구조 안에서 위치만 바꾸었을 뿐 바르나−아슈라마−다르마 사회를 근본적으로 바꾸지는 못했다.

사회구조가 궁극적으로 바뀌지 못하고 그 안에서 위치만 바뀌었다는 것은 외래 문화와 쉽게 접촉한다는 의미도 된다. 새로운 문화와의 충돌이 일어나고 그로 인해 사회구조가 변혁되는 것이 아니라 구조 속에서 공존한다는 것이다. 힌두교는 그러한 힘을 보여 주었다. 힌두교는 구조를 끈끈하게 유지해 냄으로써 어떤 종교가 들어와도 결국 흡수하고 종합을 이루어 내는 힘을 갖게 된다.

힌두 성지 리쉬께쉬

리쉬께쉬는 갠지스강 상류에 위치한 도시로 특히 서구인들이 많이 찾는 신新힌두교의 중심으로 세계 요가의 수도라고 불린다.

근대 들어 근대화라는 또 하나의 거대세력의 도전을 받아 카스트 체계 유지에 심각한 위기를 겪었으나 힌두교는 카스트의 이동을 자체적으로 허용함으로써 카스트 구조의 해체를 막았다. 바르나–아슈라마–다르마는 여전히 인도 사회를 구성하는 가장 결정적인 디딤판으로 유지되었던 것이다. 이는 딴뜨라라는 전복적 신화가 실제로는 정반대의 결과, 즉 봉건사회의 고착 내지 심화를 가져오는 통로가 되었음을 보여 준다. 브라만 전통과 완전히 이질적인 인민의 종교 전통이 기득권 세력의 종교 안에서 자리를 차지한다는 것은 종교 안에서 카타르시스를 얻고 그에 만족하여 사회구조 변혁을 포기하는 결과, 즉 포섭된 틀 안에서 변화의 동력을 상실하는 결과를 가져오게 됨을 뜻한다. 요컨대 딴뜨라 전통은 혁명적 잠재력을 가지고 있었으나 카스트를 중심으로 하는 기존의 힌두교 전통에 포섭됨으로써 반反사회적 성격은 상실했던 것이다.

이렇게 세 가지 서로 전혀 다른 이질적인 전통이 하나로 통합되면서 이루어진 힌두교는 두 가지 서로 다른 방향으로 전개된다. 하나는 현세 이익을 긍정하면서 사회생활을 중시하고 개인의 노력이 아니라 신의

갠지스강 숭배

갠지스강은 고대 아리야인들이 아프가니스탄부터 시작해 약 1,000년 동안 동쪽으로 이주한 후 비로소 갠지스강 중상류 유역에서 정착하여 여러 나라와 도시를 세우면서 철기 문명을 꽃피운 젖 줄기였다. 힌두교의 체계가 이곳에서 만들어지고 사람들은 그에 따라 갠지스강을 비롯한 강과 여러 자연을 숭배한다.

은총에 의지하고 신이 모든 일에 대해 역동적으로 역사하는 방향이고, 다른 하나는 현실 사회를 포기하거나 적어도 중시하지 않는 생활을 추구하면서 신에 의지하지 않고 스스로 노력하여 해탈이나 깨달음을 추구하는 방향이다.

이를 신에 대한 신앙 중심으로 살펴보면, 전자는 주로 비슈누를 중심으로 전개되었고 후자는 주로 쉬바를 중심으로 전개되었다. 비슈누는 아와따라를 통해 끊임없이 세상에 관여하고, 쉬바는 산, 요가, 명상, 방랑 등의 가치들을 흡수하여 끊임없이 세상 밖을 향한다. 이를 사회적 삶의 단계 차원에서 살펴보면, 전자의 전통이 추구하는 이상적인 사회 생활의 단계는 베다 학습, 결혼과 재가자의 삶, 은퇴라는 세 가지이고 후자는 세상 포기를 추구한다. 이 둘이 합쳐져 힌두가 추구하는 이상적인 네 가지 단계의 삶으로 정리되었다.

앞의 셋은 시기별로 단계를 거쳐 가는 것이지만 뒤의 하나는 시기와 관계없고 반드시 해야 하는 필수 단계도 아니다. 이 때문에 두 카테고리를 하나로 묶는 것은 상당한 모순을 안고 있을 수밖에 없다. 두 이질적인 전통을 하나로 묶어 힌두 사회의 기저로 삼고 그 위에서 새로운 요소를 받아들여 또 다른 통합을 하는 식으로 전개되면서 모순이 두드러지지 않고 공존할 수 있기는 했다. 그렇지만 이질적인 전통이 통합되었다 하더라도, 어디까지나 브라만 전통이 중심이 되고 그 안에 슈라만 전통과 딴뜨라 전통이 흡수된 사실은 흔들리지 않는다. 구조는 그대로이되 여지만 넓어지는 것이어서 세 가지 전통이 동일한 비중으로 인정되지는 않는 것이다.

브라만 전통에 속하는 다르마가 슈라만 전통에 속하는 기세나 해탈보다 훨씬 비중 있고 중요한 가치인 것은 의심의 여지가 없다. 그것은 힌두교 최고 경전인 《마누법전》 이래로 이어져 온 힌두 사회의 모본인 여러 법전들에 의해 확증된 바다.

2. 구동 장치로서 바르나(카스트)

2−1. 다양성을 통일성으로 작동하는 체계

힌두교의 이질성을 가져온 결정적인 요소가 여러 전통의 통합이라면, 그 이질적 요소들을 하나의 구조 속에서 작동하도록 하는 장치는 바르나(카스트) 체계다. 세상을 버리는 기세가 힌두교에서 사회 밖으로 나가려는 원심력으로 작동한 것이라면 바르나는 여러 이질적인 것들을 하나의 종교 안으로 잡아 놓는 구심력으로 작동한 것이다.

후대에 '카스트'라는 용어로 알려지게 된 이 바르나는 인도 전 지역에서 브라만을 최상층으로 하는 단일 위계로 구성된다. 하지만 어디까지나 종교 개념에 따른 의례적 서열일 뿐, 실질적으로 사회 내에서 항상 브라만이 최고의 지위를 차지하는 것은 아니다. 고중세 시기 왕과 같은 경우 비록 의례적 지위는 브라만보다 낮지만 실질적 지위는 브라만보다 훨씬 높았다. 근현대 도시경제 시기에도 거부巨富가 브라만보다 실질 지위가 더 높은 건 당연하다. 전통사회에서 규범적으로 브라만은 사제와 학자의 일을, 끄샤뜨리야는 무사와 행정가의 일을, 바이샤는 상업과 농업을, 그리고 슈드라는 일용 잡역을 하도록 되어 있지만 실제로 그것이 지켜진 적은 처음 만들어졌을 당시의 짧은 기간을 제외하고는 거의 없었다. 일부 예외가 있긴 했지만, 초기 중세 이후 모든 왕은 끄샤뜨리야 출신이 아니었음에도 *끄샤뜨리야*가 되었다. 고대의 마우리야나 굽따왕조의 왕들은 워낙 힘이 강해서 굳이 브라만의 협조를 받아 *끄샤 뜨리야*로 바르나를 바꿔 정당성을 확보하고 그 힘으로 제국을 통치할 필요가 없었다. 누구든 힘이 강하면 왕이 되고 이후 브라만의 협조 아래 *끄샤뜨리야*로 바뀌는 것이다. 바르나는 실제의 체계가 아니고 당위의 체계였다.

바르나의 당위성은 바르나 기원 신화에서부터 나타난다. 뿌루샤라는 태초의 원인原人이 스스로를 제사 지내 그 몸에서 네 바르나를 출생시켰다는 바르나 기원 신화는 실제 역사적 사실을 적시한 것이 아니고 바르나가 고대사회에서 어떤 의미를 갖는지에 관한 당위성을 보여 주는 것이다. 각 카스트에게 주어진 생업의 의무에 대한 정당성을 신화로 뒷받침하는 것이 우선이었다. 나아가 힌두교 교리의 근간인 바르나가 희생 제사에서 기원한다는 사실을 신화를 통해 말해 주었다. 사회를 이루는 각 지체가 하는 일이 성성聖性을 부여받아 구조로 짜여져 있는데, 그 근원이 제사라는 것이다. 이는 바르나 구조가 어떤 사회에서도 절대로 흔들려서는 안 된다는 역설로 이어졌다.

바르나 기원 신화가 갖는 가장 중요한 사회적 의미는 힌두 사회를 불평등으로 조직한다는 것이다. 네 계급 가운데 상위 세 계급인 드위자는 무명실 끈인 성사를 찰 수 있고 사원 의례에 참여할 수 있지만 슈드라는 성사를 찰 수 없고 사원 의례에 참여할 수 없다. 상위 세 계급은 입문 의례를 통해 사회적으로 정상인으로 인정받는 반면, 하위 계급 슈드라는 의례를 통한 사회적 정당성을 받지 못해 사회적으로 불구로 규정된다. 이러한 차별은 제사 신화를 통해 정당화된다.

차별이 힌두교의 본질이고, 바르나라는 차별적 위계가 힌두교의 본질을 구동하는 장치가 되는 것이다. 힌두교 신학의 중심은 초월이나 기세 혹은 깨달음 등이 아니라 사회질서 내에 있는데 그것을 구체적으로 작동하게 하는 구동 장치가 바르나라는 사실이 신화 안에 담긴 가장 중요한 의미다.

바르나가 힌두교를 구동시키는 장치라는 것은 브라만을 사회 위계의 정점으로 하는 체계가 작동되고 있다는 것이고, 브라만 권력의 원천인 의례가 종교에서 중심의 위치를 차지한다는 것이다. 실제로 힌두교에는 실로 광대한 의례가 있다. 힌두교 의례는 각 전통이나 지역마다 다르고 역사의 흐름에 따라 변화해 왔다.

2－2. 의례 중심의 성격

의례는 전통을 지속시키는 역할을 한다는 점에서 힌두교의 보편적 가치를 사람들에게 구체적으로 교육시켜 하나의 정체성을 갖게 한다. 즉 의례는 이질적인 힌두교가 하나로 유지되도록 하는 중요한 수단이다. 힌두교의 경우 현실 안의 재가 사회는 물론이고 현실 밖의 기세자들도 의례에서 벗어날 수 없다. 기세자 집단 내부 또한 또 하나의 현실 사회가 되어 기세자 공동체를 유지하려면 그에 맞는 의례가 필요하기 때문이다.

물론 이를 거부하는 기세자도 있다. 그러나 그는 철저히 혼자 지내다가 혼자 사라져 버리는, 종교의 범주 밖에 속한 사람일 뿐이다. 여성이나 부족민도 마찬가지다. 그들이 힌두교 안으로 흡수된 것은 딴뜨라 의례를 통해서였다. 딴뜨라 의례를 제외하고 모든 의례를 주관하는 자는 브라만이다. 이런 점에서 의례는 브라만을 최고 권력으로 한 힌두의 사회질서를 뒷받침해 준다.

의례가 브라만 중심의 사회질서를 지탱한다는 것은 고중세 시기에 사회질서가 흔들릴 때 의례가 한층 정교하게 강화되었다는 사실에서 더욱 분명해진다. 브라만들은 역사의 변화에 따라 바르나 체계가 흔들릴 경우 세상이 말세로 들어간다고 해석했다. 그들은 도전받은 자신들의 권위를 다시 세우기 위해 힌두교의 여러 실천적 의무를 가르치는 법체계를 강화했다.

기원 초기 이후 힌두 사회는 정치·사회·경제가 크게 변동을 겪으면서 다르마 질서가 흔들렸다. 브라만 법전가들은 이런 상황을 우주질서가 흔들리고 가치가 쇠퇴하는 암흑기라고 규정해 각 카스트에 주어진 의무를 반드시 지켜야 할 덕목으로 정하면서 사회질서를 유지해야 한다는 내용을 신화에 담아 널리 교육시켰다. 이때 중요하게 사용된 것이 의례였다. 의례의 중요성은 사회가 바뀌었다고 해서 약화되거나 사라지지 않고 형태만 바뀐다. 그러한 변화 속에서 현재 가장 주된 의례로 자리잡은 것이 뿌자다.

뿌자는 신에게 봉헌한다는 점에서 베다 시대에 널리 행해진 공공 희생제와 동일하지만, 희생제와 달리 제물을 죽이지 않고 꽃, 과일, 향 등을 바친다. 물론 베다 희생제도 항상 동물을 죽여 바치는 것은 아니었다. 우유나 소마 같은 식물을 바치기도 했다. 뿌자가 행해지면서 의례에서 동물 희생물은 일절 바치지 않게 되었다. 지역적으로 예외가 있긴 했지만, 인도 어디를 가나 형태가 동일했다. 또 다른 의례인 우빠나야나 성사 착용 의례 또한 통일된 형식을 갖추고 있었다. 힌두교 신앙은 매우 다양하고 이질적인 모습을 띠지만, 의례는 그런 힌두교를 보편화시켰다. 카스트 체계에 기반하고 있는 의례를 통해 힌두교의 아대륙 내 통일성이 유지되었다.

브라만들이 카스트와 의례를 힌두교에 통일성을 제공하는 틀로 삼았던 것은 이들이 중세 이후 나타난 정치·사회·경제의 변동에 대한 거부였다. 즉 역사의 반동이었던 것이다. 그들은 역사의 발전에 따른 사회의 변화를 막고 브라만의 전통적 이데올로기를 다시 세우는 것이 사회를 바로잡는 것이라고 보았고, 이를 위해 브라만이 사회적으로나 경제적으로 독점적 지위를 확보하는 것이 옳다고 여겼다.

다르마 정비 차원에서 발달한 것 가운데 힌두교에서 매우 중요한 의미를 갖는 불살생과 성우聖牛 사상에 대해 생각해 보자. 《마누법전》의 편찬자는 불살생을 반드시 예외 없이 실천해야 하는 다르마로 규정하여 도처에서 강조했다. 그러나 그는 제사에서의 살생은 용납되는 것으로 규정했다. 생산의 원천 수단인 소를 처분하는 독점적 권한을 오로지

성우화

암소는 힌두가 숭배하는 많은 동물 가운데 으뜸으로 보통 '어머니 암소'로 불린다. 고대 경전에서부터 암소의 곳곳에는 모든 신이 거주한다는 신학이 발달하면서 암소는 불살생과 숭배의 대상으로 자리잡았다. 이러한 이론을 기반으로 많은 이야기가 만들어지고 그림이 그려져 더욱 쉽게 대중들에게 전파된다.

브라만에게만 주겠다는 것이다. 이는 브라만의 경제 기반과 불평등한 사회질서를 확고하게 유지하겠다는 의도였다. 브라만의 제사만 제외하고 직업과 관련하여 소뿐만 아니라 어떤 생물에 조금이라도 위해를 가하는 일이 부정한 행위로 규정된 것도 당시 법전에서부터였다.

결국 제사에서의 살생은 성스러운 것으로 허용하고 그 외의 살생은 부정한 것으로 금지함으로써 살생과 관련된 일을 하는 카스트는 사회에서 최하위에 처하게 됐고, 불살생을 실천하는 브라만은 영적 가치체계의 우위를 확보하고 경제력을 독점적으로 확보할 수 있었다. 브라만들은 카스트 위계사회의 통제를 위한 이데올로기 방편으로서 이 같은 규정을 활용했다. 도시경제의 발흥이라는 새로운 역사적 상황에서 경제력에서 밀린 브라만들이 의례를 정교하게 만들어 권력을 강화했고, 이는 향후 중세 봉건사회와 더욱 잘 부합되었다.

이런 관점에서 볼 때 법전에서 규정하는 형벌이 실제로 행해졌다고 단정하기는 어렵다. 율법은 실제가 아닌 당위였다는 의미다. 《마누법전》에 의하면 슈드라가 브라만에게 다르마를 가르치려 들면 왕이 그 입과 귀에 뜨거운 기름을 붓게 해야 한다는 규정이 나온다. 이 규정은 브라만을 무시하고 불손하게 대하는 슈드라가 많았다는 점, 그래서 사회질서가 흔들렸다는 점을 알려 준다. 실제로 저런 형벌이 내려졌는지 여부는 정확히 알 수 없다.

결혼의 예를 봐도 마찬가지다. 《마누법전》 편찬자는 다르마에 따라 규정된 결혼 범주를 벗어난 성행위는 잘 정돈된 사회에서 관대하게 받아들여지지 않았다는 점을 명확히 말하고 있다. 하지만 그것은 당위일 뿐이다. 다른 여러 사료를 통해 검토해 볼 때 《마누법전》 편찬자의 강력한 법 규정에도 불구하고 실제 사회 내에는 규정을 벗어난 갖가지 결혼 형태가 존재했다. 여러 법전에 의하면 결혼 방식은 여덟 가지가 있었다.* 순수하게 욕정을 못 이겨 하는 간다르와gandharva 혼인조차 브라만에게도 허용되었을 정도다. 그 외에 살인은 나쁘지만 그것이 허용되는 일부 상황 같은 경우도 여러 법전에 산발적이고 모순적으로 나타나 있다. 이러한 법의 융통성을 통해 다르마는 재가자가 처한 일상의 현실에 맞게 적용되었다는 사실과 그 과정에서 특별히 브라만에 대해서는

---

* 《마누법전》 제3장 20절 이하를 정리하면 다음과 같다. 혼인에는 브라흐마, 다이와 daiva, 아르샤arsha, 쁘라자빠띠야prajapatya, 간다르와gandharva, 아수라asura, 락샤사 rakshasa 그리고 여덟 번째 가장 천박한 빠이샤짜paishacha가 있다. 현자들이 말하기를 브라만이 할 수 있는 여섯 가지 혼인 중에는 브라흐마, 다이와, 아르샤 그리고 쁘라자빠띠야 네 가지가 좋으며, *끄샤뜨리야*는 락샤사, 슈드라에게는 아수라 혼인이 좋다고 말한다. 여자의 아버지가 베다를 익히고 훌륭한 인품을 가진 신랑감을 직접 고르며, 스스로 딸에게 훌륭한 옷을 입히고, 신랑감을 불러 훌륭히 대접하여 딸을 주는 것은 브라흐마 혼인이라고 불린다. 딸을 곱게 차려 입히고, 제사에서 일을 훌륭히 담당하는 제관 신랑감에게 주는 것은 다이와 혼인이라고 한다. 신랑감에게서 암수 한 쌍의 소 혹은 두 쌍의 소를 받고 딸을 주는 것은 아르샤 혼인이라고 한다. 신랑감에게 '그대 둘은 함께 다르마를 지키라'는 베다 구절로 축복하여 땅을 주는 것은 쁘라자빠 띠야 혼인이라 한다. 신랑이 스스로 택하여 신부의 아버지 등 친족이나 신부에게 최선을 다해 재물을 주고 혼인하는 것은 아수라 혼인이라고 한다. 처녀와 신랑감이 서로 원하여 결합하는 것은 간다르와 혼인으로, 이것은 욕정이 생겨 성관계로 이루어지는 혼인이다. 처녀의 가족을 해치거나 상처를 입히고 집을 부순 후 절규하고 우는 처녀를 강제로 납치하여 혼인하는 것은 락샤사 혼인이다. 혼자 잠들어 있거나 취해 있거나 기절한 여자를 범하여 혼인하는 것은 가장 저급하고 죄악시되는 여덟 번째 빠이 샤짜 혼인이다. 이 가운데 간다르와 혼인 같은 경우 의례도 거치지 않고 증인도 없이 하는 당사자 간의 욕망의 성관계이지만, 브라만에게는 허용되는 혼인이었다.

예외를 많이 인정해 주었다는 차별적 성격을 읽을 수 있다. 각 시대에 따라 법전이 달리 나타나고 법전들 간에 모순을 많이 찾을 수 있다.

차별구조를 받쳐 주는 힌두 신학의 중심에는 우빠니샤드에서 확고하게 자리잡은 우주의 절대 본질인 브라흐만 개념이 있다. 영원불멸의 절대 존재인 브라흐만이 인간으로 자리잡은 카스트가 브라만이므로 브라만의 사회적 지위와 권위는 결코 변화하거나 흔들릴 수 없다. 브라만이 정하는 신학이 사회질서를 위한 도덕과 의무, 즉 다르마의 기초다. 바르나(카스트)는 절대 불변의 브라흐만에 대한 원리가 정−오염을 기준으로 하는 차별과 배제의 원리 안에서 작동되면서 절대적 권위를 갖고 다르마 사회질서에 신성성을 부여한다.

그러나 이런 신학적 당위성과는 달리 실제 역사에서 바르나 체계는 인도 고대사회의 변화에 따라 심하게 변화되었다. 농경이 확산되고 도시경제가 발달하고 정치권력이 도처에 세워졌다. 지역적으로 갠지스 문명이 갠지스−야무나 두 강 지역의 북부 인도를 넘어 남부와 동부, 서부로 전파되었고, 그곳에서 체계 밖에 있는 사람들을 사회 안으로 포섭하고자 할 때 바르나 체계가 구동되었다. 특히 마우리야제국 이후 중부와 남부 인도의 많은 부족민들이 사회 안으로 흡수되면서 그들에게 힌두교 이데올로기를 교육시켜야 하는 사회적 과제가 생겼다. 이때 바르나 체계가 효과적으로 작동했다.

이후 굽따 시대에는 힌두 사회 안으로 대거 편입된 부족민들을 바르나 체계 내의 슈드라로 받아들였다. 그 대가로 부족 지역의 대중적 관습, 신앙, 의례 등이 모두 힌두교 안에서 당당하게 자리잡힐 수 있도록 허용했다. 바르나는 이미 넷으로 구성되어 있어서 바르나 체계 내로 들어올 여지가 마땅치 않았다. 이에 이질적 요소를 흡수하기 위한 힌두 특유의 방식으로서 불가촉민이라는 새로운 카테고리를 하나 만들었다. 4중의 바르나 체계는 그대로 두고 체계에 포함되지 않는 영원한 차별과 배제의 존재로서 불가촉민이라는 존재를 담을 수 있는 방편을 고안해 낸 것이다.

힌두교가 각지의 신앙 형태를 흡수하면서 주변으로 퍼져 나갈 수 있었던 것은 브라만을 최고 정점으로 하는 바르나 체계의 위계질서를 유지하면서 불가촉민과 같은 또 하나의 카테고리를 통해 토착민을 흡수하여 사회질서를 유지했기 때문이다. 달리 말하면, 힌두교가 이질적인 요소들을 통합한 종교가 된 것은 바르나 체계 안으로 인도 전역에 있던 이질적인 신앙을 가진 사람들을 받아들였기 때문이다. 사회질서 안으로 복속시키되, 그들의 신앙은 받아 주어 힌두교 사회 안에서 행할 수 있도록 해줌으로써 사회의 안정을 유지하는 지배 전략이다. 이단이 없는 포용은 궁극적으로 사회질서를 안정적으로 지키고자 하는 전술인 것이다.

2-3. 실천의 종교

이러한 과정을 거치면서 힌두교는 믿음보다 실천을 우위에 둔 종교로 자리잡게 된다. 신학이 매우 이질적이고 다양하게 바뀌어 버린 반면, 사회질서를 유지하는 법은 가장 성스러운 보편적 위치에 놓았다. 힌두교에서는 특정 신학적 가르침에 대한 믿음보다 신학에 따라 주어진 신분에 부과된 의무를 실천하는 것이 훨씬 중요하다. 무엇을 어떻게 믿는지 신앙에 관해서는 자유가 주어지지만, 사회질서의 윤리와 도덕에 관해서는 강제가 뒤따랐던 것이다.

힌두교에 일정한 교리가 없다고 말하는 것은 바로 이 믿음, 즉 구원관을 중심으로 하는 신앙에 관해서일 뿐이다. 구원에 관한 신앙이 아닌 사회질서에 대한 강제의 차원에서는 힌두교는 확실한 교리를 갖는다. 사회적 질서를 위한 도덕, 즉 다르마를 지킨다는 것은 믿음의 수용이라기보다는 분명한 의무의 실천이다. 이런 점에서 볼 때 힌두라고 하는 범주는 믿음의 동질성에 따라 경계 지어지는 것이 아니라 사회질서를 유지하기 위한 도덕, 즉 직업, 혼인, 가족 등을 기준으로 하는 공동체 질서를 위한 카스트 체계에 따라 경계 지어진다고 봐야 한다. 즉 카스트 체계를 받아들여 구성원이 되면 무슨 신을 믿고 구원을 위해 어떤 수행을 하든지 그는 힌두교의 구성원이 되는 것이다.

이 점에서 힌두교는 뒤르켐이 《종교적인 삶의 기본 형태*The Elementary Forms of the Religious Life*》에서 종교를 '신성한 것에 대한 믿음과 실천이 유형화된 틀로서 그 안에서 사람들 간에 사회적인 관계를 만들어 내는 것'이라 정의한 것과 매우 가깝다. 힌두 사회는 뒤르켐이 말하는 집단과 개인 간의 단순한 힘의 균형으로 유지되는 사회와 구별되는, 성聖의 개념으로 실천되는 도덕 공동체로서의 사회에 매우 잘 들어맞는다.

힌두교는 인간적인 현상을 우주적 준거 틀 내에 위치하도록 했다. 이 점에서 본질적으로 매우 이질적이고 복합적인 여러 개인들의 사회적 행위를 안정과 영속이라는 바르나라는 성의 테두리 내에 위치하게 만들어 그러한 사회적 행위가 공리적 성격을 갖게 강제했다. 바르나를 통해 부여받은 공리적 속성은 여러 의례를 통해 반복적이고 규칙적으로 실천되어야 한다. 의례를 통한 실천 속에서 하나의 종교를 통한 사회 통합이 이루어진다.

힌두교에서 행위는 믿음에 앞서고 실천은 교리에 앞선다는 말은 곧 힌두교라는 종교의 가치는 카스트를 통해 개인적 존재가 공동체적 존재로 바뀔 때 발현된다는 의미다. 이 과정에서 힌두는 이른바 범신론이면서 공동체주의가 된다. 믿음은 자신이 좋아하는 것을 하는 자유에 따를 수 있지만, 실천은 강제로 주어지니 거기에 얽매일 수밖에 없다. 믿음은 선택이고 배타가 아니지만, 실천은 선택이 아니고 배타인 것이다.

힌두교는 믿음보다는 실천을 중요한 가치를 지닌 덕목으로 삼기 때문에 실천은 공동체 차원에서의 의무가 된다. 원칙적으로 출생을 통해 하나의 카스트에 속하는 것이 정해지고 그에 따라 누구든 결혼을 비롯한 여러 법규를 반드시 따라야 한다. 사회적 의무가 종교가 되는 것이다. 이러한 사회적 의미로서의 카스트 법규는 고중세 시대의 왕에게도 동일하게 적용되었다. 다른 문화권에서와는 달리 왕 또한 힌두교가 규정하는 카스트 법규에 의해 강하게 구속된다.

힌두는 자신이 봉헌하는 여러 신에 대해 수행하는 의례 또한 의무적이다. 의례에 대한 법규는 베다를 비롯하여 역사 속에서 지속적으로 만들어진 여러 전승 법전에서 상세히 규정하는데, 모두 시대의 변화에 따라 달리 나타난다. 한 가지 변하지 않은 것이 있다면 기준이 바르나, 즉 카스트라는 사실이다. 이는 실천으로서의 의례마저도 불평등하다는 의미가 된다. 서로 다른 법의 내용을 해석하고 강제하는 힘은 브라만에게 있다. 브라만이 힌두 사회에서 부여받는 절대적인 힘의 기초는 바르나,

즉 카스트 체계이고 그것이 종교의 핵심 교리다.

　브라만은 매우 이질적이고 잡다한 신앙 요소들을 가지고 있는 힌두교가 카스트에 의거한 보편성과 통일성을 일정하게 유지하도록 해야 하는 의무를 지닌 사람이다. 이러한 의무는 신화에 의해 정해진다. 카스트를 부인하는 것은 힌두교를 부인하는 것이다. 힌두 사회에서 카스트를 부인하면 새로운 종교를 주창하는 것이 되는 것은 이런 맥락에서다. 특정 공동체가 반反카스트의 새로운 세계관을 실천하면 그들은 새로운 종교를 만드는 데 성공한 것이고, 공동체 밖의 카스트 체계로 돌아가면 새로운 종교 구축에 실패한 것이다.

　불교는 카스트를 부인했고 결국 성공해서 새로운 종교가 되었다. 하지만 끝내 성공을 거두지는 못했다. 자신들을 지지하는 신자들이 힌두 사회의 카스트를 벗어나지 못해서, 즉 불교가 카스트 없는 독자 사회를 구축하지 못해서였다. 지지자들은 힌두 사회의 카스트에 포섭당해 힌두교 사회로 다시 돌아갈 수밖에 없었다. 이는 정체성의 상실, 즉 불교의 쇠퇴와 소멸로 이어졌다.

　중세의 링가야뜨나 근대의 암베드까르B. R. Ambedkar의 신新불교도 힌두 카스트 사회를 반대하는 새로운 종교운동을 주창하긴 했으나 그들을 둘러싸고 있는 힌두 사회에서 카스트 없이 살아갈 수 있는 자신들

**나그뿌르, 암베드까르 동상과
초기 스뚜빠 복원물**

암베드까르는 불가촉민 출신으로 힌두교의
뿌리 깊은 불가촉민 차별과 싸우기 위해
약 60만의 추종자들을 불교도로 개종시켰다.
그 입문식을 거행한 나그뿌르에 현재
불가촉민 차별에 가장 앞장서는 단체인
민족의용단 본부가 있는 것은 아이러니하다.

의 공동체를 만들지는 못했다. 결국 그들은 기존의 카스트 체계 안으로 들어갔고, 새로운 종교가 되지 못한 채 하나의 카스트로서 힌두 사회 안에 흡수되어 버렸다.

카스트가 사회 내에서 행해야 할 의무인 힌두교 최고 교리 다르마와 떼려야 뗄 수 없는 이유는 이 때문이다. 다르마는 바르나와 함께 세속과 탈세속의 두 세계로 구성되어 있는 힌두세계에서 전자, 즉 세속의 삶과 사회적 가치를 추구하는 틀이다. 다르마는 더 좋은 다음 생으로 윤회할 것을 기원할 때 찾는 구원의 수단이기도 하지만, 그보다는 궁극적으로 사회 구성원으로서 공동체 속에 살면서 이루어지는 여러 관계를 맺게 하는 수단으로 작동한다.

힌두교가 구원보다는 출생, 결혼, 장례 등 통과 의례와 더 깊은 관계를 맺게 하는 종교라는 사실도 이와 관련되어 있다. 힌두교를 공동체적 종교라고 말하는 것은 이런 점 때문이다. 힌두교가 기독교와는 전적으로 다른 이유도 여기에 있다. 구원을 추구하는 종교는 개인의 구원과 관계가 있지만 공동체적 종교는 공동체의 규칙이나 공동체 안에서의 삶의 주기에 따른 질서가 중요하다. 공동체적 종교는 위계적인 사회관계를 합법화하기 때문에 사회가 안정적으로 유지된다. 이 같은 사회 안정 위에서 여러 이질적인 요소들이 통합되고 모순과 함께 공존하게 된다. 통합의 세계관이 지배하는 세상은 이해와 조화는 잘 이루어지지만, 개혁이나 변혁은 쉽게 이루어지지 않는 특성을 가지고 있다.

그래서 힌두교에서는 개인의 삶의 의미가 믿음 안에서 결정된다기보다는 의례 안에서 결정된다. 특히 개인의 삶에서 불안하고 갈등을 불러일으키는 요인이 발생할 때 의례는 매우 큰 영향력을 행사한다. 이 점에서 힌두라고 하는 하나의 정체성을 만드는 것은 산스끄리뜨어로 산스까라sanskara라고 하는 통과 의례다.

산스까라는 '한데 모아 준비하고 완전하게 만드는', 즉 성화시키는 의례로서의 의미를 갖는다. 고대 인도인들은 통과 의례를 공동체 구성의 결정적 요인으로 보았다. 개인의 정체성은 공동체가 인정하는 것이기 때문에 통과 의례를 공유하지 않으면 힌두가 되지 못한다. 통과 의례를 못 하게 금지하면 그는 공동체에서 배제된다는 의미다. 초기 중세 이후 브라만이 불가촉민의 통과 의례를 집전하지 않는 것도 이러한 맥락에서 이해해야 한다. 브라만들은 불가촉민들을 집요하게 사회로부터 배제시킴으로써 예속민으로 속박시켰다. 여성 또한 마찬가지다. 여성은 힌두 사회에서 출산 의례와 장례에 참여하지 못하고 입문 의례에서도 배제된다.

통과 의례 가운데 사회적으로 특별히 중요한 의미를 갖는 것은 상층 카스트 소년이 치르는 성사 착용 의례인 우빠나야나다. 우빠나야나를 통해 브라만, 끄샤뜨리야, 바이샤의 상층 카스트 남성만 정상적인 사회인이 될 자격을 얻고 나머지는 배제된다. 성사는 무명으로 된 세 가닥의 실을 세 번 감아 만든 것으로 이를 착용하므로써 육체적 탄생에 이어 두 번째로 탄생하게 된다. 이를 행한 상층 세 카스트는 드위자라고 부른다. 성사는 왼 어깨에서 오른 허리 쪽으로 걸쳐 착용하는데 죽거나 기세자가 되면 태워 없앤다. 기독교에서 재생은 믿음을 통해 이루어지나, 힌두교에서 재생은 오로지 의례를 통해 이루어진다. 그만큼 힌두교에서 카스트를 기반으로 형성된 의례가 차지하는 종교적 위치는 막중하다.

3. 관용과 박해 그리고 개종

3-1. 관용의 범주

자기 스스로를 힌두라고 규정하는 사람은 자신이 기독교인이나 무슬림 그리고 불교도나 시크교도와는 다른 종교적 정체성을 가지고 있음을 안다. 반면 같은 힌두임에도 지역이나 카스트 혹은 종족에 따른 차이가 힌두와 불교도, 힌두와 시크보다 더 크고 심지어 힌두와 기독교도, 힌두와 무슬림만큼 클 수 있다는 것은 잘 알지 못한다.

흔히 하나의 힌두교라고 규정하지만, 힌두교를 구성하는 전통이 여러 가지이며 각각의 전통에 다르게 나타나는 여러 요소들이 있다는 것은 분명하다. 이는 힌두교가 여러 차원에서 서로 다른 것들을 관용적으로 다 받아들여 하나의 통일적 개체를 이룬다는 말로 널리 퍼져 있다. 과연 그러한가? 힌두교에서의 관용은 어느 정도까지 이루어지는가?

관용과 관련하여 떼려야 뗄 수 없는 개종 및 박해를 통해 살펴보자. 먼저 이른바 개종에 대해 생각해 보자. 원칙적으로 힌두교에는 개종이라는 개념, 종교에서 선택이라는 개념 혹은 분명한 경계라는 개념이 없다. 개종이라는 것 자체가 가톨릭, 개신교, 이슬람 등 서아시아에서 기원한 종교가 갖는 개념이다.

1부에서 설명했듯이 힌두교는 원래 지리적으로 인도 땅에 있는 종교를 말한다. 힌두교 신자는 자신이 힌두교를 선택해서 정해지는 것이 아니라 인도 땅 안에서 조상 대대로 내려오는 것에 따라 정해진다. 힌두교는 전형적인 민족 종교인 것이다. 따라서 힌두가 기독교나 이슬람 혹은 불교와 같이 다른 종교를 일부러 선택해서 개종하는 것은 가능하지만, 역의 관계는 성립할 수 없다.

역사적으로 볼 때 고대 동남아시아에 인도 문화가 널리 전파되어 카스트와 함께 사회제도의 일환으로 받아들여진 경우 혹은 고대 중앙아시아나 서아시아에서 인도로 들어온 이민족들이 카스트 공동체를 받아들인 경우 그들은 힌두교도가 될 수 있었다. 그런 경우를 제외하면, 카스트는 개개인이 일부러 선택할 수 있는 것도 아니고 몇몇에 의해 카스트 공동체가 형성될 수 있는 것도 아니다. 카스트 체계 안에서 위치가 바뀔 수는 있지만 자신이 싫다고 해서 없앨 수 있는 것도 아니고, 자신이 좋다고 해서 없던 카스트를 부여받을 수 있는 것도 아니다. 근대화 이후에도 카스트는 헌법으로 폐지하려야 할 수 없는 사회문화적 체계다. 카스트가 작동시키는 것이 힌두교의 사회적 실천행위고 그것이 힌두교의 핵심이기 때문에 카스트를 부여받지 못하는 외래인은 힌두교도, 즉 힌두가 될 수 없다. 인위적으로 짧은 시간에 기독교나 이슬람으로 개종하는 것처럼 특정 믿음을 확인하고 의례를 행함으로써 힌두로 개종될 수 있는 것은 아니다.

힌두교에서 나와 변형된 종교 가운데 새로운 종교가 되는 경우는 오래전부터 있었다. 불교, 자이나교, 시크교가 대표적이다. 모두 카스트를 부인하고 새로운 종교 공동체를 세웠다. 각 공동체에서 카스트가 완전하게 없어지지는 않았지만 공동체 규모가 커지면서 자체 공동체가 형성되어 독자적인 종교로 설 수 있었다. 종국적으로 불교는 실패해서 다시 힌두교 안으로 들어가 버렸지만, 시크교는 독자적인 종교로 성공했다.

이러한 방식과 유사한 새로운 힌두교가 근대 이후 꽤 생겼다. 처음에는 18세기에 일어난 종교·사회 개혁운동으로 시작되었는데, 이후 주로 서양에서 많은 관심을 보이면서 힌두교 내의 단독 종파 조직으로 발전하는 경우가 많아졌다. 1980년대 미국에 큰 충격을 준 슈리 라즈니쉬의 신新산냐시(기세자棄世者)운동, 하리 끄리슈나, 스와미 나라얀 종파 등이 대표적이다.

이러한 신힌두교에서 특정 절차를 인위적으로 규정해 개종시켜 주는 경우가 있기는 하다. 그들은 힌두교로 개종하는 사람들을 위해 일정한 절차와 의례를 체계화해 시행 중이다. 인도인과 결혼해서 힌두가 되고 싶어 하는 사람들을 위한 절차와 의례도 보통 이런 종파를 통해 이루어진다. 이 같은 힌두교 개종 절차의 경우 신힌두교에서 자의적으로 정한 힌두 경전 '사나따나 다르마'의 일부를 읽고 실천하려 노력한다. 사나따나 다르마의 범주에 들어가는 경전으로는 우빠니샤드, 《라마야나》, 《마하바라따》, 《바가와드 기따》 등이 있다. 주로 요가나 명상을 하면서 주기적으로 인도 주요 성지의 아슈람에 기거하고 영적인 생활을 한다. 스승으로부터 산스끄리뜨어 이름을 받고 사프란색 옷을 입는다.

그가 특정 신힌두교 종파의 일원이 되었다는 사실과 그가 힌두교도라는 사실은 별개의 문제다. 요가를 하고 세상을 포기하는 기세자가 되는 등의 행위는 자기 마음대로 할 수 있다. 자기 집에서 어떤 신상에 절을 하고 아침마다 뿌자를 올리는 것도 가능하다. 여러 경전을 읽고 외우고 낭송하고 절을 하고 꽃을 바칠 수도 있다. 죽으면 화장되어 갠지스강에 뿌려질 수도 있다. 그렇지만 일부 종파에서 해주는 걸 제외하면 어떤 방식으로도 공동체에서 공식적으로 개종 혹은 입문을 인정해 주는 의례를 받을 수는 없다.

힌두교의 여러 가르침의 일부를 따르고 실천하는 삶을 살 수는 있지만 그렇다고 힌두가 되는 것은 아니다. 힌두교는 믿음의 종교가 아니라 공동체 내에서 실천의 종교이기 때문이다. 실천을 통해 스스로 힌두가 되었다고 주장할 수는 있지만, 그것이 힌두 공동체에서 받아들여지는 여부는 별개의 일이다. 그렇게 개종을 했다고 주장하는 경우에도 엄격한 몇몇 사원에는 출입조차 할 수 없다. 파르시Parsi* 교도 남편을 둔 수상 인디라 간디Indira Gandhi가 오디샤의 자간나트Jagannath 사원에 들어갈 수 없었던 일이 좋은 예다.

인도에서 무슬림이나 기독교 그리고 시크교로 개종한 사람들의 신앙을 면밀히 조사해 보면 그들은 여전히 힌두교적 세계관과 카스트 질서에서 벗어나지 못하고 있다. 겉으로는 기독교인이나 무슬림이나 시크교도라 하지만 실제로는 힌두와 크게 다르지 않게 사회생활을 한다는 말이다. 물론 도시의 경우 도시가 공동체적이라기보다는 개인적이라는 점에서 다를 수 있다. 하지만 이는 힌두교뿐만 아니라 다른 종교에서도

---

* 인도에 거주하는 조로아스터교(배화교) 신도. '파르시'는 페르시아 사람이라는 뜻이다. 이슬람이 세력이 636~651년에 이란 지역을 정복하자 조로아스터교를 믿는 사람들이 사산왕국에서 박해를 피해 인도의 서해안, 주로 구자라트 지역으로 10세기경까지 피란 온 사람들이다. 현재 인도에 6만 명 정도가 거주한다.

마찬가지니 특별히 고려할 부분은 아니다.

3-2. 개종과 카스트 체계

문제는 개종한 이들이 촌락 사회에 여전히 포진하고 있는 강력한 힌두 준거 집단으로서 특정 카스트 집단의 영향을 강하게 받을 수밖에 없다는 것이다. 그들은 개종 후 외부에서 그의 종교 정체성을 어떻게 명명하는지와 관계없이, 즉 기독교나 이슬람으로 개종하고 스스로 그렇게 살아가려 할지라도, 촌락 공동체의 카스트 체계 안에서 생활한다. 특정 촌락 공동체 안에서 가장 영향력이 강한 카스트 집단을 준거 집단으로 삼아 그들의 문화를 따라 가면서 살아간다. 촌락이 카스트의 역할 분담과 물물교환 체계로 운영되고 카스트 체계를 통해 사회적 관계가 형성되기 때문에, 그 혹은 그의 집단만 전체 공동체와 동떨어져 살 수 없기 때문에 그러하다. 종교 정체성으로는 무슬림이나 기독교인이라고 불리지만 실질적으로는 하나의 무슬림 카스트나 기독교인 카스트로 취급받는 것이다.

　시크의 경우 그 정도가 훨씬 심하다. 새로 개종한 이들끼리 구성한 공동체라 할지라도 예전의 카스트는 여전히 살아 있어서 공동체 안의 카스트나 밖의 카스트나 별반 다르지 않게 작동한다. 불가촉민에서 개종한 시크와 끄샤뜨리야에서 개종한 시크는 음식과 혼인관계에서 과거 힌두 사회가 가지고 있던 배타관계를 결코 넘지 못한다. 중세 때 무슬림으로, 영국 동인도회사 지배기에 기독교로, 암베드까르를 따라 불교로 개종한 많은 불가촉민들이 과연 기독교인이나 무슬림이나 불교도로 살아가고 있는지 조사해 보면 실제로는 모두 힌두 사회 내에서 불가촉민의 삶을 영위하는 것으로 나타난다. 그들이 개종해서 비非힌두로서의 정체성을 유지하는 것은 자신의 의도와 관계없이 촌락 사회 공동체 내에서 타 집단과의 관계를 통해 결정된다. 이 때문에 카스트 없이 홀로 산다는 것은 사실상 불가능하다.

대부분의 힌두는 윤회의 세계에서 업에 따라 다음 생의 운명이 결정된다는 세계관을 가지고 있지만, 그렇다고 인도 내에서 힌두교를 거부하고 새롭게 만든 다른 종교가 그런 세계관을 갖지 않는 것은 아니다. 불교, 시크교 등 인도 내 다른 종교도 이러한 세계관을 공통으로 가지고 있다. 불교나 시크교나 출발 지점에서는 그렇지 않았지만 상당 기간이 지난 후 모두 사회적 의무로서 다르마와 바르나를 일정 부분 용인했다. 그럼에도 이 종교들은 힌두교가 아닌 다른 종교로 간주된다. 일정한 의례, 즉 입문 의례를 비롯한 일생의 통과 의례와 관련된 것을 필수 요소로 간주하는 힌두 신앙이 있지만 그렇지 않은 힌두 신앙도 얼마든지 있다. 어떤 힌두 신앙은 우주의 창조·유지·파괴와 같은 일을 하면서 구원, 구복, 축복과 저주 등을 주도한 신이 존재한다는 유신론적인 신앙을 펼치지만 어떤 힌두 신앙은 그러한 신의 개념을 인정하지 않는다.

그렇다면 어떤 경우 다양성 안으로 포함되고 어떤 경우 다양성의 범주 밖으로 나가는 것인가? 현재 서구의 학문방법론을 토대로 만들어진 종교의 개념으로 힌두교에 대한 완벽한 정의를 내리는 것은 거의 불가능하다. 다양성을 하나의 틀 안에 묶을 수 있는 핵심적인 믿음과 실천이 분명하게 존재하긴 하지만 범주가 애매하고 예외가 심해서 평면적으로는 규정하기 어렵기 때문이다. 힌두교가 기독교나 이슬람 세계와는 전적으로 다른 범주를 갖는다는 것은 힌두교가 정해진 경전을 가지고 있지 않다는 사실로도 연결된다. 경전이 정해지지 않았다는 것은 창시자가 없다는 말도 되지만, 여러 전통이 각각의 원칙을 지킨다기보다는 역사의 흐름에 따라 변화하는 것을 받아들이고 그 변화를 인위적으로 차단하거나 정리하지 않았다는 의미도 된다.

그러다 보니 가톨릭교회와 같은 통일된 교리도 없지만, 통일된 조직도 없다. 종교적 신념 혹은 행위의 기준을 정하거나 그것을 통제하는 기준이 되는 조직이 없다. 사원이 있긴 하지만 가톨릭교회와 같이 단일한 교단의 명령체계를 따르지 않고 개별적으로 독립되어 있다. 사원의 영향력은 지역에 한할 뿐, 아무리 큰 사원이라고 해도 영향력이 전국에 미치는 법은 없다. 종교에 대해 수행하는 방법도 개인이 선택하는 바에 따라 달라진다. 그야말로 개개 천차만별이다. 의례, 깨달음, 의무 등을 넘어 극한 고행을 수행하는 것까지 모두 개인적으로 선택하고 정한다. 그것이 사회에서 받아들여지느냐 받아들여지지 않느냐의 문제는 별개다. 교의가 단일적이지 않기 때문에 힌두교에는 개인의 정체성으로서 종교라는 관념도 그리 크지 않았고, 지역마다, 종족마다, 집단마다, 공동체마다 종교의 성격이 달랐다. 전체를 볼 때 하나의 정체성이라는 것은 있을 수 없으니, 굳이 따진다면 정체성identity이 아니라 정체성들identities로 이루어진 정체성이다.

이는 힌두교의 범주가 불분명하다는, 즉 이질적 요소들에 대해 관용적이라는 말로도 이해된다. 이질적인 요소들에 대해 크게 적대적이지 않다는 점에서 보면 힌두교는 확실히 관용적인 종교이긴 하다. 그런데 관용성이라는 게 문자 그대로 상대를 이해하고 너그럽게 받아들인다는 것만은 아니다. 힌두교가 이질적이라는 말과 범주가 불분명하다는 말과 관용적이라는 말이 반드시 일치하는 것은 아니다. 기독교와 이슬람의 개념과 비슷한 이단 개념이 없었고 개종이나 박해라는 문제가 상대적으로 적었다는 것일 뿐, 힌두교가 각 종파 그리고 불교나 시크교에 대해 항상 호의적인 자세를 취했던 것은 아니다. 역사적으로 보면 양자 사이에는 상당한 충돌이 있어 왔다. 많은 이질적인 특질들을 포섭하여 체계 안으로 받아들였지만, 그렇다고 해서 그러한 전통에 대해 주류가 항상 관용적인 태도를 보였다고는 할 수 없다.

3-3. 불관용적인 성격

기원전 2세기의 문법학자 빠니니Panini는 슈라만과 브라만이 뱀과 몽구스(고양이족제비)처럼 영원한 앙숙이라고 했다. 3세기 불교 경전인 《디위야와다나Divyavadana》에는 슝가Shunga왕조의 태조 뿌샤미뜨라 슝가 Pushyamitra Shunga가 군대를 이끌고 지금의 간다라 지역에 이르는 넓은 영토 내의 모든 불교 사원과 탑 등을 파괴하고, 현상금까지 걸면서 불교 승려를 학살한 사실을 기록하고 있다. 중국 승려 현장법사의 기록이나 12세기 카시미르 사서 《라자따랑기니Rajatarangini》에는 왕이나 힌두교 광신도들이 불교 사원을 침탈한 사례가 많이 나온다. 물론 그 가운데는 왕이 재물 약탈을 위해 사원을 노략질한 사례도 있지만, 불교에 대한 적개심 때문에 핍박한 경우도 있었다.

힌두교 안에서 서로 다른 전통끼리 충돌하기도 했다. 대표적인 예로 8세기 기세자인 아디 샹까라짜리야는 신학적으로 불교에 대해 상당히 적대적인 태도를 취했다. 뿌라나에 신화로 나오는 붓다가 세상 사람들을 속이고 사교邪敎를 퍼뜨리려 이 땅에 왔다는 이야기는 이러한 맥락에서 시작되었다. 그는 수도원과 더불어 이른바 열 개의 교단을 아대륙 곳곳에 세우면서 불교를 비판하고 힌두교를 사방으로 널리 전파하는 데 앞장섰다고 전해진다.

초기 중세 이 상황에서 힌두교 성지 순례의 전통이 만들어지기 시작한다. 힌두교의 성지 순례는 힌두교가 불교와 자이나교에 대해 적대적으로 갈등을 일으키면서 하나의 독립 정체성을 키워 가는 과정에서 만들어졌다. 그가 세운 힌두교단은 남인도에서 불교와 자이나교의 세력을 크게 약화시키고 정통 베다 전통 위에 힌두교를 세워 전 인도에 세력을 마련하는 데 큰 역할을 했다.

중세 때에는 남부 인도에서 일어난 비슈누교 박띠 전통에 기반을 둔 나야나르와 쉬바교 박띠 전통을 따른 알와르의 자이나교도에 대한 적개심과 핍박이 매우 심각했다. 그들은 카시미르에서 힌두교도들이 했던 것과 마찬가지로 많은 자이나교 사원을 폭력적으로 빼앗아 자신들의 사원으로 만들었다. 이러한 종파 간의 분쟁 과정에서 힌두 기세 승려들이 무장을 하기 시작했다.

현대 힌두교 일부에서 기세 승려 사두가 무장을 한 기원은 중세 때 인도에서 심각하게 전개된 힌두교와 불교 및 자이나교 간의 무력 갈등 속에서 찾아야 한다. 현재 심각하게 퍼져 있는 극우 힌두 무장세력의 기원을 인도사에서 전혀 선례가 없는 것으로, 단지 반영反英 혹은 반反

이슬람 차원에서 형성된 것으로 볼 수 없다는 것이다.

힌두교 내에서 종파 간의 폭력 갈등이 없었던 것도 아니다. 예컨대 비슈누교도와 쉬바교도의 공동 성지인 갠지스강 상류에 위치한 하리드와르를 둘러싸고 1266년에 발생한 양 집단 간 무력 충돌로 인해 1만 8,000명이나 죽었다. 1707년에는 아요디야의 성지를 둘러싸고 양 집단이 심각한 폭력 갈등을 벌이기도 했다. 비록 정치권력 차원에서 다른 종파를 박해하거나 신자들끼리 대규모 충돌이 구조적으로 발생한 예는 거의 없지만, 그렇다고 해서 힌두교 내 서로 다른 종파가 항상 다른 종파를 관용하고 함께 조화를 이룬 것만은 아니라는 말이다. 힌두교가 관용성을 보인다는 것은 세계의 다른 종교와 비교해서 내릴 수 있는, 신학적으로 이질적인 요소들을 통합한다는 차원에서 하는, 신앙 차원에서의 성격 규정일 뿐이다.

힌두교가 관용적이라는 의미 부여는 힌두교를 지탱하는 사회체계인 카스트와 결부해서 생각할 경우 더더욱 아니다. 하층 카스트, 특히 불가촉민에 대한 핍박은 모든 법전을 통해 정당화되었다. 불가촉민 핍박의 근거는 힌두교의 가장 중요한 다르마 교리에 기초했다. 베다에 기반을 두지 않는 이질적인 집단을 대할 때 그 집단이 카스트를 인정할 경우에는 관용의 대상이 되었지만, 카스트를 인정하지 않는 경우에는 받아들이지 않는다. 이질적인 종교의 요소를 받아들이는 것은 카스트 체계의 유지를 목적으로 사회 안정의 차원에서 하는 것일 뿐, 카스트 체계를 인정하지 않는 세력에 대해서는 특히 브라만이 매우 배타적인 태도를 취했다. 중세 시대에 이전의 종교와 전혀 다른 매우 이질적인 딴뜨라 신앙을 받아들인 것도 사실은 그들의 신앙을 포용함으로써 그들

을 카스트 체계 안으로 자리잡게 하여 궁극적으로 사회 안정을 이루고
자 한 것이었다.

힌두교에서 나와 지금은 전혀 다른 종교로 인정받는 불교, 자이나교,
시크교의 공통점이 모두 카스트 체계를 부인했다는 사실과 중세 이후
힌두교의 브라만 신학자들이 세 종교에 대해 상당한 적대적인 태도를
보였다는 사실을 통해서도 브라만 신학자들이 카스트의 불평등을 기초
로 하는 힌두교를 절대적으로 지지했음을 잘 알 수 있다. 힌두교가 불
교, 자이나교, 링가야뜨 같은 반反브라만교 종교 전통에 대해 가했던 박
해나 탄압이 기독교나 이슬람 혹은 중국의 정권 차원에서 일어난 박해
나 탄압처럼 크지 않았다고 힌두교를 전적으로 관용의 종교로 보는 것
은 합당치 않다. 힌두교의 관용성은 이질적인 전통을 통합하여 힌두교
라는 하나의 프레임 안에 집어넣음으로써 사회질서를 유지하려는 것이
었을 뿐 그것이 사회질서를 해치려 할 경우 관용성은 발휘되지 않았다.

4. 범신론의 여러 층위

4-1. 단일신론적 성격

힌두교가 이질적인 전통을 통합한 종교라는 말은 힌두교를 특정한 단일 성격으로 규정하는 것이 합당치 않다는 의미다. 신 중심의 우주론만 해도 그렇다. 힌두교의 시작 지점인 베다 시기의 종교에서부터 중세 때 크게 꽃핀 밀교 힌두교 때까지의 신론을 통시적으로 보면, 범신론pantheism 안에 다신론polytheism, 단일신론henotheism, 유일신론monotheism, 이신론理神論 pandeism, 무신론atheism 등의 성격이 전체 혹은 적어도 일부라도 혼합되어 나타나는 것이 사실이다. 이러한 현상은 하랍빠 시대 이후 힌두교로 통합된 여러 전통이 각기 다른 신 관념을 가지고 있었고 그것이 하나의 틀 안에 포용되었기 때문이다.

신에 대한 관점이 모두 다르지만, 어떤 경우라도 힌두교 안에서 전지전능한 신의 존재는 없다. 심지어 지존위로 숭배되는 비슈누, 쉬바, 마하데위도 마찬가지다. 그들은 모두 태어나고, 죽고, 윤회하는 유한한 존재, 힌두교를 관통하는 우주 보편의 절대적 이치인 다르마에 종속된 존재일 뿐이다. 다르마라는 보편 원리 안에서 궁극을 찾는 길은 정해진 바 없이 다양하게 나타나는데 그중 하나가 신을 믿고 그를 숭배하여 복을 구하는 것일 뿐이다.

여러 서로 다른 것이 섞여 있으니 다신교적이지만 서로 다른 신들이 결국 하나로 통합된 점으로 보면 단일신교적이라고도 할 수 있다. 다신교와 단일신교 둘이 공존하는 힌두교에는 다른 요소도 섞여 있다. 여기에서 뮐러가 말하는 단일신교를 살펴보자. 단일신교란 여러 신의 존재를 인정하면서 그 가운데 하나를 주신主神으로 섬기는 종교를 말한다. 이는 뮐러가 베다 시대의 힌두교를 논하면서 규정한 용어로, 베다에 나타나는 많은 신은 결국 하나의 신으로 통합되기 때문에 단일신교라고 부를 수 있다고 했다.

뮐러는 교환신교交換神敎kathenotheism라는 용어를 쓰면서 주신으로 숭배를 받는 신이 때와 장소에 따라 다른 모습으로 나타나는 종교라고 규정했다. 그에 따르면 교환신교가 하나의 주신으로 통합됨으로써 단일신교가 된다. 하지만 각각의 신이 어떤 경우 변화되는지에 대해서는 좀 더 깊이 살펴볼 필요가 있다. 제사 의례에서 숭배를 받는 신이 하나인 경우도 있지만 여럿인 경우도 있다. 여럿인 경우 신격이 교환되지 않기도 한다. 당시 사람들이 신을 인격화해서 숭배하고 있었는지 아니면 단순히 모든 것을 포괄하는 본질적인 힘을 지향하면서 각각의 존재에 이름을 붙인 것인지는 분명치 않다. 중요한 것은 유일한 본질적 존재를 마음 깊숙히 의식하고 숭앙했다는 사실이다.

이러한 현상은 후기 베다 시대 텍스트인 브라흐마나에서 우주의 본체에 관계하는 사변이 발달하면서부터 더욱 정교하게 다듬어진다. 그 원리의 핵심은 세계 만물에 유일하게 존재하는 궁극의 본질이 있다는 세계관이다. 이는 베다 시대부터 이어져 온 궁극의 힘의 존재에 대한 것으로, 베다 시대에 자연의 에너지가 나타났다는 관념이 베다 시대가 끝난 후 영원불멸의 브라흐만이라는 궁극 존재가 출현했다는 관념으로 발전했다. 브라흐만은 남성도 여성도 아닌 중성이다. 색色도 형型도 없다. 브라흐만은 주관과 객관의 대립을 넘어선 존재로서 특정 어휘로 표현 불가능한 존재이지만 동시에 어떻게든 형용 가능한 존재이기도 하다. 세상 만물은 어떻게 불리든 브라흐만의 현현이 되고 브라흐만이라는 본질이 존재하는 것이 된다. 만물이 브라흐만이라는 본질의 현현이니 모두 신성성을 갖는다. 여기가 힌두교가 범신론이면서 단일신론이 되는 지점이다.

무형의 에너지가 궁극이 되는 세계관 안에서 모든 존재는 궁극적으로 하나가 되기도 하고 모든 것이 되기도 한다. 이 궁극을 속성(구나 guna)이 있는 것(사구나saguna)이라고 보는 쪽에서는 궁극이 형상이 있는 신으로 나타나니, 여러 신을 숭배하는 것은 궁극과 일체화되는 것이다. 이와 달리 궁극을 속성이 없는 것(니르구나nirguna)으로 보는 쪽에서는 형상으로 나타나는 신이 궁극의 일부에 지나지 않으니, 신을 숭배하는 것으로는 궁극 자체에 도달할 수 없고 선인이나 사제와 같이 궁극 전체를 보고 들을 수 있는 사람에 의해서만 도달할 수 있을 뿐이라고 주장한다. 베다는 선인들이 들은 궁극의 계시다.

이 같은 관념에 따라 속성이 없음을 주장하는 쪽은 세상을 등지고 떠나 히말라야 같은 곳으로 들어가서 수도를 하고, 속성이 있음을 주장하는 쪽은 산속의 돌이든 논에 있는 개구리든 심지어는 지금 살아 있는 사람을 신으로 숭배한다. 이 세계관 안에서 신은 세계 도처에 깔린 모든 존재다. 신의 현현은 잘 생긴 왕자이기도 하고, 거지이기도 하며, 위대한 갓바치이기도 하고, 늙은 노파이기도 하다. 심지어 바람이기도 하고, 히말라야 산속 깊은 곳에 있는 갠지스강의 발원이기도 하다. 살아 있는 사람, 예컨대 마하라슈뜨라 쉬르디의 사이 바바와 그 현신이라는 사티야 사이 바바 등을 숭배하는 문화는 바로 여기에서 비롯된 것이다.

이 같은 세계 안에서는 죽은 사람도 신이 된다. 힌두교에서 죽은 존재는 귀신으로 존재하는 쁘레따preta와 조상신으로 존재하는 삐뜨리 pitri 둘로 나뉜다. 힌두교 안에서 죽음이라는 위기의 발생은 우연적이고 일시적인 게 아니라 필연적으로 기획된 우주적 사건이기 때문에 반드시 규정된 의례를 행해야 한다. 이 의례를 통해 우주에 떠도는 쁘레따 귀신은 비로소 삐뜨리 조상으로 통합된다.

신이 특정 형상으로 자신을 드러내고 사람들은 그것을 알현한다는 다르샤나darshana 개념은 이러한 세계관에서 나온다. 다르샤나란 단순히 사람이 어떤 대상을 보는 것이 아니다. 사람이 대상 ― 사람, 동물 혹은 오브제 혹은 자연물의 모습을 띠기도 하고 때로는 형태가 없기도 하다 ― 의 내면에 있는 성성聖性을 보거나 대상이 자기의 성성을 사람에게 보여 주는 것이다. 굳이 한국어로 번역한다면 성안聖眼이 적절한 듯하다.

사이 바바 숭배

사이 바바는 살아 있을 때부터 신으로 널리 숭배를 받은 인물이다. 힌두교에서는 화신이라는 개념이 있어서 산 사람도 신과 같은 추앙과 숭배를 받는 경우가 많다. 그래서 힌두교에는 카리스마 있는 스승을 중심으로 하는 새로운 종파가 쉽게 형성되고, 그것이 독자적인 사회적 토대를 갖추면 새로운 종교가 된다.

하지만 다르샤나 개념의 의미가 상당히 복합적이라 성안이라는 번역어만으로는 부족하다. 단순히 보는 행위가 아니라 성인 혹은 살아 있는 신이나 상像, 이미지와 같은 대상이 다르샤나를 드러내는 것이고 그를 숭배하는 사람들은 그 대상을 보는 것이다. 따라서 사람들의 입장에서는 성안을 알현하는 것이라고 번역할 수도 있다. 이런 개념은 기독교나 이슬람 등 서아시아 종교는 물론 유교와 같은 동아시아 종교에서도 전혀 나타나지 않아 이 복합적 의미를 다 포괄하는 마땅한 어휘를 찾을 수 없다.

다르샤나는 힌두교만의 성격을 규정하는 가장 좋은 개념 가운데 하나다. 힌두교에서 '봄'을 의미하는 다르샤나는 '앎'과 연결된다. 힌두교에서는 '봄'이 들음보다 더 진실에 가까운 행위로 인정받는다. 본다는 것은 외형만 보는 것을 의미하지 않는다. 외형 안에 존재하는 본질을 본다는 의미다. 이러한 개념은 베다 시대 때부터 시작되었다. 베다 시대의 선인(리쉬)은 다름 아닌 본질을 보는 자다. 베다 시대 이후 우상숭배가 널리 자리잡은 것도 이러한 맥락에서 이해해야 한다. 힌두교 신자들이 숭배하는 것은 물질 자체가 가치를 갖는 우상이 아니다. 신자들은 물질로 드러낸 신의 성안聖眼을 알현한다. 힌두교의 신앙은 절대 본질과의 관계 속에서 이해해야 하는데, 대중들은 대체로 보고 만질 수 있는 물질로서의 신을 섬긴다.

이 궁극에 관한 절대론은 우빠니샤드의 범아일여 사상에서 발전한 것이다. 궁극 절대론은 우주의 원초적 진리이면서 최고의 실재인 브라흐만과 그것의 개별 궁극 존재인 아뜨만의 동일성을 인식하는 것이 깨달음과 해탈에 이르는 길이라는 사상으로, 브라흐만-아뜨만이 신보다 더 우위에 위치하는 절대성의 종교를 낳는다. 절대성을 기초로 했다는 점에서 힌두교를 단일신교라 부를 수는 있다. 개구리든 암소든 돌이든 비바람이든 어떤 형상으로 나타난다 할지라도 결국 브라흐만-아뜨만 이라는 궁극이 다양하게 재현되는 것이니 결국은 하나의 절대성이라고 할 수 있고, 그렇다면 충분히 단일신론이라고 할 수 있다.

4-2. 일원론 위의 범신론과 다신교

하지만 힌두교를 단일신교라 보는 것은 베다 시대와 서사시 시대에 국한된 해석이다. 밀교가 체계화되면서 나타나는 힌두교는 단일신교에 포함될 수 없는 다신교로 봐야 한다. 밀교의 세계에서는 모든 신이 브라흐만-아뜨만의 현현으로 재현되지 않는다. 심지어 브라흐만-아뜨만과 아무런 관계도 없고 신학적으로도 연계되지 않는 경우가 많다. 굳이 베다의 세계관을 모방하여 딴뜨라를 통해 마하데위가 절대 브라흐만의 형상이라고 부회하는 종파가 있긴 하나 그러한 관념론적 세계에 포섭되지 않는 물질세계의 인민들은 세상 모든 것을 신성성을 지닌 하나의 별개 신으로 인식할 뿐이다. 전형적인 범신론이다.

초기 베다 시대의 다신이 후기 베다 시대의 단일신으로 자리잡게 되는 데는 후기 베다 시대 때부터 제사장이 특정 신을 찬양하면서 사용한 은유metaphor 방식이 중요한 역할을 했다. 브라만 제사장들은 브라흐만이라는 원리 속에서 모든 신의 존재가 하나의 단일한 힘이 된다고 설파한다. 예를 들면 달은 소마와 동일시되고 소마는 아그니와 동일시되며 아그니는 태양과 동일시된다. 사람이 하늘이고 하늘이 사람이라는 표현처럼, 비슈누가 쉬바고 쉬바가 브라흐마고 브라흐마가 비슈누가 되면서 삼위일체가 된다. 이러한 방식의 일체화를 통해 모든 신적 존재는 하나가 된다. 세계에 내재된 모든 신은 하나의 절대 원리인 초월 존재와 동일하게 되는 것이다. 이 같은 체계 안에서 베다 시대에 산재해 있던 모든 신들은 거대한 신 하나로 흡수된다.

종교사적으로 더 엄밀히 말하면, 베다 시대 때 존재하던 많은 신들이 브라흐만의 원리에 의거하여 하나의 신으로 일체화되면서 서사시 시대에 때와 장소에 따라 달리 숭배된다는 것이다. 이에 따라 비슈누는 여러 화신을 가진 우주의 신으로, 쉬바는 수많은 특질을 가진 거대 신으로 성장한다. 후기 베다 시대에 들어서서 브라만 제사장들은 당시 최고의 지위로 성장한 신을 사회적으로 가장 중요한 행위인 제사를 주관하는 신으로 은유하여 일체화시켰다. 그 과정에서 비슈누는 제사 자체가 되었다. 신을 중요한 의미를 부여받은 현상이나 사물과 은유적으로 동일하게 만들어 나중에는 그 자체가 되어 버리는 방식으로 신의 영역을 확장한 것이다.

이 같은 신의 거대화 과정이 가장 두드러지게 나타나기 시작한 경우가 후기 베다 시대의 비슈누와 쉬바다. 비슈누는 제사로 은유되면서 우주의 주로 등극했고, 쉬바는 초기 베다에 나타난 악과 죽음을 관장하는 신의 성격에 새로운 시대의 사회적 가치인 평화와 복 그리고 명상과 요가로 은유되면서 우주의 주의 위치에 오르게 된다.

비슈누와 쉬바의 영역이 확장되자 실제 역사 속에서 수많은 신격체들이 일체화를 통해 지존위 신에 흡수되었다. 갠지스강 유역에서 브라흐만의 원리를 바탕으로 브라흐마=비슈누=쉬바의 원리가 만들어지고 여러 작은 신들이 흡수되자 이 틀이 인도 아대륙의 서부, 남부, 동부로 전파되었고, 각 지역에 있던 여러 이질적인 신들이 비슈누와 쉬바 그리고 비슈누의 여러 화신 안으로 포섭되었다. 예컨대 바수데와와 나라야나는 태양 계열의 특질 때문에 비슈누에 포섭된 후 결국에는 비슈누와 동일한 존재가 되었다. 많은 사람들이 바수데와와 나라야나가 비슈누의 다른 이름이라고 알고 있지만 원래 그 둘은 비슈누와 관계없는 독립된 다른 신격체였다.

슈리와 락슈미 또한 마찬가지다. 원래 각각의 존재였던 것이 일체화되면서 동일한 하나가 되어 버린다. 지금은 누구나가 별 생각 없이 슈리 락슈미라고 부른다. 이 원리에 의해 힌두교의 모든 신은 세계에 내재하는 존재이자 그것을 초월해 존재하는 주主가 된다. 절대자가 세계 만물에 내재하면서 동시에 초월하게 되면 이 세계에서 숭배되고 있는 신들은 초월적인 신이 구체적인 형태로 세계에 현현하는 것이 된다. 이러한 생각은 신들이 인간을 구제하기 위해 특정한 인간과 동물의 모습으로 지상에 나타난다는 관념으로 이어진다. 이른바 아와따라(화신) 개념이 서사시 시기가 되면서 본격적으로 생겨난 것이다.

화신 개념은 특히 비슈누교에 기원을 두고 발전해 나가면서 향후 힌두교의 다신이 비슈누라는 절대 신으로 수렴되는 단일신론을 낳는 장치가 되었다. 단일신으로서의 지존위가 여러 이름으로 불리거나 여러 화신으로 나타나는 현상은 힌두교의 브라만적 원리가 속화俗化 대중 종

교로 발전하는 데 결정적인 기여를 했다.[*]

단일신으로서의 신神인 이슈와라는 지존위다. 지존위 개념은 원래 추상적이기 때문에 대중의 마음에 쉽게 뿌리내리기가 어렵다. 쉬바의 경우를 생각해 보자. 《슈웨따슈와따라 우빠니샤드Shvetashvatara Upanishad》 편찬자는 쉬바 신앙의 전통과 형이상학 담론을 접목시키고자 상상과 창조의 작업을 통해 절대 지존위가 대중의 신앙에 더 적극적으로 뿌리 내리는 방편을 고안해 낸다. 지존위로서뿐만 아니라 쉬바, 루드라, 하라 Hara 등 여러 속된 신격체의 이름을 부여하여 대중적 숭배의 대상으로 자리잡는 방편을 택한 것이다. 초월 존재 담론을 구복의 대중 신앙 개념으로 바꿈으로써 나타나는 효과는 루드라가 '쉬바', 즉 '복을 주는 자'의 이름으로 확대 성장하는 데서 특히 잘 드러난다.

지존위로서의 쉬바는 세상 모든 사람들의 물질을 보장하고 물질계를 관장하는 구체적인 신격체가 된다. '손에 쥐고 있는 화살로 모든 이에게 복을 주는 존재이면서, 세상의 공포와 죄악을 없애고 선善을 드러내게 하며 기쁨을 골고루 나눠 주는' 신이 된 것이다. 대중들에게는 우주의 주主보다 이런 구체적인 현현의 모습이 훨씬 더 잘 이해되었다. 쉬

---

[*] 이러한 종류의 속화는 근대 시기 간디M. K. Gandhi의 비폭력–불살생운동에서도 잘 드러난다. 간디는 라마가 지배하는 이상사회를 추구했다. 이를 위해 탈중앙, 탈자본, 카스트 지역 공동체 실현 등을 중요 이념으로 삼았지만, 그것은 식민지 지배 아래 민족의 개념도 아직 제대로 구성되어 있지 못한 채 아래로부터의 민족주의가 생겨나지 못한 상황에서 대중의 지지를 받기가 매우 어려웠다. 이 때문에 중요 이념을 실천하는 구동 장치로 계발한 것이 종교 정체성과 관계없이 범인도적 세계관에서는 누구나 지지하는 '비폭력–불살생'이다. 구동 장치는 수단이지 목적이 아니었던 것이다.

바는 바로 그러한 대중적인 특질로 숭배되었다.

그렇다면 현현된 신격체와 그것을 숭배하는 사람은 어떤 관계였을까. 숭배 대상이 되는 현현으로서의 상像과 숭배하는 자 사이의 시선의 차원에서 살펴보자. 양자의 관계에서 시선은 객관화된 다수의 시선이 아닌 주관적 소수의 시선이다. 우빠니샤드 이후로 비전秘傳되는 힌두교 전통에서 진리에 대한 개체적 접근을 주창해 왔기 때문이다.

진리에 개별적으로 접근한다는 전통에서는 신과 그 신을 믿는 사람이 눈을 통해 접촉한다고 믿는다. 신을 믿는 자가 신을 보는 것 그리고 신이 자신의 모습을 드러내는 것이 눈을 통해 이루어진다는 것이다. 개인적인 성성聖性을 드러내는 눈, 즉 다르샤나에는 드러냄과 동시에 알현의 의미가 들어 있다. 이 때문에 인도에서는 성聖의 존재를 상像이나 이미지로 만드는 것을 부정적으로 생각하지 않는다. 상을 직접 알현하고 여러 봉헌물을 바치고 다시 더 아름답게 만드는 것이 바로 다르샤나를 하는 것이다.

이는 종교학에서 널리 쓰이는 성현聖顯(히에로파니hierophany)의 개념에서 이해할 수 있다. 상으로 나타나는 모든 존재는 하나의 신이 되고 그것이 범신의 세계가 되면서 더 거대한 우주의 단일신으로 수렴되는 것이다.

힌두들이 숭배하는 신은 쉬바, 비슈누, 끄리슈나, 가네샤 등 범인도 지역의 신에서부터 동인도 뿌리 지역에 특정된 자간나타 신이나 남부 따밀 지역의 무루간Murugan 등 지역 차원의 신, 각 지역의 더 작은 단위의 촌락의 신당에 모셔진 여러 신에 이르기까지 매우 다양한 범주가 있다. 그들은 애초에는 독립된 별개의 신이었지만, 점차 서로 일체화되면서 통합되기도 하고 특정 신 휘하로 포섭되기도 했다.

이 과정에서 지역의 토착신은 브라만 전통에 존재하는 거대 신과 동일시되었다. 지역의 토착 신화가 범힌두 신화와 동일시되는 과정을 거치기도 했다. 예컨대 부스럼병에 관여하는 남부 인도 드라비다인들의 여신 마리암만Mariamman은 범힌두 여신인 두르가의 현현으로 자리잡은 후 두르가와 동일시되었다. 마리암만이 곧 두르가가 된 것이다. 각 지역에 존재하던 여러 여신도 딴뜨라 안에서 위대한 여신 마하데위가 되었다. 마하데위가 된 여신들은 두르가가 되고 깔리가 되고 결국 하나의 샥띠로서 마하데위가 되었다.

대부분의 힌두는 여러 신들을 각각 별개로 이해하면서 동시에 단일한 초월적인 존재로 이해하기도 한다. 따라서 힌두교에는 모든 것을 포괄하는 전지전능한 신이 존재할 수 없다. 각각의 신으로 향하는 길은 모두 개별적일 뿐, 어떤 길이 더 우월하고 어떤 길이 더 열등하다는 개념도 성립되지 않는다. '나만이 길이요, 진리요, 생명이니라'와 같은 기독교의 개념은 원천적으로 성립 불가다.

이러한 신관이기 때문에 힌두교에서는 누군가가 특정 신만을 숭배한다거나 특정 신을 중심으로 하는 종파가 성립할 수 없다. 비슈누교라고 해서 비슈누만 믿고, 쉬바교라 해서 쉬바만 믿고, 샥띠교라 해서 샥띠 마하데위만 믿는 것이 아니다. 비슈누를 중심으로 하는 신의 세계관을 비슈누교라 할 뿐이다. 어떤 사람이 비슈누의 화신인 끄리슈나를 주主로 믿지만, 믿고 숭배하는 방식이 밀교의 의례에 따를 수도 있고, 쉬바교를 이루는 가네샤에게 의지하여 성공을 구하는 기도를 할 수도 있다. 힌두교에서 이는 언제라도 가능한 자연스러운 일이다.

이러한 범신론적 신관은 힌두교가 일원론 위에서 성립하기 때문에 가능하다. 힌두교는 여러 가지 요소들을 받아들이면서 성격이 비슷한 것들끼리 일체화시키는 전통을 오랫동안 유지해 왔다. 그 세계 안에서는 선이 악이고 악이 선이다, 낮이 밤이고 밤이 낮이다, 인간이 짐승이고 짐승이 인간이다, 남자가 여자고 여자가 남자다처럼 인도 특유의 일원론의 은유가 작동한다. 이러한 은유를 통해 중세사회가 시작되면서 아대륙 각지의 여러 다양한 토속 신앙이 브라만 문화체계로 흡수되고 힌두교의 다신=단일신 체계가 이루어진다. 이는 인도 아대륙 전체를 하나의 힌두교 틀 안에 포괄하는 통합으로 이어졌다.

여기에서 신의 속성과 관련하여 한 가지 주목할 것이 있다. 신의 신성神性은 추상적인 것이 아니라 실질적이라는 사실이다. 신성은 결코 상실되지 않으면서 어떤 경우라도 영향력을 발휘한다. 신성의 영향은 긍정적으로 발휘될 수도 있지만, 부정적으로 발휘되기도 한다.

누군가의 행위가 힌두 최고의 기준인 다르마에 의거해 볼 때 해서는 안 될 짓이었다면, 그는 반드시 그것을 담당하는 신의 저주를 받을 것이다. 매우 바람직한 귀감이 될 행동을 했으면 신의 축복을 받을 것이다. 이러한 저주와 축복은 자기 자신에게만 국한되는 것이 아니고 행위자와 연계되는 다른 사람에게 전이된다. 아버지가 잘못된 행동을 해서 가족 전체가 신의 저주를 받는다거나 아들이 잘못된 행동을 했는데 어머니가 제사를 잘 지내고 열과 성을 다해 기도를 한 덕에 신으로부터 큰 응징을 피하게 되었다는 따위의 이야기들이 널리 통용되는 것이다.

대승불교에서 널리 일상화된 '공덕의 양도' 이론은 힌두교의 이 같은 세계관을 불교가 그대로 따른 것이다. 지금도 한국의 모든 불교 사찰에서는 불사용 기와를 사서 가족 전체의 이름을 기와 위에 적어 기부하는 일이 진행되고 있다. 자신이 신으로부터 받는 공덕을 가족에게 골고루 나눠 주려는 의도의 행위로 힌두교 신앙과 전혀 다를 바 없다. 인도에서 1986년에 마지막으로 보고된 바 있는 사띠 관념도 이러한 신관에서 나온 것이다. 과부가 된 여성이 남편을 화장할 때 산 채로 같이 화장 당하는 것은 자신의 '착한' 죽음으로 남편이 좋은 세상으로 윤회할 수 있게 된다는 믿음의 발로다. 신성의 실질적 성격이 업사상과 만나 윤회론을 추동하는 장치로 발전한 것이다.

5. 윤회의 시간과 역사로서의 신화

5-1. 베다 부회의 의미

앞에서 살펴본 것처럼 힌두교는 베다 시대 이후 기원전 6세기부터 서사시 시대를 거치면서 현재의 틀을 마련해 나가는 과정에서 이질적인 요소들을 통합하여 종교적으로 매우 관용적인 성격을 갖게 되었다. 힌두교의 이 같은 세계관의 토대는 윤회와 업(까르마)의 시간관이다. 이는 초기 베다 때의 범신이 후기 베다 시기에 단일신으로 일체화되면서 힌두교의 근본구조가 만들어지고, 이후 그 구조를 토대로 힌두교가 인도아대륙 곳곳으로 세력을 확장해 갈 때 온갖 잡다한 것들을 포섭한 결과다.

구조의 기본이 된 베다는 모든 이질적인 것들을 통합하는 힌두 신학의 기본으로 자리잡는다. 베다는 힌두교 최고의 경전이 되고, 이후 힌두교의 모든 종교적 권위는 베다에 부회하게 된다. 그러다 보니 베다의 절대적 권위 아래 경전의 저자/편찬자가 밝혀지지 않고 후대의 작품들이 베다에 부회되는 전통이 생겼다. 베다는 시간이 흐를수록 더욱 강력한 절대적 권위가 되었다. 근대 사회개혁운동에서 아리야 사마즈가 '베다 시대로 돌아가자'라고 주장할 정도로 베다는 실로 모든 것의 원천이 되었다.

베다를 통한 부회의 전통 속에서 저자/편찬자를 밝히지 않은 채 저작의 주인을 신이나 신적 존재로 바꿔 버리기도 했다. 당시 인도 사람들에게 인간행위의 구체적인 역사적 사실을 드러내는 일보다 저작의 신성성을 만들어 내는 것이 훨씬 가치 있는 일로 평가되었기 때문이다. 변경 작업을 통해 베다의 저작자 비야사가 1,000년 뒤《마하바라따》를 편찬하는 신화가 만들어지고 그 신화는 종교적 사실이 된다. 이에 따라 실재 인물은 신화적 인물이 되고 신화가 계속 확장되면서 모든 역사적 인물은 신화 속 인물이 된다. 결국 어디서 어디까지가 역사이고 어디서 어디까지가 만들어진 신화인지를 분간하는 것이 불가능하게 되어 버린다. 베다를 비롯한 힌두교의 그 방대한 경전 하나하나를 저작하거나 편찬한 실제 인물이 누구인지 알지 못하게 된 것이다.

신격화의 전통이 만들어지자 나중에 저작을 남기는 이는 이전에 신이 되어 버린 이름으로 일을 하게 되었다. 또한 베다 세계관과 무관한 전혀 새로운 사상이 완전히 이질적인 것을 받아들이는 경우 항상 베다의 재해석 혹은 새로운 버전이라고 규정하면서 포섭하게 되었다. 이에 따라 소수 요소를 포섭하거나 그 위에서 (혹은 그와 관계없이) 새로운 세계관을 창조하는 사람은 자기 이름을 드러내지 않고 베다에 부회했다. 새로운 사상은 과거 권위에 기대는 것이 되었고, 그 속에서 만들어진 문화는 권력을 가진 사람들이 실질 권력을 유지하는 데 도움을 제공하는 보수적인 문화가 될 수밖에 없었다. 종교라는 것이 다 그렇지만, 특히 힌두교가 보수적 성격이 강한 것은 바로 이 과거 권위에 부회하는 성격이 강하기 때문이다.

널리 알려진 인도 최고의 법전인《마누법전》또한 마찬가지다. 법전의 저자 혹은 편찬자가 누구인지는 알 수 없다. 누군가가 '마누'라는 신적 존재가 내려준 말씀을 듣고 기억으로 전승해 전했다는 사실만 알 수 있을 뿐이다. 신격화된 현자의 이름을 부회하여 권위를 높이려는 전형적인 방책이다. 그들에게 인간이 행하는 구체적인 역사의 사실을 기록하는 것은 전혀 중요한 일이 아니었다. 저작에 관한 역사성을 찾을 수 없는 이유다.

힌두교에서 가장 대중적인 최고 경전으로 평가받는 《바가바드 기따》 또한 마찬가지다. 이 찬가의 저작자는 누구인가? 알 수 없다. 누군지 모르지만 실제 저자는 우빠니샤드의 사상을 계승하고 그것을 중심으로 여러 민간 신앙의 이질적인 요소들을 흡수해 이른바 힌두교의 세 가지 길이라는 까르마 요가, 쟈나 요가, 박띠 요가의 체제를 정립한 사람(들)이다. 이 저작에 담겨 있는 역사적 실체는 베다를 인정하는 쪽과 그렇지 않은 쪽, 두 개의 전통 모두로 구성되었기 때문이다.

《바가바드 기따》는 원래 독자적으로 저술된 것인데, 《마하바라따》에 편입되어 들어감에 따라 편찬자가 비야사가 되어 버렸다. 내용을 보면 《마하바라따》와 다른 독자적인 저작이지만 주인공이나 위치의 문제에서 독립된 개인을 내세우지 않는다. 내세울 필요가 없어서다. 저작의 신성성을 높이고 신격화하여 최고의 권위를 갖게 하는 것이 무엇보다 중요하기 때문이다.

베다에 부회하는 전통은 베다 편찬이 끝나자마자 생기기 시작했다. 고대사회가 복잡하게 분화되고 고대국가가 형성되면서 그에 걸맞은 여러 지식이 필요하게 되었을 때의 일이다. 특히 베다 경전을 구성하는, 신성한 힘을 가진 산스끄리뜨 언어를 제대로 구전하기 위해서는 언어에 관한 여러 학문을 연구해야 했다. 세계 모든 문화권 가운데 고대 인도가 언어학에서 가장 놀라운 학문적 성과를 이룬 것은 산스끄리뜨 언어가 종교에서 차지하는 비중이 절대적이었기 때문이다.

이에 따라 당시 여러 학문이 발달하게 되었다. 학문들은 모두 베다에 근거를 두는 것으로 부회했다. 베다를 암송하기 위해 필요한 음성학, 음운학, 운율학, 문법학, 어원학 등에서부터 제사를 신성하게 지내고 거기에 우주적 의미 부여를 하기 위해 필요한 의례학, 천문학, 점성학 등과 같은 학문을 만들어 냈다. 그들은 이 학문들을 베당가, 즉 '베다의 팔다리'라고 명명했다. 베다로 부회하는 전형적인 전통이다.

새로운 학문이 필요했던 일차적인 이유는 베다가 운문으로 편찬되어 뜻이 불분명했기 때문이다. 베다는 우주의 지혜를 깨달은 자들이 신의 언어로 편찬한 것이라 원래부터 직접적 이해가 어려웠다. 이후 사회가 더 복잡해지면서 새로운 학문의 필요성도 증가했다. 학문에 대한 이해를 좀 더 실체적으로 하려는 움직임도 작용했다. 이에 따라 베다를 산문으로 작성한 것이지, 당시 발달한 학문들 자체가 베다에서 나온 것은 아니다.

이러한 부회의 전통은 베다와 아무런 관계가 없는 전통에 대해서도 마찬가지로 적용되었다. 서사시 시기 이후 베다와는 전혀 다른 차원에서 사회의 질서를 지키기 위해 만들어진 여러 법률 또한 베당가 전통에 기인하는 것으로 위치시켰다. 더 복잡해진 사회의 질서를 유지하기 위해 후대에 독자적으로 발전한 법체계의 뿌리를, 권위를 높이려는 목적에서 베다에 부회하는 전통을 원용하여 규정한 것이다.

5-2. 신화로서의 역사

베다로 부회하는 전통의 연장선에서 새겨야 할 중요한 것이 하나 있다. 바로 신화로서의 역사다. 브라만 신학자들은 인민들을 더 효율적으로 통치하기 위한 수단으로 신화와 전설을 모아 '이띠하사Itihasa'라는 이름으로 집대성했다. '이띠하사'의 문자 그대로의 의미는 '그랬을 것 같은 것'이다. 고대 인도 고유의 '역사'로 신화가 주를 이룬다. 양대 서사시 《마하바라따》와 《라마야나》가 이 장르에 속한다. 브라만 신학자들은 이를 다섯 번째 '베다'라고 불렀다.

이띠하사는 고대 인도 사회가 확장되면서 베다 바깥에 있는 여러 민간 신앙을 흡수하여 집대성한 것이기 때문에 베다가 추구하는 지혜와는 아무런 관계가 없다. 브라만들이 베다후 시대에 정착된 바르나-아슈라마-다르마에 입각한 사회질서를 제대로 작동시키기 위해 고안해 낸 독특한 신화 중심 역사일 뿐이다. 하지만 브라만 신학자들은 이띠하사의 연원을 베다에 연계시킴으로써 아띠하사의 권위를 높였다. 베다 편찬 이후 만들어진 《짠도기야 우빠니샤드Chandogya Upanishad》에서는 이띠하사-뿌라나를 하나로 묶어 다섯 번째 '베다'라고 불렀다. 다섯 번째 베다라고 칭함으로써 베다에서 기원하지 않는 갖가지 잡다한 이야기들에 대해 정통성을 부여해 준 것이다.

베다에서 이띠하사-뿌라나까지 방대한 주요 힌두교 경전은 모두 2,000년이 넘는 장구한 시간 속에서 형성된 것이다. 이러한 사료들은 특정 시기에 특정 개인에 의해 편찬된 것이라고 할 수 없다. 《마하바라따》나 《라마야나》도 마찬가지고, 《마누법전》도 마찬가지고, 여러 가지 뿌라나도 마찬가지다. 오랜 시간에 걸쳐 편집되고 여러 사람에 의해 지어진 것들을 누군가가 모아 놓은 것이다. 경전 안에는 여러 시대의 사회, 정치, 문화, 종교적인 모습이 반영되어 있다. 역사학적으로 경전들을 분석해 보면 이 같은 다양한 시대상들이 여러 충으로 겹겹이 쌓여 있음을 알 수 있고, 특히 후대에 추가된 부분을 파악할 수 있다. 성스러운 경전으로 인정되어 성스러운 언어로 된 구술로 오랫동안 이어져 내려왔기 때문에 무언가가 중간에 삽입되기는 어렵고 시작 부분이나 끝부분에 삽입되는 경우가 많다.

구전은 객관적인 사실과 근거 위주의 기록보다는 있을 수 있는 이야기를 지어 내서 전하는 전통이다. 그러다 보니 특정 개인에 의해 파악되는 주관적 세계나 신비 체험을 이야기로 전달하는 방식이 널리 받아들여졌다. 이러한 전통은 베다 시대 때부터 시작되었다. 베다 시대에는 수따라는 이야기꾼에 의해 정치 변화, 위인들의 행적, 세계世系 등이 기록되어 내려오는 전통이 있었다. 수따는 제사 등 부족 공동체의 큰 행사가 있을 때 신화로 이어지는 가계에 대한 이야기를 전해 주는 사람들이다. 그들은 어떤 사건을 목격하거나 경험한 것만이 아니라 있었을 법한 이야기를 신들의 이야기와 연계시켜 이야기로 들려준다. 구전 이야기 안에 실제 일어난 과거와 있었을 듯한 지어 낸 이야기가 섞여 있는 이유다.

구전 전통은 후대로 이어지면서 이야기로서의 역사의 성격이 더욱 강화된다. 이야기는 이야기꾼 혼자 만들어 낸 것이 아니라 이야기를 듣는 공동체 구성원들의 생각이나 느낌이 더해져서 만들어진다. 요즘 용어로 말하면 '집단지성' 비슷한 것이라고 할 수 있겠다. 《마하바라따》,

《라마야나》 등과 같은 대서사시가 시간이 갈수록 방대해지는 것은 이러한 전통에 의해 만들어진 이야기이기 때문이다. 이러한 사실은 인간의 행위가 신과 연계되고 신에 대한 관점은 인간이 파악할 수 없는 신비의 세계에 속하는 일로서 영겁의 시간 속에서 반복되는 윤회의 시간 안에서 생성된다는 범인도적 시간관의 소산이라는 사실과 연결된다.

이러한 맥락에서 원래 베다와 아무런 관련이 없는, 전적으로 후대에 만들어진 인간과 신들에 관한 뿌라나도 베다에 근원을 둔 것으로 부회된다. 베다와 아무런 관련이 없는 여러 행위들이 베다의 이름을 빌리면서 공식적으로 인정을 받게 된 것이다. 이를 통해 베다가 강조하는 브라만 전통의 여러 가치와 체계를 베다와 관계없는 여러 이야기로 쉽게 변형시켜 사람들로 하여금 따르도록 만들 수 있었다. 사회의 변화를 반영하면서 장구한 시간 속에서 내용이 달라지는 다르마 법전도 마찬가지다. 다르마 법전들은 모두 베다의 계시에서 파생되어 전해져 내려온 전승(스므리띠)으로 간주되었다. 딴뜨라도 베다의 형식을 띰으로써 베다의 절대성을 이을 수 있었다. 후대 경전의 세계관이 베다의 그것을 계승하든 안 하든, 거기에서 파생되었든 그렇지 않든 간에 그들은 베다를 무조건 보편적 근원으로 간주했다. 그래서 힌두교 내 거의 모든 종교 전통에서는 베다를 절대적인 성서로 간주하고 거기에 기초한 의례와 다르마를 절대적인 구성 요소로 상정한다.

힌두교의 베다 권위를 부정하는 데에서 출발한 불교에도 절대 권위에 대해 부회하는 전통이 있다. 바로 대승경전의 '불설' 전통이다. 불설 전통 또한 베다에 부회하는 범汎인도 종교 전통의 불교 버전이다.

대승경전의 내용은 붓다가 말하는 바와 신학적으로 일치하든 하지 않든 붓다가 설한 것이 아니다. 그러나 그 경전들은 모두 붓다가 설한 것으로 주장한다. 원래 초기 불교의 결집 때 붓다의 제자인 아난다가 붓다가 죽은 뒤 '난 (스승으로부터) 이렇게 들었다[如是我聞]'며 붓다의 가르침을 불교 승려들에게 옮겨 수뜨라(경經)가 편찬되기 시작했는데, 500년 정도가 지난 뒤 만들어진 대승경전 또한 붓다로부터 들은 내용이라 주장하고 나선 것이다.

500년 정도가 지난 뒤에 어떤 내용을 '여시아문如是我聞'했다면, 즉 붓다에게서 들었다면, 그것은 엄밀히 말해 위경偽經이다. 그런 내용을 붓다가 말한 바가 없기 때문이다. 그렇지만 이렇게 규정하는 것은 서구적 판단이다. 범인도 고유의 전통 안에서 '위偽'라는 것은 아무런 의미가 없다. 베다에 부회하는 베다 이후의 모든 경전은 '위'가 되어 버리기 때문이다. 따라서 '위'라기보다는 — 부회의 전통 속에서 — 새로운 창작이라고 규정하는 편이 더 합당할 것이다. '위'는 아니지만 그렇다고 '진眞'도 아니니, 그 안에서는 진과 위의 구별이 의미가 없는 것이다.

진위를 따지는 근대 역사학의 입장에는 '그것은 붓다에게 들은 것이 아니라 그렇게 부회하는 것일 뿐이다'라고 규정하는 것이 옳다. 초기 불교는 힌두교의 베다 절대성을 철저하게 부정했기 때문에 베다에 부회하는 전통이 나타나지 않았지만, 초기 불교의 성격이 사라지고 힌두교와 가까워지는 대중화된 불교인 대승불교가 나타나면서 베다로의 부회 전통이 생긴 것이다. 베다이든, 붓다의 가르침이든, 이러한 부회가 범인도 종교의 중요한 전통으로 자리잡음으로써, 어떤 학설이나 주장을 설파하는 등의 구체적 인간행위에 대한 증거는 사라지고 오로지 신화만 남게 되었다. 《마누법전》을 비롯한 다르마에 대한 법전들과 뿌라나, 서사시 등 그 많은 저작들의 실제 저자가 밝혀진 예가 없고 구체적인 역사적 사실이 밝혀진 경우가 없는 이유는 바로 이러한 부회의 전통 때문이다.

부회의 전통과 이야기/신화의 창작 전통은 힌두교가 윤회라는 순환론적 시간관에 입각한 종교라서 크게 발달할 수 있었다. 윤회의 순환 시간론은 '인간은 생에서 행한 행위에 의해 죽은 뒤 행선지가 결정된다'는 까르마 이론과 연결된다. 까르마는 힌두 사회의 기본구조인 다르마와 바르나의 기초가 되는 원리로서 주어진 바르나에 따라 정해진 다르마를 이행하는 바에 따라 자신의 까르마가 결정되어 다음 생으로 윤회한다는 힌두교 최고의 실천 신학의 기본이다. 과거의 존재가 현재의 존재로 다시 태어나고, 현재의 존재는 다름 아닌 과거의 존재라는 것이다. 특정 시기에 나타나 가르침을 설파한 어떤 신적인 존재가 환생하여 또 다른 특정 시기에 다른 가르침을 설파한다는 논리는 이 같은 인식 아래 성립된다. 가르침들이 다르게 보이긴 하지만 변한 것이 아니라 동일한 본질이 다른 외피를 가졌을 뿐이라는 논리다.

범인도 종교는 업과 윤회라는 개념의 큰 틀 안에서 다음 생에 좋은 삶으로 윤회하는 것을 추구하는 신앙도 있고, 윤회에서 벗어나 해탈을 추구하는 신앙도 있다. 모두 이 까르마 이론과 관련이 있다. 힌두교를 벗어난 불교, 자이나교, 시크교 또한 윤회를 벗어나는 신앙과 윤회를 추구하는 신앙 둘 다 존재한다. 어떤 경우라도 인도 내에서는 까르마가 종교 궁극의 문제에서 가장 기본이 된다.

까르마가 하랍빠 문명에서 기원한 것인지 베다에서 기원한 것인지는 불분명하다. 분명한 것은 기원이 어디에 있는지와 관계없이 특정 시기에 만들어진 것이 아니라 오랜 시간을 거치면서 여러 요소들이 섞이고 초기 우빠니샤드 안에서 개념이 굳어졌다가 이후 점차 개념이 확장되면서 범인도 종교 전통의 기본이 되었다는 사실이다. 윤회와 까르마 이론은 힌두세계의 시간관과 힌두의 역사관을 알려 준다.

5-3. 고대 인도인의 역사 인식

힌두교에서의 시간은 우주적 시간이다. 뿌라나에 와서 최종 정리된 시간관에 의하면, 세상은 끝없이 진행되는 네 유가(우주적 기紀)의 순환에 따라 움직인다. 이러한 힌두의 시간은 전형적인 순환 시간의 개념이다. 자연의 생성, 죽음, 소생이라는 대大우주 개념에서 나온 것으로 보이는데, 그것이 사회 변화라는 소小우주 개념으로 발전한다. 순환의 시간관이 궁극적으로 의미하는 바는 인간의 세계가 이상사회로부터 도덕 타락의 사회로 변한다는 것이다. 타락은 구세의 개념과 연결된다. 세상에는 악이 존재하고, 악을 물리치기 위해 화신이 현현하여 악을 징벌하고 새 도덕의 사회를 연다는 섭리론이다. 이러한 시간관 위에서 까르마를 기초로 하여 다르마를 추구하는 브라만적 질서의 구축이 최고의 사회 가치가 되는 것이다. 결국 우주적 순환 시간관은 브라만이 만든 브라만 중심의 계급질서를 안정되게 유지하는 이데올로기로 작동한다.

순환 시간 개념에서 인간의 역사는 신의 이야기, 즉 신화의 일부가될 수밖에 없다. 실제 역사와 신화가 섞일 수밖에 없다. 역사를 기술하는 행위의 주체는 신이 되고, 역사는 신을 찬양하는 신화로 발전할 수밖에 없다. 인간이 하고자 하는 말은 모두 신의 입을 통해 발화되는 형식을 띨 수밖에 없다.

브라만 법전가(신학자)들이 도덕과 법을 통해 사회가 나아가야 할 방향을 제시하면서 실제로는 인간의 목소리지만 선인이나 신의 이름을 빌린 것은 바로 이러한 힌두적 시간과 역사의 맥락에서였다. 힌두적 시간에서 역사의 주인공은 인간이 아니라 신이고, 현실의 역사는 신의 섭리에 의해 기획된 영원의 세계로 나아가는 극히 하찮은 일부분일 뿐이다. 이 같은 역사관에서 인간의 행위는 산문의 형식을 통해 사실 중심으로 기록되지 않고, 운문의 형식을 통해 예술적이고 문학적으로 창조된다.

뿐만 아니라 역사에서 실제 일어난 행위는 앞으로 일어날 행위의 예언으로 기술되기까지 한다. 뿌라나가 예언의 형식을 빌린 미래 시점으로 기술된 것은 바로 이런 맥락에서다. 신화에서 정확한 연대라든지 사건의 전후 순서, 인물과 장소의 구체성 같은 것은 찾기 매우 어렵지만, 그것을 편찬한 브라만 신학자들이 말하고자 하는 메시지가 무엇인지는 파악할 수 있다.

역사가는 메시지의 역사성을 통해 메시지가 나온 시대의 역사적 상황을 추론할 수 있다. 신화에 담긴 여러 행위는 역사적 사실에 기반한 것이 이야기의 형식으로 표현된 것이기도 하고 메시지를 강조하기 위해 완전히 창작한 것이기도 하다. 까르마 시간관에 기반을 둔 힌두교의 신화적 역사 인식으로 기록한 역사서 안에서 분명한 역사적 사실과 전혀 사실에 근거하지 않은 이야기를 구분하는 것은 매우 어렵다. 특히 객관과 합리를 바탕으로 하는 근대 서구적 역사 인식을 기초로 사료를 분석하는 일에 익숙한 연구자는 역사서에서 역사적 사실을 찾아내고 그것으로 역사를 재구성하는 일을 성공적으로 수행하기는 매우 어렵다. 신화에 힌두교 특유의 역사, 세계관, 법, 과학, 예술에 대한 관점이 담겨 있는 것은 분명하다. 하지만 역사적 사실이 온갖 신화적 장치를 뒤집어쓰고 있기 때문에 근대적 방법론으로 그 역사를 재구성한다는 것은 여간 어려운 일이 아니다.

고대 인도에는 역사 인식이 없었다고 규정한 서구인들의 평가가 틀린 것은 이 때문이다. 역사 인식이 없는 것이 아니라 근대 서구세계가 규정한 역사 인식과 전혀 다른 역사 인식이 있었던 것이다.

고대 인도인의 역사 인식에 대한 오해는 세계사에 엄청난 오류를 낳았다. 헤겔은 고대 인도에는 이성의 역사가 없으니 역사의 진보가 이루어질 수 없다고 했다. 이러한 자의적 판단은 곧 식민 지배의 정당성으로 연결되었다. 그들은 고대 인도에 이성의 역사가 없는 근거로 인도인들이 시간을 일직선이 아닌 순환의 원으로 이해하고 있다는 사실을 든다. 윤회의 세계에서 어떻게 시작과 과정과 끝을 기록하고 원인과 결과를 찾아 기록할 수 있겠느냐는 것이다.

이러한 판단은 철저히 잘못된 것이다. 힌두세계의 사람들이 시간을 영겁의 순환으로 이해하는 것은 우주적 차원 혹은 신앙의 세계에서일 뿐이다. 그들 또한 현실에서는 다른 문화권의 사람들과 크게 다르지 않게 지나간 과거에 대한 분명한 인식을 가지고 있었다. 다른 곳과 마찬가지로 인도 내에도 이띠하사—뿌라나와 같은 방대한 역사에서 서구인들이 말하는 연대기적 차원에서의 사실적 역사 인식은 분명히 존재했다. 전기(짜리따charita), 족보(완사누짜리따vansanucharita), 왕조사(완샤왈리

vanshavali) 등 과거에 대한 역사 기록의 인식은 있었던 것이다.

이러한 전통에 입각하여 남아시아 지역에서 처음으로 편찬한 역사 기록으로 4세기에 스리랑카 불교 승려들이 쓴《마하완사*Mahavansa*(대사大史)》,《디빠완사*Dipavansa*(도사島史)》,《쫄라완사*Cullavansa*(소사小史)》 등이 있다. 한국의《삼국유사三國遺事》도 여기에 속한다. 일부에서《삼국유사》를 역사서로 보지 않고 문학 작품으로 보는 것은 고대 인도인의 역사 인식을 이해하지 못한 무지의 소치다. 이러한 맥락에서《삼국유사》는 근대적 역사 인식과 사뭇 다른 또 하나의 역사 인식으로 편찬된 역사서다.《삼국유사》를 통해 한국 고대사를 재구성하기 위해서는 그것의 근간이 되는 고대 힌두교의 역사 인식을 먼저 이해해야 한다.

범인도적 역사 인식으로 쓰여진 스리랑카 사서와 한국 고대의 사서《삼국유사》를 비교해 보자. 우선 모두 역사에서 가장 중요한 개념인 시간이 영웅 중심으로 전개된다. 둘 다 원초적 시간으로 회귀하는 행위만이 역사적 의미를 지닌다는 전형적인 영웅신화사관에 입각한 사서다. 스리랑카의 시초를 붓다의 내도來島에서 시작하는《마하완사》의 신화와 신라의 시초를 가섭불迦葉佛과의 인연에 두는《삼국유사》의 신화, 단군 신화의 환인을 불교의 제석천帝釋天으로 해석함으로써 나라의 시초를 불교와의 인연에 두는《삼국유사》의 역사 기술은 공히 역사를 원초적 시간으로 회귀시키는 일이다. 그러한 작업은《마하완사》에서는 담마디빠(법도法島) 전통으로,《삼국유사》에서는 불국토 전통으로 해석할 수 있다.

'담마디빠'와 '불국토' 전통에서 가장 두드러진 것은 국가 시조 신화, 전륜성왕 설정, 전륜성왕과 아쇼까와의 연계, 고승 열전 특히 국가주의에 입각한 고승들의 활약 중시, 사찰·탑상들의 연기 설화, 재가 신자 공덕 설화, 국가의 승가에 대한 물질적 후원 등이 주요 내용을 이루고 있다는 점이다. 이 역사관은 모두 국가주의로 귀결된다. 국가주의에서 가장 두드러진 현상은 전륜성왕轉輪聖王과 군인형 승려가 수행한 역할이다.

스리랑카나 신라 모두 통일전쟁 수행 당시 스리랑카의 둣따가마니 Duttagamani와 신라의 진흥왕이 전륜성왕으로 승화되고 인도의 아쇼까와 비견되었다. 《마하완사》와 《삼국유사》에 정치에 깊이 개입하는 승려가 많이 기록되어 있는 이유는 선善이 정의正義이며 힘으로 실천된다는 범인도 종교의 논리에서 찾을 수 있다. 《마하완사》와 《삼국유사》에 나타나는 불교사관은 기본적으로 정치사관인 것이다.

이러한 세계관에서는 국가적 이상과 금욕을 강조하고 그러한 대의를 위해 희생하는 개인을 종교적으로 미화한다. 초기 불교의 근본 원리인 '깨달음'을 위한 개인의 지혜 등에는 철저히 무관심한 태도를 취하고 있다. 이를 개인으로 환원하면, 불교의 근본인 지혜를 추구하는 인간보다는 법과 질서에 따른 사회행위를 지향하는 인간을 중시하는 것이 된다. 결국 불교의 역사에서 이상적인 인간은 국가에 종복으로서 충성하거나 불법佛法이라는 이름으로 승화된 승가에 헌신하는 자다. 관념적이고 비현실적인 행위는 멀리하고, 국가 중심의 효율적인 사회 건설을 지향하는 것이 불교의 역사관이 추구하는 중요한 목표가 되는 것이다. 이같은 인식에서 개인은 불국토라는 국가와 사회 전체를 위한 부분에 지나지 않음이 역설된다. 스리랑카 사서들과 《삼국유사》 모두 전형적인 범인도적 역사 전통인 이띠하사—뿌라나 전통에 속한 역사 인식에 입각해 있음을 보여 주는 좋은 예다.

업과 윤회에 기반한 신화적 역사관이 형성되다 보니 고중세 인도 사회에서는 우주와 사회에 관한 보편법의 권위가 국가 혹은 민족에 관한 권위보다 우선이었다. 그들에게 민족의 유래나 역사, 왕조의 계보 등은 그리 중요한 것이 아니었다. 개인과 사회를 규정하는 보편 법, 즉 다르마 체계만이 큰 관심의 대상이 되었다.

그들의 세계관에 따르면 사회질서는 우주질서와 함께 영원히 존속하는 것이다. 이와 달리 개인의 생명은 무한의 시간 속에 반복되는 여러 짧은 생명 가운데 하나일 수밖에 없다. 개인이든 그것을 통제하는 국가든 실제 사회의 어떤 권력이라도 사회의 보편법을 능가할 수는 없다. 왕의 법과 권위가 이 보편법에 종속되는 것은 당연하다. 기독교 같은 서구 종교에서와는 달리 힌두교에서는 신조차도 다르마로부터 자유로울 수 없고 종속되는 존재다.

이러한 세계관은 우연이나 운명에 대해 적극적으로 가치를 부여하는 것이기도 하다. 힌두인들은 시간 혹은 역사가 인간의 이성에 따라 필연으로 진행되는 것이 아니라 운명에 달려 있다고 사고한다. 예컨대 《마하바라따》의 핵심 사건인 꾸루끄셰뜨라 전쟁이 벌어진 직접적인 계기는 꾸루와 빤두 두 가문의 운명을 건 주사위 도박이었다. 다섯 형제 공통의 처까지 건 전쟁을 벌이는 계기가 주사위 도박이었다는 것은 고대 힌두 사회에서 우연 혹은 운명이 얼마나 큰 의미를 가졌는지를 보여 준다. 물론 그렇다고 해서 다르마를 다루는 브라만 세력의 실질 권력이 왕을 능가한 것은 아니다. 다르마 보편법을 중심으로 브라만들의 단일한 교단이 형성된 것도 아니고, 브라만 세력이 보편법의 수립과 교육에 절대적인 권위와 권한을 가지고 있긴 했지만 중세 유럽 가톨릭처럼 독자적인 경제 조직을 기반으로 한 정치적 결사체를 형성하지도 못했기 때문이다. 힌두교에는 단일 조직으로서의 통합된 교단 같은 것이 없다. 가톨릭처럼 중앙에서 통제하는 종교권력도 없다. 어디서나 누구든 받아들이는 보편적인 조직도 없다.

이러한 그들의 사회관은 이상적인 사회질서를 설정하고 그것을 항구적으로 유지하기 위해 노력하는 것을 최고의 가치로 삼는다. 사회질서를 지키는 법을 종교적으로 채색하고, 종교에 기반한 도덕을 법제화하여 사회행위를 제어한다. 종교가 브라만 지배 이데올로기로 널리 자리 잡게 되는 것이다. 이에 따라 왕의 정치권력만 논외의 대상일 뿐, 사회권력은 브라만이 장악했다.

고대 인도에서는 그것이 힌두교든 불교든, 종교 권위에 대한 왕의 통제는 거의 없는 편이었다. 사회를 버리고 떠난, 즉 사회질서를 부인하는 기세자에 대해 정부는 매우 불편해할 수밖에 없을 텐데도 왕은 그들을 결코 통제하려 하지 않았다. 그들 존재가 철저히 다르마 보편법에 의거한 것이기 때문이다. 불교 승가에 대해 국가가 별 간섭을 하지 않는 것도 마찬가지다. 국가가 승가를 통제하는 중국이나 한국과 같은 예를 인도사에서는 전혀 찾아볼 수 없다.

이 역사로서의 신화, 즉 이띠하사–뿌라나 전통에는 중요한 두 장르가 있다. 하나는 '이띠하사'에 속하는 서사시 《마하바라따》와 《라마야나》이고, 또 하나는 뿌라나다. 이띠하사–뿌라나 전통은 비이성적이면서 물질적 인과의 관계를 무시하거나 초월하는 인식으로 세계를 보는 역사관이다. 이는 인간의 행위가 범인도적 세계관에서의 합리성인 인과응보, 즉 운명의 법칙에 따라 결정된다는 것을 의미한다.

운명의 법칙에 의하면 현재의 행위는 과거의 결과이면서 동시에 미래의 결과를 잉태하는 것이다. 이러한 역사관에서는 이성적인 태도보다 감성적 체험으로 세계의 본질을 파악하는 직관을 중시한다. 이는 신비주의로 연결된다. 신비의 감성이 역사를 창조하는 원동력이 된다. 이띠하사—뿌라나 전통에 의거하여 기술된 텍스트는 신이 내린 계시, 즉 베다와 달리 인간이 만든 전승이다. 따라서 베다와 달리 브라만, 끄샤뜨리야, 바이샤의 상층 카스트뿐만 아니라 하층 카스트도 들을 수 있는 것, 나아가 반드시 들어야만 하는 것이었다. 왜냐하면 이띠하사—뿌라나 문헌의 본질이 베다에 기초한 브라만의 세계관을 하층 카스트인 슈드라와 불가촉민에게 교육시켜 순종하게 하기 위해 만든 종교 경전이기 때문이다.

쉬운 이야기로 구성된 이띠하사—뿌라나는 사회의 기득권자인 브라만들이 자신들을 중심으로 사회질서를 세우고 그 이데올로기를 전파하기 위해 베다 바깥에 있는 하층민 사람들에게 듣게 한 윤리와 감계 차원에서의 역사 교훈이다. 문헌 안에는 궁정에서 일어나는 신의 계통, 영웅들의 이야기, 정치, 브라만들의 삶, 평민들의 일상생활, 종교의 여러 의례와 성지 순례, 남녀와 각 카스트가 지켜야 할 도덕 등이 들어 있으며 오랜 시간을 거치면서 오늘날에까지 강력한 영향을 끼치고 있다. 특히 《마하바라따》와 《라마야나》가 그렇다. 그들은 이띠하사—뿌라나 전통에 들어 있는 삶의 여러 형태와 도덕에서 많은 영향을 받는다. 그런 점에서 그들은 매우 종교적이다.

저자 후기

교수로 부임한 1990년, 그즈음 한국에서는 인도 열풍이 불었다. 류시화라는 한 시인의 펜에 의해 인도는 '이상한 나라'가 되었고, 힌두교는 '세상을 버리고 떠나는 종교'가 되었다. 힌두교에 상상의 색이 덧입혀졌고, 사람들은 그렇게 채색된 힌두교에 열광했다.

고대 인도 종교사를 전공한 나는, 이후 이런 저런 이유로 박사학위 주제인 불교사 연구를 뒤로하고 힌두교사 연구에 좀 더 몰두했다. 그로부터 25년 정도가 흘러 교수 정년이 5년 남짓 남은 2017년 어느 날, 마음이 급해졌다. 힌두교사 통사通史를 집필해야 하지 않을까 하는 생각이 들어서였다.

그간의 여러 성과를 기반으로 2년 반 정도 집필에 매진해 오던 2020년 1월, 코로나19 사태가 터졌다. 여러 가지 충격이 컸지만, 가장 큰 충격은 신천지 교단의 행태와 그들에 대한 보통 시민들의 태도였다. 초기 방역이 성공리에 잘 마무리되던 무렵 공공의 적(?)이 된 신천지 교단은 사생결단의 자세로 자신들의 공동체를 보호하려 안간힘을 썼고, 그럴수록 바이러스 감염은 무섭게 번져 나갔다. 시민들의 증오는 커져 갔고 시민들의 생명이 위협당할수록 신천지 교단은 혐오 대상이 되었다. 자기 보호와 다중 감염과 사회 혐오의 사이클은 상승 작용을 일으키면서

심각한 ~제가 되었다. 종교가 문제가 되면 될수록 힌두교사를 속히 정
리히 싶어졌다. 그래서 마지막 속도를 높였다.

~l들은 그들을 '이단'이라는 잣대로 보았고, 그들은 본의든 아니
사회에 큰 해를 끼친 '마녀'로 여론의 심판대에 올랐다. 냉정히 보
~면 신천지에 붙이는 '이단' 딱지는 단지 기독교 주류의 시각을 기준으
로 한 것이다. 혹자는 어떤 종교 공동체든 사회에 악을 끼친다면 '이
단'이라고 해야 한다지만, 그것은 매우 자의적인 주장이다. 무엇이 사
회에 악을 끼치는 것인지는 그리 쉽게 규정할 수 없는 문제다. 종교는
그 본질이 어떠하든 역사적으로 사회에 악을 끼치는 경우가 많았고, 특
히 기독교 주류는 더욱 그러하였다.

그럼에도 사람들은 다수의 힘을 통해 신천지를 이단으로 몰아 갔다.
광기가 아른거렸다. 나는 이 문제의 근원이 '종교란 무엇인가'에 대한
시민들의 이해와 성찰의 부족에 있다고 보았다. 이 나라에서 대부분의
시민들은 기독교를 통해 바라보는 세계관으로 종교를 이해할 뿐이다.
불교가 오랜 시간 뿌리내려 사회에 널리 퍼져 있음에도 불교나 그 원천
이라 할 힌두교의 세계관에 대해서는 무관심하고 무지할 뿐이다. 학계
에는 역사학으로서의 종교사학자가 한 사람도 없다. 오직 서구 학문에
입각한 일방적인 종교 인식만 존재한다. 종교가 사회의 조화와 균형에
얼마나 중요한 역할을 하는지를 고려해 볼 때 종교에 대한 역사적 성찰
없는 일방적 규정이 얼마나 사회에 악영향을 끼치는지 들려줄 필요가
있다는 생각이 아른거렸다.

종교는 성聖과 속俗으로 나뉜 이분법 세계에 대한 담론이다. 성스러
운 것은 경외하고 숭배하며 의지하고, 속된 것은 기피하고 터부시하고

배제하면서 그 둘로 이루어진 세계를 여러 가지 의례로 의미 부여하면서 만들어진 것이다. 종교학자 오토Rudolph Otto가 제기한 후 엘리아데 Mircea Eliade에 의해 심도 있게 정리된 의견으로 가장 널리 받아들여지는 종교 담론이다.

이러한 성격 규정은 서구인들이 익숙한 기독교 세계관에 의거한 것이다. 그들은 세계를 항상 성과 속의 대립적인 개념으로 나누고, 전자가 후자를 극복하거나 구원받거나 심판받거나 배제하거나 회피하는 등의 행위들이 총합적으로 모여 종교를 이룬다고 말한다. 대체적으로 개인과 자유와 구원을 중심으로 하는 종교에서 그러하다.

인도에서 발원한 힌두교의 세계는 이와는 많이 다르다. 힌두교의 관점에 의하면 세계는 성과 속으로 나뉘어 있지만, 기독교의 그것보다는 훨씬 복합적이고 중층적으로 교차하면서 서로 관계를 맺는다. 성聖의 영역에 속하지만 긍정적이지 않고 매우 부정적인 의미의 성도 있다. 주로 죽음과 관련한 성의 영역으로 속俗보다 훨씬 오염된 성이다. 성과 속 둘로 나뉘더라도 그 나뉘는 것이 상황에 따라 위치나 의미가 달라지는 경우가 생기면서 새로운 사회적 맥락이 형성된다. 이것의 성이 저것의 속이 되기도 하고, 저것의 성이 이것의 속이 되기도 하며, 성과 속 그리고 정淨한 것과 부정不淨한 것이 섞여 조합의 세계로 나타나니 서구의 관점으로 보면 혼란스럽게 된다.

그래서 힌두교는 개인보다는 공동체, 자유보다는 질서, 구원보다는 공동체 안에서 행해야 하는 사회적 실천 혹은 의무에 더 큰 의미를 둔다. "성과 속의 세계 위에서 이루어지는 인간의 사회적 관계가 종교"라는 사회학자 뒤르켐의 의미 규정에 잘 들어맞는 종교다.

개인의 자유보다 공동체의 질서를 더 중시하고 구원보다는 사회적 의무를 더 중요하게 여기는 힌두교가 지금 세계에서 지배 이데올로기가 되었다면, 이 세상은 지금과 얼마나 다를까? 성과 속이 물과 기름처럼 갈라지지 않고 물과 술이 섞이듯 섞여 있는 것이 우리가 사는 세계라고 한다면 우리가 사는 이 세상은 분명히 지금의 모습과는 많이 다를 것이다.

그 세계에서는 객관적인 것을 추구하지 않고, 과학을 우선시하지 않고, 경쟁과 승리에 함몰되지 않고, 모두가 좀 더 유연해지고, 모두가 더 '변명'하면서 상황에 따라 말도 바꾸고, 모두가 다 '미신'을 믿고 살아갈지는 모르겠다. 하지만 옳은 것의 이름으로 그른 것을 처단하고, 중심의 이름으로 주변을 말살하고, 절대의 이름으로 상대를 죽이는, 그래서 서로가 극단의 상태에서 죽기 살기로 갈등하고 싸우다가 양쪽 다 죽어 버리는 그런 일은 없어지거나 적어도 줄어들지는 않을까? 그 세상에서 좀 더 불평등하고 봉건적이면서 권력 있는 자들이 다 차지하는 일이 더 많아질 수는 있을 것이다. 그래도 서로 다른 것을 혐오하고, 그 혐오 위에서 끝도 한도 없는 싸움을 벌이고, 그 위에서 살아남은 자만 살고 뒤처진 자는 죽임을 당하거나 자살하고, 위로 올라간 자가 위로 올라오는 사다리를 걷어차는 일은 벌어지지 않지 않을까.

물론 그런 세상이 올 리 만무하다. 우리가 이 이분법과 절대의 세상에 들어서 버린 이상 그런 생각 자체는 허무한 공상일 뿐이다. 비록 공상일지라도 이 세상을 조금이라도 더 인간답게 사는 곳으로 만들고 싶다면, 좀 더 상대적이고 혼종적이고 자연적이고 신화적이고 공동체 질서적인 그런 세계관을 이해하는 것도 필요하다. 선이 악이고 악이 선인 세계. 남자 안에 여자 있고 여자 안에 남자 있는 세계. 어둠이 빛을 이길 수 없는 것이 되는 세계가 아니라 빛이 다시 어둠 속으로 들어가는 것이 되는 세계. 한 알의 밀알이 떨어져 죽어야 새로운 생명이 태어나고 그 작은 씨 안에서 우주가 팽창하는 것이니 사람 한 사람이 우주고 우주 전체가 한 사람인 것이 되는 세계. 철저한 일원론의 세계. 그 안에서 공존의 다양성과 연대성을 근간으로 하는 상부상조의 관계를 이루어 낼 수만 있다면, 인간 중심에서 벗어나 식물과 동물 그리고 자연현상 모두가 유기적으로 이어진 존재들의 세계가 될 수만 있다면, 경쟁이 아닌 협력의 세계, 시장이나 계약이 아닌 주고받음의 순환의 세계가 이루어질 수 있다면, ……하는 몽상을 해본다.

힌두교의 중추적 세계관은 궁극의 절대 본질을 전제로 하여 성립된다. 궁극의 절대성을 찾는다는 점에서 보면 힌두교는 진리 추구적이다. 그 궁극의 본질은 사회 안에서는 궁극과 달리 물화物化되어 나타난다. 그것이 곧 도덕이고 법이고 실천적 덕목이면서 사람이라면 응당히 지켜야 할 도리다. 그런데 힌두세계에서는 이 진리와 도덕의 도그마를 거부하는 것도 있다. 본질에 대한 부인이다. 잘 알려져 있다시피, 붓다가 그랬다.

그 불교조차도 결국 절대에 대한 부인이 사멸되면서, 다시 본질 안으로 되돌아가 버렸다. 또다시 끝도 한도 없는 영원무궁한 윤회의 연속이라는 종교의 세계로 들어가 버렸다. 역사에서 한때 공동체 밖으로 나간 그 '스승'들은 아무 족적도 남기지 못한 채 사라졌거나 다시 그 공동체 안으로 들어와 버렸다. 이 절대 본질이라는 A와 그를 부인하는 여러 non-A들의 세계가 함께 힌두교를 이룬다. 그 안에서 사람들은 도덕에 스스로 위치하기를 원했고, 도덕의 질서에 복종하고자 애썼다. 공동체적 세계다. 그리고 돌아온 그 '스승'들은 사회구조 안에서 작동되는 도덕과 윤리 위에 신의 목소리를 입히고 성화시켜 영원의 올가미를 씌운다. 이제 신의 명령으로부터 벗어나려 하는 것은 곧 공동체로부터 벗어나는 것이어야 한다. 역사는 공동체 질서를 벗어나려는 힘과 옭아매려는 힘 사이에서 변화하고 그 공동체는 더욱 강력해진다. 그 관계들 속에서 인도의 역사는 무엇을 보여 주는가?

힌두교의 역사는 저렇게 깊고 높은 세계관으로 사람들을 어떻게 착취하고 지배하고 소외시켰는지를 보여 준다. 사실, 역사 속에서, 구체적인 물질 상황의 변화 속에서 무엇이 옳은 것인지를 규정하는 맥락은 종교에 따라 다르지 않다. 힌두교에서 그 기준이 상대적으로 해석 가능하고 시대와 장소에 따라 달라지기 때문에 기독교의 그것과 달리 보이고 더 자연적이거나 인간적인 것으로 보일 뿐, 결국은 항상 가진 자, 정의를 규정하는 자, 권력을 쥔 자를 위하는 방향이라는 점에서 동일하다. 이것이 곧 힌두교의 도덕과 법이 만들어 낸 역사의 해석이다.

필요와 요구가 달라지면 그에 따라 내용이 달라질 뿐 궁극적으로 도덕과 비도덕의 이분법적 구분 자체가 없어진 것은 아니다. 이른바 악이나 비非정통으로 규정된 존재들도 마찬가지다. 저쪽의 선이 악이고 악으로 규정된 것이 선이라고 하는 것, 즉 위치가 달라졌을 뿐 선과 악 그 자체가 없는 무형의 프레임 그 자체를 추구하는 것은 아니다. 그래서 모든 종교는 권력이고, 그 권력은 인민을 종복從僕으로 다루는 것이다. 진리 추구와 공동체 질서를 둘러싼 힌두교의 역사는 이를 여실히 보여 준다. 진리는 상대적인 것이 아니다. 진리 자체가 없다. 그런 것은 그

어떤 종교에도 없다. 당연히 힌두교에도 없다. 그런 게 있다면 그것
은 이미 종교가 아니다.

그러한 도그마에 저항한 사람이 있었다면, 그는 히말라야 산 어디
에선가 혼자 죽어 바람이 되고 물이 되었을 것이다. 힌두교사를 힌
다는 것은 '스승들'이 추구한 지혜를 찾는 것이 아니다. 지혜라고 ᄃ
외피가 둘러진 역사의 변화 속에서 서로 죽고 죽이고 뺏고 뺏기고
고 속이는 그 저잣거리의 길을 되새겨 보는 것이다.

지금 현재 우리가 가는 세계가 벼랑 끝으로 가는 잘못된 길이라 할지
라도, 이 길 반대편의 저 길이 푸른 초장이나 극락으로 연결된다고 보
장할 수 없다. 그 끝도 또 다른 벼랑 끝으로 연결되어 있다고 나는 믿는
다. 이 길이든 저 길이든 모두 인간이 가는 길이기 때문이다. 인간은 그
어떤 길을 가더라도, 평등하지 않고, 자유롭지 않으며, 남을 지배하려
하는 존재다. 이런 역사를 힌두교사를 통해 보고자 했다.

참고문헌

1부 총론

이광수, "서구학자들의 인도사 해석에 나타나는 편견에 관한 고찰", 《이문논총》 7집, (1986. 7).

———, "힌두교-카스트 사회구조 간의 역사적 상호성: 올바른 힌두교 연구를 위하여", 《종교연구》 13집, (1997. 4).

———, "20세기 후반 미국에서의 "종교사"와 힌두교 만들기", 《역사와 경계》 46집, (2003, 6).

Chakrabarti, Kunal, "Recent Approaches to the Study of Religion in Ancient India", in Romila Thapar, ed., *Recent Perspectives on Early Indian History* (Bombay: Popular Prakashan, 1995).

Chandra, Satish, *Historiography, Religion & State in Medieval India* (Delhi: Har-anand Publications, 1996).

Erdosy, George, *The Indo-Aryans of Ancient South Asia* (Walter de Gruyter: Berlin & New York, 1995).

Flood, Gavin, *Beyond Phenomenology. Rethinking the Study of Religion* (London and New York: Cassel, 1999).

———, 이기연 (역), 《힌두교. 사상에서 실천까지》 (부산: 산지니, 2008).

Habib, Irfan, "Problems of Marxist Historical Analysis", *Enquiry*, III. no.2, New Series,

1969.

Inden, Ronald B., "Orientalist Constructions of India", *Modern Asian Studies*. vol. 20. no. 3.
1986.

————, *Imagining India* (Oxford: Oxford University Press, 1990).

Jaiswal, Suvira, "Studies in Early Indian Social History: Trends and Possibilities", in
R.S.Sharma (ed.), *A Survey of Research in Social and Economic History of India* (Delhi: Ajanta
Publications, 1988).

Kosambi, D.D., *An Introduction to the Study of Indian History* (Bombay: Popular Prakashan,
1975).

Leopoid, J. "The Aryan theory of race in India 1870~1920. Nationalist and
Internationalist Visions", *Indian Economic and Social History Review*, VII. 2. 1970.

Pargiter, F. E., *Ancient Indian Historical Tradition* (Indian edition, Delhi: Motilal
Banarsidass, 1962).

Philips, C. H., (ed.), *Historians of India, Pakistan and Ceylon* (London: Oxford University
Press, 1961).

Prakash, Gyan, "Writing Post-Orientalist Histories of the Third World: Perspectives from
Indian Historiography", *Comparative Studies in Society and History*. vol. 32. no. 2. April
1990.

Poliakov, L., *The Aryan Myth* (New York: Basic Books, 1974).

Sen, S. P. (ed.), *Historians and Historiography in Modern India* (Calcutta, Institute of
Historical Studies, 1973).

Sharma, Arvind, "Of Hindu, Hindustan, Hinduism and Hindutva", *Numen*, vol. 49
(2002).

Shrimali, K.M., "Religion, Ideology and Society", 49th Session, *Proceedings of the Indian
History Congress*, Dharwad, 1988.

Thakur, V. K., *Historiography of Indian Feudalism* (Delhi: Commonwealth Publishers,
1989).

Thapar, Romila, *Ancient Indian Social History* (New Delhi: Orient Longman, 1978).

2부 힌두교 형성사

류경희, "힌두의례의 성격과 의미—뿌자와 산스까라를 중심으로", 《종교연구》 17집, (1999. 6).

심재관, "인도 서사시의 전승과 연구동향—고전 서사시와 민간 구전 서사시 사이의 긴장—", 《구비문학연구》 15집, (2002. 12).

이광수, "불교사에서 재가 사회가 차지하는 위치: 인도에서 불교의 성쇠와 관련하여", 《외대사학》 2집, (1986. 7).

———, "힌두교에서의 사랑의 의미: 박띠bhakti와 고대 인도사회와의 관계를 중심으로", 《석당논총》 19집, (1993. 7).

———, "고대 인도에서의 신화와 권력의 정당화", 《부산사학》 30집, (1996. 4).

———, 《마하완사》와 《삼국유사》에 나타난 불교의 역사관", 《부대사학》 23집, (1999. 6).

———, "삼국과 고려의 불교 벽사 의례의 정치학", 《역사와 경계》 43집, (2002. 6).

———, "아리야인 인도기원설과 힌두민족주의", 《역사비평》 61집, (2002. 11).

———, "20세기 후반 미국에서의 '종교사'와 힌두교 만들기", 《역사와 경계》 46집, (2003. 6).

———, "산스끄리뜨 딴뜨라에 나타난 여신 숭배가 갖는 사회 통합의 의미", 《역사와 경계》 67집, (2008. 6).

———, "고대 힌두교에서 지존위 쉬바와 우빠니샤드 이데올로기", 《역사와 경계》 70집, (2009. 3).

———, "인도 데칸 지역 도시화 속에서 불교 사원에 대한 기부: 기원전 2세기~기원후 2세기", 《대구사학》 100집, (2010. 8).

———. "사띠와 자살특공대의 힌두교적 논리와 그 사회적 의미", 《인도연구》 16권 1호, (2011. 5).

———, 《인도사에서 종교와 역사 만들기》 (부산: 산지니, 2019. 증보판).

이거룡, "베다문헌 형성과정에서 비非아리야Ārya적 요소의 유입에 관한 연구", 《남아시아연구》 15-1, (2009. 6).

이재숙, "인도 대서사시Great Epic의 종교문학적 성격: 『마하바라따』를 중심으로", 《종교연구》 22, (2001. 1).

Allchin & Allchin, *The Rise of Civilization in India and Pakistan* (London: Cambridge University Press, 1983).

Anderson, W., "The Rashtriya Swayamsevak Sangh", *Economic and Political Weekly*, 11. March, 18 March, 25, March, 1 April, 1972.

Babb, Lawrence A., *Redemptive Encounters: Three Modern Styles in the HHindu Tradition* (London: University of California Press, 1986).

Bahuguna, R. P., *Some Aspects of Popular Movements: Beliefs and Sects in Northern India during the Seventeenth and Eighteenth Centuries*, unpublished Ph.D. dissertation, Department of History, University of Delhi, 1999.

————, "Symbols of Resistance: Non-Brahmanical Sants as Religious Heroes in Late Medieval India", in Biswamoy Pati et al., (eds.), *Negotiating India's Past: Essays in Memory of Parthasarathi Gupta* (Delhi: Tulika, 2003).

Barlas, Asma, *Democracy, Nationalism, and Communalism: The Colonial Legacy in South Asia* (Boulder: Westview Press, 1995).

Basham, A. L., *The Wonder that was India* (rep, New Delhi: Rupa & Co., 1982).

Beane, Wendell Charles, *Myth, Cult and Symbols in Śākta Hinduism: A Study of the Indian Mother Goddess* (Leiden: E. J. Brill, 1997).

Bhagat, M. G., *Ancient Indian Asceticism* (New Delhi: Munshiram Manoharlal Publishers, 1976).

Bhargava, P. L., *Retrieval of History from Puranic Myths* (New Delgi: D.K.Printworld, 1984).

Bhat, U. Malini, "Society and Religion in Early Medieval Southern Karnataka", Ph.D. thesis, Jawaharlal Nehru University, 1995.

Bhattacharji, S., *The Indian Theogony: A Comparative Study of Indian Mythology from the Vedas to the Purāṇas* (Calcutta: Firma KLM., 1978).

Bhattacharyya, Benoytosh, *An Introduction to Buddhist Esoterism* (rep., Delhi: Motilal Banarsidass, 1980).

Bhattacharyya, N. N., *The Indian Mother Goddess* (2nd edn. New Delhi: Manohar 1977).

―――, *Indian Puberty Rites* (2nd revised edn., New Deli: Manohar, 1980).

―――, *History of the Tantric Religion* (New Delhi: Manohar, 1982).

―――, *Medieval Bhakti Movements in India. Sri Caitanya Quincentenary Commemoration Volume* (New Delhi: Mumshiram Manoharlal, 1989).

Bharati, Agehananda, "The Hindu Renaissance and its Apologetic Patterns", *Journal of Asian Studies*, vol. 29. no. 2, 1970.

Bongard-Levin, G. M., *Mauryan India* (New Delhi: Sterling Publishers, 1985).

Bose, A., *Social and Rural Economy of North India* (Calcutta: Firma K. L. Mukhopadhyay, 1961).

Bose, D. N., *Tantras: Their Philosophy and Occult Secrets* (New Delhi: Munshiram Manoharlal, 1996).

Breckenridge, Carol A. & van der Veer, Peter (ed.), *Orientalism and the Postcolonial Predicament* (Delhi: Oxford University Press, 1993).

Chakrabarti, Kunal, *Religious Process: The Purāṇas and the Making of a Regional Tradition* (Delhi: Oxford University Press, 2001).

Chakravarti, M., *The Concept of Siva through the Ages* (Delhi: Motilal Banarsidass, 1986).

Chakravarti, Uma, 박제선 (역), 《고대 인도사회와 초기불교》 (서울: 민족사, 2004).

Champakalakshmi, R., "Urbanisation in South India: the Role of Ideology and Polity", 47th session, *Proceedings of Indian History Congress*, Srinagar, 1986.

―――, *Trade, Ideology and Urbanisation: South India 300 B. C. to 1,300* (New Delhi: Oxford University Press, 1996).

―――― and Gopal, S., (ed.), *Tradition, Dissent and Ideology. Essays in Honour of Romila Thapar* (Delhi: Oxford University Press, 1996).

Chandra, Bipan, *Communalism in Modern India* (Delhi: Vani Educational Books, 1984).

Chatterjee, Bhaskar, "Religion and Policy in the Kushana Age", *Journal of Indian History*, LIV, 1976.

Chatterjee, Partha, 이광수 (역), 《민족주의 사상과 식민지 세계》 (서울: 그린비, 2013).

Chatterjee, S. K., *The Ramayana: Its Character, Genesis, History, Expansion, Exodus: A Resume* (Calcutta: The Prajna, 1978).

Chattopadhyaya, B.D., "Urban Centres in Early Medieval India: An Overview", in S. Bhattacharya and Romila Thapar (eds.), *Situating Indian History: For Sarvapalli Gopal* (Delhi: Oxford University Press, 1986).

————, "State and Society in North India: Fourth to Twelfth Century", in Romila Thapar (ed.), *Recent Perspectives of Early Indian History* (Bombay: Popular Prakashan, 1995).

Chaudhuri, N. C., *Hinduism: A Religion to Live by* (London: Chatto and Windus, 1979).

Chitgopekar, Nilima, *Encountering Śivaism: The Deity, the Millieu, the Entourage* (New Delhi, 1998: Munshiram Manoharlal).

Coburn, Thomas, *Devi Mahatmya: The Crystalization of the Goddess Tradition* (Delhi: Motilal Banarsidasss, 1984).

Coomarswami, A. K., *Spiritual Authority and Temporal Power in the Indian Theory of Government* (New Delhi: Munshiram Manoharlal, 1978).

Curie, Kate, *Beyond Orientalism. An Exploration of Some Recent Themes in Indian History and Society* (Calcutta: K. P. Bagchi & Company, 1996).

Darian, Steven G., *The Ganges in Myth and History* (Honolulu: Hawaii University Press, 1978).

Das, Dipakranjan, *Economic History of Deccan* (New Delhi: Munshiram Manoharlal, 1969).

David, Kinsley, *Hindu Goddesses, Vision of the Divine Feminine in the Hindu Religious Tradition* (Berkeley: University of California Press, 1986).

Davids, Rhys, *Buddhist India* (London, 1903. rep. Delhi: Motilal Banarsidass, 1971).

De, Gokuldas, *Democracy in Early Buddhist Samgha* (Calcutta: Calcutta University Press, 1955).

de Silva, L. A., *Buddhism: Beliefs and Practices in Sri Lanka* (Sri Lanka, 1974).

Desai, Santosh N., "Ramayana—An Instrument of Historical Contact and Cultural Transmission Between India and Asia", *Journal of Asian Studies*, vol 30. 1970~71.

Devahuti, D., *Harsha. A Political Study* (Oxford: Oxford University Press, 1983).

Drekmeier, Charles, *Kingship and Community in Early India* (Stanford: Stanford University Press, 1962).

Dutt, N., *Early Monastic Buddhism*, 2 vols., (Calcutta, 1941).

———, *Mahayana Buddhism*, (revised edn., Delhi, 1978).

———, "Popular Buddhism", *Indian Hiostorical Quarterly*, vol. XXI, 1945.

Dutt, Sukumar, *Early Buddhist Monachism* (2nd edn. New Delhi: Motilal Banarsidass 1984).

———, *Buddhist Monks and Monasteries of India* (rep. Delhi: Motilal Banarsidasss, 1988).

Eck, Diana, L., "Ganga: The Goddess in Hindu Sacred Geography", in John Stratton Hawley & Donna Marie Wulff (eds.), *The Divine Consort: Radha and the Goddesses of India* (Berkeley: Berkeley Religious Studies Series. 1982).

Eschmann, Anncharlott et al (eds), *The Cult of Jagannath and the Regional Tradition of Orissa* (New Delhi: Monohar, 1986).

Fairservis, W. A., "The Origin, Character and Decline of an Early Civilization", in G. L. Posseh (ed.), *Ancient Cities of the Indus* (Vikas Publishing House, New Delhi, 1979).

Fick, Richard, *The Social Organisation in North-East India in Buddha's Time* (rep. Delhi: Indological Book House, 1972).

Getty, Alice, *The Gods of Northern Buddhism* (VT: C. E. Tuttle, 1962).

Ghoshal, U. N., *A History of Indian Political Ideas* (Oxford: Oxford University Press, 1959).

Gokhale, B. G., "Dhammiko Dhammaraja. A Study in Buddhist Constitutional Concepts", in *Indica. Silver Jubilee Commemoration volume of the Indian Historical Research Institute* (Bombay, 1953).

———, "The Early Buddhist Elite", *Journal of Indian History*, XLIII. pt. ii. 1965.

———, "Early Buddhist Kingship", *Journal of Asian Studies*, XXXI, 1. November. 1966.

———, "Brahmanas in Early Buddhist Literature", *Journal of Indian History*, XLVIII, 1970.

Golwalkar, M. S., *We or Our Nationhood Defined* (Nagpur: Kale, 1947).

Gombrich, Richard F., (ed.), *Indian Ritual and Its Exegesis* (Delhi: Oxford University Press,

1988).

Gonda, J., *Ancient Indian Kingship from the Religious Point of View* (Leiden: E. J. Brill, 1969).

————, *Change and Continuity in Indian Religion* (The Hague: Mouton, 1965).

————, *Viṣṇuism and Śivaism. A Comparison* (New Delhi: Munshiram Manoharlal, 1976).

Goyal, S. R., *A History of Indian Buddhism* (Meerut: Kusumanjali Book World, 1987).

————, *The Religious History of Ancient India*, 2 vols. (Meerut: Kusumanjali Book World, 1987).

Graham, Bruce, D., *Hindu Nationalism and Indian Politics* (Campridge: Cambridge University Press, 1993).

Gunawardana, R. A. L. H., *Robe and Plough: Monasticism and Economic Interest in Early Medieval Sri Lanka* (Tucson: The University of Arizona Press, 1979).

Habib, Irfan, *Caste and Money in Indian History* (Bombay: Department of History, 1987).

Hanssen, Thomas Bloom, *The Saffron Wave: Democracy and Hindu Nationalism in Modern India* (Princeton: Princeton University Press, 1999).

Hawley, John S. (ed.), *Sati, the Blessing and the Curse. The Burning of Wives in India* (New York: Oxford University Press, 1994).

Hawley, John Stratton and Wulff, Donna Marie, (eds.), *Devi: Goddesses of India* (Berkeley & Los Angeles: University of California Press, 1996).

Hazra, R.C., *Studies in the Upapuranas*, II (Calcutta: Sanskrit College, 1963).

————, *Studies in the Puranic Records on Hindu Rites and Customs* (second edition, Delhi: Motilal Banarsidass Publish, 1975).

Heesterman, J. C., "Reflections on the Significance of the Daksina", *Indo-Iranian Journal*, III, 1959.

Hiltebeitel, Alf & Erndl, Kathleen M. (ed.), *Is the Goddess a Feminist?* (New York: New York University Press, 2000).

Huyler, Stephen P. Appenseller, 김흥옥 (역), 《인도, 신과의 만남》 (서울: 다빈치, 2002).

Jaffrelot, Christophe, *The Hindu Nationalist Movement and Indian Politics* (New Delhi: Penguin Books India, 1999).

Jain, J. C., *Life in Ancient India as Depicted in the Jain Canons* (Bombay: New Book Company, 1947).

Jaiswal. Suvira, *The Origin and Development of Vaisnavism: From 200 B. C. to A. D. 500* (New Delhi: Munshiram Manoharlal, 1967).

Jha, D.N., (ed.), *The Feudal Order. State, Society and Ideology in Early Medieval India* (New Delhi: Manohar, 2002).

──────, 이광수 (역), 《성스러운 암소 신화: 인도 민족주의의 역사 만들기》 (서울: 푸른역사, 2004).

──────, "Looking for a Hindu IIdentity", Presidential Address, *Proceedings of the Indian History Congress*, Santiniketan, 2006.

Jha, Vivekananda, "Varnasamkara in the Dharmasutras: Theory and Practice", *Journal of Economic and Social History of Orient*, XIII, pt. 3, 1970.

──────, "Social Content of the Bhagavadgita", in *Indian Historical Review*, XL, 1985.

──────, "Social Contents of the Bhagavadgita", *The Indian Historical Review*, vol. XV. (New Delhi, 1988).

Joshi, Lalmani, *Studies in the Buddhistic Culture of India* (rep. Delhi:Motilal Banarsida, 1987).

Kane, P. V. 1973. *History of Dharmasastras. Ancient and Medieval Religious and Civil Law in India* Vols. 1~5 (Poona: Bhandarkar Oriental Research Institute. 1930~62).

Kanugo, Pralay, *RSS's Tryst with Politics: from Hedgewar to Sudarshan* (New Delhi: Manohar, 2002).

Karashima, N., *South Indian History and Society: Studies from Inscriptions A. D. 800~1800* (Delhi: Oxford University Press, 1984).

Kennedy, Melville T., *The Chaitanya Movement. A Study of Vaishnavism in Bengal* (Indian edition, New Delhi: Munshiram Manoharlal, 1990).

Khosla, Sarla, *Asvaghosa and His Times* (New Delhi: Intellectual Book Corner Publishing House, 1986).

Kosambi, D. D., "Dhenukakata", in A. J. Syed (ed.), *D. D. Kosambi on History and Society:*

Problems of Interpretation (Bombay: University of Bombay Publication, 1985).

————, *The Culture and Civilization of Ancient India in Historical Outline* (rep., Delhi: Vikas, 1976).

————, *Myth and Reality: Study in the Formation of Indian Culture* (Bombay: Popular Prakashan, 1962).

Krishnan, Y., "Was There Any Conflict Between the Brahmanas and Buddhists", *Indian Hiostorical Quarterly* vol. 30. no. 2. 1954.

Law, B. C., *India as Described in Early Texts of Buddhism and Jainism* (rep. Delhi: Bharatiya Publishing House, 1979).

Lee, Kwangsu, *Buddhist Ideas And Rituals in Early India and Korea* (New Delhi: Manohar, 1998).

Liu, Xinru, *Ancient India and Ancient China: Trade And Religious Exchanges AD 1~600* (Delhi: Oxford University Press, 1988).

————, *Silk and Religion: An Exploration of Material Life and Thought of People* (New Delhi: Oxford Univerdity Press, 1996).

Lorenzen, David N. (ed.), *Bhakti Religion in North India: Community Identity and Political Action* (Albany: SUNY Press, 1995).

————, "Who Invented Hinduism", *Comparative Studies in Society and History* vol. 41, no. 4 (October 1999).

Macdonell, A. A., *Vedic Mythology* (rep., Delhi: Motilal Banarsidass, 1981).

Marasinghe, M. M. J., *Gods in Early Buddhism. A Study in their Social and Mythological Milieu as Depicted in the Nikayas of the Pali Canon* (Sri Lanka: Vidyalankara Campus, University of Sri Lanka, 1974).

Metcalf, Thomas R., *Ideologies of the Raj* (Cambridge: Cambridge University Press, 1996).

Michaels, Axel, *Hinduism, Past and Present* (New Delhi: Orient Longman, 2005).

Misra, G. S. P., *The Age of Vinaya* (New Delhi: Munshiram Manoharlal, 1972).

Nakamura, Hajime, *Indian Buddhism. A Survey with Bibliographical Notes* (Delhi, Motilal Banarsidass, 1987).

Nandi, Ashis, 이옥순 (역), 《친밀한 적》 (서울: 신구문화사, 1993).

Nandi, R. N., *Religious Institutions and Cults in the Deccan* (c. A. D. 600~1000), (Delhi: Motilal Banarsidas, 1973).

───, "Client, Ritual and Conflict in Early Brahmanical Order", *Indian Historical Review* VI, Nos. 1–3 (1979).

____ , *Social Roots of Religion in Ancient India* (Calcutta: K. P. Bagchi, 1986).

───, "Origin of the Virasaiva Movement", in D.N. Jha, (ed.), *The Feudal Order: State, Society and Ideology in Early Medieval India* (New Delhi: Monohar, 2000).

Nath, Vijay, *Dana: Gift System in Ancient India* (New Delhi: Munshiram Manoharlal, 1987).

───, *The Puranic World. Environment, Gender, Ritual and Myth* (New Delhi: Manohar, 2009).

Narayan, M. G. S., "Bhakti Movement in South India' ed. by S. C. Malik, *Indian Movements: Some Aspects of Dissent, Protest and Reform* (Simla: Indian Institute of Advanced Study, 1978).

───, *Foundations of South Indian Society and Culture* (Delhi: Bharatiya Book Corporation, 1994).

Obeyesekere, Gananath, "The Great Tradition and the Little in the Perspective of Sinhalese Buddhism", *Journal of Asian Studies* vol. 22, 1963.

O'Connel, Joseph T., *Religious Movements and Social Structure. The Case of Chaitanya's Vaisnavas of Bengal* (Shimla: Indian Institute of Advanced Study, 1993).

O'Flaherty, Wendy Doniger, "The Origin of Heresy in Hindu Mythology", *History of Religions* 10, no. 4, May 1971.

───, *Asceticism and Eroticism in the Mythology of Siva* (London: Oxford University Press, 1973).

───, *The Origin of Evil in Hindu Mythology* (Delhi: Motilal Banarsidass, 1976).

─── (ed.), *Karma and Rebirth in Classical Indian Traditions* (1st Indian edn., Delhi: Motilal Banarsidass, 1983).

───, 김형준 옮김, 《인도인의 성》 (서울: 예문서원, 1994).

Pande, G. C., *Studies in the Origin of Buddhism* (Delhi: Motilal Banarsidass, 1959).

————, *Sramana Tradition: Its History And Contribution to Indian Culture* (Ahmedabad: L. D. Institute of Indology, 1978).

————, *Foudations of Indian Culture, volume I, Spiritual Vision and Symbolic Forms in Ancient India* (Delhi: Motilal Banarsidass, 1984).

————, *Foudations of Indian Culture, volume II, Dimensions of Ancient indian Social History* (Delhi: Motilal Banarsidass, 1984).

Pandey, Gyanendra, "The Colonial Construction of "Communalism": British Writings on Banaras in the Nineteenth Century", in Guha, Ranajit (ed.), *Subaltern Studies VI. Writings on South Asian History and Society* (Delhi: Oxford University Press, 1994).

Pandeya, B. K., *Temple Economy under the Colas* (New Delhi: Bahri Publications, 1984).

Panikkar, K. N., (ed.), *Communalism in India: History, Politics and Culture* (New Delhi: Manohar, 1991).

Pargiter, F. E., *The Purana Text of the Dynasties of the Kali Age* (Varanasi: Chowkhamba Sanskrit Series Office, 1962).

Parry, J. P. "'The gift', Indian gift and the indian gift", *Man* 21. 3. 1986.

————, *Death in Banaras* (Cambridge: Cambridge Univ. Press., 1986).

Pathak, V. S., *Smarta Religious Tradition* (Meerut: Kusumanjali Prakashan, 1987).

Possehl, G. L. (ed.), *Ancient Cities of the Indus* (Vikas Publishing House, New Delhi, 1979).

Puri, B. N., *India under the Kushanas* (Bombay: Bharatiya Vidya Bhavan, 1965).

Rahula, Bhikkhu Telwatte, *A Critical Study of the Mahavastu* (Delhi: Motilal Banarsidasss, 1978).

Ray, Himanshu P., *Monastery and Guild* (Delhi: Oxford University Press, 1986)

————, *The Winds of Change* (Delhi: Oxford University Press, 1994).

Roy, Kumkum et al (eds.), 강명남 (역), 《힌두 바로 보기》 (서울: 한국외국어대학교출판부, 2019).

Sahu, B. P, *Legitimation, Ideology and State in Early India*, Presidential Address, Indian History Congress, 64th session, Mysore, 2003.

Saraswati, B. N., *Brahmanic Ritual Tradition* (Simla: Indian Institute of Advanced Study, 1977).

Sarvepalli, Gopal (ed.), *Anatomy of a Confrontation: The Babri Masjid-Ram Janmabhumi Issue* (New Delhi: Penguin Books India, 1993).

Savarkar, V. D. *Hindutva* (New Delhi: The Central Hindu Yuvak Sabha, 1938).

Sen, Madhu, (ed.), *Stiudies in Religion and Change* (New Delhi: Books & Books, 1983).

Sharma, Jagdish P. & Siegel, Lee, *Dream Symbolism in the Sramanic Traditiona* (Calcutta: Firma KLM, 1980).

Sharma, Krishna, *Bhakti and the Bhakti Movement: A New Perspective* (New Delhi: Munshiram Manoharlal Publishers, 1987).

Sharma, Ramashraya, *A Socio-Political Study of the Valmiki Ramayana* (Delhi: Motilal Vanarsidass, 1986).

Sharma, R.S., "Material Milieu of Buddhism", in Mohit Sen (ed.), *Das Kapital Centenary Volume* (Delhi: People's Publishing House, 1967).

———. *Social Changes in Early Medieval India* (Delhi: People's Publishing House, 1969).

———, "Material Milieu of Tantricism", in *Indian Society: Historical Probings* (Delhi: People's Publishing House, 1974).

———, "Kali Age: A Period of Social Crisis", S. N. Mukherjea (ed.), *India: History and Thought, Essays in Honour of Professor A.L.Basham* (Calcutta: Subarnarekha, 1979).

———, *Indian Feudalism*, c. 300~1,200, (2nd edition, Delhi: MacMilla, 1980).

———, *Perspectives in Social and Economic History of Early India* (New Delhi: Munshiram Manoharlal, 1983).

———, *Material Culture and Social Formation* (Delhi: MacMillan, 1983).

———, *Early Medieval India Society: A Study in Feudalisation* (Delhi: Orient Longman, 2001).

———, *Communal History and Rama's Ayodhya* (Delhi: People's Publishing House, 1990).

———, *Advent of the Aryans in India* (New Delhi: Manohar, 1999).

Sharma, Sri Ram, *The Religious Policy of the Mughal Emperors* (3rd edition, New Delhi:

Munshiram Manoharlal, 1988).

Shastri, K.A. Nilakanta , *The Colas* (Madras: University of Madras, 1975).

Shimada, Akira, "The Urban Context of Early Buddhist Monuments in South Asia," in Jason Hawkes & Akira Shimada (ed.), *Buddhist Stupas in South Asia: Recent Archaeological, Art-Historical, and Historical Perspectives* (Delhi: Oxford University Press, 2009).

Shrimali, K. M., (ed.), *Essays in Indian Art, Religion and Society* (New Delhi: Munshiram Manoharlal, 1987).

——, *The Age of Iron and the Religious Revolution c. 700~c. 350 B. C.* (New Delhi: Tulika Books, 2007).

Siddhantasastree, R. K., *Saivism Through the Ages* (New Delhi: Munshiram Manoharlal, 1975).

——, *Vaisnavism Through the Ages* (New Delhi: Munshiram Manoharlal, 1985).

Singh, M. M., "Dhamma of the Jatakas", *Journal of Bihar Research Society*, 1963.

——, "Life in the Buddhist Monastery during the Sixth Century B. C.", *Journal of Bihar Research Society*, XI, 1954.

Singh, Upinder, *Kings, Brahmanas and Temples in Orissa* (New Delhi: Munshiram Manoharla, 1994).

Smith, Bardwell L., (ed.), *Religion and Legitimation of Power in Sri Lanka* (Chambersburg, 1978).

—— (ed.), *Essays on Gupta Culture* (Delhi: Motilal Banarsidass, 1983).

Spellman, John W., 이광수 역, 《고대 인도의 정치 이론》 (서울: 아카넷, 2000).

Spiro, Melford E., *Buddhism and Society. A Great Tradition and Its Burmese Vicissitudes* (London: George & Unwin Ltd., 1971).

Stephanie, Jamison W., *Sacrificed Wife Sacrificer's Wife: Women, Ritual, and Hospitality in Ancient India* (New York & Oxford: Oxford University Press, 1996).

Strong, John S., *The Legend of King Asoka* (1st Indian edn., Delhi: Motilal Banarsidass, 1989).

Sutton, Nicholas, *Religious Doctrines in the Mahabharata* (Delhi: Motilal Banarsidass, 2000).

Syed, A. J., (ed.), *D. D. Kosambi on History and Society; Problems of Interpretation* (Bombay: University of Bombay, Department of History, 1985).

Tambiah, S. J., *World Conqueror and World Renouncer* (Cambridge: Cambridge University Press, 1976).

Thakur, Upendra, "Religion and Culture: A Study in Hindu Ethics", *Religion and Society in Ancient India, S. Chattopadhyaya Commemoration volume* (Calcutta: Roy & Chowdhury, 1984).

Thapar, Romila, *Asoka and the Decline of Mauryas* (2nd edition, Delhi: Oxford University Press, 1973).

————, *Cultural Transaction and Early India: Tradition and Patronage* (Delhi: Oxford University Press, 1987).

————, "Imagined Religious Communities? Ancient History and the Modern Search for a Hindu Identity", *Modern Asian Studies*, vol. 23. 1989,

————, "Ideology and the Upanisads" in D. N. Jha (ed.), *Society and Ideology in India. Essays in Honour of Professor R.S. Sharma* (New Delhi: Munshiram Manoharlal, 1996).

————, "The theory of Aryan race and India: history and politics", *Social Scientist*, vol. 24. no. 1–3. 1996.

————, *Time as a Methaphor of History: Early India* (Delhi: Oxford University Press, 1996).

————, "Syndicated Hinduism", in Günther–Dietz Sontheimer & Hermann Kulke (ed.), *Hinduism Reconsidered* (New Delhi: Manohar, 1997).

————, *Cultural Pasts: Essays in Early Indian History* (Delhi: Oxford University Press, 2000).

vander Veer, Peter, *Imperial Encounters: Religion and Modernity in India and Britain* (Princeton: Princeton University Press, 2001).

Varma, *Viswanath Prasad*, 김형준 (역), 《불교와 인도사상》 (서울: 예문서원, 1996).

Wagle, N., *Society at the Time of the Buddha* (Bombay: Popular Prakashan, 1966).

Warder, A. K., *An Introduction to Indian Historiography* (Bombay: Popular Prakashan, 1972).

————, "Feudalism and Mahayana Buddhism", R. S. Sharma (ed.), *Indian Society:*

Historical Probings in Memory of D.D.Kosambi (New Delhi: People's Publishing House, 1974).

Winternitz, M., History of Indian Literature (2nd edition, rep. Delhi: Motilal Banarsidaa, 1977).

Yadava, B. N. S., Society and Culture in Northern India in the Twelfth Century (Allahabad: Central Book Depot, 1973).

─────, The Problem of the Emergence of Feudal Relations in Early India, Presidential Address, Indian History Congress, 41st session, Bombay, 1980.

Yazdani, G., The Early History of the Deccan (New Delhi: Oriental Reprint, 1982, 초판 1960) vol. I & II.

Zavos, John, "Defending Hindu Tradition: Sanatana Dharma as a Symbol of Orthodoxy in Colonial India", Religion, 31 (2001).

Zimmer, Heinrich, Myths and Symbols in Indian Art and Civilization (1st Indian edition. Delhi: Motilal Banarsidass, 1990).

3부 힌두교의 성격과 의의

Bharati, Agehananda, "Pilgrimage in the Indian Tradition", History of Religions, vol. 3, 1963.

Bongard-Levin, G. M., A Complex Study of Ancient India (Delhi: Ajanta Publications, 1986).

Bougle, Celestine, Essays on the Caste System (Cambridge: Cambridwge University Press, 1971).

Chakravarti, Uma, "Conceptualising Brahmanical Patriarchy in Early India. Gender, Caste, Class and State", Economic and Political Weekly, 28. 1993.

Chattopadhyaya, D. P., Lokayata (New Delhi: People's Publishing House, 1959).

─────, What is Living and What is Dead in Indian Philosophy (New Delhi: People's Publishing

House, 1976).

Eck, Diana L. *Darśan: Seeing the Divine Image in India* (Delhi: Motilal Banarsidass, 2007).

Geiger, Wilhelm, *The Mahāvaṃsa or The Great Chronicle of Ceylon* (London, 1912).

Guha, Ranajit, 이광수 (역), 《역사 없는 사람들》 (서울: 삼천리, 2011).

Habib, Irfan, "The Rewriting of History by the Sangh Parivar", in SAHMAT + SABRANG.com, (ed.), *Against Communalisation of Education* (New Delhi: SAHMAT, 2002).

Jaiswal, Suvira, "Semitising Hinduism: Changing Paradigms of Brahmanical Integration", *Social Scientist*, vol.19, no.12, 1991.

Klostermaier, Klaus, *A Survey of Hinduism* (Albany: SUNY Press, 1989).

Lee, Kwangsu, "Resisting Analysis, Persisting Interpretation: A Historiography of Recent Study of Hinduism in the United States", in *Social Science Probings*, 15 (3-4), (2003. 12).

Lipner, Julius, *Hindus: Their Religious Beliefs and Practices* (London: Routledge, 1994).

Narain, A. K., "Religious Policy and Toleration in Ancient India with Particular Reference to the Gupta Period", in Bardwell L. Smith, ed., *Essays on Gupta Culture* (Delhi: Motilal Banarsidass, 1983).

Oldenberg, Hermann (ed), *The Dīpavaṃsa. An Ancient Buddhist Historical Record* (London, 1879).

Sharma, Arvind, "Some Misunderstandings of the Hindu Approach to Religious Plurality", *Religion*, vol. 8 (Autumn 1978).

————, *Sati: Historical and Phenomenological Essays* (Delhi: Motilal Banarsidass, 1988).

Sharma, R. S., "The Aryan problem and the horse", *Social Scientist*, vol. 21. Nos. 7~8, July-August, 1993.

Shrimali, K. M., "Constructing an Identity: Forging Hinduism into Harappan Religions", *Social Science Probings*, vol.15, nos. 1-2 (2003),

Thapar, Romila, "Some Aspects of the Economic Data in the Mahabharata", *Annals of the Bhandarkar Oriental Research Institute*, LIX. 1977~78.

————, "The Historian and the Epic", Bhandarkar Anniversary address delivered on August 27, 1979. *Annals of the Bhandarkar Oriental Research Institute*, LX, i‒iv.

————, "The Ramayana: Theme and Variation" in S. N. Mukherjee (ed.), *India: History and Thought in Honour of A.L. Basham* (Calcutta: Subarnarekha, 1982).

————, "Ideology and the Interpretation of Early India History", in *Interpreting Early India* (New Delhi: Oxford University Press, 1992).

————, Society and Historical Consciousness: The Itihasa‒Purana Tradition in *Interpreting Early India* (New Delhi: Oxford University Press, 1992).

찾아보기

힌두교사 깊이 읽기, 종교학이 아닌 역사학으로

2021년 7월 9일 초판 1쇄 발행
2024년 11월 25일 초판 4쇄 발행

글쓴이   이광수
펴낸이   박혜숙
디자인   하민우
펴낸곳   도서출판 푸른역사
     우) 03044 서울시 종로구 자하문로8길 13
     전화: 02)720－8921(편집부) 02)720－8920(영업부)
     팩스: 02)720－9887
     전자우편: 2013history@naver.com
     등록: 1997년 2월 14일 제13–483호

ⓒ 이광수, 2024

ISBN 979－11－5612－199－2 93900

· 잘못 만들어진 책은 교환해드립니다.